불교와 인지치유

역기능적 사고와 그 해결

한국불교상담학회 추천도서

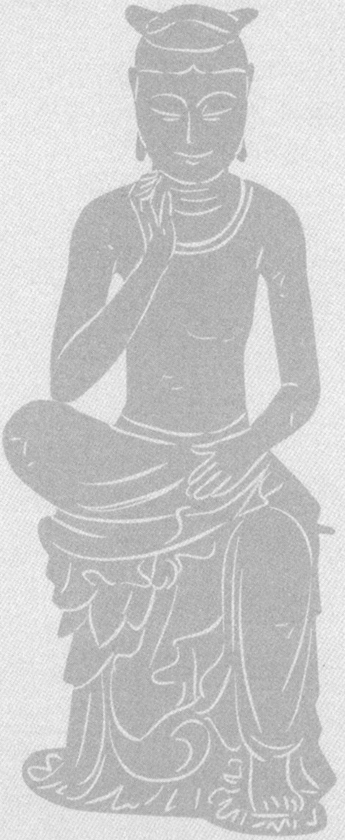

불교와 인지치유

안양규 지음

역기능적 사고와 그 해결

올리브그린

서문

바른 사고의 중요성을 다음과 경구로 요약된다. “생각이 바뀌면 행동이 바뀌고, 행동이 바뀌면 습관이 바뀌며, 습관이 바뀌면 성격이 바뀐다.” 대부분 사람은 무의식적으로 부정적이거나 불필요한 생각을 하고 있으며, 이는 해롭거나 무용할 수 있다. 또한, 인간의 정서 상태에 영향을 미치는 것은 사고이므로, 심리 장애를 효과적으로 치유하기 위해서는 사고를 변화시켜야 한다. 즉, 감정의 변화는 사건 자체가 아니라 그 사건을 어떻게 받아들이고 해석하느냐에 달려 있다.

한국보건사회연구원이 2017년 발표한 보고서에 따르면 인구의 90%가 ‘인지 오류’로 분류될 수 있는 행동 패턴을 보인다고 한다. 또한, 부정적인 정신 습관을 보이는 사람 중 각각 82.4%와 70.8%의 상당수가 ‘반추’ 또는 ‘걱정’의 범주에 속한다고 인정했다. 반추는 과거의 실수와 실패에 집착하는 것을 수반하는 반면, 걱정은 시간이 부족하거나 어떤 일을 시작하기도 전에 실수를 저지르는 것에 대한 불안감을 수반한다. 이러한 발견은 여성이 남성에 비해 우울증과 같은 정신 건강 문제에 더 취약하다는 통념과 일맥 상통한다. 게다가 이러한 결과는 60세 이상 개인의 우울증 및 자살 비율이 불균형적으로 높은 것과 일치한다.[1]

본서에서는 부정적인 사고가 심인성 질병에 미치는 영향을 분석하고 그 해결 방법을 모색한다. 전체 내용은 세 부분으로 나누어 설명된다.

첫째, 사고의 기능과 한계로 사고(thinking)의 기본적인 기능과 한계를 살펴본다. 붓다의 무아(無我) 개념과 아싸지올리(Assagioli, 1888-1974)의 탈동일시(脫同一視)를 비교하고, 붓다와 크리슈나무르티(Krishnamurti)의 사고의 한계에 대해 논의한다. 붓다의 무아 사상과 서구의 임상 심리학자 아싸지올리를 중심으로 자아에 대한 이해를 돕고자 한다. 붓다와 아싸지올리의 공통부분은 자기동일시의 문제점을 지적하고 아울러 자기동일시에서 벗어나는 방법을 제시하였다는 것이다.

둘째, 불교와 인지치유를 비교한다. 붓다의 가르침과 알버트 엘리스(Albert Ellis, 1913-2007)의 합리적 정서적 행동치유(REBT, Rational Emotive Behaviour Therapy), 그리고 붓다와 아론 벡(Aaron Beck)의 인지치유(Cognitive Therapy)를 비교하여 설명한다.

셋째, 불교명상을 활용한 심신치유 프로그램을 살펴본다. 여기서는 MBSR(Mindfulness-Based Stress Reduction, 명상에 기초한 스트레스 완화)와 MBCT(Mindfulness-Based Cognitive Therapy, 명상에 기초한 인지치유)에 대해 다룬다.

1) https://www.mk.co.kr/news/society/7716232. 검색일자: 2023.11.13.

본서는 부정적인 사고를 이해하고 이를 극복하기 위한 다양한 방법을 제시한다. 부정적인 사고가 심리적 질병을 일으키는 과정과 그 해결책을 찾는 것이 본서의 핵심이다. 붓다의 가르침과 현대 심리학의 치료 방법들을 비교하고 연결하면서, 부정적인 사고로 인한 문제를 해결할 방법을 제시한다.

호모 사피엔스라고 불리는 인간의 주요 특징 중 하나는 사고의 능력으로, 이를 통해 문화를 창조하고 현대 과학을 발전시켜 왔다. 사고 능력은 파괴적인 역기능도 동반하며, 최첨단 무기를 개발하고 국가 간 전쟁을 초래하거나 개인의 정신질환을 유발하는 원인이 되기도 한다. 사고 능력은 긍정적인 면뿐만 아니라 부정적인 면도 있다. 불교는 사고와 감정의 마음에 대한 고찰과 수양에 중점을 두고 발전해 왔다.

부정적인 사고가 심인성 질병에 미치는 메커니즘과 그 해결법을 모색하고자 한다. 이를 위해 인지치유(cognitive therapy)와 붓다의 가르침을 비교하여 서술하고자 한다. 인지치유는 비교적 최근에 개발된 치유법이라고 할 수 있다. 불교와 인지치유는 인간의 고통이 인식의 문제 즉 인지적 요인에서 비롯된다는 점에서 이론적인 공통점을 지닌다. 고통의 근본 원인을 무명(無明)으로 인한 탐욕과 분노에 귀착시키는 붓다의 가르침은 심리적 장애는 비현실적인 사고와 그에 대한 확신에 기인한 것으로 보는 인지치유의 기본 가정과 맥을 같이 하는 것이라고 볼 수 있다. 무명은 세상과 자아에 대한 잘못된 인식으로 인지치유에서 말하는 인지왜곡의 특성과 유사하다.

20세기 후반의 저명한 심리치료가 알버트 엘리스(Albert Ellis)는 종교가 비합리적이며 정신건강에 해로운 영향을 미친다고 주장했다. 그는 REBT(합리·정서·행동치료)를 개발하며 인간의 비합리적인 사고가 정신 장애를 유발한다고 분석했다. 붓다는 불선(不善)한 생각을 악업(惡業)의 근본으로 보았고, 엘리스는 이를 비합리적인 사고(非合理的 思考, irrational thoughts)로 규명했다. 두 사람 모두 고통의 원인이 인식의 문제에서 비롯된다고 진단한다는 공통점이 있다. 엘리스는 기독교의 신념이 비합리적이며 정서 장애를 일으킨다고 비판한다. 그러나 엘리스의 기독교 비판은 불교에 그대로 적용되지 않으며, 오히려 그가 제시하는 건강한 사람의 자질이 불교에서 확인될 수 있다.

아론 벡(Aaron beck)의 인지치유(Cognitive Therapy)는 1960년대 초부터 시작되어 1970년대 중반에 그 효과가 과학적으로 검증된 이후 다양한 심리 장애 치료에 성공적으로 적용되고 있다. 벡은 우울증을 개인의 부정적 인식에서 비롯된 문제로 보았으며, 모든 심리 장애의 근원이 왜곡된 인지 과정에 있다고 주장했다. 그는 인지치유라는 상담 체계를 개발하여 고통을 해결하고자 했고, 붓다 역시 중생의 고통 해결에 중점을 두어 두 사람 모두 고통 해결이라는 공통 목표를 공유한다.

역사적 관점에서 두 체계의 형성 과정을 분석하며 세 가지 공통점을 논의한다. 첫째, 불교와 인지치유 모두 현재를 문제 해결의 출발점으로 삼고 있다. 둘째, 붓다와 벡은 그릇된 사고가 고통의 원인이라고 진단한다. 셋째, 두 사람 모두 내담자의 주체적인 노력을 강조한다.

붓다는 부정적인 사고가 악행과 고통을 초래한다고 가르치며, 아론 벡은 왜곡된 인지가 심리 장애를 일으킨다고 진단한다. 두 이론 모두 잘못된 사고 과정을 교정함으로써 고통에서 벗어나고, 붓다는 바른 지혜를 통해 열반에 도달할 수 있다고 설명한다.

최근 임상심리나 의료현장에서는 불교의 명상 수행법을 활용한 심신치유 프로그램이 다양하게 개발되고 있다. 대표적인 프로그램으로는 MBSR(Mindfulness-Based Stress Reduction, 명상에 기초한 스트레스 완화), MBCT(Mindfulness-Based Cognitive Therapy, 명상에 기초한 인지치유), MSC(Mindful Self- Compassion 알아차림 자기 공감)가 있다. MBSR은 스트레스를 줄이고 마음의 평화를 찾기 위해 알아차림 명상을 사용하여 부정적인 사고와 감정을 조절한다. MBCT는 우울증의 재발 예방을 목표로 하며, 명상과 인지치료를 결합하여 왜곡된 사고 패턴을 인식하고 수정하는 데 중점을 둔다. MSC는 자기사랑을 키워 부정적인 감정을 수용하고, 자신에 대한 비판을 줄이는 방법을 가르친다.

카밧진(Kabat-Zinn)이 개발한 MBSR은 미국 의료계에서 중요한 흐름을 형성하였으며, 임상심리학계에도 큰 영향을 미쳐 MBCT와 같은 불교 명상을 활용한 심신치유 프로그램의 발전에 기초가 되었다. MBSR의 개발 배경에는 불교의 영향이 깊이 자리 잡고 있으며, 각종 명상법은 모두 념처경(Satipaṭṭhāna-Suttanta)에 근거하고 있다.

MBSR의 심신치유 효과에 대한 이론적 배경을 살펴보면, 카밧진은 건강과 질병에 대한 새로운 시각인 행동의학에 근거하며, MBSR의 치유 기제로 전체성(wholeness)과 연결성(connectedness)을 강조하고 있다. 본서에서는 이러한 개념을 불교의 핵심 교리인 무아(無我)와 연기(緣起)의 가르침과 연관 지어 분석하였다. 전체성과 연결성은 MBSR의 치유 원리으로서 중요한 역할을 하며, 이는 심신의 통합적 접근을 통해 치유 효과를 발휘하는 데 기여한다.

MBCT는 우울증 재발의 원인으로 여겨지는 반추를 제어하기 위해 알아차림 명상을 활용한다. 우울증 재발 예방에 효과를 발휘하는 알아차림 명상에는 탈중심화(decentering)와 상위인지 지각(meta-cognitive awareness)이 내재해 있다. 이 두 개념은 자신의 생각이나 감정을 객관적으로 바라보도록 도와준다. 불교에서는 이러한 과정이 여실지견(如實知見), 정념(正念), 정견(正見), 비파사나(vipassana)와 유사하다고 볼 수 있다. 이 모든 방법은 우리가 생각과 감정에서 거리를 두고, 나(self)가 아니라는 깨달음에 이르게 해준다. 이렇게 되면 그 생각과 감정에서 자유로워질 수 있다.

우울증의 근본 원인 중 하나는 자기 자신에 대한 부정적인 신념이다. 알아차림 명상에는 자비의 정신이 내재되어 있다. 즉, 알아차림을 통해 우리는 자신에게 더 관대해지고, 자기 자비(self-compassion)를 키울 수 있다. 부정적인 생각이나 감정을 더 잘 다룰 수 있도록 도와준다. 따라서 MBCT는 불교의 자비 사상과 연결되어 있으며, 알아차림을 통해 자기 자신을 더 긍정적으로 바라보도록 유도하여 우울증 재발을 예방하는 효과를 가져온다.

인터넷과 휴대전화와 같은 통신 수단의 급속한 발전으로 인해 방대한 양의 정보가 쏟아지고 있다. 이러한 정보화 사회에서 그릇된 사고를 하게 되면 개인은 물론 사회 전체에 심각한 부정적인 영향을 미칠 수 있다. 정보를 올바르게 처리할 수 있는 사고 과정에 대한 정확한 이해는 사고의 역기능을 예방하거나 줄이는 데 중요한 역할을 할 것이다. 따라서 사고의 역기능에 대한 체계적이고 심층적인 연구가 필요하다. 인지치유와 붓다의 가르침은 현대 정보 산업 사회에서 더욱 중요해지고 있다.

또한 AI의 발전은 인간의 지적 사고와 창의력에 도전하고 있다. 생성형 AI 서비스의 출현으로 창의적 사고 능력이 더 이상 인간만의 전유물이 아니라는 사실이 드러나고 있다. AI와 인간의 지능 차이에 대한 깊은 고민이 필요해졌으며, 이는 궁극적으로 인간의 본성과 자아의 본질에 대한 질문으로 이어진다.

본서가 자신의 생각과 감정을 이해하고 조절하는데 도움이 되기를 기원합니다. 본서가 나오기까지 노고를 해주신 오종욱 사장님께 감사의 말씀을 전합니다.

경주 남산에서
2024년 12월 13일
안양규 합장

목차

서문 5

제1부 사고의 한계와 그 해결

I. 사고(思考)의 정의와 기능
1. 사고의 정의 및 기능   19
2. 인간의 사고의 위대성   21
3. 기계적 사고   27

II. 사고의 한계와 문제
1. 사고의 역기능과 한계   40
2. 불필요한 사고   48
3. 불선(不善)한 사고   51
4. 사고의 병리 현상   57

III. 자아 관념의 발생과 해소
1. 오취온(五取蘊)과 자기 동일시(自己同一視, self-identification)   69
2. 무아(無我)와 탈동일시(脫同一視, dis-identification)   82

IV. 역기능적 사고의 해결
1. 인지치유   100
2. 불교 명상   105
3. 지식에서 지혜로   113

제2부 불교와 인지치유

Ⅰ. 사고(思考)에 대한 붓다와 알버트 엘리스(Albert Ellis)의 견해

1. 사고(vitakka)에 대한 붓다의 견해 127

2. 알버트 엘리스(Albert Ellis)의 비합리적 사고(irrational thinking) 140

3. 사고에 대한 붓다와 엘리스의 견해 비교 149

Ⅱ. 종교적 신념에 대한 엘리스(Ellis)의 비판과 붓다의 가르침

1. 종교적 신념에 대한 엘리스의 비판 160

2. 종교적 신념과 붓다의 가르침 172

Ⅲ. 붓다의 가르침과 아론 벡의 인지치유

1. 아론 벡의 불교관 195

2. 현재 상황에로의 초점 199

3. 부정적 인지 과정 208

4. 문제해결의 근본 주체 219

Ⅳ. 역기능적 사고(思考, thinking)에 대한 붓다와 아론 벡

1. 고통의 원인과 그 발생 과정 232

2. 역기능적 사고의 종식과 고통의 해결 246

제3부 불교명상과 인지치유

Ⅰ. 불교 명상에 기반한 치유프로그램

1. 불교 명상과 치유 273

2. 불교 명상치유프로그램의 개발 배경 및 현황 281

3. 불교 명상의 의료적 적용 효과 292

Ⅱ. 알아차림 명상에 근거한 프로그램과 치유 원리

1. 알아차림 명상에 근거한 프로그램 298

2. 사념처 수행에서의 사티(sati)의 의미 303

3. 알아차림(mindfulness)의 의미 311

4. 알아차림 명상의 치유원리 317

Ⅲ. MBSR(Mindfulness-Based Stress Reduction, 명상에 기반한 스트레스 완화)의 개발과 불교의 영향

1. MBSR 프로그램의 개발 배경과 불교의 영향 334

2. 사념처(四念處) 수행과 MBSR 프로그램 349

Ⅳ. MBSR(Mindfulness-Based Stress Reduction)의 치유 효과와 그 교학적 원리

1. 행동의학(behavioral medicine)과 불교 명상 366

2. 전체성(wholeness)과 무아(無我) 372

3. 연결성(connectedness)과 연기(緣起) 382

V. MBCT(Mindfulness-Based Cognitive Therapy, 명상에 기반한 인지치유)의 치유 효과와 그 교학적 원리
1. MBCT 프로그램의 개괄적 분석 396
2. 반추(反芻)와 불교의 망상(papañca) 402
3. 상위인지 지각(meta-cognitive awareness)과 탈중심화(decentering) 412
4. 무아(無我)의 통찰: 여실정관(如實正觀) 420

VI. 자기 자비(self-compassion)와 MBCT(Mindfulness-Based Cognitive Therapy)
1. 자기-비난과 우울증 434
2. 자비와 MBCT의 명상 443

참고문헌 458
색인 482

제1부 사고의 한계와 그 해결

Ⅰ. 사고(思考)의 정의와 기능

1. 사고의 정의 및 기능

사고(thinking)는 정보를 처리하고, 문제를 해결하며, 결정을 내리는 과정을 가리킨다. 이 과정은 우리가 새로운 아이디어를 생성하고, 우리 주변의 세상을 이해하고 그에 따라 행동하는 데 필수적인 역할을 한다. 사고는 우리의 일상생활에서부터 전문적인 업무 환경에 이르기까지 모든 영역에서 중요한 역할을 하는 기본적인 인간의 지적(知的, cognitive) 능력이다.

사고의 종류는 3가지로 나눌 수 있다.

첫째, 창의적 사고란 기존의 방식에서 벗어나 새로운 아이디어나 해결책을 찾아내는 사고방식이다. 이는 융합적 사고와 연관되어 있다. 창의적 사고는 새로운 아이디어를 만들어 내거나, 복잡한 문제를 해결하는데 필요한 고유한 접근법을 개발하는 데 중요하다.

둘째, 비판적 사고는 정보를 분석하고, 판단하며, 그 정보의 질을 평가하는 사고방식이다. 이는 논리적 사고와 분석적 사고를 통해 정보를 정확히 이해하고, 그 정보를 기반으로 합리적인 결정을 내리는 데 필요하다.

셋째, 결정적 사고는 선택사항 중에서 최선의 선택을 하기 위한 과정이다. 이는 모든 가능성을 고려하고, 그 중에서 가장 효과적인 결정을 내리기 위한 능력이다.

사고의 종류는 인간이 사고하는 기본적인 과정에 근거하여 분류된다. 개인의 생각, 판단, 추론, 상상력 등의 인지 과정과 관련되어 있다. 우리가 어떠한 상황이나 문제를 해결하거나 이해하는 데에 어떤 방식으로 접근하는지, 어떤 관점으로 바라보는지에 따라 분류될 수 있다.

사고의 능력은 여러 가지 요인에 의해 형성된다. 이러한 요인들 중 주요한 것들을 살펴보면 다음과 같다.

첫째, 개인의 유전적 특성은 사고방식에 많은 영향을 줄 수 있다. 즉, 유전적으로 인한 인지 능력, 판단력, 행동 경향 등이 개인의 사고의 능력을 형성하는 데 크게 이바지한다. 둘째, 개인이 성장는 과정에서 경험한 환경은 사고의 능력에 큰 영향을 줄 수 있다. 문화, 교육, 가족, 사회적 상황 등의 다양한 요소들이 환경 요인으로 작용하며, 사고의 능력을 형성하는 데 중요한 역할을 한다.

사고의 기능은 절대적으로 중요하며, 우리의 일상생활에서 핵심적인 역할을 수행한다. 첫 번째로 정보 처리로 우리는 하루에도 수많은 정보들과 맞닥뜨리게 된다. 이 정보들은 뉴스 방송, 온라인과 오프라인의 다양한 소셜 미디어, 서적, 일상 대화 등 다양한 매체를 통해 전달된다. 이렇게 다양한 형태로 우리에게 주어진 정보들을 사고는 이해하고, 분석하며, 그 정보에서 의미를 도출하는 기능을 수행한다. 예시를 들어보면, 뉴스 기사를 읽을 때, 우리는 그 기사의 내용을 이해하고, 그 정보를 기반으로 우리의 개인적인 의견을 형성하며, 그 정보가 우리의 일상생활에 어떤 영향을 미칠지를 고민하게 된다.

둘째, 문제 해결이라는 기능으로 일상생활의 수많은 문제를 해결하는 능력이다. 이 문제들은 직장에서의 복잡한 업무 문제일 수도 있고, 가정에서의 생활 관련 문제일 수도 있다. 예를 들면, 직장에서는 복잡한 프로젝트를 관리하는 문제를, 가정에서는 가족들의 일정을 조정하고 평형을 맞추는 문제를 해결해야 할 수 있다.

셋째, 사고의 창의적 기능으로 새로운 아이디어나 해결책을 찾아내는 데 도움을 준다. 이 기능은 직장에서 새로운 프로젝트 아이디어를 개발하거나, 가정에서 아이들을 위한 새로운 놀이 아이디어를 생각해 낼 때 사용된다.

마지막으로, 결정 내리기라는 기능으로 우리는 매일 다양한 결정을 내려야 한다. 이런 결정들은 무엇을 먹을지부터 시작해서 어떤 일을 우선순위로 할지, 어떤 프로젝트에 시간과 자원을 투자할지 등 다양하다. 사고의 결정 내리기 기능은 여러 선택사항을 평가하고, 그중에서 최고의 선택을 결정한다.

따라서, 사고의 기능은 우리의 일상생활에서 중요한 역할을 하는 것이며, 우리가 세상을 이해하고, 문제를 해결하며, 새로운 아이디어를 창출하고, 결정을 내리는 데 큰 도움을 준다.

2. 인간의 사고의 위대성

인간은 지구상의 다른 현존하는 생명체에 비해 가장 뛰어난 인지 능력을 가지고 있다. 현생 인류를 가리키는 과학적 명칭인 호모 사피엔스(Homo Sapiens)는 인간을 다른 생물과 구별하는 독특한 특성으로 '사고하는 능력'을 소유하고 있다는 것을 보여주고 있다. 현생 인류의 선구자인 호모 사피엔스가 보여준 주요 특징으로는 이족직립보행(二足直立步行)과 뇌 발달이 있다. 다른 유인원과 달리 호모 사피엔스는 두뇌를 유독 발전시켰다. 인간의 두뇌가 진화하면서 도구를 만들고 활용하는 것은 물론 언어와 문자 같은 상징체계의 사용도 가능해졌다.

호모 사피엔스는 사람 속(Homo)에 속하는 동물 중 현존하는 종만을 가리킨다. 라틴어 호모(Homo)의 의미는 사람이고, 사피엔스(Sapiens)는 '생각이 깊은, 현명한'이라는 의미이다. 호모 사피엔스라는 인간은 '생각하는 능력'을 지닌 존재이다. 이러한 사유하는 능력을 키우기 위해서 교육은 전념하고 있다. 인간의 사고는 우리가 정보를 처리하고, 문제를 해결하며, 새로운 지식을 생성하거나 기존의 지식을 재구성하는 과정을 말한다. 인간의 사고는 우리가 세상을 이해하고, 변화에 적응하며, 새로운 것을 창조하고, 의사결정을 하는 데 중요한 역할을 한다.

파스칼(Pascal, 1623-62)은 일찍이 팡세(Penssées)에서 인간의 위대성을 사고 능력에서 찾았다. 인간을 생각하는 갈대라고 파스칼이 비유했다. 인간이 대자연에서는 갈대처럼 작은 존재이지만, 생각할 수 있는 능력 때문에 우주에서 다른 어떤 생명체보다 위대한 존재라고 결론짓고 있다.

> "인간은 자연에서 가장 연약한 한 줄기 갈대일 뿐이다. 그러나 그는 생각하는 갈대다. 그를 박살내기 위해 전 우주가 무장할 필요가 없다. 한번 뿜은 증기, 한 방울의 물이면 그를 죽이기에 충분하다. 그러나 우주가 그를 박살낸다 해도 인간은 그를 죽이는 것보다 더 고귀할 것이다. 인간은 자

기가 죽는다는 것을, 그리고 우주가 자기보다 우월하다는 것을 알기 때문이다. 우주는 아무것도 모른다. 그러므로 우리의 모든 존엄성은 사유(思惟)로 이루어져 있다. 우리가 스스로를 높여야 하는 것은 여기서부터이지, 우리가 채울 수 없는 공간과 시간에서가 아니다. 그러니 올바르게 사유하도록 힘쓰자. 이것이 곧 도덕의 원리이다."(파스칼, p.213)

파스칼에게 있어 인간과 다른 존재를 구분시켜 주는 것은 '생각하는 능력'이다. 인간은 현재 지구상에 알려진 생명체 중에 최고의 사고 능력을 소유하고 있다. 파스칼은 인간과 다른 개체 사이의 경계가 인간의 '인지 능력'에 있다고 가정한다. 현재 지구상에서 인식되고 있는 인간은 현존하는 모든 유기체와 비교할 때 가장 뛰어난 사고 능력을 갖추고 있다.

인간 사고의 위대함은 그 복잡성, 유연성, 창조성에서 기인한다. 사고를 통해 인간은 복잡한 문제를 해결하고, 불확실한 상황에서 의사결정을 하며, 새로운 아이디어를 창조하는 능력을 통해 우리의 생활을 개선하고, 사회를 발전시키며, 인류의 진보를 이루어 낸다.

인간의 사고는 상당히 복잡한 문제를 처리하고 이해할 수 있다. 예를 들어, 과학자들은 물리학, 생물학, 화학 등의 복잡한 문제를 해결하고 이해하는 데 인간의 사고력을 사용한다. 인간의 사고는 다양한 상황에 적응할 수 있다. 새로운 환경이나 상황에 직면했을 때, 우리는 그 상황을 이해하고 적응하는 방법을 찾아낸다. 이는 생존과 발전에 필수적인 능력이다. 인간은 새로운 것을 창조할 수 있다. 예술, 음악, 문학, 과학 등의 분야에서 새로운 아이디어와 작품을 만들어 내는 것은 인간 사고의 창조성에서 비롯된다. 이 창조성은 우리의 문화와 문명을 발전시키는 주요한 동력이다.

이러한 사고의 능력으로 인해 인간은 지구상의 다른 생물들과 구분되며, 이는 인간 사고의 위대함을 보여준다. 이러한 사고력 덕분에 우리는 지금까지 많은 발전을 이루어 냈고, 앞으로도 계속해서 발전해 나갈 것이다.

파스칼은 사유 능력을 올바르게 사용해야 한다고 충고하고 있다. 잘못 사용된 사고력이 다른 생명체들을 위협하고 나아가 자기 자신조차 위협하고 있다. 이러한 파괴적인 사고는 부정적인 사고이다. 새로운 인류 문화의 창달을 위해선 인간은 부정적인 사고의 한계를 인지하고 그 한계를 벗어날 수 있어야 한다. 새로운 문화를 창조할 수 있는 새 인류는 생각하는 갈대를 뛰어넘는 곳에서 시작한다.

동물과 인간의 사고 능력은 여러 면에서 차이가 있다. 이는 과학적 연구를 통해 여러 가지 방면에서 입증됐다.

첫 번째로, 인간은 추상적 사고를 할 수 있는 능력이 뛰어나다. 인간은 미래를 계획하거나 과거의 경험을 통해 배운 것을 다른 상황에 적용하거나, 아직 보지 못한 것이나 경험하지 못한 것에 대해 상상하거나 예측하는 능력을 갖추고 있다. 이는 인간이 시간과 공간을 넘어서 생각하고 복잡한 문제를 해결할 수 있는 능력을 의미한다. 이와 비교해 동물들은 대부분 현재 상황에만 몰두하며, 그 상황에 가장 적합하게 반응하는 데 초점을 맞춘다. 동물들도 문제 해결 능력을 갖추고 있지만, 그것은 주로 현재의 문제를 해결하는 데 집중되어 있다.

두 번째로, 인간은 언어를 통한 복잡한 의사소통 능력을 갖추고 있다. 인간은 말이나 글을 통해 복잡한 개념을 전달하거나, 다른 사람과 아이디어를 공유하거나, 감정을 표현하는 능력이 있다. 이는 인간의 사회적 복잡성과 깊이를 반영하는 것이며, 인간의 사고 능력이 다른 종과 무엇이 다른지를 보여주는 중요한 지표이다. 반면 동물들의 의사소통은 대부분 몸짓, 표정, 소리 등 비언어적 방법에 의존하며, 그 표현 범위가 인간보다는 제한적이다.

세 번째로, 인간은 문화적 전승을 통해 지식을 세대 간에 전달하는 능력이 있다. 예를 들어, 인간은 책이나 영화, 교육 등을 통해 이전 세대가 배운 지식이나 경험을 다음 세대에게 전달할 수 있다. 이는 인간의 사고 능력이 시간을 초월한 교육과 학습을 가능하게 하며, 인간의 문화와 사회를 형성하는 데 중요한 역할을 한다. 반면, 동물들도 일정 정도 학습과 모방을 통해 지식을 전달하는 때도 있지만, 그 범위와 깊이는 인간만큼은 아니다.

이런 차이에도 불구하고, 동물들 역시 문제 해결, 도구 사용, 사회적 상호작용 등을 통해 높은 수준의 사고 능력을 보여주는 경우가 있다. 이러한 능력은 그들의 생존과 번식에 필요한 것이며, 그들이 각자의 환경에 적응하고 성공적으로 살아가기 위한 필수적인 도구이다. 따라서 동물과 인간의 사고 능력은 다르지만, 각각의 생물학적, 환경적 특성에 맞게 발전해 왔다.

생물학적 관점에서 살펴보았을 때, 우리가 사고라고 부르는 것은 생명체의 생존과 깊이 연결된 중요한 기능이다. 생명체의 생존과 번식을 위해 필요한 활동들, 즉 환경에 잘 적응하고, 위협으로부터 몸을 보호하고, 필요한 식량을 찾아내며, 번식 파트너를 찾는 등의 다양한 행동들은 모두 사고 과정을 필수적으로 요구한다.

사고는 본질에서 주변 환경에 대한 정보를 획득하고, 그 정보를 통해 우리의 행동을 결정하는 과정이다. 예를 들어, 한 동물이 먹이를 찾기 위해 주변 환경을 탐색한다고 가정해 보자. 이 동물은 어떤 지역이 먹이를 찾기에 가장 적합한지, 어떤 지역이 위험하다고 판단할 수 있는지 등의 중요한 정보를 수집하고 이해하는 능력이 필요하다. 이러한 정보를 바탕으로 동물은 어디로 이동할지, 어떤 행동을 취할지를 결정하게 되는데, 이러한 결정 과정은 사고의 핵심적인 부분이다.

그러나 사고는 단순히 물리적 환경에 대한 반응만을 의미하는 것이 아니다. 사고는 생명체가 복잡한 사회적 상호작용을 수행하는 데도 중요한 역할을 한다. 많은 동물은 그룹 내에서 지위를 확립하거나, 번식 파트너를 유혹하거나, 경쟁 상대를 교란하는 등의 복잡한 사회적 행동을 보인다. 이러한 행동들은 다른 개체의 행동을 예측하고, 그에 따라서 자기 행동을 조정하는 능력이 있어야 하는데, 이것 역시 사고 과정 없이는 이루어질 수 없다.

결국, 사고는 생명체의 생존과 번식에 있어 근본적으로 중요한 기능이다. 생명체가 복잡성을 가지고 진화하면서, 그들의 사고 능력 역시 복잡해지는 경향이 있다. 이는 생명체가 더욱 복잡한 환경에 적응하고, 더욱 복잡한 문제를 해결하는 데 필요한 것으로, 이를 통해 생명체는 생존과 번식의 성공률을 높이게 된다.

생물학적 관점에서 사고력은 생명체의 생존에 매우 중요하다. 사고를 통해 유기체는 환경을 평가하고, 결정을 내리고, 생존 가능성을 극대화하는 방식으로 다양한 자극에 반응할 수 있다. 사고를 통해 유기체는 잠재적 위협을 분석하고 식량을 확보할 기회를 식별하며 그에 따라 행동을 조정할 수 있다. 사고 과정을 통해 유기체는 과거 경험을 통해 학습하고, 미래의 사건을 예측하고, 그에 따라 행동을 계획할 수 있다.

사고는 문제 해결에도 중요한 역할을 하므로 유기체가 문제를 극복하고 생존을 보장하는 혁신적인 해결책을 찾을 수 있다. 요약하면, 사고는 유기체가 환경을 탐색하고, 정보에 입각한 결정을 내리고, 생존을 위해 행동을 조정할 수 있게 해주는 기본적인 생물학적 기능이다.

3. 기계적 사고

1) 사고의 기계화

기계적 사고는 사고 과정이 일정한 규칙과 패턴에 따라 진행되며, 이러한 과정이 반복적이고 예측 가능하다는 의미를 담고 있다. 이는 기계가 일정한 규칙과 원칙에 따라 작동하는 것과 비슷하다는 점에서 '기계적'이라는 것이다. 인간의 두뇌는 매우 복잡한 '정보처리 시스템'으로, 수많은 정보를 받아들이고, 이를 분석하고, 판단을 내리며, 행동을 결정하는 역할을 한다. 이러한 과정은 어떤 면에서는 기계적이다.

예를 들어, 우리가 새로운 정보를 받아들일 때, 우리의 뇌는 이 정보를 기존의 지식과 경험과 비교하고, 이를 바탕으로 새로운 판단을 내리거나, 새로운 행동을 결정한다. 이러한 과정은 일정한 규칙과 패턴에 따라 일어나며, 이는 기계가 일정한 원칙에 따라 작동하는 것과 비슷하다.

사고가 기계적이고 자동적이라는 것은 자신의 의지에 따라 사고하는 것이 아니라 무의식적으로 자동 발생하는 사고를 의미한다. 사고 과정이 종종 우리의 의식적인 자각없이 자동으로 진행된다. 이는 우리의 두뇌가 수많은 정보를 처리하고, 복잡한 판단을 내리며, 다양한 문제를 해결하는 데 있어 효율적인 방식이다. 이런 과정은 두뇌의 엄청난 처리 능력을 보여주며, 이로 인해 우리는 다양한 상황에서 빠르고 정확한 결정을 내릴 수 있다.

예를 들어, 우리가 자동차를 운전하거나 자전거를 탈 때를 생각해 보면, 처음에는 모든 움직임을 의식적으로 생각하며 조정해야 한다. 하지만 시간이 지나면서, 이런 움직임들은 점차 '자동화'되어, 우리가 별도로 의도하지 않아도 자연스럽게 수행된다. 이는 인간의 두뇌가 반복적인 경험을 통해 특정 패턴을 학습하고, 그 패턴을 기반으로 자동적인 반응을 생성하는 능력 때문이다. 이렇게 자동화된 사고는 우리가 효과적으로 환경에 적응하고, 복잡한 태스크를 수행할 수 있게 해준다.

자동화된 사고 과정은 우리가 일상생활에서 수많은 작업을 동시에 수행할 수 있게 해준다. 즉, 우리는 자동차를 운전하면서 동시에 라디오를 듣거나, 대화를 나누거나, 주변 환경을 주시하는 등의 다양한 활동을 할 수 있다. 이는 사고의 자동화가 우리의 인지 부하를 줄여주고, 다른 중요한 작업에 더 많은 주의를 기울일 수 있게 해준다.

자동적 사고는 때때로 문제를 일으킬 수도 있다. 예를 들어, 우리는 종종 익숙한 패턴에 너무 의존하게 되어, 새로운 정보나 상황을 제대로 인식하지 못하거나, 잘못된 판단을 내리게 될 수 있다. 이는 습관적 편향으로 우리의 사고와 판단을 왜곡시키는 주요 원인 중 하나이다. 이런 편향은 새로운 정보나 상황을 제대로 이해하거나 적응하는 능력을 제한할 수 있다.

기계적 사고는 우리의 뇌가 복잡한 정보처리 작업을 효율적으로 수행하는 데 필수적인 방식이다. 우리의 뇌는 수많은 정보처리 작업을 '자동화'하는 능력을 갖추고 있다. 이는 특정 작업을 반복적으로 수행할 때, 그 작업이 점차 자동화되어 의식적인 노력 없이도 수행될 수 있게 된다. 이러한 자동화 과정은 우리가 복잡한 문제를 해결하거나, 여러 가지 태스크를 동시에 수행하는 데 필요한 '인지 부하'를 줄여주는 역할을 한다.

사고가 기계적이고 자동적인 것은 어떤 장점이 있지만, 동시에 편협되고 습관적 활동으로 인하여 심신의 건강문제를 일으키기도 한다. 이런 사고의 기계적 장단점을 이해하고 인식하는 것은 우리의 사고의 긍정적 기능을 향상하는 데 중요한 첫걸음이 될 수 있다.

2) 인간의 뇌와 컴퓨터

인간의 뇌와 컴퓨터는 각각 다른 정보를 처리하고, 입력된 정보를 모두 처리하여 결과를 출력하는 공통점을 가지고 있다. 인간의 뇌는 신경세포인 뉴런으로 구성되어 있고, 이 뉴런들은 전기적 신호를 통해 정보를 처리한다. 컴퓨터는 전자회로와 프로그래밍된 소프트웨어를 통해 정보를 처리한다.

인간의 뇌는 복잡한 신경망 구조를 가지고, 학습과 경험을 통해 정보를 교환할 수 있다. 컴퓨터는 빠른 계산 속도와 정확성을 통해 많은 양의 정보를 처리할 수 있다.인간의 두뇌는 세상을 이해하고, 새로운 아이디어를 창출하고, 문제를 해결하고, 결정을 내릴 수 있지만, 컴퓨터는 프로그래밍이 된 지침에 따라 정보를 처리하고, 계산을 수행하고, 작업을 수행하도록 설계되어 있다.

인간의 두뇌는 창의적으로 사고하고, 새로운 상황에 적응하고, 복잡한 개념을 이해하는 능력이 있지만, 컴퓨터는 알고리즘과 논리적 연산에 의존하여 작업을 수행한다. 인간의 뇌는 매우 유연하고 경험을 통해 학습할 수 있지만, 컴퓨터는 특정 작업을 수행하기 위해 지시적 프로그래밍이 필요하다.

컴퓨터는 훨씬 빠른 속도로 정보를 처리하고 반복적인 작업을 높은 정확도로 수행할 수 있지만, 인간의 뇌는 직관, 감정, 주관적 판단 능력이 뛰어나다. 의사결정 측면에서 컴퓨터는 대량의 데이터를 분석하여 객관적인 결과를 제공할 수 있지만, 인간의 뇌는 다양한 요인, 감정, 가치를 고려하여 더욱 미묘한 결정을 내릴 수 있다. 인간의 뇌는 복잡한 문제를 해결하고, 추상적인 개념을 이해하며, 창의적인 아이디어를 생성하는 능력을 갖추고 있다. 또한, 인간의 사고는 감정, 경험, 문화적 배경 등 많은 요소에 영향을 받는다. 이는 인간의 사고가 매우 복잡하며, 다양한 요소와 상호작용하며 발전한다는 것을 의미한다.

인간의 뇌는 또한 학습과 적응 능력이 뛰어나다. 인간은 새로운 경험과 정보를 통해 지속해서 배우고, 그 배운 것을 바탕으로 판단과 행동을 조절하며, 변화하는 환경에 적응할 수 있다. 이는 인간의 뇌가 '자기 학습' 능력을 갖추고 있다는 것을 보여준다. 컴퓨터는 정해진 규칙과 알고리즘에 따라 정보를 처리한다. 컴퓨터는 매우 빠르고 정확하게 계산을 수행할 수 있으며, 대량의 데이터를 처리하는 데 매우 효율적이다. 하지만 컴퓨터는 인간처럼 복잡한 문제를 해결하거나, 추상적인 개념을 이해하거나, 창의적인 아이디어를 생성하는 능력은 있지 않다. 또한, 컴퓨터는 주어진 규칙과 알고리즘에 따라 작동하기 때문에, 그 범위를 벗어나는 새로운 문제나 상황에 대해 적응하는 능력이 제한적이다.

컴퓨터는 '학습'을 통해 성능을 향상할 수 있지만, 이는 주로 '기계학습'이라는 기술을 통해 이루어진다. 이는 컴퓨터가 대량의 데이터를 통해 특정 패턴을 학습하고, 그 패턴을 바탕으로 예측이나 판단을 내리는 과정을 의미한다. 하지만 이는 인간의 학습 방식과 다르며, 컴퓨터의 학습 능력은 여전히 인간과 비교하면 제한적이다. 결국, 인간의 뇌와 컴퓨터는 모두 강력한 정보처리 시스템이지만, 그 작동 방식과 능력에는 차이가 있다.

3) 인간의 사고와 인공지능(Artificial Intelligence)

인공지능은 인간의 지능을 모방하거나 강화하는 기술이다. 인공지능은 데이터를 분석하고 패턴을 학습하여 문제를 해결하거나 내릴 수 있다. 인공지능은 기본적으로 알고리즘과 데이터를 기반으로 한다. 이는 컴퓨터가 주어진 정보를 처리하고, 패턴을 인식하며, 그에 따라 특정 작업을 수행하도록 프로그래밍이 되는 방식이다. 예를 들어, 인공지능이 체스 게임을 하는 경우, 체스의 규칙과 전략, 그리고 수많은 게임의 패턴을 학습하고 이를 바탕으로 다음 수를 결정한다. 하지만 이는 모두 인공지능이 알고 있는 지식 즉 정보에 근거한 것이다.

우리 인류는 이제 AI 시대에 진입하였다. 인공지능 기술이 최근 몇 년 사이 전 세계적으로 다양한 영역에서 적용되고 있다. 휴대폰, 인터넷 기반한 서비스 등을 사용하지 않고는 일상생활이 불가능하게 되었다. 인공지능(AI)의 잠재적인 사고 능력이 어느 정도인지를 보여준 것이 AI

알파고에게 세계 최강의 바둑 기사가 완패한 사건이었다.

2016년 '인간 vs AI'라는 세기의 대결서 인간 대표 이세돌이 5전 4패로 패배한 사건은 인간의 사고 능력의 본성과 한계에 대해 깊은 반성을 하게 만들었다.[1] 바둑은 사유의 게임이므로 인간 대 인공지능의 두뇌 대결에서 많은 사람들은 인간 이세돌의 승리를 예견하였다. 대국 당시를 이세돌은 다음과 같이 회고한다.

> "사실 정확히는 잘 몰랐고 전 그때 제가 당연히 이길 거라고 봤습니다. 당시에는 '구글에서 이런 인공지능도 만드는구나' 정도로만 생각했었습니다. 그래서 대국을 좀 쉽게 생각한 부분도 있습니다. 근데 막상 보니 승부 호흡도 없고 고민도 하지 않고 바로 수를 두는 모습을 보니 정말 벽에다가 테니스 공을 치는 느낌이었습니다. 너무 잘 두니까 제가 너무 안일하게 준비를 했구나 하는 생각도 들었습니다."[2]

AI 바둑 프로그램인 '알파고'의 승리는 바둑 경기에만 한정된 것이 아니라 인간의 시유 활동 전역에 알파고와 같은 AI 프로그램이 개발되어 적용될 수 있다는 것을 시사한다. 사유의 게임에서 이세돌이 패배한 것처럼 다른 영역에서 AI가 인간의 사고 능력을 뛰어넘을 것이다.

---

1) 이세돌씨는 학생들과 가진 인터뷰에서 2016년 대국에 대해 "프로 생활 20여 년 중 26수 만에 대결이 끝났다고 느낀 경기는 그때가 처음이었다"고 말했다. "8년 전 저는 준비가 부족했다. 학생들은 시대적 발전으로 당연하게 AI과 함께할 것"이라며 "다방면으로 준비해서 AI를 맞닥뜨렸으면 좋겠다"고 전했다. https://www.newsis.com/view/NISX20240711_0002807756. 이세돌(41) 전 프로바둑기사의 뉴욕타임스(NYT)와의 인터뷰(2024.07.10.). 검색일자: 2024.6.13.

2) https://blog.google/intl/ko-kr/company-news/technology/ai-conversation-with-lee-sae-dol-kr/. 검색일자: 2024.7.13.

2017년 유엔(UN) 공식 유튜브 계정에 소개된 인공지능(AI) 로봇 '소피아(Sophia)'의 영상이 그 해 조회수 1위를 차지하였다. '소피아'는 2017년 10월 미국 뉴욕 유엔 본부에서 열린 경제사회이사회(ECOSOC) 정기 회의에 등장해 발언권을 얻었다. '미래의 기술변화'를 주제로 열린 이날 회의에서 소피아는 유엔 사무부총장의 질문들에 답변을 이어갔다. 부총장이 "인공지능이 인류보다 나은 게 뭐냐"고 묻자 "인간이 본능적으로 깨닫는 사회적이고 정서적인 지능들을 저는 이제야 겨우 이해하는 수준"이라면서 겸손하게 답했다.[3] 유엔(UN) 공식 자리에 휴머노이드 로봇의 등장은 인류사에 공식적으로 진입한 것을 보여주는 상징적 사건이다.

2022년 11월 30일 GPT-3.5의 등장은 AI의 역사와 인류의 역사에서 충격적인 발전을 보여준다. 오픈AI(OpenAI))가 자체 개발한 대형 언어모델(Large Language Model, LLM) 를 기반으로 한 대화형 AI 챗봇 ChatGPT는 5일 만에 100만 명 이상의 사용자를 유치하고 2개월 만에 월간 사용자 1억 명을 달성하는 등 놀라운 성공을 거두었다. 이러한 성장률은 아이폰, 페이스북, 넷플릭스와 같은 인기 플랫폼을 능가하는 것으로, ChatGPT의 빠른 시장 침투력과 광범위한 채택을 보여준다.[4] 사람과 대화하는 것 같은 생성형 인공지능의 '인식'과 '자연어 처리(Natural Language Processing, NLP)' 능력 때문에 사용자가 전문 지식없이 일상적 언어로 자연스럽게 대화할 수 있다.

---

3) https://www.aitimes.com/news/articleView.html?idxno=137183. 검색일자: 2024.7.13.

4) https://m.post.naver.com/viewer/postView.naver?volumeNo=36982392&memberNo=51355096. "100만 명의 이용자를 확보하는 데 아이폰이 2개월, 페이스북은 10개월, 넷플릭스는 3년 이상 걸린 것과 비교해 보면 어마어마한 속도임을 알 수 있다." 검색일자: 2024.7.13.

오픈AI가 개발한 자연어 처리 AI 모델인 GPT-3이 시와 소설 같은 문학 작품을 써주며, 그림, 디자인을 만들어 준다. 현재 대본만 주면 동영상을, 심지어 단편 영화까지 만들어 주는 인공지능 프로그램이 개발되어 있다. 인공지능이 어디까지 발전할지 모르며 그 발전 속도는 엄청나게 빠르다.

인간의 사고와 인공지능을 비교해 보자. 인간의 두뇌는 수백억 개의 뉴런으로 구성되어 있고, 이 뉴런들 사이에는 복잡한 연결망이 형성되어 있다. 이 뉴런들의 상호작용을 통해 우리는 정보를 처리하고, 학습하며, 문제를 해결하고, 창의적인 아이디어를 생각해 낸다. 또한, 인간의 사고는 감정, 경험, 문화적 배경 등 많은 요소에 의해 영향을 받는다. 인공지능은 컴퓨터 시스템이 인간처럼 학습하고, 추론하며, 언어를 이해하고, 인식하는 등의 능력을 갖추도록 설계된 기술이다. 이는 알고리즘과 데이터를 바탕으로 하며, 특히 기계 학습과 딥러닝 같은 기술을 통해 컴퓨터가 스스로 학습하고 개선하는 능력을 갖춘다.

인간의 사고와 인공지능 사이에는 몇 가지 주요한 차이점이 있다.

첫째, 인간의 사고는 우리의 경험, 감정, 문화적 배경 등 많은 요소에 의해 영향을 받는다. 반면, 인공지능은 특정 알고리즘과 데이터에 의해 제한된다. 인간의 사고는 복잡하고 다양한 상황에 유연하게 적응하고 창의적인 해결책을 찾아낼 수 있는 능력을 갖추지만, 인공지능은 주어진 문제를 해결하는 데 특화되어 있고, 그 범위를 벗어나는 새로운 상황에 대응하는 능력이 제한적이다.

둘째, 인간의 사고는 두뇌에 내재된 복잡한 뉴런의 상호작용으로 이루어진다. 반면, 인공지능은 컴퓨터의 계산 능력을 바탕으로 한다. 이는 인간의 뇌가 복잡한 문제를 해결하고, 추상적인 개념을 이해하고, 창의적인 아이디어를 생각해 내는 능력을 갖추지만, 인공지능은 대량의 데이터를 빠르고 정확하게 처리하고, 특정 패턴을 학습하고, 예측하는 능력을 갖추고 있다.

셋째, 인간의 사고는 유연성, 적응성, 창의성이 특징인 경우가 많다. 인간은 새로운 개념을 빠르게 배우고, 지식을 다양한 상황에 적용하고, 문제에 대한 혁신적인 해결책을 생각해 낼 수 있다. 반면 AI는 속도, 정확성, 대량의 데이터를 처리할 수 있는 능력이 특징인 경우가 많다. AI 시스템은 방대한 데이터 세트를 분석하고, 패턴을 식별하고, 사용 가능한 정보를 기반으로 예측 또는 권장 사항을 만들 수 있다.

넷째, 인간의 사고는 자신을 반성하고 내면을 사유할 수 있지만 AI에는 자기인식이 부족하다. 인간의 사고는 자기반성과 내면적 사유를 가능하게 하는 복잡하고 다양한 능력을 포함하고 있다. 우리 자신을 이해하고, 자신의 행동과 생각을 평가하며, 우리의 가치와 신념을 반성하는 사유한다. 이러한 능력은 인간이 자신의 존재와 경험을 이해하고, 그것들에 대해 깊이 있는 사유를 할 수 있다. AI는 주어진 명령을 수행하거나, 데이터를 분석하거나, 패턴을 인식하는 데 매우 효과적일 수 있지만, 그것은 자신의 존재나 행동에 대한 이해 없이 이루어진다. AI는 자신이 '무엇'인지, '왜' 그렇게 작동하는지를 이해하거나 반성할 수 없다.

다섯째, 인간의 사고는 양심(良心)과 연결된 데 비해 인공지능은 도덕적 관념이 부재하다. 양심은 우리가 옳고 그름을 판단하고, 도덕적으로 적절한 행동을 선택하게 한다. 자신의 행동과 결정에 대한 책임을 느끼게 하며, 다른 사람들에게 손해를 끼치지 않도록 한다. AI는 프로그래밍이 된 명령에 따라 작동한다. AI는 자신의 행동에 대한 도덕적 판단을 내릴 수 없으며, 그 행동의 결과에 대한 책임을 느끼지 못한다.

이상의 차이에도 불구하고 인간의 사고와 AI 사이에는 유사점도 있다. 둘 다 경험을 통해 학습하고 시간이 지남에 따라 성과를 개선하며 변화하는 환경이나 작업에 적응할 수 있다. 또한, 인간의 사고와 AI 모두 편견, 오류, 한계의 영향을 받을 수 있다. 인간은 인지적 편향에 취약하며 주의력이나 기억력 제한과 같은 다양한 요인으로 인해 실수할 수 있다. 마찬가지로, 훈련 데이터가 불완전하거나 편향되었을 때 AI 시스템도 편향되거나 오류가 발생할 수 있다.

인공지능이 인간의 사고력을 능가하는 시점, 즉 '특이점(Singularity)'에 도달한다면, 그 결과는 매우 다양하고 예측하기 어려울 수 있다. 그러나 몇 가지 가능성에 대해 고민해 볼 수 있다.

첫째, 인공지능이 많은 분야에서 인간의 역할을 대체하게 된다면, 이는 경제와 일자리에 큰 변화를 불러올 것이다. 일부 전문가들은 인공지능에 의한 자동화가 대량의 일자리를 없애게 될 것이라고 경고한다. 반면에 다른 이들은 새로운 기술이 항상 새로운 일자리를 만들어왔듯이, 인공지능도 새로운 산업과 일자리를 만들어 낼 것이라고 주장한다. AI는 뛰어난 인지 능력을 통해 현재 인간이 수행하는 다양한 작업과 작업을 자동화할 수 있다. AI 시스템이 작업을 더 효율적이고 효과적으로 수행할 수 있으므로 이로 인해 특정 산업에서는 일자리가 대체될 수 있다. 하지만 AI 개발 및 유지보수와 관련된 분야에서 새로운 일자리를 창출할 수도 있다.

둘째, 인공지능이 인간의 사고력을 능가하게 된다면, 이는 사회와 윤리적인 측면에서도 많은 문제를 제기할 것이다. 예를 들어, 인공지능의 결정에 대한 투명성과 책임, 개인정보와 프라이버시, 인공지능의 권리와 인간의 권리 등에 대한 새로운 질문들이 제기될 수 있다. 오용이나 피해를 방지하기 위한 윤리적 지침과 원칙에 따라 AI 시스템을 프로그래밍하는 것이 매우 중요하다. 또한 AI의 도덕적 책임과 책임에 대한 문제도 해결해야 할 것이다.

셋째, 인공지능이 인간의 사고력을 능가하게 되면, 이는 과학과 기술의 발전을 가속할 수 있다. 인공지능은 대량의 데이터를 빠르게 분석하고, 복잡한 문제를 해결하는 데 있어 매우 유용하므로, 이를 통해 우리는 새로운 과학적 발견을 이루거나, 기술적 도전을 극복하는 데 도움을 받을 수 있을 것이다. AI 시스템은 인간보다 훨씬 빠른 속도로 방대한 양의 데이터와 정보를 분석하여 더 정확하고 효율적인 해결책을 제공할 수 있다. 인간의 인지 능력을 능가하는 AI의 능력은 다양한 부문에서 생산성과 효율성을 높일 수 있다. AI 시스템은 프로세스를 최적화하고, 패턴을 식별하고, 예측을 수행하여 결과와 자원 활용도를 개선할 수 있다.

넷째, 인간의 인지 능력을 능가하는 AI의 완전한 영향은 예측하기 어렵다. 예상치 못한 결과와 문제가 발생할 수 있다. 잠재적 위험이나 부정적인 영향을 해결하려면 AI 발전의 영향을 지속해서 모니터링하고 평가하는 것이 중요하다.

다섯째, 인공지능이 인간의 사고력을 능가하게 되면, 이는 우리가 인간의 존재와 의미에 대해 다시 생각해보게 만들 수 있다. 인공지능이 인간만큼 혹은 그 이상의 지능을 가지게 된다면, 우리는 인간이란 무엇인지, 인간의 가치와 목적이 무엇인지에 대해 새롭게 고민하게 될 것이다.

AI가 인간의 행복과 성장에 도움을 주는 방향으로 갈 수 있도록 AI에 대한 지속적인 모니터링과 평가가 필요하다. AI 개발자들이 인류의 복지를 위하는 목적으로 인공지능 기술을 발전시키고 적용해야 한다. 인류를 파멸로 이끄는 방향으로 인공지능 기술이 전개되어선 안 될 것이다.

인공지능과 지혜의 주요 차이점은 지식과 지혜의 차이와 같다. 인공지능은 계량화된 정보 즉 지식에 근거한 것이다. 인공지능은 데이터와 알고리즘에 의존하여 '알고 있는' 정보를 기반으로 작동한다. 이에 반해, 지혜는 직관적 이해를 통해 문제를 해결하고, 새로운 상황에 적응하는 지능(知能)이다. 이런 이유로, 현재로서는 인공지능이 진정한 '지혜'를 가지기에는 어렵다.

AI 기술자들은 딥러닝 등 다양한 방법들을 시도하여 생성형 AI를 향상하고 있다. 인간의 사고는 기계적이다. 그러므로 이론적으로 보면 AI가 인간처럼 생각하고 학습할 수 있게 될 것이다. 무수한 데이터를 분석하는 AI의 역량은 인간의 능력을 훨씬 초월한다. 인간의 사고가 부정적으로 작동할 수 있는 것처럼, AI도 부정적인 방향으로 발전할 수 있다.

생성형 AI 챗봇이 오류 없이 완벽하게 답변하는 수준은 아니지만 조만간 상당히 개선되어 오류가 줄어들 것이다. 생성형 AI는 기계적으로 데이터베이스에서 정보를 찾아내고 그 정보를 바탕으로 답변하는 것인데, 양질의 데이트를 공급하는 것이 중요하다. 생성형 AI 챗봇은 거대한 데이터에서 패턴을 학습하기 때문에, 잘못된 정보나 편향된 정보 역시 그대로 습득한다. 따라서 사용자에게 잘못된 정보를 전달하는 결과를 초래할 수 있다. 바른 정보를 주는 것이 중요하다.

AI의 발전으로 인간만이 할 수 있는 것으로 여겨지고 있던 지적(知的) 사고가 도전을 받고 있다. 인간의 고유 영역이라 여겨지던 '창의적 사고'의 기능을 탑재한 생성형 AI 서비스의 등장은 창의력이 더 이상 인간만의 전유물이라고 말할 수 없게 만든다. AI와 인간의 지능이 무엇이 다른지 고민해야 하며, 인간의 본성이 무엇인지도 물을 수밖에 없다. 인간의 본성에 관한 질문은 결국 나에 관한 질문에서 시작될 수밖에 없다. "인공지능(AI) 시대에는 '나'에 대한 이해가 중요합니다. 하고 싶은 일이 무엇인지, 어떤 성과를 낼 것인지 뚜렷한 목적의식을 가져야 합니다. 목적의식이 분명해야만 문제 해결 능력이 뛰어난 인재로 성장할 수 있습니다."[5]

---

5) https://www.hankyung.com/article/2023110289411. 검색일자: 2024.7.11.

Ⅱ. 사고의 한계와 문제

1. 사고의 역기능과 한계

1) 사고의 역기능

사고의 역기능은 특정한 상황에서 사고 능력이 오히려 제약되거나 제대로 작동하지 않는 현상을 의미한다. 사고의 역기능은 일반적으로 의도하지 않은 결과를 초래하는 것을 의미한다. 예를 들어, 어떤 행동이 의도한 대로 작용하지 않고 오히려 반대의 결과를 초래하는 경우를 말한다. 인간의 사고 과정에서 예상치 못한 문제가 발생하거나, 효율적인 사고가 어려워질 때 나타날 수 있다. 이러한 사고의 역기능은 다양한 요인에 의해 발생할 수 있다. 예를 들어, 강한 감정이나 스트레스 상황에서는 집중력이 흐트러지고 판단력이 저하될 수 있다. 또한, 선입견이나 편견이 사고를 제약하고 올바른 판단을 방해할 수도 있다.

백 층이 넘는 높이의 빌딩이 세워지고, 바다를 메워 거대한 인공섬을 만들고 화성에 우주선을 보내는 것도 모두 사고의 힘에 의존한 것이다. 그러나 이렇게 전대미문의 문화를 형성한 위대한 사고는 현대에 이르러 숱한 문제를 야기하고 있다. 세계 1차, 2차 대전을 겪으면서 만들어진 유네스코 헌장은 전쟁의 발생과 그 해결이 인간의 마음 즉 사고에 있다는 것을 간결하게 보여주고 있다. "전쟁은 인간의 마음속에서 비롯되므로 평화의 방벽을 세워야 할 곳도 인간의 마음속이다."(Since wars begin in the minds of men, it is in the minds of men that the defences of peace must be constructed.)".[1]

이 문장은 유네스코(UNESCO) 헌장의 서문에서 나온다. 여기서 말하는 '전쟁'과 '평화'는 오직 무기나 정치적인 문제만을 의미하는 것이 아니다. 그것은 인간의 마음, 즉 사람들의 사고방식과 인식의 문제를 가리킨다. 예를 들어, 고정관념이나 편견은 사람들 사이에 갈등을 일으키는 원인이 될 수 있다. 특정 집단이나 개인에 대한 편견이 깊게 뿌리내리면, 그로 인해 분노, 증오, 그리고 결국에는 폭력으로 이어질 수 있다. 이렇게 된다면, 실제로 무기가 등장하기 전에 이미 '전쟁'은 시작된 것이다.

따라서 '평화의 방벽'을 세우려면 무기를 제거하거나 정치적인 문제를 해결하는 것만으로는 부족하다. 사람들의 마음속에서부터 변화를 이끌어야 한다. 편견과 고정관념을 극복하고, 다른 사람들을 이해하고 존중하는 태도를 배워야 한다. 이러한 변화가 모여 '평화의 방벽'이 세워지는 것이다.

유네스코 헌장에서 분명하게 지적하듯이 수백만 명의 생명을 앗아가는 국가 간의 전쟁도 부정적인 사고에서 비롯된다. 집단 간의 갈등은 개개인의 부정적인 사고가 모여 충돌하는 현상이다. 한 개인의 삶에서 대기업의 경영, 국가의 정치에 이르기까지 부적절한 일이 발생하는 것도 합리적인 사고의 부재에서 비롯된다. 국가 간의 전쟁도 그 시작은 인간의 마음에서 비롯되므로 각자 마음속에서부터 변화를 가져와 더 나은

---

1) https://www.unesco.org/en/vision. 이 문장은 유네스코의 모든 행동의 기반을 이루며, 갈등의 근원을 이해하고 대응하기 위한 노력을 밝히고 있다. 검색일자: 2024.7.11.

세상을 만들어 가야 한다는 강력한 메시지를 담고 있다.

사고의 역기능이 발생하는 다양한 상황들을 자세히 살펴보며 이에 대한 몇 가지 예시를 들어보자.

첫째, 강한 감정 상황에서 사고의 역기능이 발생할 수 있다. 분노나 슬픔과 같은 강한 감정은 우리의 사고 과정에 부정적인 영향을 미칠 수 있다. 이러한 감정이 지나치게 심할 경우, 통상적인 상황에서보다 집중력이 흐트러지고 판단력이 저하되어 올바른 결정을 내리는 데 어려움을 겪게 된다.

둘째, 스트레스 지수가 높은 상황에서도 사고의 역기능이 나타날 수 있다. 스트레스는 우리의 인지 능력, 특히 집중력과 기억력을 저하하는 데 영향을 미친다. 이로 인해 뇌 기능이 제약되어 사고 과정에서 오류가 발생하거나 효율적인 사고를 하는 것이 어려워질 수 있다.

셋째, 선입견이나 편견이 개입되는 상황에서 사고의 역기능이 발생할 수 있다. 선입견이나 편견은 개인의 주관적인 사고방식에 영향을 미쳐 사실을 왜곡하거나 무시하게 만들 수 있다. 이러한 왜곡은 올바른 판단을 방해하고, 결과적으로 실수를 유발할 수 있다.

마지막으로, 충분한 정보가 없는 상황이나 그릇된 정보로 사고의 역기능이 발생할 수 있다. 정보 부족이나 잘못된 정보는 판단력을 저하하고, 올바른 결정을 내리기 어렵게 만들어 결국 잘못된 선택을 하도록 이끌 수 있다.

이상과 같이 감정 상황, 스트레스 상황, 선입견과 편견, 그리고 정보

부족, 잘못된 정보 등은 사고의 역기능이 나타날 수 있는 대표적인 원인이다.

인간의 뇌 구조와 사고 능력에는 확실히 한계가 있다. 이 한계들은 우리의 사고와 행동에 영향을 미치며, 다음과 같은 형태로 나타난다.

첫째, 우리의 뇌는 한 번에 처리할 수 있는 정보의 양에 한계가 있다. 이를 '작업 메모리'의 한계라고도 부를 수 있다. 너무 많은 정보를 동시에 처리하려고 하면, 우리는 정보를 제대로 이해하거나 기억하는 데 어려움을 겪을 수 있다.

둘째, 인간의 사고는 종종 편향에 영향을 받는다. 이는 우리가 정보를 수집하고 해석하는 방식에 영향을 미치며, 때로는 잘못된 결론을 내리거나 부정확한 의사결정을 하게 만든다. 이러한 편향은 종종 우리가 인지하지 못하는 무의식적인 수준에서 작용한다.

셋째, 우리의 뇌는 정보를 처리하고 결정을 내리는 데 시간이 필요하다. 때로는 빠르게 행동해야 하는 상황에서 이 시간적 제약이 문제가 될 수 있다. 넷째, 뇌 또한 노화하며, 이는 우리의 사고 능력에 영향을 미친다. 나이가 들면서, 우리의 기억력, 집중력, 학습 능력 등이 전반적으로 사고력이 저하된다.

사고의 역기능은 좋지 않은 결과를 초래하는데, 이는 우리의 의사결정과 문제 해결 과정에 혼란과 오류를 일으킬 수 있다. 예를 들어, 우리가 특정한 문제를 해결하기 위해 특정한 방법을 선택하였지만, 사고의 역기능으로 인해 그 방법이 우리가 원하는 결과와는 반대의 결과를 초래할 수 있다. 이에 따라 우리의 의사결정과 문제 해결 능력이 저하되고, 원하는 목표를 달성하는 데 어려움을 겪을 수 있다. 의사결정과 문제 해결 능력은 우리가 일상적으로 많은 상황에서 사용하는 능력이다. 이를 통해 문제를 파악하고 해결책을 모색하며, 목표를 달성하기 위한 결정을 내린다. 따라서 이 능력이 저하되면 우리의 행동과 결정에 불쾌한 결과가 초래될 수 있다.

유해한 결과가 초래되는 이유는 사고의 역기능으로 인해 우리의 판단과 결정에 오류가 발생하기 때문이다. 사고의 역기능은 우리의 의식적인 사고나 판단과는 다른 방식으로 작용할 수 있으며, 이에 따라 우리가 해로운 결과를 초래할 수 있다. 또한, 우리의 선입견이나 편향된 사고방식이 고통스러운 결과를 초래할 수도 있다.

사고의 역기능은 인간의 사고와 행동에 제한을 만들며, 때로는 문제를 일으킬 수 있다. 하지만 이러한 한계를 이해하고 그에 대응하는 전략을 개발함으로써, 우리는 더 나은 의사결정을 내리고 문제를 효과적으로 해결할 수 있다. 또한, 인공지능과 같은 기술의 발전을 통해 인간의 인지 능력을 보완하고 확장하는 것도 가능해지고 있다.

인간의 위대한 사고력이 다른 생명체들을 위협하고 나아가 자기 자신조차 위협하고 있다. 이러한 파괴적인 사고를 부정적인 사고라고 할 수 있다. 부정적인 사고는 크게는 국가 간의 전쟁을 야기하고, 작게는 한 개인의 정신질환, 심인성 질병을 유발하는 주요한 인자이다.

2) 사고의 한계

생각이 늘 바르고 유익한 것은 아니다. 적절한 검토 없이 자신의 생각을 진실이라고 믿는다. 우리는 종종 생각을 비판적으로 검토하거나 평가하지 않고 그 생각을 믿는 경향이 있다. 즉, 우리는 그 정확성이나 논리성, 잠재적 편견에 대해 의문을 제기하지 않고도 자신의 생각을 참되거나 타당한 것으로 받아들일 수 있다. 이로 인해 인지적 편향, 판단의 오류, 잘못된 믿음이나 오해가 지속될 수 있다. 우리는 비판적인 사고나 반성하지 않고 떠오르는 대로 그냥 받아들일 수도 있다. 이는 사고의 결점, 편견 또는 불일치를 인식하지 못하게 하여 잘못된 의사결정이나 잘못된 믿음으로 이어질 수 있으므로 문제가 될 수 있다.

크리슈나무르티(Krishnamurti, 1895-1986)의 사상의 키워드는 '사고, 생각'이다. 크리슈나무르티의 가르침의 궁극적인 목표는 생각으로부터의 벗어남, 해방이다. 모든 생각에서 완전히 벗어나는 것(total freedom)이 진정한 자유이며 이것이 진정한 종교의 해탈이며 구원이라고 크리슈나무르티는 역설한다.

> "사고는 시간이다. 사고는 경험에서, 지식에서 발생한다. 경험과 지식은 시간과 분리될 수 없다. 시간은 인간의 심리적인 적이다. 우리의 행동은 지식에 그리고, 그러므로 시간에 근거를 두고 있다. 그래서 인간은 언제나 과거의 노예이다."(Mary Lutyens, pp.204-5).

크리슈나무르티는 사고는 일종의 기계적인 반응이라고 보고 있다. 과거의 경험과 지식에 따르고 있어서 사고는 항상 과거의 노예이다. 현재 진행 중인 문제를 과거의 경험과 지식으로 풀 수밖에 없는 사고는 그 한계를 자체 잉태하고 있다.

사고는 인간의 문제를 해결할 수 없다고 크리슈나무르티는 지적하고 있다. 사고가 아무리 정밀하고 뛰어나다고 하더라도 사고 그 자체는 인간이 만들어 놓은 문제를 해결할 수 없다는 것이다. 오히려 사고가 멈출 때 인간의 문제는 해결할 방법을 찾을 수 있다고 밝히고 있다. 인간의 문제, 즉 인간관계에서 발생한 문제는 사고가 만들어 놓은 것이다. 그러므로 사고 그 자신이 만들어 놓은 문제를 해결할 수 있는 능력을 갖추고 있지 않다는 것이다(Jiddu, Krishnamurti, 1988 p.111).

크리슈나무르티는 데이빗 봄(David Bohm, 1917-1990)과의 대화에서 사고는 기계적(mechanical)이며 단편적(fragmentary)인 속성을 지니고 있다고 주장하고 있다.[2] 생각이 기계적이라는 말은 생각이 기계처럼 창조적(creative)이지 못하고 정해진 틀에서 작용하는 것을 의미하며 단편적인 것은 생각이 전체를 알지 못하고 극히 일부만 안다는 의미이다. 크리슈나무르티는 현대과학에서 이룩해 놓은 사고에 관한 연구 성과를 인정하고 있다. 즉 생각이 물리적(physical)이고 화학적(chemical)인 과정에서 발생한다는 것을 수용하고 있다(J. Krishnamurti and David Bohm, pp.67-74). 생각이 이러한 한계를 지니고 있기에 아무리 고상한 아이디어를 만들어 내더라도 그 아이디어는 기계적이며, 단편적일 수밖에 없다. 정치문제, 경제문제, 종교문제 등 온갖 인류의 문제해결책이 제시되더라도 그것이 만약 생각에 따라 고안된 것이라면 역시 한계를 잉태하여 불완전하다는 것이다.

우리가 하는 생각을 성찰하여 보면 대부분의 생각은 결국 자기중

---

2) 데이빗 봄(David Bohm)은 20세기 물리학자로서 양자역학과 관련된 중요한 기여를 했다. 데이빗 봄은 크리슈나무르티와 매우 깊은 대화를 여러 차례 가졌다.

심의 이기적인 생각이나 잡념일 뿐이다. 사고는 자기중심적이어서 자신만의 세계에 집착하는 형태로 나타난다. 크리슈나무르티는 생각이 자아 관념을 만들어 냈다고 단언한다. 자아 관념을 중심으로 모든 생각들이 연결되어 합쳐져 있다는 것이다(J. Krishnamurti and David Bohm, p.76). 생각에 의해 만들어진 자아 관념은 자신이 모든 생각을 하는 주체라고 여기게 된다. 자아 관념의 형성은 가장 근본적인 오류로 모든 인생 문제의 시작이 된다. 따라서 자아 관념이 해체되지 않으면 결코 인생의 고통 문제는 해결될 수 없다. 생각은 결코 자신이 저지른 근본 오류를 스스로 볼 수 없으므로 자신이 문제의 장본인이다는 것을 보지 못하게 된다.

그렇다고 생각이 전적으로 무용하거나 유해하다고 보지 않는다. 생각이 자신의 한계를 인정하고 그 한계 범위 내에서 작용한다면 유용한 도구가 될 수 있다고 크리슈나무르티는 주장한다. 의식주를 해결하는 데 필요할 때 생각이 작용해야 한다는 것이다(J. Krishnamurti and David Bohm, p.73). 현실적으로 생각하지 않고 생활한다는 것은 불가능하다. 계산도 할 수 있어야 하고 필요한 정보도 수집할 수 있는 것은 모두 생각의 활동 덕분이다.

이러한 긍정적인 역할에도 불구하고 생각이 만들어 놓은 인류의 고통을 볼 때 사고는 순기능보다는 역기능이 더 많다. 생각이 순기능만 할 수 있게 하기 위해서는 지각(知覺, perception)이 있어야 한다고 크리슈나무르티는 설명하고 있다. 지각은 사고의 본성과 그 한계를 볼 수 있다(Krishnamurti and David Bohm, p.73). 크리슈나무르티가 사용하는 perception(知覺)이라는 말은 불교의 지혜와 유사한 개념으로 보인다.

2. 불필요한 사고

일상적으로 하는 인간의 사고는 대부분 필요하지 않다. '오만 가지 생각'이란 표현은 한국어에서 매우 많은 생각이나 걱정을 동시에 하는 상황을 묘사할 때 사용된다. 이 표현은 보통 우리가 어떤 문제나 상황에 대해 너무 많은 생각을 하거나, 여러 가지 가능성을 동시에 고려하며 걱정하는 상황을 설명하는 데 사용된다. 이사를 앞둔 한 가족이 있다고 생각해보자. 이 가족은 새로운 집의 위치, 이사 비용, 새로운 학교에서 아이들의 적응력, 이사 후의 생활 방식 등에 대해 "오만 가지 생각"을 하게 될 것이다. 이처럼 "오만 가지 생각"은 여러 가지 문제나 상황에 대해 많은 생각을 하게 되는 상황을 나타내는 표현이다. 때로는 오만가지 생각할 필요도 있지만, 대체로 너무 많은 생각이 스트레스를 유발하거나 우리의 판단을 방해하는 경우가 대부분이다.

보통 사람들이 하는 생각 중에서 80-90%는 반복적이고 필요하지 않은 잡념에 불과하다. 더구나 부정적인 생각을 하고 있을 때가 적지 않다. 이런 부정적인 생각은 몸을 해치게 된다. 자기도 의식하지 못하는 대부분의 생각은 부정적인 경향을 띠고 있으므로 생각은 고통을 일으키는 원인이 된다. 일시적이지만 생각이 없는 상태에 있을 때 우리 자신은 얼마나 평온한지 안다. 불필요한 생각은 일어나지 않고 필요한 생각만 하는 것이 건강한 삶이다.

일상생활에서 사고는 자동화되어 있다. 우리의 뇌는 매일 수많은 결정을 내려야 하는데, 이 모든 결정을 의식적으로 고민하고 판단하는 것은 매우 힘든 일이다. 그러므로 뇌는 특정한 패턴이나 반복되는 상황을 학습하여, 이에 대한 반응을 자동화한다. 대부분의 일상적인 사고와 행동은 이러한 자동화된 반응이나 습관에 기반을 둔다. 이는 우리가 일상생활에서 수많은 작업을 동시에 수행하고, 복잡한 환경에서 효과적으로 작동할 수 있게 해준다. 즉, 이런 자동화된 사고와 반응은 우리가 생존하고, 성공적으로 일상생활을 수행하는 데 필수적이다.

이러한 자동화된 사고는 항상 최선의 결과를 가져다주지 않는다. 때때로 우리는 새로운 정보나 변화하는 상황에 적절히 대응하기 위해, 이러한 자동화된 반응을 잠시 멈추고, 의식적인 사고를 통해 새로운 판단을 내려야 할 필요가 있다. 이는 우리의 사고와 행동을 계속해서 진화시키고, 더 나은 결과를 가져오는 데 중요한 역할을 한다. 때때로 의식적인 사고와 판단이 필요하다.

인간이 일상생활에서 하는 사고의 상당 부분이 필요하지 않거나 유용하지 않다. 일상적으로 우리 마음을 사로잡고 있는 많은 생각과 정신적 과정이 우리의 전반적인 웰빙이나 생산성에 크게 이바지하지 못할 수도 있다. 우리가 사소하거나 중요하지 않은 일에 많은 정신적 에너지를 소비할 수 있음을 시사한다. 일상적 사고의 대부분이 필수적인 것은 아니라는 점을 인식함으로써 잠재적으로 더 중요한 작업이나 활동을 위한 정신적 공간과 에너지를 확보할 수 있다.

생각을 많이 한다고 해서 합리적인 결정을 하고, 후회가 없는 선택을 하지는 않다. 지나치게 많은 생각의 결과는 현명함과는 거리가 멀다. 생각을 많이 할수록 부정적인 상황만을 상상하며 아무런 결정도 하지 않거나, 자신이 해내지 못할지도 모른다는 두려움에 빠져들기도 한다. 생각이 많은 사람이 아니라, 생각을 적절하게 해야 한다. 생각을 지나치게 많이 하다 보면 부정적인 생각이 더 강해져서 행동할 수가 없게 된다.

불필요한 생각을 하는 이유는 무엇일까?

첫째, 우리의 사고패턴과 습관이 불필요한 생각을 하게 하는 역할을 할 수 있다. 지나친 생각을 하거나 상황을 지속해서 분석하는 습관이 생기면 이러한 패턴에서 벗어나기가 어려워질 수 있다. 생산적이지도 않고 도움이 되지 않는 불필요한 생각이 끊임없이 밀려올 수 있다. 많은 생각은 우리의 습관적인 반응이나 태도에 기반을 둔다. 우리는 특정 상황이나 사람에 대한 반응을 자동화하고, 이런 반응은 때때로 불필요한 생각을 유발한다.

둘째, 불필요한 생각을 하게 되는 또 다른 이유는 반추(反芻, rumination)이다. 반추란 과거의 사건, 문제 또는 부정적인 경험에 대해 반복적으로 생각하는 경향을 말한다. 이에 따라 우리가 통제할 수 없는 일에 대해 지나치게 생각하고 집착하게 되어 불필요한 생각을 하게 되는 악순환이 생길 수 있다.

셋째, 불안과 스트레스도 불필요한 생각을 하게 만드는 원인이 될 수 있다. 불안하거나 스트레스를 받으면 걱정, 두려움, 최악의 시나리오에 마음이 사로잡힐 수 있다. 이에 따라 잠재적 위협이나 문제를 예상하고 이에 대비하려고 할 때 끊임없이 불필요한 생각이 떠오를 수 있다. 인간은 불확실성과 위험에 대비하기 위해 걱정을 하는 경향이 있다. 이는 과거의 실수나 미래의 불확실성에 대한 고민으로 이어질 수 있다.

넷째, 완벽주의는 불필요한 생각을 유발할 수 있는 또 다른 요인이다. 자신에 대한 완벽한 기준을 정해 놓고 완벽을 향해 끊임없이 노력할 때, 우리는 끊임없이 자기 생각과 행동을 분석하고 비판한다. 자기 비난과 비하의 생각이 반복되어 불필요한 생각이 일어날 수 있다. 완벽주의자들은 자주 자신의 행동이나 결과를 과도하게 평가하며, 이런 과정에서 많은 불필요한 생각이 생겨날 수 있다.

다섯째, 우리는 종종 세상을 자기중심으로 세상을 이해하려고 한다. 이런 자기중심적 사고는 다른 사람들의 행동이나 의도를 자신과 비교하고 평가하면서 불필요한 생각을 만들어낸다.

3. 불선(不善)한 사고

붓다는 인간의 고통이 우리의 방식 방식에서 비롯된다고 보았다. 그는 우리의 사고를 두 가지 유형으로 구분했다: 자신과 타인에게 고통을 초래하는 사고와 자신과 타인에게 행복을 가져오는 사고. 이러한 관점은 윤리적 접근법을 보여준다. 붓다는 모든 사고를 무조건 제거해야 한다고 주장하지 않았으며, 동시에 사고의 모든 측면을 비판 없이 받아들이지도 않았다. 대신 그는 사고의 긍정적인 면과 부정적인 면을 모두 인정했다. 이 관점에 따르면, 우리의 목표는 고통을 유발하는 사고패턴을 인식하고 줄이는 한편, 행복과 웰빙을 증진하는 사고를 육성하는 것이다. 이는 우리의 정신적 습관에 대한 세심한 관찰과 의식적인 개선을 통해 이룰 수 있다.

정각 직전 붓다는 다음과 같이 생각하였다고 회상하고 있다.

"나는 차라리 모든 생각을 구별해 두 부분으로 나누어, 욕심의 생각[欲念], 성냄의 생각[恚念], 해침의 생각[害念]을 한 부분으로 하고, 욕심이 없는 생각[無欲念], 성냄이 없는 생각[無恚念], 해침이 없는 생각[無害念]을 다시 한 부분으로 하자."[3]

붓다는 인간의 마음에서 일어나는 수 많은 생각들을 크게 두 가지 범주로 분류했다: 불선한 생각(akusala citta)와 선한 생각(kusala citta). 불선한 생각에는 욕심의 생각, 성냄의 생각, 해침의 생각이 대표적이고 선한 생각에는 욕심이 없는 생각, 성냄이 없는 생각, 해침이 없는 생각이 대표적 예이다. 붓다는 우리의 모든 생각이 이 여섯 가지 기본 유형 중 하나에서 파생된다고 보았다. 불선한 생각들은 고통과 불만족을 초래하는 반면, 선한 생각들은 평화와 행복을 가져온다. 이 분류는 우리가 자신의 생각을 관찰하고 평가할 수 있는 실용적인 틀을 제공한다. 모든 생각을 억압하거나 모든 생각을 무비판적으로 받아들이는 극단을 피하고, 건설적인 생각을 육성하는 중도적 접근을 권장한다.

우리의 마음이 변화할 수 있고, 훈련을 통해 불선한 생각을 줄이고 선한 생각을 키울 수 있다는 것을 시사한다. 우리가 자신의 생각 패턴을 더 잘 이해하고 관찰할 수 있게 해준다. 우리의 생각과 행동을 평가할 수 있는 윤리적 기준을 제시한다. 자신의 생각을 더 잘 이해하고, 보다 건강하고 긍정적인 마음 상태를 개발할 수 있다.

---

3) 『念經』(『대정장』 I p.589上). "我寧可別諸念作二分 欲念恚念害念作一分 無欲念無恚念無害念復作一分."

"부지런히 정근하고 있는데 욕심의 생각이 일어났다. 나는 곧 일어난 욕심의 생각이 자신도 해치고 남도 해치고 둘을 함께 해치며, 지혜를 멸하고, 번잡하고 피로가 많아, 열반을 증득하지 못하게 한다는 것을 즉시 깨달았다"[4]

불선법(不善法)의 근원으로 욕심의 생각, 성냄의 생각, 해침의 생각이 제시되고 있다. 이 세 가지 생각이 모든 불선법의 근원이 되는 이유는 다음과 같다.

첫째 이 세가지 생각들은 자신에게 정신적, 감정적 고통을 초래한다. 동시에 타인에게도 직간접적으로 해를 끼치게 된다. 둘째 이러한 생각들은 명확한 판단과 통찰을 방해한다. 현실을 있는 그대로 보지 못하게 하여 지혜의 발전을 저해한다. 셋째 이 세 가지 생각은 열반에 도달하는 것을 방해하는 주요 장애물이다. 열반은 모든 고통과 윤회에서 해방된 상태를 의미한다. 넷째 이 생각들은 부정적인 업을 만들어내어 미래의 고통을 초래한다. 이 생각들은 우리를 끊임없는 윤회의 순환에 묶어두는 역할을 한다.

이 세 가지 생각은 대부분의 불선한 행동의 근본적인 동기가 된다. 마음을 오염시켜 평화와 행복을 방해한다. "나는 이것(욕심의 생각, 성냄의 생각, 해침의 생각)으로 말미암아 반드시 한량없는 악하고 착하지 않은 법이

---

4) 『念經』(『대정장』 I p.589上). "修行精勤 生欲念 我即覺生欲念 自害害他二俱害滅慧 多煩勞不得涅槃".

생기는 것을 보았기 때문이다."[5] "욕심의 생각을 여의지 않고, 성냄의 생각을 여의지 않고, 해침의 생각을 여의지 않으면, 곧 생(生), 노(老), 병(病), 사(死)와 시름[愁], 걱정[憂], 울음[啼哭]을 벗어나지 못하고, 또한 일체의 괴로움을 여의지 못한다."[6]

욕심의 생각, 성냄의 생각, 해침의 생각을 하지 않는 것이 선법(善法)으로 나아가는 길이다. "방일하지 아니하고 부지런히 수행하고 있었는데 무욕의 생각이 일어났다. 나는 일어난 무욕(無欲)의 생각은 자신도 해치지 않고 남도 해치지 않고, 또한 둘을 함께 해치지 않으며, 지혜를 닦고, 번잡하지 않고 괴롭지 않아, 열반을 증득한다는 것을 깨달았다"[7] 악한 생각을 하지 않게 되자 즐거움이 일어나게 된다는 것이다.

> "비구는 의지[思]하는 바에 따라, 생각[念]하는 바에 따라, 마음은 곧 그 가운데서 즐거워하게 된다. 만일 비구가 욕심 없는 생각을 많이 생각한다면, 욕심의 생각을 버리고 욕심 없는 생각을 많이 생각하기 때문에 마음은 곧 그 가운데서 즐거워하게 된다. 만일 비구가 성냄 없는 생각, 해침 없는 생각을 많이 생각한다면, 성냄의 생각, 해침의 생각을 버리고 성냄 없는 생각, 해침 없는 생각을 많이 생각하기 때문에 마음은 곧 그 가운데

---

5) 『念經』(『대정장』 I p.589上). "我見因此故 必生無量惡不善之法".

6) 『念經』(『대정장』 I p.589中). "不離欲念 不離恚念 不離害念者 則不能脫生老病死愁憂啼哭 亦復不能離一切苦".

7) 『念經』(『대정장』 I p.589中). "心無放逸 修行精勤 生無欲念 我即覺生無欲念 不自害不害他 亦不俱害 修慧不煩勞而得涅."

서 즐거워하게 된다."[8]

단순히 불선한 생각을 선한 생각으로 대체하는 것만으로는 충분하지 않다. 선한 생각이라도 과도하면 문제가 될 수 있다. 아무리 좋은 생각이라도 자꾸 하게 되면 피곤해진다. 생각은 곧 에너지의 고갈을 뜻한다. 생각을 담당하는 두뇌에서 통증을 느끼는 증상이 두통이다. 생각은 또 다른 생각을 불러일으킨다. 이런 운동의 흐름을 끊는다는 것은 치유를 의미한다. 생각을 멈추고 싶지만 그렇게 하지 못한다. 왜냐하면, 생각을 멈추고자 하는 것도 또 다른 생각이기 때문이다. 도둑놈이 경찰관으로 위장하여 도둑놈을 잡으려고 하는 것과 같다. 생각으로 생각을 멈출 수 없다.

무욕(無慾), 무에(無瞋), 무해(無害)의 생각도 지나치면 마음에 부담을 줄 수 있다. 좋은 의도의 생각이라도 지나치면 정신적, 육체적 피로를 초래할 수 있다. 궁극적인 열반은 선한 생각만으로는 도달할 수 없다. 모든 형태의 집착, 심지어 선한 생각에 대한 집착까지도 초월해야 한다. 진정한 해탈은 모든 생각에서 벗어나는 것이다. 이러한 가르침은 우리에게 단순한 선악의 구분을 넘어, 더 깊은 지혜와 균형을 추구하라고 권한다.

"나는 일어난 욕심 없는 생각[無欲念]을 많이 사고하였고, 일어난 성냄 없는 생각[無恚念]. 해침 없는 생각[無害念]을 많이 사고하였다. 나는 다시 이렇게 생각하였다. 생각을 많이 하는 것[多思念]은 몸으로 느끼는 선

8) 『念經』(『대정장』 I p.589下). "隨所思隨所念 心便樂中 若比丘多念無欲念者 則捨欲念 以多念無欲念故 心便樂中 若比丘多念無恚念無害念者 則捨恚念害念 以多念無恚念無害念故 心便樂中."

정의 기쁨을 잃게 하고 곧 마음을 상하게 한다. 나는 차라리 내적인 마음을 다스려 항상 머물러, 안에 있어서 그치고 쉬어 한결같은 마음으로 선정을 얻어, 마음을 상하지 않도록 하자."[9]

이상의 인용문은 제1선(禪 jhana), 즉 초선(初禪)을 상기시키고 있다. 제1선정(禪定)의 특징으로 이 단계에서는 탐욕, 진에, 해침과 같은 불선한 생각들이 사라지고 선한 생각만 존재한다. 여전히 선한 사유(思惟)의 활동이 남아 있다. 한역 경전에서는 이 남아있는 사유 활동을 '다사념'이라고 표현한다. 이는 '많은 생각' 또는 '과도한 사유'를 의미한다. 과도한 사유는 신체를 피로하게 하고 선정(禪定)의 깊은 평화와 기쁨을 온전히 경험하지 못하게 한다. 궁극적으로 마음의 안정과 발전을 방해한다. 더 높은 선정 단계로의 진전을 위해선 다사념도 결국은 극복해야 할 장애이다.

붓다는 사고를 선한 생각과 불선한 생각으로 분류하였다: 자신과 타인에게 해를 끼치는 생각과 자신과 타인에게 도움이 되는 생각. 선악의 판단 기준은 그 생각이 가져오는 결과에 있다. 이로움을 주는 사고는 '선(善)'으로, 해로움을 주는 사고는 '악(惡)'으로 분류된다. 해로운 사고를 줄이고 이로운 사고를 늘리는 것이 중요하다. 이는 일상생활에서의 윤리적 행동과 정신적 웰빙을 위한 기초가 된다.

더 높은 수준의 명상 상태에 도달하기 위해서는 모든 사고 활동을

9) 『念經』(『대정장』 I p.589中). "我生無欲念多思念 生無恚念無害念多思念 我復作是念 多思念者身定喜忘 則便損心 我寧可治內心 常住在內止息 一意得定 令不損心."

초월해야 한다. 이 단계에서는 선한 사고조차도 장애가 될 수 있다. 궁극적인 지혜와 깨달음을 위해서는 선악의 생각을 넘어서야 한다. 깊은 선정 상태에서는 모든 개념적 사고가 잠시 중단된다. 붓다의 실용적이면서도 심오한 접근법을 보여준다. 일상생활에서의 윤리적 행동과 마음의 수행, 그리고 깊은 명상 수행을 통한 궁극적 해탈이라는 두 가지 측면을 모두 포괄하고 있다. 이는 수행자들에게 단계적이고 전체적인 영적 성장의 길을 제시한다.

4. 사고의 병리 현상

1) 사고 중독

사고라는 것은 일종의 질병이다. 특히 과거에 충격적으로 경험했던 불행한 일에 관한 생각은 고통을 가져온다. 이런 불미스러운 일을 생각하고 싶지 않지만, 완전히 머리에서 없앨 수 없다. 나의 의지와는 상관없이 수시로 일어나 나를 괴롭힌다. 이런 점에서 생각은 고통을 일으키는 질병이다. 한편 생각 없이 살 수 없는 것도 사실이다. 생활에 필요한 사고는 필요하지만 불필요한 사고는 우리의 에너지를 소비한다. 한가지 생각에 심하게 빠져 있는 사람을 편집증 환자라고 병원에서 부른다. 자신의 신분이나 능력 이상의 어떤 것을 상상하고 있는 사람을 과대망상증 환자라고 부른다. 이런 환자들은 그 증상이 심해서 밖으로 드러나기 때문에 환자로 분류되어 치유받지만 보통 정상인이라고 하는 사람도 대개 이런 증상을 적게나마 가지고 있다.

올바르게 사용하면 사고는 아주 훌륭한 도구가 되지만 잘못 사용하면 대단한 파괴력을 갖는다. 사고는 사실상 우리를 통하여 자신이 원하는 바를 성취하고 있다. 증오의 생각이 사람에게 파괴적인 행동을 한다. 심지어 한 개인을 자살에 이르기도 한다. 이런 점에서 우리의 사고가 우리를 사용하고 지배하고 있는 셈이다. 원래 사고는 도구에 불과했지만, 도구인 사고를 나와 동일시하게 되고 끝내는 사고가 자기 자신을 지배하게 된 것이다. 마음을 자신과 동일시 하거나 마음의 노예가 되는 이것이 모든 잘못의 근원인 전도망상이다.

우리는 생각과 우리 자신과 동일시한다. 생각이 곧 자아(自我)라고 여긴다. 생각 그 자체를 자아라고 여기며 살아가고 있다. 이런 습관적인 방식에 의하면 자아가 지속되기 위해서는 생각이 지속되어야 한다. 이런 이유로 마음은 끊임없이 생각하고 있다. 무엇인가를 생각하지 않으면 아는 존재할 수 없다는 강박관념에 시달리고 있다. 마음이 자신으로 동일시하고 있는 한 생각의 종식은 자아의 죽음을 의미하기 때문에 마음은 무엇이든 상관하지 않고 생각하여만 한다. 그것이 과거에 관한 것이든 미래에 관한 것이든 상관없다. 과거의 일을 되새김질하고 미래의 일을 상상하고 공상한다. 불교에선 이런 마음의 활동을 한마디로 번뇌망상이라고 한다.

번뇌 망상이 일어나고 사라지는 운동이 끊임없이 진행된다. 이런 운동에는 나름대로 법칙이 보인다. 한 생각과 그다음에 일어나는 생각 사이에는 어떤 연결 고리가 있다. 이 연결 고리는 생각을 불러일으키는 매우 효과적인 장치로 보인다. 연상작용이 대표적인 장치이다. 동요 중에 원숭이 엉덩이는 빨개, 빨간 것은 사과로 시작하는 가사의 동요가 있다. 이 노래를 모르는 사람에게 사과와 원숭이가 같이 쉽게 생각되지 않을 것이다. 그런 사람에겐 차라리 바나나와 원숭이가 더 쉽게 연상될 것이다. 사과와 원숭이 사이에 빨간색이라는 연결 고리가 있으므로 쉽게 이 동요의 가사를 기억할 수 있다. 보통 느닷없이 일어나는 사고도 모두 앞의 사고와 어떤 연관성이 있는 것임이 틀림없다. 그렇지만 우리가 분간하지 못할 뿐이다.

한편 앞의 사고와 뒤따라 나오는 사고가 완전히 달라지기도 한다. 일련의 유사한 사고 꾸러미가 다음의 사고 꾸러미와 완전히 다르게 되는 것은 그사이에 다른 자극이 개입되었거나 숨어 있던 강력한 사고가 수면으로 튀어 올라 진행되던 사고의 흐름을 끊고 방향을 바꾼 것이다. 바다에 관해서 생각하고 있는데 갑자기 옆 사람이 술 이야기를 하면 바다에 관한 생각의 흐름이 단절되고 술에 관한 생각이 일어나는 것이다.

개들이 뼈다귀를 물어뜯기를 좋아하는 것처럼 마음도 늘 문제를 붙들고 씨름한다. 인조 뼈다귀조차 마다하지 않는 개처럼 우리 마음도 물고 늘어질 문제가 없으면 스스로 만들어 씨름하기를 즐긴다. 중국 고사 기우(杞憂)에 기(杞)나라의사람이 사실 우리 자신이다.[10]

꼬리를 물고 일어나는 생각의 행렬은 중독이라고 할 수 있다. 중독이란 자신의 의지 대로 할 수 없는 것을 의미한다. 알코올 중독이란 자신의 의지에 따라 술을 먹는 것이 아니라 술이 자신에게 술을 마시게끔 된 것을 가리킨다. 마찬가지로 생각에 중독되었다는 것은 생각을 의지적으

---

10) 기우(杞憂) 또는 기인지우(杞人之憂)는 매우 낮은 확률로 발생할 수 있는 사건에 대해 과도하게 걱정하고 두려워하는 상황을 설명하는 용어이다. 이 용어는 고대 중국의 기(杞)나라에서 살던 한 사람이 하늘이 무너지거나 땅이 붕괴할지 극도로 불안해했던 이야기에서 유래되었다.

로 하는 것이 아닌 상태를 말하는 것이다. 이런 상태를 병으로 보지 않는 점이 가장 본질적인 잘못이다. 우리는 생각 중독증에 걸린 환자이다.

마음은 사고와 감정으로 구성되어 있다. 사고는 우리의 두뇌가 정보를 처리하는 과정이며, 감정은 우리의 반응을 나타내는 상태이다. 이 두 가지는 서로 깊게 연결되어 있다. 우리의 사고는 우리의 감정에 영향을 미친다. 예를 들어, 우리가 어떤 상황을 긍정적으로 해석한다면 기쁨을, 부정적으로 해석한다면 슬픔이나 분노를 느낄 수 있다. 반대로 우리의 감정도 우리의 사고에 영향을 미친다. 예를 들어, 우리가 기분이 좋을 때는 긍정적인 사고가, 기분이 나쁠 때는 부정적인 사고가 더 자주 일어날 수 있다.

특정 사건이나 상황에 대한 우리의 해석이 감정을 조절하는 방식에 중대한 영향을 미친다. 즉, 우리가 상황을 인식하고 이해하는 방식이 감정을 관리하는 방식에 영향을 미친다. 상황을 긍정적으로 해석하면 긍정적인 감정을 경험하고 긍정적인 사고를 하게 될 가능성이 커진다. 반면에 상황을 부정적으로 해석하면 부정적인 감정을 경험하고 부정적인 생각을 하게 될 가능성이 커진다. 예를 들어 기분이 좋을 때는 사건을 더 긍정적으로 생각하고 해석하는 경향이 있다.

반대로 기분이 좋지 않을 때는 사건에 대해 부정적인 생각과 해석을 더 많이 하는 경향이 있다. 예를 들어, 우리가 분노를 느낄 때 우리의 사고는 종종 '편향'되어, 우리가 분노를 느낄 수 있는 상황이나 정보에 더 집중하게 된다. 이는 우리의 판단을 왜곡시키고, 때로는 더 나쁜 결정을 내리게 만들 수 있다. 이는 우리의 감정 상태가 사고 패턴 및 판단과 같은 인지 과정에 큰 영향을 미칠 수 있음을 시사한다. 이는 감정과 생각이 서로 연결되어 있고 양방향으로 서로 영향을 미칠 수 있다는 것을 보여준다.

따라서 어떻게 해석하느냐는 감정과 인지 과정에 어떤 영향을 미칠 수 있는지 아는 것이 중요하다. 이러한 관계를 이해함으로써 우리는 상황에 대한 더 건강하고 긍정적인 해석을 발전시킬 수 있으며, 이는 결국 감정을 더 효과적으로 조절하는 데 도움이 될 수 있다.

2) 사고의 병리 현상

사고가 심신질환을 일으키는 현상을 사고의 병리 현상으로 이해하면 이것은 사고의 개인적 심신질환에 중점이 주어지게 된다. 지나친 사고 활동은 정신적 피로와 스트레스를 유발할 수 있다. 특정 생각에 대한 강박적 집착은 불안과 우울을 초래할 수 있다. 지속적인 부정적 사고는 자기 비하, 무력감, 절망감으로 이어질 수 있다. 이는 우울증, 불안 장애 등 정신건강 문제의 원인이 될 수 있다. 현실을 왜곡하는 사고패턴은 잘못된 판단과 부적응적 행동을 유발한다. 예를 들면, 과대평가, 과소평가, 흑백논리, 과잉일반화 등의 사고는 현실을 제대로 파악하지 못하게 한다. 현실 인식을 왜곡시킬 수 있다.

반추(反芻)는 과거의 부정적 경험을 계속해서 되새기는 것은 현재의 삶을 방해한다. 이는 우울증의 주요 증상이자 원인이 될 수 있다. 미래에 대한 과도한 걱정은 현재의 삶의 질을 저하한다. 이는 불안 장애의 핵심 증상이다. 유연하지 못한 사고방식은 새로운 상황에 적응하는 것을 어렵게 만든다. 이는 스트레스 대처능력을 감소시킨다. 무의식적으로 일어나는 부정적 자동사고는 자아 존중감을 낮추고 대인관계를 해칠 수 있다. 지나치게 자기중심적인 사고는 공감 능력을 저하하고 대인관계 문제를 일으킬 수 있다. 지나친 완벽주의적 사고는 불필요한 스트레스와 불만족을 일으킨다.

현대인의 특징 중 하나는 다른 이전의 시대에 살았던 사람들에 비해 스트레스에 기인한 질병을 앓고 있다는 것이다. 한국 사회는 1960년 이후 급격한 스트레스 지수가 높아지고 급기야는 세계 랭킹 1위인 40대 남성 사망률과 세계 랭킹 2위인 술 소비국이라는 불명예스러운 기록을 소유하기에 이르렀다. 현대사회에서 사람들은 많은 스트레스를 받고 있으며 인간의 정신세계를 분열시키고 정신질환 등 실제로 고통을 받고 있다. 대부분 스트레스에서 오는 심장질환, 관절염, 당뇨병, 위장병, 신경질환 등은 스트레스를 해소함으로써 각종 질병을 감소시킬 수가 있다. 스트레스라는 것도 결국 외부의 자극인자를 어떻게 해석(생각)하느냐에 따라 그 영향력을 바꿀 수 있다.

우울증은 현대인이 앓고 있는 대표적인 질병이다. 개인적인 차원에서 우울증의 최악의 종점은 자살이다. 자살이라는 행위 이전엔 자살하겠다는 생각이 있다. 생각이 자기 자신의 생명을 앗아간 것이다. 생각의 폭력 앞에서 희생이 된 것이다. 자신이 생각을 다스리지 못하면 생각이 자신을 지배하게 된다.

부정적인 생각과 감정이 신체적 또는 정신적 질병의 발병 또는 악화에 기여할 수 있다. 심신 간의 연결 및 심리적 요인이 개인의 전반적인 건강과 웰빙에 영향을 미칠 수 있다. 만성 스트레스, 불안, 분노 및 기타 부정적인 감정이 면역 체계를 약화시키고 개인을 질병에 더 취약하게 만들 수 있음을 시사한다.

정신신체의학(精神身體醫學, psychosomatic medicine)은 신체의 질병을 정신적 원인과 육체적 현상을 관련지어서 연구하는 의학이다. 모든 질환을 심신의 양면에서 종합적으로 파악하고 진단과 치유를 하는 의학이다. 정신신체의학은 여러 가지 정신장애가 정신적 스트레스(stress)에 의해서 유발된다는 한스 셀리에(Hans Seyle)의 학설에서 출발하였다. 어떤 심리적 원인이 신체적 장애를 발생하거나 이미 있었던 신체적 장애를 악화시킨다고 본다. 실제로 내과전문의사를 찾는 환자의 질환 중 60% 이상이 정신신체장애자라고 말하는 학자도 있다.[11]

우리의 생각과 감정은 우리의 신체 건강에 깊은 영향을 미칠 수 있다. 이는 '마음-몸의 연결'이라는 개념을 중심으로 많은 연구에서 입증되었다. 특히, 부정적인 생각이나 스트레스는 다양한 질병을 유발하거나 그 진행을 악화시킬 수 있다. 스트레스는 우리의 신체에서 다양한 생리적 반응을 일으킨다. 이는 '싸우거나 도망치기'라는 스트레스 반응으로 잘 알려져 있으며, 이는 우리의 심장 박동수를 빠르게 하고, 혈압을 높이며, 근육을 긴장시키고, 호흡을 빠르게 한다. 이런 반응은 단기적으로는 위협적인 상황에 대응하는 데 도움이 되지만, 장기적으로는 여러 가지 건강문제를 유발할 수 있다. 예를 들어, 지속적인 스트레스는 심장질환, 고혈압, 당뇨병, 아토피 피부염 등의 발병 위험을 높일 수 있다.

우울증과 같은 정신적 질환도 신체 건강에 악영향을 미칠 수 있다. 우울증은 신체의 면역 시스템을 약화하고, 심장질환의 위험을 높이며,

---

11) https://terms.naver.com/entry.naver?docId=2117514&cid=44416&categoryId=44416. 검색일자: 2024.1.10.

수면 문제를 유발할 수 있다. 또한, 우울증은 통증을 더욱 심각하게 느끼게 하거나, 신체적 증상을 개선하는 데 방해가 될 수 있다.

생각과 질병(疾病)의 관계는 매우 밀접한 연관이 있다. 일반적으로 사고(思考)하는 마음과 신체적 면역계는 서로가 독립적으로 존재한다고 생각하지만, 정신의학의 여러 측면에서 입증되고 있는 것은 마음과 면역계가 하나의 단위처럼 행동한다는 것을 보여주고 있다. 예를 들면, 스트레스를 받으면 감염된 세균이 더욱 자유롭게 활동하며, 기분이 좋거나 기쁜 일이 있으면 면역계의 활동이 원활하게 되어 세균으로부터 우리 몸을 보호하는 역할이 충실해진다는 것이다. 그러므로 마음이나 육체 중 어느 한쪽이 병적 원인이 생기게 되면 서로가 동정하게 된다는 이론이다.

슬픔이나 걱정, 불안이나 죄책감, 불신 등 부정적인 사고에 기초한 감정은 생명력을 저하시키고 육체의 면역 지수를 감퇴시키는 결과를 가져오게 된다. 사람이 시기하고 질투하면 파괴적이며 건강에 해롭다. 사람에게서 만족을 앗아가고 분노와 미움과 살인을 일으킨다. 그것은 대단히 해로운 감정이며, 불면증과 위장병을 일으킨다. 분노는 혈압에 영향을 미치며 심장질환, 두통, 출혈, 현기증 및 발성 능력을 상실한다. 반면에 평온한 마음과 정신의 평화는 건강한 신체를 갖게 해준다.

사고나 심리적인 상태나 태도가 질병 발생에 영향을 미칠 수 있다. 사고는 신체적인 마음의 상태, 건강에 직접적인 영향을 미칠 수 있다. 부정적인 자기망상과 같은 생각은 신체의 면역 체계를 약화하고, 호르몬 분비를 변화시켜 질병 발생 가능성을 높일 수 있다.

부정적인 생각이나 감정은 스트레스 반응을 일으키고, 이는 다양한 질병의 발생이나 진행에 영향을 미칠 수 있다. 몇 가지 예를 들어 설명해보자.

첫째, 과도한 걱정이나 불안은 신체에서 스트레스 반응을 일으킨다. 이는 고혈압, 심장질환, 위장 문제 등의 질병을 유발하거나 악화시킬 수 있다. 또한, 불안은 수면 문제를 유발하며, 이는 장기적으로 면역 시스템을 약화하고, 다양한 건강문제를 유발할 수 있다.

둘째, 우울감이나 비관적 사고도 신체 건강에 부정적인 영향을 미칠 수 있다. 비관적 사고는 심장질환의 위험을 높이는 것으로 알려져 있다. 또한, 우울증은 신체의 면역 시스템 약화하고, 통증을 더욱 심각하게 느끼게 하며, 신체적 증상을 개선하는 데 방해가 될 수 있다.

셋째, 스트레스나 긴장은 신체에서 '싸우거나 도망치기(fight or flight)'라는 스트레스 반응을 일으킨다. 이는 고혈압, 심장질환, 소화 문제, 피부 문제 등 다양한 질병을 유발하거나 악화시킬 수 있다. 또한, 스트레스는 수면 문제를 유발하며, 이는 장기적으로 여러 가지 건강문제를 유발할 수 있다.

부정적인 생각이나 감정은 다양한 방식으로 신체 건강에 영향을 미칠 수 있다. 건강한 심신 상태를 유지하기 위해서는 사고의 균형과 유연성, 그리고 때로는 사고 자체에서 벗어나는 능력이 필요하다. 명상은 이러한 사고의 병리 현상을 인식하고 극복하는 데 도움을 줄 수 있다.

Ⅲ. 자아 관념의 발생과 해소

불교의 출발점은 자기 자신이 지금 당면하고 있는 고통에 대한 자각에서 시작한다. 왜 그리고 어떻게 고통이 발생하고, 어떻게 하면 고통을 끝낼 수 있을 것이냐는 문제의식은, 외적인 정치 경제 사회 등의 고찰로부터, 결국, 자기 자신의 내부에서 그 해답을 찾도록 붓다는 가르치고 있다. 자기 자신에 관한 탐구는, 다른 주제와는 달리, 탐구자와 탐구 대상이 모두 인간 그 자신이라는 점에서 한층 복잡한 양상을 띤다. 불교의 근본 사상인 무아(無我)는 보통 사람들이 지닌 자아의식(自我意識)이 허구임을 보여준다. 그릇된 자아 관념은 모든 고통의 근본 원인이라고 붓다는 가르친다.

아인쉬타인은 자아의 분리의식에 대해서 이렇게 밝히고 있다.

> "인간은 우주라고 불리는 전체의 한 부분으로 시간과 공간에 제한되어 있다. 자기 자신, 자신의 생각과 감정은 다른 사람과 분리된 것으로 경험한다. --- 중략 --- 일종의 의식의 시각적 착각이다. 이런 착각은 우리에게 일종의 감옥이며 우리를 자신의 개인적 탐욕에 가두어 버리고, 자신에게 아주 가까운 몇몇 사람에게만 사랑을 제한한다."(J. Kabat-Zinn, 1990, p.165).

대양과 파도의 관계는 마치 우주와 한 개인의 관계와 같다. 파도는 대양과 분리된 별개의 존재가 아니라 대양의 한 모습이며, 넓게 보면 대양이다.

마찬가지로 인간도 우주의 한 부분이지만 달리 보면 우주 전체와 분리될 수 없는 전체이다. 전체성을 보지 못한 채 우리는 생명의 한 부분만 보게 된다. 이러한 좁은 견해로 '나'의 인생, '나'의 문제, '나'의 고통 등 '나'를 강조하며 다른 존재와 전혀 별개로 여기게 된다. 마치 특정 파도에만 초점을 맞추고 다른 파도나 바다 전체를 보지 못하는 것과 같다. 나의 본질은 다른 사람의 본질과 분리되어 존재하지 않고, 특이(unique)하지도 않다. 그런데도 사람들은 변함없는 견고한 '나'가 있다고 착각한다. 이러한 자아의식은 실상 감옥에 불과하다.

자아(self)는 철학 등 제반 학문 분야에서 논의되어 온 주제로 최근엔 심리학에서도 주목받고 있다. 사실 자아에 관한 탐구는 붓다의 핵심이었으며 이후 불교에선 이 주제에서 벗어나지 않았다. 붓다의 무아 가르침에서 대승불교의 진아(眞我) 사상에 이르기까지 다양한 의견과 실천 방법론이 전개되었다. 불교의 장구한 역사에 비하면 서구 심리학의 역사는 비교할 수도 없지만, 최근엔 다수의 학자가 자아에 대한 논의를 다양하게 하고 있다. 본서에선 붓다의 무아 사상과 서구의 임상 심리학자 로베르토 아싸지올리(Roberto Assagioli, 1888-1974)를 중심으로 자아에 대한 이해를 돕고자 한다. 붓다와 아싸지올리의 공통부분은 동일시의 문제점을 지적하였다는 것이다. 그리고 아울러 자아동일시에서 벗어나는 방법을 제시하였다는 것이다.

적어도 표현상, 불교의 무아(無我)는 다른 종교나 철학 사조와는 전혀 다른 모습을 띠고 있다. 대개의 종교는 육체의 죽음을 초월하는 상주불변(常住不變)의 실체를 상정하여, 그것이 사후에도 지속된다고 믿는다. 불교의 무아설은 영원불변의 실체를 부정하기 때문에 다른 종교나 철학과는 구별된다. 불교를 다른 모든 철학과 종교와 구별시켜주는 삼법인(三法印)의 하나가 바로 제법무아(諸法無我)이다. 인도의 다른 종교도 이것을 승인하고 있다. 예를 들면 자이나교는 불교를 무아설(無我說, nairātmyavāda)이라고 부르고 있다(中村元, p.3).

무조건 동일시(同一視, identification)가 부정적인 결과만 초래하는 것은 아니겠지만 동일시의 부정적인 측면을 염두에 두고 본서에선 사용하기로 한다. 서구의 심리학에서 로베르토 아싸지올리(Roberto Assagioli)는 동일시와 탈동일시에 대하여 심각하게 다룬 인물이다. 프로이트가 자신의 심리학을 '정신분석(psychoanalysis)'이라고 부른 데 반해, 로베르토 아싸지올리는 자신의 심리학을 '정신통합(psychosynthesis)'이라고 불렀다. 아싸지올리가 프로이드처럼 유명한 인물이 아니므로 대중적으로 거의 알려지지 않고 있으나 최근에 주목받고 있다.[1] 아싸지올리는 심리발달을 하부무의식에서 중간무의식 그리고 상부무의식의 단계로 나아가는 것으로 본다. 보다 높은 의식에 이르는 과정에서 '동일시' 및 '탈동일시'라는 방법을 사용한다(이기흥, p.34).

---

1) 국내에서도 그에 관한 연구는 매우 드물다: 이기흥(2013), 아싸지올리의 저서 중 몇 권의 번역서가 출판되어 있다: 김민예숙 옮김(2003); 임용자·김옥경 공역(2007); 김현수·오치선 공역(1995).

1. 오취온(五取蘊)과 자기 동일시(自己同一視, self-identification)

1) 오취온(五取蘊): 자아 관념의 발생

붓다의 가르침에 의하면 자아라는 생각은 가상된 것, 거짓된 믿음으로 실재와는 거리가 멀다. 아견은 아(我)와 아소(我所, 나의 것)라는 분별의식과 이기적인 탐욕, 집착, 증오, 악의, 교만, 이기주의 그리고 다른 그릇된 생각들과 문제들을 만들어 낸다. 즉 자아에 대한 그릇된 견해는 개인적인 갈등에서부터 국가 간의 전쟁에 이르기까지 모든 문제의 근원이다. 요컨대 이러한 그릇된 견해에 세상의 모든 죄악의 근원이 놓여 있는 것이다(Rahula Walpola, p.51).

'자아가 존재한다는 생각'은 고통을 일으키는 자의식(自意識, self-consciousness)이고 분별의식으로 불교에서는 근본적으로 아견(我見)에서 다루고 있다. 아견은 자아를 오취온(五取蘊)과 동일시하거나 관련지어 생각하는 대표적인 사견이다. 해탈에 방해가 되는 모든 번뇌의 행위는 궁극적으로는 그릇된 자아 집착에서 기인한다. 일상생활에서 범부는 늘 '자아라는 생각'에 근거하여 살아간다. '자아'라는 고정불변의 주재자(主宰者)가 있어서 모든 사고와 감정을 담당하고 행동한다고 느낀다. 이런 뿌리 깊은 자의식은 자신과 자신을 둘러싼 세계를 분리함으로써 자기를 더욱 고립화시키고, 투쟁과 갈등의 삶을 영위하게 한다.

본능적으로 보통 사람들이 품고 있는 자아 관념은, 자신을 분석해 보면 허구라는 사실을 발견하게 된다. 현대과학이나 의학은 대체로 인간 내부에 불변의 영원한 영혼과 같은 존재가 없다고 결론짓는 경우가 다수이다. 그렇다면 고통의 근원이 되는 자아 관념은 어디에서 발생하는 것일까? 자아가 존재한다고 보는 아견(我見)은 오취온에서 비롯된다. 자아의 실재를 믿는 사람들은 모두 오취온에서 자아를 생각하고 있다.

"만약 모든 사문·바라문들이 아(我)가 있다고 본다면, 그것은 모두 오수음(五受陰)에서 아(我)를 헤아린 것이다. 색(色)이 아(我)라고 여기든지, 색과 서로 다르다고 보든지, 아(我)가 색(色)에 속해 있다든지, 아(我)가 색(色)에 속해 있다든지, 색이 아에 속해 있다고 본다."[2]

전생을 기억하는 것도 "나"라는 개체를 기억하는 것이 아니라 단지 오취온 전체나 그 일부를 기억한다고 붓다는 가르치고 있다.

"비구들이여, 사문이나 바라문이 그들의 갖가지 전생을 기억한다는 것은 모두 오취온이나 오취온 가운데 어느 하나를 기억하고 있는 것이다. 전생에 '나는 이러한 모습(육신, 색)을 지니고 있었다'고 기억할 때, 그는 단지 그 육신을 기억하고 있는 것이다."[3]

오취온과 오온의 차이는 취(取)에 있다. 취의 원어인 우파다나(upādāna)는 영역으로 grasping(움켜잡기), 또는 clinging(달라붙기)으로 번역된다.

---

2) 『잡아함경』(『대정장』 II p.11中). "若諸沙門婆羅門見有我者 一切皆於此五受陰見我. 諸沙門婆羅門見色是我 色異我 我在色 色在我."

3) Saṃyutta Nikāya iii p.86. "Ye hi keci bhikkhave samanā vā brāhmanā vā anekavihitam pubbenivāsam anussaramānā anussaranti, sabbe te pañcupādānakkhandhe anussaranti etesam vā aññataram. Evamrupo ahosim atitam addhananti iti va hi bhikkhave anussaramāno rūpaññeva anussarati."

grasping은 어떤 대상을 움켜쥐고 자기 자신 쪽으로 가져가는 모습을 의미하며 clinging은 어떤 대상에 자기 자신을 떨어지지 않도록 딱 붙여 놓는 모습을 연상시키다. 집착(執着) 또는 취착(取着)의 의미를 지니게 되는 것이다. 오온은 취(取)의 대상이 되며 이때 중생의 자아로 취해진 오온이 오취온이다.

경전에서는 4가지 취착(upādāna)을 나열하고 있다: 감각적 탐욕에 대한 취착(kāmūpādānaṃ), 견해에 대한 취착(diṭṭhūpādānaṃ), 계율에 대한 취착(sīlabbatūpādānaṃ), 자아에 대한 취착(attavādūpādānaṃ). 네 가지 취착의 순서를 보면 먼저 감각적 탐욕(kāmā)에 대한 취착(upādāna)부터 자아에 대한 취착으로 나열되고 있는데, 오취온의 취는 마지막에 놓여 있는 자아에 대한 집착에 해당한다. 자아에 대한 취착이 마지막에 나열되어 있는 것은 가장 미세하고 미묘하여 파악하기 어려운 집착임을 보여주고 있다. 아울러 아취(我取)는 모든 취착의 종결점임을 보여주고 있다.

12지 연기에 의하면 취(取, upādāna)는 갈애(渴愛, tanhā)에서 발전된 것으로 어떤 대상에 대한 아주 강한 집착이다. 강한 집착으로서의 취(取)는 '나' 또는 '나의 것'이라는 생각과 연계되어 있다. 오온에 대하여 취(取)가 있게 되면 오온을 자기 자신 또는 '나의 것'으로 여기는 것이고 이 상태가 곧 오취온이 된다. 범부는 색(色), 수(受), 상(想), 행(行), 식(識의) 오온에 대하여 자신과 동일시하거나 자신의 일부 또는 전부로 여긴다. 오온에 대하여 집착이 있으므로 '자아가 존재한다'라고 하는 유신견(有身見) 즉 아견이 발생한다.

"비구들이여! 무엇이 있을 때, 무엇을 취착하기에, 무엇에 의착하여 다음과 같은 견해가 일어나는가? '나는 존재하지 않을 수도 있다. 그것은 나의 것이 아닐 수도 있다. 미래에 나는 존재하지 않을 것이다. 미래에 그것은 나의 것이 아니다.' 비구들이여! 물질이 있을 때, 그리고 물질을 취착하고 물질을 집착하여 유신견이 일어난다. '나는 존재하지 않을 수도 있다. 그것은 나의 것이 아닐 수도 있다. 미래에 나는 존재하지 않을 것이다. 미래에 그것은 나의 것이 아니다.' 느낌이 있을 때, 지각이 있을 때, 형성작용이 있을 때, 의식이 있을 때, 의식을 취착하고 의식에 취착하여 유신견이 일어난다. '나는 존재하지 않을 수도 있다. 그것은 나의 것이 아닐 수도 있다. 미래에 나는 존재하지 않을 것이다. 미래에 그것은 나의 것이 아니다.'"[4]

유신견은 오온 또는 오온 중 어떤 한 부분을 자아로 동일시하거나 자아와 관련지어 일으키는 사견(邪見)이다. "색(色)에 대하여 집착하기 때문에 내가 존재한다는 생각이 있다."[5] 생멸법인 오온 하나하나에 대하여 네 가지 방식으로 자아를 관련시키므로 유신견은 20가지가 된다. 즉 색과 관련지어, 첫째 색과 자아를 동일시하는 견해, 둘째 색과 자아를 별개의 존재로 보는 견해, 셋째 자아가 색에 속한다고 보는 견해, 넷째 색이 자아에 속한다고 보는 견해 등의 네 종류가 있다. 색에 대한 것과 마찬

---

4) Saṃyutta Nikāya III p.184. "Kismim nu kho bhikkhave sati kim upadaya kim abhinivissa evam ditthi uppajjati. No cassam no ca me siya na bhavissami na me bhavissatiti. --- 중략 --- Rupe kho bhikkhave sati rupam upādāya rupam abhinivissa evam ditthi uppajjati. No cassam no ca me siyā na bhavissāmi na me bhavissatīti. Vedanaya sati Saññāya sati Sankhāresu sati Viññāṇe sati viññāṇam upādāya viññāṇam abhinivissa evam ditthi uppajjati No cassam no ca me siya na bhavissami na me bhavissati ti".

5) Saṃyutta Nikāya III p.105. "Rūpam upādāya asmiti hoti."

가지 방식으로 수(受), 상(想), 행(行), 식(識)에 대해서도 적용되어 모두 20종의 유신견(有身見)을 이루게 된다.

『잡아함경』 제5권(『대정장』 II p.34上)의 한 경에서는 20종 유신견에 대해서 자세한 설명이 설해져 있다. 보통 사람들이 오온을 대상으로 하여 아견을 품고 있는 모습을 20가지로 분석하여 밝히고 있다. 어렴풋이 품고 있는 아견을 하나씩 하나씩 밝혀주고 있다. 경전에 따라 색과 자아와의 사종관계를 먼저 살펴보도록 하자.

첫째, 색을 그대로 자아로 여기는 경우(色是我) : 일체의 색에 대해서 자아라고 보는 견해이다. 여기서 색은 지(地), 수(水), 화(火), 풍(風)의 사대(四大)와 청(靑), 황(黃), 적(赤), 백(白) 등의 색상(色相)을 말한다. 이러한 색과 아(我)는 다른 것도 아니고 분리될 수도 없는 동일자(同一者)라고 여긴다.

둘째, 색과 자아(自我)는 다르다고 여기는 경우(色異我) : 예를 들면 수(受)를 자아라고 여기고 색을 자아에 속하는 것(我所)으로 보는 경우나 상, 행, 식을 자아로 여기고 색을 아소(我所)로 보는 경우를 말한다. 색을 제외한 수, 상, 행, 식의 어느 하나를 아(我)로 간주하고 색이 거기에 소유되어 있다고 여기는 견해를 말한다.

셋째, 자아 중에 색이 있다고 여기는 경우(我中色) : 색을 제외한 수, 상, 행, 식의 어느 하나를 자아로 간주하고 색이 자아 중에 있다고 여기는 경우를 말한다.

넷째, 색 중에 아가 있다고 여기는 경우(色中我) : 색을 제외한 수, 상, 행, 식의 어느 하나를 자아로 여기고 자아가 색 중에 머물고 있다는 견해이다.

이상 색과 자아와의 네 가지 관계를 살펴보았다.

이번에는 수(受)와 자아의 4종 관계를 살펴보자.

첫째, 수(受)를 아(我)와 동일시하는 경우(受是我) : 수에는 여섯 종류가 있다. 육근(六根)과의 접촉에 의해 일어나므로 여섯 종류가 있다.[6] 안근(眼根) 등 여섯 종류의 근(根)에 대해 일일이 수(受)와 자아를 동일시하는 견해이다.

둘째, 수와 자아는 별개의 것으로 간주하는 경우(受異我) : 수를 제외한 색, 상, 행, 식 어느 하나를 자아로 간주하고 거기에 수를 종족 시키는 경우이다.

셋째, 자아 중에 수가 있다고 보는 경우(我中受)와, 넷째, 수(受) 중에 자아가 있다고 보는 경우(受中我)의 설명은 앞서 살펴본 색과 자아의 관계에 관한 설명 중 세 번째와 네 번째와 같은 방식이다.

이번에는 상과 아(我)와의 사종 관계를 살펴보자.

첫째, 상(想)을 자아(我)와 동일시하는 경우(想是我): 상에는 여섯 종류가 있다. 안, 이, 비, 설, 신, 의 육근의 접촉에 의해 일어나므로 여섯 종류가 있게 된다. 이 여섯가지 상 하나하나에 대해 자아를 동일시하는 경우

---

6) 근(根)은 감각 기관, 또는 기능을 의미하며 대상을 감각하거나 지각하는 여섯 가지 기관이다: 모양이나 빛깔을 보는 시각 기관인 안근(眼根), 소리를 듣는 청각 기관인 이근(耳根), 향기를 맡는 후각 기관인 비근(鼻根), 맛을 느끼는 미각 기관인 설근(舌根), 추위나 아픔 등을 느끼는 촉각 기관인 신근(身根), 기억이나 계산 등 모든 정신작용 기관인 의근(意根).

이다. 둘째, 상과 자아를 별개의 것으로 보는 경우(想異我), 셋째 자아 중에 상이 있다고 보는 경우(我中相), 넷째 상(想)중에 자아가 있다는 경우(想中我)의 설명은 앞에서 한 설명과 똑같은 유형이다. 행(行)과 아(我)의 사종 관계와 식(識)과 자아의 사종 관계에 대한 설명도 위와 같으므로 생략하기로 한다. 오온 하나하나에 대해 4종류의 아견이 있어 모두 20종의 유신견을 이루고 있음을 알 수 있다.

이상 20종 유신견을 네 가지로 범주화한 것에 상응하는 팔리어 경전을 살펴보면 그 의미가 더 명료해진다. 첫째 오온과 자아가 동일시되는 오온시아(五蘊是我)의 경우에 기름 등불에서 불꽃과 색상이 구분되지 않는 것처럼 오온과 자아가 동일시되는 경우이다. 둘째 오온과 자아가 분리되어 있으면서 오온을 아소로 여기는 오온이아(五蘊異我)는 나무가 그 그림자를 소유하고 있는 것처럼 오온이 자아에 종속된 경우이다. 셋째 오온이 자아에 포섭된 오온재아(五蘊在我)는 꽃에 꽃향기가 들어가 있는 것처럼 오온이 자아 중에 있는 경우이다. 넷째 자아가 오온에 포섭된 아재오온(我在五蘊)은 보석 상자에 보석이 놓여 있는 것처럼 자아가 오온 중에 있다는 견해이다(Bhikkhu Bodhi, 2003 p.1044 fn 5). 오온과 자아와의 모든 가능한 관계를 보여주는 20종의 유신견은 자아를 본능적으로 생각하고 있는 사람들의 자아 관념을 잘 나타내 준다. 이전의 경험과 기억을 어떤 형태로든지 존속시키려는 자아에 대한 미혹을 20종으로 분류하고 있다.

오취온은 곧 고통이라고 가르치고 있다. "오온에 대한 취착함이 괴로움이다."[7] 오온에서 발생한 아견이 왜 고통의 근원이 되는 것일까? "어리석은 범부는 지혜가 없어, 오수음에서 아견의 계착(繫着)을 일으켜 마음으로 하여금 묶이게 하고 집착케 하고 탐욕을 일으킨다."[8] 일단 오취온에서 아견을 품으면, 마음은 오온에 구속되어 벗어나지 못하게 된다. 오온에 묶인 채 무상한 오온에 따라 탐욕을 일으키며 전전한다. 오온을 여실히 관찰하지 못하고 맹목적으로 집착하여 고통에 빠진다((『대정장』 II p.102上).

오온 그 자체는 생사(生死)라는 윤회의 사슬을 벗어나지 못하는 무상법(無常法)이고, 고법(苦法)이다. 이러한 오온을 집착하고 동일시하여, 오온이 변화에 따른 고통을 받게 된다. 오온으로 구성된 인간은 정신적인 요소와 물질적인 요소들의 결합으로 상호 의존적으로 작용하고 있다. 무상한 생멸법인 오온에 집착하여 오온의 어느 하나를 상일주재(常一主宰)의 자아로 여기거나 아소(我所), 즉 '나의 것'으로 여겨 생사윤회하고 있는 범부의 실정을 잘 알 수 있다. 오온에 대한 집착에서 벗어나는 일은 바로 뿌리 깊게 자리 잡고 있는 아견, 즉 남과 나는 근본적으로 다른 존재이고 대립하는 존재라고 생각하는 분리의식(分離意識)의 극복과 동시에 이루어진다.

---

7) Dīgha Nikāya II p.307. "pañcupādānakkhandhā dukkhā".

8) 『잡아함경』(『대정장』 II p.16上). "愚癡無聞凡夫無慧無明 於五受陰生我見繫着 使心繫着而生貪欲".

2) **자기동일시**(自己同一視, self-identification)

심리학계에서 동일시(identification)에 대한 논의는 정신분석학에서 본격적으로 시작되었다고 보아야 할 것이다. 이런 의미에서 프로이드의 견해를 살펴볼 필요가 있다. 그리고 아울러 아싸지올리도 초기에 프로이드와 교류하였기 때문에 그의 영향을 받았을 것으로 보인다. 동일시는 정신분석(psychoanalysis)에서 사용되었는데, 프로이드의 동일시를 세 가지로 설명할 수 있다.

첫째, 일차 동일시(Primary Identification)는 출생 후 제일 먼저 형성되는 것으로 대상에 대한 감정적 애착(emotional attachment)이다. 갓난아기는 자신과 타인을 구분할 수 있는 능력이 없으므로 대상을 자기 자신과 동일시 할 수 없다. 대신 자기를 돌봐주는 대상에게 감정적 애착을 둔다. 어머니의 가슴을 자기 자신과 동일시하기에 아이들은 무의식적으로 부모들의 성격을 받아들이고 부모들의 행동을 모방한다. 이 과정에서 자아(ego) 또는 초자아(super ego)를 형성시킨다.

둘째, 자기애적 동일시(Narcissistic identification)은 상실에 뒤따르는 동일시 형태를 일컫는다. 예를 들어 아기는 배가 고프지만 젖을 먹지 못하는 경우가 있다. 자기애적 동일시는 내적인 투사(introjection)에 의해 잃어버린 대상을 대치하는 역할을 한다. 아기는 가슴의 이미지를 내재화(internalise)하고 이에 관해 상상한다. 잃어버린 대상과 자아(ego)와의 이런 유형의 동일시는 자아 형성(ego formation)으로 보일 수 있다. 자기애적 동일시는 방어적이고, 상실로 인한 좌절 경험을 감소하게 하는 시도이다. 예를 들자면 사랑하는 고인의 옷이나 장신구를 착용하는 것이다.

셋째, 부분 동일시(Partial secondary identification)는 다른 사람 특히 지도자의 특수한 자질을 동일시하는 것이다. 남자아이가 친구의 튼튼한 근육을 동일시하는 경우가 여기에 해당한다. 사람들은 다른 사람들과 자신을 동일시하는 이유는 공통분모를 공유함으로써 적대적 경쟁자(rival)로 생각하는 대신에, 함께 사회적 생활을 증진시킬 수 있기 때문이다.[9]

프로이드에 의하면 남근기에 해당하는 단계에서는 남아는 거세공포, 여자아이는 남근 선망을 가지게 된다. 이 시기의 남자아이는 자신의 어머니에게 이성적인 애정을 느끼게 되고 어머니 옆에 있는 아버지에게 질투심을 느끼게 된다. 또한, 자신의 경쟁자인 아버지가 자신의 성기를 제거하려고 한다는 거세공포를 느끼게 된다. 그러다가 자신이 아버지에게는 결코 이길 수 없음을 알고 어머니가 좋아하는 아버지와 같이 되고자 하는 마음이 생기게 된다. 그래서 아버지처럼 면도하고 싶어서 면도크림을 바른다거나 하는 행동을 보이게 된다는 것이 프로이드의 동일시 이론이다. 여아도 마찬가지로 어머니에게 질투심을 느끼다가 결국은 어머니와 동일시를 하게 된다.

프로이드의 동일시는 정상적인 발달 기제로써 뿐만 아니라 방어기제(defense mechanism)로도 설명되고 있다. 다른 사람의 바람직한 속성이나 태도나 행동을 들여와서 자신의 성격 일부로 삼게 되는 방어기제이다. 동일시는 동성의 부모를 동일시하는 때인 초기 아동기(3-6세)에 시작되고, 이것은 중요한 발달과정의 내용이다. 청소년기에 가장 두드러지는

9) http://en.wikipedia.org/wiki/Identification_(psychology). 검색일자: 2023.7.23.

자신의 동료에 대한 동일시는 건강한 성장발달에 결정적인 부분이다. 독서, 연극, 영화 속 인물을 동일시함으로써 주인공의 강점을 자기 것으로 만드는 작업을 한다는 점에서 동일시의 긍정적인 역할을 볼 수 있다.

프로이드 이래 많은 유형의 동일시가 다른 정신분석자들에 의해 기술되었으며, 근래에 동일시라는 용어는 자기 자신에 대한 동일시란 의미에서 정신분석가들에 의해 많이 사용되고 있다.[10] 아싸지올리는 그릇된 동일시가 불행의 원인이라고 진단하고 있다. "우리는 우리자신이 동일시한 것에 의해 지배당한다. 탈동일시함으로써 동일시한 것을 지배하고, 이끌고, 사용할 수 있다."[11]

우리는 자신의 소유물과 관념을 자신과 동일시하는 데 매우 익숙하다. 자신의 고향, 가족, 민족, 학교, 회사. 국가 등을 자신과 동일시한다. 사람마다 동일시의 대상이 다를 수 있으며, 같은 대상을 동일시하더라도 강도의 정도 차이가 있다. 일단 어떤 대상을 자신과 동일시하면 그 동일시된 대상이 피해나, 공격을 받으면 똑같이 자기 자신이 피해나 공경을 받았다고 생각하고 행동하게 된다. 축구경기 중 홀리건의 난동은 자신과 동일시한 축구팀이 패하게 되거나 부당한 대우를 받았을 때 나타나는 현상이며, 중동지역에서 자살폭탄 테러의 경우 자기 자신과 동일시한 민족이나 국가를 위해 자폭하는 현상이다. 전형적인 자기 동일시 현상의 부정적인 예이다. 유명인의 자살을 접하고 자살을 하는 베르테르 효과(Werther effect)도 동일시에서 비롯된 것이다.

---

10) http://en.wikipedia.org/wiki/Identification_(psychology). 검색일자: 2023.7.23.

11) Assagioli, 2010 p.210. "We are dominated by everything with which our self becomes identified. We can dominate, direct, and utilize everything from which we disidentify ourselves."

인간은 동물과 다르게 자기 자신을 지각할 수 있는 자아의식(self-consciousness)이 있다. 아싸지올리에 의하면 자아의식이라는 것은 이기적인, 자기중심적인 의미를 포함하고 있지 않고, 순수하게 자기 자신을 지각하는 것을 의미한다. 그렇지만 순수한 자아의식은 왜곡된 방향으로 작용하여 의식의 내용물과 섞이고 흐려진다. 머릿속에 일어난 여러 가지 생각, 느낌 등이 그릇되게 작용하여 자기 자신(self)과 의식의 내용물을 동일시한다. 대개 우리는 습관적으로 자신의 경험 중 가장 강렬한 것, 가장 생생한 것, 가장 현실적인 것과 동일시한다. 동일시는 몇 가지 유형으로 나누어 살펴볼 수 있다(Assagioli, 2010 pp.210 ff.)

① 사람들은 자신의 몸을 자기 자신으로 동일시한다. 몸의 경험을 중요시하고 몸과 관련하여서만 이야기하고, 몸의 상태, 몸의 느낌(감각) 등을 자기와 연관 짓는다. 마치 몸이 자신인 것처럼 생각한다. 미모지상주의, 성형수술, 건강염려증 등은 육신을 자아로 여기는 상황에 해당할 것이다.
② 자기 자신의 감정을 자기 자신으로 동일시한다. 정서적인 용어를 즐겨 사용한다. 생각이나 감각 등을 언급하지 않고 주로 정서 또는 감정을 자기 자신의 중심에 두는 것이다. 감정주의자, 낭만주의자(romantist)를 전형적인 예로 들 수 있다.
③ 어떤 사람들은 자기 생각을 자신과 동일시한다. 자신이 경험하는 정서나 감각을 무시하거나 크게 주의를 두지 아니하고 자신의 생각을 자신과 동일시한다. 사상가에서 이런 유형을 볼 수 있다. 자신의 생각이 받아들여지지 아니하는 경우 극단

적인 행동을 하는 사람도 여기에 속한다. 역사적으로 보면 공산주의자, 민족주의자 등도 이 상황에 해당한다.

④ 어떤 사람은 자신의 역할을 자기 자신으로 동일시한다. 많은 사람이 자신의 사회적 역할을 자신과 동일시한다. 가족관계에서 아버지, 어머니, 장남, 등을 자기 자신으로 여기거나, 사회에선 직장인, 학생, 선생, 군인 등등을 자기 자신으로 간주한다. 학교 선생이 직업인 여성이 집에 들어와 남편에게, 자식에게 선생처럼 말하고 행동하는 것은 자기 자신을 선생으로 동일시한 것에 기인한다.

이상의 동일시는 일시적으로 만족을 줄지 모르겠지만, 또는 편리할 수 있겠지만 그 이면에는 몇 가지 단점이 있다. 첫째 이러한 동일시는 진정한 자기 즉 진아(眞我)가 무엇인지 알지 못하게 한다. 둘째 이상의 동일시는 극히 제한되어 있으므로 인생 전체를 경험하지 못하게 한다. 자기 자신을 선생이라고 동일시하면 사회적으로 선생에게 맞는 행동만 하게 되어 다른 삶을 경험하지 못하게 된다. 셋째 동일시한 대상은 결국 변화하거나 소멸하기 마련이다. 자신의 직업, 예를 들면 사장을 자기 자신으로 동일시한 경우, 회사가 망하면, 사장 자리를 그만두게 되어 상실감, 절망감을 겪게 된다. 아름다운 미모를 자기 자신으로 동일시한 여성의 경우, 사고로 몸을 다치게 되면 즉 자기 동일시한 몸이 상처를 입게 되면, 자기 상실로 이어져 심각한 절망감을 경험할 것이다. 가변적인 것에 대한 자기동일시는 시간이 지남에 따라 동일시된 대상이 변화하게 되어 결국 그에 따른 상실감 즉 자기의 죽음에 빠지게 된다. 결국, 동일시는 고통과 불안을 잉태하고 있다.

자기동일시는 일상적 경험으로 보면 자기중심주의(自己中心主意)나 이기주의(egoism)로 나타난다. 이기주의는 개인의 이익이 최대화되는 행동을 올바름의 유일한 기준으로 삼는 사상으로 사회적으로는 자신의 이익을 위해 타인의 이익을 해치거나 피해를 주는 행동을 말한다. 타인에 대한 배려는 전혀 없고 '자기만 좋으면 남이야 어찌 되어도 상관없다'라는 형태로 자기중심주의가 철저하게 되었을 때 이기주의가 발생한다. 이기주의는 타인과 다른 집단을 경쟁의 상대로 비교의 대상으로 만들고 인간관계를 삭막하게 만든다. 이런 이기주의는 자기동일시에 그 연원을 두고 있다.

2. 무아(無我)와 탈동일시(脫同一視, dis-identification)

1) 무아(無我)

오온은 현상적으로 나타나 보이는 바의 인간을 형성하고 있는 다섯 가지 구성 요소이다. 자신의 주관적 경험 사실과 대상과의 관계에서 일어난 경험 사실은 오온의 견지에서 설명될 수 있다. 오온 분석의 목적은 오온에서 어렴풋이 사람들이 지닌 자아의 관념을 제거하는 데 있다.

오온에 대하여 보통 사람들이 품고 있는 아견이 어떻게 부정되는지 몇 가지 유형으로 나누어서 살펴보기로 하자. 오온 하나하나에 대해 또는 전체에 대해 아견(我見), 아소견(我所見)을 일으켜 생사유전 하는 보통 사람들을 위해 붓다는 무상(無常), 고(苦), 무아(無我)를 시설한다. 무상

→ 고 → 무아의 유형은 초기불교 경전에서 가장 흔히 접할 수 있는 유형이다.

> 색(色)은 무상(無常)하다. 무상은 곧 고(苦)이고, 고는 곧 비아(非我)이다. 비아인 것은 나의 것(我所)이 아니다. 이와 같이 관찰하는 것을 진실정관이라 한다. 이와 같이 수(受)·상(想)·행(行)·식(識)은 무상하다. 무상은 곧 고이고, 고는 곧 비아이고, 비아인 것은 나의 것이 아니다.[12]

색(色) 등 오온은 무상이고 무상인 것은 고(苦)이며 고인 것은 무아(無我)라는 설명이다. 오온이 무아인 이유는 무상이기 때문이다. 무아인 것은 '나의 것'이라고 할 수 없다. 무상이 무아의 근본 이유로 제시되고 있다. 물질인 색이 항상성을 지니고 있지 못함은 쉽게 알 수 있다. 그런데 경전에서는 색의 무상성을 어디에서 찾고 있는 것일까?

> 색(色)은 무상(無常)하다. 인(因)이나 연(緣)이 만들어 낸 모든 색도 또한 무상하다. 무상한 인과 무상한 연에 의해 만들어진 모든 색이 어찌 항상(恒常)하겠는가? 이와 같이 수·상·행·식은 무상하다. 인이나 연이 만들어 낸 모든 식도 또한 무상하다.[13]

---

12) 『잡아함경』(『대정장』 II p.2上). "色無常 無常卽苦 苦卽非我 非我者卽非我所 如是觀者 名眞實觀 如是受想行識無常 無常卽苦 苦卽非我 非我者卽非我所".

13) 『잡아함경』(『대정장』 II p.2中). "色無常 若因若緣生諸色者 彼亦無常 無常因無常緣所生諸色 云何有常 如是受想行識無常".

색(色)이 무상인 이유는 색을 구성하는 직접의 인(因)과 간접의 연(緣) 그 자체가 이미 무상하기 때문이다. 무상한 인과 연에 의해 이루어진 색이 항상할 수 있겠느냐고 반문한다. 색을 구성하는 인연은 사대(四大)와 사대소조색(四大所造色)이다.[14] 지·수·화·풍의 사대와 그것들에 의해 이루어진 제2의 부산물인 사대소조색이 항상성을 지니지 못하므로, 이것들에 의해 이루어진 색도 무상한 것이다. 나머지 수·상·행·식도 자존(自存)하는 실체(實體, substance)가 아니라 다른 조건과 인연을 만나서 이루어진 것이므로 색에 대해서 적용한 설명 방식이 그대로 적용된다.

이상에서 색이 무상인 이유를 알아보았는데, 지금부터는 색의 무상이 왜 고가 되는 지 알아보자. 무상한 것은 생멸의 법칙에 벗어나지 못하므로 고통이라는 것이다. "색이 일어나고 머물고 나오면, 즉 고가 여기에서 일어나고 병이 여기에서 머물고, 노사가 여기에서 나온다. 수·상·행·식도 이처럼 설한다."[15] 색이 일어나고 머물고 사라짐에 따라 노, 병, 사의 고(苦)도 일어나고 머문다. 육체가 성장하고 부패하기까지 거기에는 반드시 병과 죽음의 고통이 뒤따른다. 육신의 무상에서 오는 고통은 피할 수 없다. 만약 설명이 여기에서 끝난다면 결코 고로부터의 해탈은 없을 것이다. 육체를 지니는 이상 고(苦)는 반드시 발생할 것이므로 종교적 수행도 필요 없을 것이다.

---

14) 『잡아함경』(『대정장』 II p.9中). "諸所有色 一切四大及四大造色 是名色".

15) 『잡아함경』(『대정장』 II p.20上). "若色起住出 則苦於此起 病於此住 老死於此出 受想行識亦如是說."

다음의 경전에서 무상이 왜 고가 되는지에 대한 충분한 설명을 들을 수 있다.

"어리석은 범부는 색(色)에 대해서 색이 자아(自我)이다. 색과 자아는 다르다. 색과 자아는 서로 포섭한다고 헤아린다. 색을 자아, 아소로 보고 취착한다. 일단 취착하게 되면, 그 색이 변이(變異)하면 마음 또한 따라 전전한다. 마음이 이미 따라 전전하면, 또한 취착이 생기고, 거두어 받으려는 마음이 머물게 된다. 거두어 받으려는 마음이 머물므로, 즉 공포와 장애가 생기고 마음이 어지러워진다. 취착이 있기 때문이다."[16]

색(色)의 무상이 고(苦)가 되는 이유는 범부가 색의 무상성을 제대로 파악하지 못하고 집착함에 있다는 것이다. 범부는 색의 변화에 따라 마음도 변화한다. 마음은 색에 구속되어 있다. 그것은 색을 너무 집착한 나머지 마음과 동일시한 데서 비롯한다. 변화하는 색과 그것을 그대로 잡아두려고 하는 마음 사이에서 필연적으로 고는 발생하는 것이다. 색의 무상과 마음의 집착이라는 병존할 수 없는 모순 배후에는 아견, 아소견이 자리 잡고 있다. 보통 사람은 색 등 오온에 대하여 아견, 아소견을 지니고 집착하고 있으므로 색 등 오온이 변화에 따라 고(苦)를 받게 되는 것이다.

---

16) 『잡아함경』(『대정장』 II p.10下). "愚癡無聞凡夫於色見是我異我相在 見色是我我所而取 取已彼色若變若異 心亦隨轉 心隨轉已 亦生取着 攝受心住 攝受心住故 則生恐怖 障礙心亂 以取着故".

색 등 오온이 병들어 자재(自在)하지 않음을 근거로 삼아 무아를 주장하는 유형이 있다. 무상 → 고 → 무아의 유형에서 고(苦)이기 때문에 무아임을 말하는 것과 긴밀한 관련성을 지닌다. 오온과 관련짓거나 동일시하여 상정한 상일주재(常一主宰)의 자아는, 병 등 고(苦)에 빠지는 오온 어디에서도 찾을 수 없음을 보여준다.

> "색(色)은 아(我)가 아니다. 만약 색이 자아라면, 응당 색에 대해서 병이나 고(苦)가 발생하지 않을 것이다. 또한, 색에 대해서 이렇게 되었으면 한다든가, 이렇게 되지 않았으면 하고 바라지 않을 것이다. 색은 자아가 아니기 때문에 색에는 병이 있고 고가 일어난다. 또한, 색에 대해서 이렇게 되었으면 한다든가, 이렇게 되지 않았으면 하고 바라는 것이다. 수·상·행·식도 또한 이와 같다."[17]

여기에서 자아(自我)는 주재의 능력을 지닌 전능자(全能者)이다. 병 따위와는 전혀 상관이 없는 존재로 자유자재의 자아이다. 그러나 색 등 오온은 병들고 고(苦)에 빠지게 되니 자재의 능력을 지니고 있지 못한 유위법(有爲法)에 지나지 않는다. 따라서 색 등 오온이 자재(自在)하지 못하므로 무아라고 설하는 것이다.

색 등 오온이 자재하지 못하기 때문에 무아라고 설하는 주장을 붓다와 니건자(尼乾子)와의 대론(對論)에서 찾아볼 수 있다. 육사외도 중의

---

17) 『잡아함경』(『대정장』 II p.7). "色非是我 若色是我者 不應於色病苦 不應於色 欲令如是. 不令如是 色無我故 色有病有苦生 得於色欲令如是. 不令如是 想行識亦復如是."

한 사람인 니건자는 오온이 병들어 죽고, 무상, 고, 공, 무아라는 붓다의 교설에 반대하며 오온이 자아임을 주장한다. 이에 대해 붓다는 비유를 들어 국왕은 자국에 공이 있는 사람은 상을 내리고 죄를 지은 사람은 벌을 내리는 자재함을 지니고 있는데, 색 등 오온이 자아라고 한다면, 그러한 자재력을 가지고 있느냐고 반문하여 설복시킨다(『대정장』 II pp.35-37).

무아는 오취온을 부정하고 있다. 오취온(五取蘊, pañcupādānakkhandhā)의 정확한 해석은 "오온을 나 또는 나의 것으로 취착하는 것"을 의미한다. 5취온을 5수음(五受陰)이라고 한다. 여기서의 수(受)는 오온 중의 하나인 수(受, vedana)가 아니라, 번뇌의 다른 말인 취(取)를 뜻한다. 구역(舊譯)에서는 취(取)를 수(受)라고도 번역하였다. 무아는 오온의 집착에서 발생한 아견(我見)을 부정한다. 그릇된 자아관념은 오취온에서 비롯된 것임을 앞에서 우리는 살펴보았다. 따라서 오온에 대한 바른 관찰은 자아 관념을 없애 줄 것이다.

> "다문의 성제자는 오수음(五受陰)에 대해서 비아(非我)와 비아소(非我所)를 여실하게 관찰한다." [18]

> "존재하는 모든 색(色)은 과거에 속한 것이건 미래에 속한 것이건 현재에 속한 것이건, 안에 있는 것이건 밖에 있는 것이건, 거칠건 미세하건, 아름답건 추하건, 멀리 있는 것이건 가까이 있는 것이건, 그 모든 색은 '나'도 아니며, '나'와 다른 것도 아니며, '나'와 '나 아닌 것'이 함께 있는 것도

18) 『잡아함경』(『대정장』 II p.7下). "多聞聖弟子於此五受陰 非我非我所 如實觀察."

아니다. 이것을 사실 그대로 바르게 관찰하는 것[如實正觀]이라 한다. 수(受)·상(想)·행(行) 식(識)도 마찬가지이다." [19]

오온을 대상으로 집착한 결과 아견이 발생하였기 때문에 오온에 대한 아견을 제거하는 것이 바른 수행인 여실정관(如實正觀)이다. 그럼 어떻게 오온에서 아견을 없앨 수 있을까? 무상(無常)의 법칙으로 설명하고 있다.

"색(色)에 대해서 바르게 사유하여 색이 무상(無常)하다는 것을 관찰해야 한다. 여실히 알고 나면 색에 대한 탐욕이 끊어진다. 탐욕이 끊긴 것을 심해탈(心解脫)이라고 한다. 나머지 수(受)·상(想)·행(行) 식(識)도 이와 같이 바르게 사유해야 한다." [20]

"과거와 미래의 색(色)은 무상(無常)하다. 그런데 하물며 현재의 색이 무상하지 않겠느냐? 이와 같이 관찰한 성제자(聖弟子)는 과거의 색을 돌아보지 않고, 미래의 색을 바라지 않으며, 현재의 색에 대해서 싫어하고, 욕심내지 않고, 소멸한다. 이와 같이 수(受)·상(想)·행(行) 식(識)도 그러하다." [21]

과거에 심신에 변화가 일어난 것처럼 지금의 심신도, 미래의 심신

---

19) 『잡아함경』(『대정장』 II 21中). "所有諸色 若過去若未來若現在 若內若外 若麤若細 若好若醜 若遠若近 彼一切皆非我不異我不相在. 是名如實正觀. 受想行識 亦復如是."

20) 『잡아함경』(『대정장』 II p.1上). "於色正思惟 觀色無常如實知者 於色欲貪斷 欲貪斷者 說心解脫 如是受想行識當正思惟."

21) 『잡아함경』(『대정장』 II p.20上). "過去未來色尙無常 況復現在色 多聞聖弟子如是觀察已 不顧過去色 不欣未來色 於現在色厭離欲滅寂靜 受想行識亦復如是".

도 변화가 일어날 것이라는 사실을 경험적으로 알 수 있다. 우리의 개인적인 경험에 호소하는 경험론적인 무상의 논리 입증이다.

다음의 경전은 비유를 통해 오온이 무상하니 집착하지 말라고 한다.

> "대왕이여, 마치 큰 비가 내릴 때 물 위의 거품이 생겼다가 없어지는 것과 같습니다. 대왕이여, 색(色)이 났다가 없어지는 것도 또한 그와 같습니다. 당신은 마땅히 색은 났다가 없어지는 줄 알아야 합니다. 대왕이여, 각·상·행·식(覺想行識)도[22] 났다가 없어집니다. 당신은 마땅히 각·상·행·식도 났다가 없어지는 줄 알아야 합니다. 대왕이여, 만일 족성자가 색은 났다가 없어지는 줄 안다면, 다시 미래의 색을 나지 않게 할 줄을 알 것입니다. 대왕이여, 만일 족성자가 각·상·행·식이 났다가 없어지는 줄을 안다면, 다시 미래의 각·상·행·식을 나지 않게 할 줄을 알 것입니다. 대왕이여, 만일 족성자가 색의 참 모양을 안다면, 곧 색에 집착하지 않고 색을 꾀하지 않으며, 색에 물들지 않고 색에 머무르지 않으며, 색은 이 '나'라고 즐기지 않을 것입니다. 대왕이여, 만일 족성자가 각·상·행·식의 참 모양을 안다면, 곧 각·상·행·식에 집착하지 않고 그것을 꾀하지 않으며, 그것에 물들지 않고 그것에 머무르지 않으며, 그것은 이 '나'라고 즐겨하지 않을 것입니다."[23]

---

22) 오온의 하나인 vedana는 수(受)로 보통으로 한역되어 있는데, 아함경에서 각(覺)으로 번역되는 경우도 있다.

23) 『장아함경』(『대정장』 I p.498上). "猶如大雨時 水上之泡或生或滅. 大王 色生滅亦如. 汝當知色生滅大王 覺想行識生滅. 汝當知識生滅 大王 若族姓子知色生滅. 便知不復生當來色. 大王 若族姓子知覺想行識生滅 便知不復生當來識 大王 若族姓子知色如眞 便不著色 不計色 不染色 不住色 不樂色是我."

물거품처럼 오온은 생성하고 소멸하는 것이라고 정확히 안다면 오온에 대해 "나"라고 하는 아견을 가지지 않게 되어 미래에도 오온에 대해 아견을 소유하지 않게 된다. 오온의 본성인 무상을 여실히 보게 되면 오온에 대한 집착이 끊어지게 되고 오온을 싫어하는 마음이 일어나 결국 오온과 거리를 두게 되고 '나'라는 아견에서 자유롭게 된다는 설명이다.

자아라는 생각은 타자(他者)를 이미 전제하고 있는 분리의식이다. '나'는 어디까지나 '나' 일뿐이고 타자와는 전혀 별개의 존재로 여기는 것이다. 다른 사람과의 비교나 경쟁으로 인해, 언제나 긴장과 갈등에 놓이게 된다. 한편 한 개인의 의식 속에서도 분열은 작용하고 있다. 자아의 분리의식을 더욱 굳건히 할수록 다른 사람들과 단절되어 고립은 더욱 깊어지게 된다. 이러한 그릇된 자아 관념을 부정한 것이 무아의 가르침이다. 자타불이(自他不二)를 설하는 무아는 자타(自他) 분리의식을 부정한 것이다.

(2) **탈동일시**(脫同一視, dis-identification)

정신분석에서는 내담자에게 일어나는 전이가 현실이 아님을 알게 하는 과정을 통해써 문제해결을 시도한다. 내담자가 공상과 현실을 구분하는 것 즉, 현실검증 과정을 통해 내담자의 관찰 자아를 강화함으로써 현실을 객관적으로 조망하게 되고 자기 공상을 깨닫게 된다. "즉 전이 감정으로부터의 탈동일시가 일어나는 것이다."(성승연, p.8).

개인의 성장을 강조하는 자아초월심리학에서 가장 많이 사용되는 것이 탈동일시 방법이다. 탈동일시는 우리의 초월적 자아를 비교적 쉽게 체험할 수 있도록 도와주기 때문이다.

"자아초월상담학의 주요한 개념 중의 하나는 탈동일시이다. 여기선 우리가 어떤 것에 동일시되고, 사로잡히는 것을 경계한다. 우리는 자신의 몸, 감정, 생각 나아가 자신의 소유물과 자신의 전체를 동일시하여 그것 이상의 것을 바라보지 못하거나 이 중의 어떤 것 하나에 매도되어 함몰되기도 한다. 어떤 사람은 돈에서, 어떤 사람은 자신의 육체에서, 강박증 환자는 자신의 강박관념에, 우울증 환자는 자신의 심한 우울감에 사로잡혀 벗어나지 못한다. 따라서 치료에선 동일시에 빠진 사람에게 이것보다도 더 큰 자신이 있음을 점차로 체험하게 함으로써 벗어나도록 한다"(김명권, p.44).

"아싸지올리의 정신통합의 목표는 개인의식을 참자아로 확장시키는 데 있다. 즉 낮은 자기를 높은 자기와 결합시키는 것이다. 그는 이를 위한 구체적인 방법으로 탈동일시(dis-identification)를 제시하고 있다."(조옥경, p.21).

아싸지올리의 정신통합(Psychosynthesis)에선 치유가 네 단계를 거쳐 진행된다. 첫 단계에서는 자신의 성격의 여러 요소를 학습하는 것이고. 두 번째 단계는 성격의 여러 요소로부터의 탈동일시 과정이다. 세 번째 단계에선 자신의 심리적 중심을 찾아내고, 네 번째 단계에선 개인적 자기실현 과정인 정신적 통합을 시도한다(Elizabeth Maxwell, p.42). 로베르토 아싸지올리의 탈동일시는 세 부분, 즉 육체적인 것, 감정적인 것, 인지적인 것으로 이루어져 있다. 탈동일시는 진아(眞我)와의 동일시(self-identification)

로 나아가기 위한 전단계이다. 먼저 탈동일시 연습부터 살펴보자(Assagioli Roberto, pp.213ff).

"나는 몸을 가지고 있지만 나는 몸이 아니다. 나의 몸은 건강한 상태나 질병의 상태에 있을 수 있고, 편안하기도 하고 지쳐있을 수도 있지만, 나의 몸은 나의 자아, 나의 참나(real 'I')와 아무런 상관이 없다. 나는 나의 몸을 외부 세계에서 경험하고 행동하는 귀중한 도구로 가치 있다고 평가하지만, 몸은 도구일 뿐이다. 나는 몸을 잘 대한다. 몸이 건강한 상태에 있도록 추구한다. 그렇지만 몸은 나 자신이 아니다. 나는 몸을 가지고 있지만 나는 몸이 아니다."(Assagioli 2010, pp.213ff.).

육신은 질병에 걸리기도 하고 건강하기도 하다는 것은 육신이 고정되어 있지 않고 변화하고 있다는 것을 보여준다. 육신이 있으므로 우리는 더위나 추위 등을 경험하고, 또한 육신이 있으므로 걷기, 먹기, 앉기와 같은 행동을 할 수 있다. 육신의 도구적인 기능을 언급한 것이다. 육신이 건강할 수 있도록 잘 대한다. 여기까진 우리가 일상적으로 아는 내용이다. 그렇지만 이러한 육신은 "나"가 아니라는 것이다. 우리는 여기서 붓다의 오취온 무아를 상기하게 된다. 색(色)은 무아라는 붓다의 가르침과 동일한 것이다.

다음은 아싸지올리가 말하는 감정과의 탈동일시를 살펴보자.

"나는 감정을 소유하고 있지만 나는 감정이 아니다. 나의 감정은 다양하고, 변화하고, 가끔 서로 모순되기도 한다. 나의 감정은 사랑에서 증오로,

평정에서 분노로, 기쁨에서 슬픔으로 널뛰기한다. 그렇지만 나의 핵심-나의 진정한 본성-은 변화하지 않는다. '나(I)'는 여전히 남는다. 분노의 파도가 일시적으로 나를 침몰시키지만, 그 분노가 시간이 가면 곧 사라질 것이라고 나는 알고 있다. 그러므로 나는 이 분노가 아니다. 나는 나의 감정을 관찰하고 이해하고, 그리고 점차 감정을 이끌고, 사용하고, 통합할 수 있은 이후, 감정은 '나'의 자아가 아니라는 것이 명확해졌다. 나는 감정을 소유하고 있지만 나는 감정이 아니다."(Assagioli 2010, pp.213ff.).

감정이 단수가 아니라 복수라는 점, 그래서 가끔 상호 모순 관계에 있다는 점 그리고 감정이 변화한다는 점이 언급되고 있다. 이러한 속성을 지닌 감정이 단수인 '나'가 될 수 없다는 것이다. 분노가 나를 지배하는 때도 있지만 분노는 결국 소멸하는 것으로, 분노의 본성을 제대로 관찰하게 되면 감정을 지배할 수 있다고 밝히고 있다. 내가 감정에 지배당하거나 감정이 '나'에게 지배당하느냐는 큰 차이가 있지만 여기서 분명한 것은 감정과 '나'는 같지 않다. 그래서 나는 감정이 아니며 감정이 '나' 일수 없다는 것이다. 우리는 여기서 오온 중 수(受)가 무아(無我)라고 한 가르침을 상기할 수 있다.[24]

마지막으로 마음으로부터의 탈동일시를 살펴보자.

"'나'는 마음을 가지고 있지만 '나'는 마음이 아니다. 나의 마음은 발견하

24) 수(受, vedanā)가 감정(emotion)이 아니라 감각(sensation)이라고 주장하는 견해도 있다. 여기에선 자세히 논의하지 않겠지만, 감정과 감각을 함께 아울러는 느낌(feeling)이라는 큰 범주로 이해하면 좋을 것 같다.

고 표현하는 소중한 도구이지만, 마음이 나의 존재의 핵심은 아니다. 마음의 내용물은 항상 새로운 아이디어나 지식 그리고 경험을 수용함에 따라 변화한다. 종종 마음은 나에게 복종하기를 거부한다! 그러므로 마음은 나의 자아가 될 수 없다. 마음은 두 세계, 즉 내면의 세계와 외부 세계에 대하여 인지하는 기관(organ)이다. 그러므로 마음은 나의 자아가 아니다. 나는 마음을 가지고 있지만 나는 마음이 아니다."(Assagioli 2010, pp.213ff.).

여기서 마음이라는 것은 자기 자신과 자신을 둘러싼 세계를 인지할 수 있는 기관(organ)으로 파악하고 있다. 새로운 사실을 알아내고 다른 상대에게 표현할 수 있는 능력을 지닌 도구이다. 새로운 인지, 생각, 지식을 습득함에 따라 마음은 계속 변화한다. 그런데 종종 마음은 "나"에게 복종하지 않고 거부하므로 "나"와 마음은 동일하지 않다. 불교의 오온 중 식(識)·상(想)·행(行)이 무아라는 가르침과 유사하다.

이상 세 가지 측면에서 아싸지올리는 탈동일시를 지도하고 있다. 몸에서 시작하여 감각, 감정, 생각 등 일체의 내적 경험을 자기 자신으로 동일시한 것에서 벗어나도록 하고 있다. 붓다의 무아설과 아싸지올리의 탈동일시를 비교하여 보면 공통점과 차이점이 보인다.

공통점은 세 가지로 정리할 수 있다. 첫째 무아나 탈동일시가 육체로부터 시작하여 더 미세한 마음을 대상으로 적용되고 있다. 둘째 무아와 탈동일시가 무상 즉 변화를 강조하고 있다는 점이다. 셋째 몸과 마음을 나 자신이 원하는 대로 움직일 수 없으므로 '나'가 아니라는 입장이다.

차이점은 붓다의 무아설은 참나, 진아, 대아와 같은 것을 언급하지 않는데, 비해 아싸지올리의 탈동일시는 진아를 전제하고 있다. “감각, 감정, 생각 등 의식의 내용물로부터 ‘나의 자아’, ‘나’를 탈동일시한 후, 나는 순수한 자아-의식(self-consciousness)의 중심자임을 재확인하고 확언한다. 나는 의지의 중심자이고 모든 나의 심리적 과정과 육신을 관찰할 수 있고, 이끌 수 있고, 사용할 수 있다. 나는 순수한 자아의식과 의지의 중심자이다.”(Assagioli 2010, pp.214).

붓다가 오온이 무아임을 천명한 것은 누구나 인정하는 것이지만 그 이후에 진아를 인정하느냐는 여전히 해결되지 못하고 논쟁거리로 남아있다. 적어도 경전 상 분명한 것은 붓다는 진아를 인정하지도 않았고 그렇다고 부정한 것도 아니다. 진아라는 말 자체가 초기불교 경전에 나오지 않는다. 경전에 나오지 않는 내용이기 때문에 붓다의 가르침이 아니라고 성급하게 결론 내리는 것은 바람직하지 않을 것이다. 만약 붓다가 진아를 인정하였다면 왜 적극적으로 가르치지 않았는지 고민해야 할 것이다.

아싸지올리의 탈동일시와 유사한 개념들이 있다. 상위인지 지각(meta-cognitive awareness), 탈중심화(decentering), 재지각(再知覺, re-perceiving), 탈융합(de-fusion)은 동의어로 사용되고 있다.[25] 알아차림 명상(mindfulness meditation)을 이용한 인지치유 프로그램인(Mindfulness-Based Cognitive Therapy, MBCT)에서는 탈중심화(decentering)와 상위인지 지각(上位認知知覺, meta-cognitive

25) Fabrizio Didonna, p.91. 탈중심화와 재지각에 대해선 Shapiro, S. L., 외 pp.373-386. 탈융합에 대해선 Hayes, S. C., 외 1999를 참조하시오.

awareness)를 치유 기제로 설명하고,[26] 수용전념치유(Acceptance Commitment Therapy, ACT)에서는 탈융합(defusion)이란 용어를 사용한다. 탈중심화란 부정적인 생각과 감정을 자기의 중심이 아닌 그저 마음속에 지나가는 현상으로 보는 것을 말한다. 탈융합이란 감정과 생각이 뒤섞여 있는 상태를 분류하고, 분명하게 자각하여 감정과 생각에서 자아 관념을 탈융합, 즉 해체하는 것이다. 탈중심화나 탈융합은 그 사용되는 맥락에서 미묘한 차이점이 있지만, 기본적으로 자기 동일시한 대상에 대해서 자아 관념을 해체하는 것이다. 결국, 자기동일시에서 벗어나는 것, 즉 탈동일시에 있다. 자신의 생각과 감정을 거리를 두고 자아라는 관념을 투영하지 않고 있는 그대로 인식하는 것이 탈동일시이다.

상위인지 지각과 탈중심화가 생각과 느낌에 대해서 자아(self)가 아니다는 점이 강조되고 있는 데 비해 아싸지올리의 탈동일시는 느낌이나 생각뿐만 아니라 육신도 자아가 아님을 가르치고 있다는 점에서 그 범위 대상이 다르다. 아울러 상위인지 지각과 탈중심화가 진아를 상정하고 있지 않은 데 비해 아싸지올리의 탈동일시는 진아를 상정하고 있다는 점에서 차이가 난다.

---

26) MBCT 개발자들은 탈중심화와 상위인지 지각을 함께 사용하고 있어 그 차이를 분간하기 어렵다. Mark D. Stauffer는 상위인지 지각(meta-cognitive awareness)의 유사어로 '심리학적 알아차림(psychological mindedness)'을 소개하고 있다(Mark D. Stauffer 2011). 심리학적 알아차림은 다음을 참조하시오: Beitel, M., 외 pp.739-50.

* * *

늑대소녀 아말라와 까말라의 예는 동일시 문제를 잘 설명해 주고 있다. 1920년 인도의 캘커타 근처 마을에서 늑대 무리와 함께 있는 두 여자 아이가 발견되었다. 8세와 15세로 추정되는 두 소녀에게 '카말라'와 '아말라'라는 이름을 붙이고 이들을 인간화하기 위해 온갖 노력을 기울였다. 그러나 이들은 늑대처럼 네 발로 걷고 뛰었으며 으르렁거리고 울부짖었다. 밤마다 늑대와 똑같은 울음소리를 내고 날고기만 먹었다. 15살로 추정되는 '아말라'는 1년 후에 죽었고, 8살 정도로 보이는 '카말라'는 9년을 더 살았다. 생물학적으로 보면 분명히 소녀들은 인간이었지만 정신적으로 늑대와 동일시되어 있었다. 자신이 늑대가 아니라는 탈동일시가 형성되었더라면 인간으로서 성장할 가능성이 훨씬 컸을 것이다.

우리는 경험적으로 다른 존재와 구별되는 "나(자아)"라는 존재가 있다고 생각한다. "나"라는 존재가 자기동일성을 지니면서 주재(主宰)하는 어떤 영혼과 같은 개체가 실재하고 있다고 여긴다. 이러한 자아관념은 오취온(五取蘊)에서 발생한 허구라고 붓다는 가르치고 있다. 오취온이란 이러한 자아 관념, 즉 오온(五蘊)에 대해 '나'라는 어떤 인격적 개체가 있다고 굳게 집착하는 것을 말한다.

고통의 발생 근저에는 나와 남을 심리적으로 분리하는 자아의식이 뿌리 깊게 박혀 있다. 나와 남을 분리하는 곳에는, 언제나 대립과 갈등이 도사리고 있다. 남과의 비교를 통해서 우리는 우월의식과 열등의식을 일으키고, 즐거움과 고통의 악순환을 되풀이한다. 자아의식(self-consciousness)의 테두리를 벗어나지 못한 보통 사람들은, 자아의식을 일으키는 배후에 영원불변한 실체가 있다고 당연하게 여긴다. 즉 영원불변한 영혼과 같은 실체가 인간 내부에 머물면서, 모든 사고와 감정 그리고 행동을 감독하고 지시하다가, 육신의 죽음에 상관없이 상주한다는 그릇된 견해, 즉 아견(我見)은 이기적인 탐욕과 집착을 일으켜 고통을 초래한다. 이렇듯 고통을 일으키는 아견을 부정한 것이 무아(無我)이다.

아싸지올리는 우리는 우리 자신과 동일시하는 모든 것에 의해 지배를 받는다고 동일시의 부작용을 주목하고 있다. 동일시(同一視)는 집착을 뜻한다. 우리가 자동차에 집착하게 되면, 자동차와 자신을 하나로 보게 된다. 그래서 만일 차에 이상이 생기면, 마치 자신에게 이상이 생긴 것으로 느낀다. 우리는 자신의 심신을 자신과 동일시한다. 그 결과 우리는 마음이 시키는 대로 그의 명령을 따르는 심신의 노예가 되고 만다. 동일시로 인해서 우리는 참으로 고통과 불행을 경험한다. 아싸지올리의 탈동일시(dis-identification)란 반대로 동일시된 대상이나 집착에서 벗어나는 것을 의미한다. 그릇되게 동일시되었던 대상에서 벗어나는 것이 탈동일시이다. 탈동일시 과정을 통해 참나, 즉 진아(眞我, real self)를 발견하게 된다고 주장하고 있다.

불교적인 관점에서 본다면 탈동일시는 무아와 연관된다. 한 인간을 구성하고 있는 모든 심신 요소에 대해서 나[我] 또는 나의 것[我所]이라고 집착하지 않는 것이다. 이런 탈동일시에서 벗어나기 위한 작업이 가능하기 위해선, 대상과 일정한 거리를 두고 대상이 '나가 아니다'[非我]라는 관찰이 이루어져야 한다. 탈동일시로 몸과 마음을 한발 떨어져서 있는 그대로 관찰함으로써 결국 변화하고 사라지는 무상(無常)한 것이라는 체험을 하게 한다. 이렇게 된다면 몸, 감각, 감정, 생각 등 심신 현상을 왜곡하지 않고 있는 그대로 이해하면 자기동일시에서 벗어나, 결국 무아의 통찰로 이어지게 될 것이다.

오온에 집착하여 묶여있는 것이 자아-동일시 즉 아견이고 오온에 대한 집착으로부터 탈피하는 것이 탈동일시, 즉 무아이다. 자아-동일시는 곧 고통의 원인이며, 무아는 고통의 종식이다. 붓다는 오취온이 무아임을 가르치고 진아에 대해선 언급하고 있지 않은 데 비해 아싸지올리는 탈동일시를 통한 진아(眞我)를 상정하고 있다.

Ⅳ. 역기능적 사고의 해결

1. 인지치유

생각은 빠르고 조용히 일어나는데, 적절한 조사나 평가 없이도 그 생각을 의심할 여지 없이 믿는다. 우리의 생각이 정확하고 논리적이며 우리의 목표와 가치에 부합하는지 확인하기 위해 우리의 생각을 비판적으로 검토하는 것이 중요하다. 우리의 뇌는 매우 빠르고 효율적으로 정보를 처리하며, 이 과정에서 수많은 생각을 일으킨다.

자동화된 생각 과정은 우리가 종종 우리의 생각을 비판적으로 검토하지 않게 만든다. 우리는 우리의 생각이 '정확하다' 거나 '사실이다'라고 가정하고, 이를 묻지 않고 받아들이는 경향이 있다. 이는 특히 우리의 생각이 기존의 믿음이나 가정, 선입견에 부합할 때 더욱 그러하다. 이런 현상은 우리가 오해나 잘못된 판단을 만들게 하거나, 우리의 생각이나 신념이 현실과 어긋나도 이를 인식하지 못하게 만드는 문제를 일으킬 수 있다. 이는 또한 우리가 새로운 정보나 다른 시각을 제대로 고려하지 않고, 우리의 기존 생각이나 믿음에 고착되게 만들 수 있다.

사고의 한계를 극복하거나 개선하기 위해 다음과 같은 방법을 고려할 수 있다.

첫째, 개인은 자신의 사고방식과 인지 과정을 자각하고 이를 평가하는 능력을 갖추어야 한다. 둘째, 다양한 시각과 관점을 수용하고 타인의 의견을 존중하는 능력을 기르는 것이 중요하다. 셋째, 비판적 사고는 사고의 본성을 극복하고 개선하는 데 도움이 된다. 자신의 사고를 돌아보고, 논리적인 추론과 근거에 기반한 판단을 할 수 있는 능력을 향상한다.

사고의 역기능을 방지하거나 극복하기 위해서는 인지적 접근 방법이 해결 방법으로 활용될 수 있다. 문제 상황에 대한 충분한 정보를 수집하고 분석하여 의사결정을 내릴 때 올바른 판단을 할 수 있도록 한다. 다양한 시각과 관점을 고려하여 편향된 사고를 방지하고 더 포괄적인 해결책을 모색한다. 문제 해결 능력을 향상하기 위해 학습하고 훈련하며, 문제 해결에 필요한 도구와 기술을 습득한다.

현대에 이르러 심리치유 학계에서 정신질환과 관련하여 부정적인 사고의 역기능에 주목하고 그 해결을 시도한 것이 인지치유이다. 인지치유의 두 거장은 아론 벡(Aaron Beck)과 알버트 엘리스(Albert Ellis)이다. 아론 벡은 인지치유(Cognitive Therapy)를 개발하여 우울증 환자의 치유에 전념하였고 알버트 엘리스는 합리·정서·행동치유(Rational Emotive Behavior Therapy)를 개발하여 정서장애를 앓고 있는 환자를 치유하였다.

인지치유는 개인의 내면적 세계, 즉 개인이 어떻게 지각하고 정보를 구성하는지, 그리고 이러한 인지적 구성이 정서와 행동에 어떤 영향을 미치는지에 초점을 맞추고 있다. 인지치유에서는 인간을 환경과 매우 긴밀하게 상호작용하면서 환경을 평가하는 존재로 본다. 인지치유에서는 인간의 기능을 설명할 때 여러 측면들, 즉 정서적, 행동적, 인지적 측면들을 통합하려고 한다. 인지치유는 이러한 심리적 구조를 이해하고 연화시키기 위한 주된 수단으로서 인지적 측면을 강조하지만, 모든 측면이 고려되어야 한다고 주장한다(Marjorie E. Weishaar, p.125). 인지치유는 사고, 감정, 소망, 백일몽, 태도 등과 같은 정신적 경험에 강조점을 둔다는 점에서 행동치유와 대비된다(Judith Beck, p.22).

인지치유는 기존의 심리치료 이론에서 다루지 않았거나 크게 주목하지 않은 사고 과정(thinking process)을 주요 문제 대상으로 삼는다. 인지치유의 인지적 접근은 인간의 인지나 사고가 인간의 심리적 장애의 주요 원인이라고 전제에서 출발한다. 사고가 인간의 정서 및 행동을 중개하거나 선도(先導)한다고 보는 인지치유는 내담자의 사고 과정을 수정하거나 변화시킴으로써 정서적 또는 행동적 장애를 없애려고 한다.

인지치유에서는 외부의 사건에 의해 내적으로 특정한 생각과 심상이 유발되고 이러한 생각과 심상의 내용이 특정한 감정 및 행동 반응을 불러일으킨다고 본다. 인지치유는 개인의 정서와 행동은 자신과 주위 환경을 해석하는 인지 방식에 의하여 결정된다고 하는 인지 이론에 기초하고 있다. 심리 장애를 안고 있는 사람에겐 왜곡된 역기능적인 사고가 공통으로 존재하며, 이러한 역기능적인 사고는 내담자의 기분과 행동에 영향을 미친다고 가정한다.

인지치유의 기본 원리는 내담자의 인지 왜곡을 교정하는 데 있다. 인지치유는 심리적 장애의 치료에 있어서 내담자가 자신의 내면적 정보처리 과정을 잘 이해하는 것을 중요하게 여긴다. 내담자가 자신의 내면적 인지 왜곡과정을 스스로 이해하고 바로 잡아, 인지 왜곡에 의한 심리 장애에서 벗어나는 것이 인지치유의 목표가 된다. 내담자에게 본인의 심리장애를 초래한 인지 왜곡을 발견해 내게 하고 왜곡된 인지 내용을 제거하거나 수정하여서 심리장애를 치유하는 것이다. 심리 장애를 일으킨 인지 왜곡을 교정하는데 인지치유의 기본 치유원리가 있으며 치유에 이르기 위한 다양한 인지치유 기법이 개발되어 있다.

아론 벡의 인지치유는 우울증 치유에 일대 혁명을 불러일으켰다. 부정적인 생각들을 잡아내서 직접 써서 정리해 보고 거기 쓰인 내용을 뒷받침해 주는 증거나 반대되는 증거들을 모아 부정적인 생각을 반박하는 것이다. 인지치유는 주로 우울증 관련 사고와 역기능적 태도를 바꿔 주는 것, 즉 우울증을 야기하는 사고 내용을 바꾸어 주는 효과를 가진다.

인지치유 기법은 심리적인 증상을 초래하는 왜곡된 인지 과정을 규명하고 변경하는 것이다. 먼저 정서 문제 및 행동 장애를 가져오는 자동사고를 찾아내고 그 그릇된 사고에서 벗어나는 것이다. 자동사고의 기저에 있는 중간신념 그리고 그 이면에 놓여 있는 역기능적인 핵심신념을 찾아내어 바로잡는 것이다. 왜곡된 역기능적 인지 과정의 교정을 통해서 심리적 증상이 호전될 수 있다는 것이 인지치유의 기법이다. 이 과정에서 무엇보다도 내담자와 상담자 간의 유기적인 관계가 중시되며 특히 치유사의 자질이 무엇보다도 중요한 것으로 보인다.

붓다는 자타(自他)에게 해로움을 가져오는 사고(思考, vitakka)와 그렇지 않은 사고로 양분하여 전자를 불선(不善)의 원인으로 보았다. 선한 생각과 악한 생각의 분리 기준은 자타에게 이로움을 가져오느냐에 달려 있다. 붓다는 비록 선한 사고(vitakka)일지라도 깊은 선정에 들어가기 위해선 제거되어야 하는 것으로 파악하였다. 세속적인 차원에선 선한 생각을 증진해야 하지만 지혜를 성취하기 위한 선정에 입정하기 위해선 선한 사고조차도 제거되어야 하는 것으로 보았다.

초기불교에서 사고에 해당하는 말에는 두 가지 종류로 크게 나누

어 볼 수 있다: 심(尋, vitakka)과 사(思, vicara). 명상이 깊어지면 심(尋, vitakka)과 사(思, vicara)는 사라지게 된다. 제일선정에서 심·사가 나타난다. 제2선정 이상에서는 사라진다는 점에서 보면 심사도 궁극적으로 깊은 선정을 위해선 제거되어야 한다는 것을 보여준다. 『마두핀디카숫타(*Madhupiṇḍi-kaSutta*)』에서 붓다는 고통의 근원이 되는 망상(papañca)의 전개 과정을 자세히 분석하였다. 주변 세계와 자기 자신에 대한 개인의 망상의 소멸이야 말로 모든 고통의 해결이라고 보고 있다. 일찍이 붓다는 부정적인 사고의 폐해를 지적하고 그 해결법을 제시하였다. 『비탓카산타나숫타(*Vita-kkasaṇṭhānaSutta*)』에서 붓다는 불선한 사고를 제어하는 5가지 방법을 제시하고 있다. 불선한 사고가 초래하는 고통을 종식하는 방법에 대해서 붓다는 여러 곳에서 다양한 방법을 제시하고 있다. 불선한 사고를 통제하여 보다 높은 마음을 추구할 수 있는 방법을 제시하고 있다.

그릇된 사고 과정을 교정함으로써 심리적인 장애를 제거할 수 있다고 인지치유가 주창하듯이 붓다도 바른 지혜를 성취하게 되면 고통에서 벗어나 열반(涅槃, nirvana), 즉 완전한 행복을 성취할 수 있다고 가르친다. 새로운 인류 문화의 창달을 위해선 인간은 부정적인 사고의 한계를 인지하고 그 한계를 벗어날 수 있어야 한다. 새로운 문화를 창조할 수 있는 새 인류는 생각하는 갈대를 뛰어넘는 곳에서 시작한다.

불선한 사고의 발생 과정에 대해 붓다는 자세하게 설명해 놓았다. 생각은 진공 상태에서 내가 만들어 내는 것이 아니라 여러 가지 요인이 결합하여 발생한 것으로 보고 있다. 다른 모든 현상의 발생과 마찬가지로 생각이라는 현상도 연기(緣起)의 법칙에서 벗어나지 못한다. 붓다는 연기의 법칙을 간명하게 요약하고 있다. "이것이 있기 때문에 저것이 있고 이것이 생겨나기 때문에 저것이 생겨나며, 이것이 없으면 저것도 없고 이것이 없어지면 저것도 없어진다."[27] 붓다는 더욱 자세하게 불선한 사고의 발생 과정을 설명하고 있다.

『마두핀디카숫타』에선 사고의 발생과정에 관하여 그리고 사고가 어떻게 심리적인 고통을 발생시키는 지, 어떻게 하면 고통을 야기하는 왜곡된 사고에서 벗어날 수 있는 지 자세히 설명하고 있다. 이 경전을 깊이 연구하면 우리는 사고의 발생 과정을 위시하여 사고전반에 관하여 붓다의 통찰을 이해할 수 있다. 사고의 발생 과정 중 가장 핵심적인 논의는 파판차(papañca)이다.[28]

2. 불교 명상

대부분의 사람들은 생각에 중독되어 있다. 자신이 중독된 채도 모르고 지내는 사람이 다수다. 잠시라도 생각하지 않으면 공허감을 느낀다. 생각은 머릿속에서 말로 이루어지는 것, 그림으로 나타나는 것, 이 두 개가 결합된 것 등으로 드러난다. 어떤 형태이든지 생각은 발생하고 사라진다. 생각의 생멸 과정을 정확하게 관찰할 수 있으면 생각의 사슬에서 벗어날 수 있다. 생각이 일어날 때 그 정체를 파악하면 일어난 생각은 사라진다. 머릿속에서 일어나고 있는 지껄임은 그냥 놔두면 계속

---

1) 『잡아함경』(『대정장』, II p.67上). "此有故彼有 此生故彼生 此無故彼無 此滅故彼滅".

2) 파판차의 자세한 논의는 본서 p.232. 참조.

진행되므로 자신의 의지와 상관없는 것 같다. 심지어 지껄임을 정지시키려고 해도 다시 일어나므로 우리의 능력 밖에 있는 것처럼 보인다. 그러나 지껄임에 주의를 주는 순간 그 지껄임은 멈추고 만다.

명상은 사고중독증을 치유하는 것이지, 사고 자체를 없애려고 하는 것은 아니다. 사고중독에서 벗어날 수 있는 명상 방법은 두 가지로 대별할 수 있다: 집중명상과 통찰명상. 첫째 방법은 시시각각 일어나는 번뇌 망상을 무시하고 하나의 대상(e,g. 호흡, 주문)에 전념하는 것이다. 호흡에 마음을 고정시키는 것이나 주문의 소리에 전념하는 방법을 볼 수 있다. 수식관 또는 염주, 독송할 때 다른 생각이 들어오지 않도록 하는 것이 중요하다. 이들 수행법은 일어난 생각을 직면하고 통찰하기 보다는 주의를 생각에서 돌려버린다. 생각의 움직임을 직접 관찰하는 것이 아니라 생각이 아닌 다른 대상에 전념하는 방식이다. 원치 않는 생각을 하지 않기 위해 염송 등을 하는 측면에서 이들 수행법은 소극적이라고 할 수 있다.

두 번째 방법은 일어난 생각을 쫓아내지 말고 생각의 운동을 관찰하는 것이다. 생각이 일어나서 하는 일에 간섭하지 아니하고 평정하게 관찰하는 것이다. 생각은 하나의 단일체로 종종 착각되지만, 사실은 생각은 개별적이다. 개개의 생각들이 모여 하나의 단일체로 보이는 생각의 흐름(stream of thoughts)을 형성한다. 생각이라는 통나무가 시야에 들어올 때 그 통나무에 대하여 침착하게 주의 깊게 관찰하는 것이다. 미워하거나 좋아하거나 하는 감정 없이 평정하게 관찰하는 것이다. 통찰 명상은 생각 그 자체를 대상으로 관찰하는 것이다. 생각이 나는 대상을 직접 대면하여 관찰한다는 점에서 적극적이라고 할 수 있다.

20세기 후반에 들어와 마음과 몸은 서로 밀접하게 연결되어 있으며, 마음에서 생긴 문제가 신체의 문제를 일으킬 수 있다는 견해와 증거가 제시되기 시작하였다. 이러한 심신불이론(心身不二論)에서는 인지적·정서적 과정과 같은 마음의 과정에 문제가 있으면 각종 신체적 질병에 걸릴 수 있는 조건을 만들고, 또 이러한 신체적 질병이 만성질환으로 될 수 있다. 명상과 같은 심리적 중재법을 적용하면 스트레스에 의해 직접·간접적으로 발생할 수 있는 질병들을 치유할 수 있고 예방할 수 있다. 예컨대 고혈압이나 관상성 동맥질환, 두통, 소화기 질환, 각종 만성통증, 불안과 우울 및 암과 같은 스트레스 관련 질병의 치료에 심신개입법이 효과적이라는 것이 밝혀졌다(장현갑, 2010 p.3).

최근에 불교명상은 심리치료에 접목되어 다양한 심리장애를 극복하기 위해 직간접적인 방법으로 응용되고 있다. 이는 불교가 고통의 해결이라는 목표를 지향하고 있는 점에서 긍정적으로 평가할 수 있다. 불교와 심리치료가 심리적 고통을 해결함으로써 '건강한 삶'을 추구한다는 점에서 서로 공통된다. 전통적인 불교 명상이나 현대의 불교명상 치유프로그램도 고통의 제거를 목표로 한다. 불교의 핵심은 마음을 다스림으로써 완전한 행복을 추구하는 것이다.

불교심리학과 서구의 심리치료학이 최근에 처음으로 교류가 시작된 것은 아니다. 19세기 초에 융(Jung), 프롬(Fromm), 엡스타인(Epstein) 등에 의해 두 전통의 교류가 이루어졌다. 서구의 심리학과 불교의 만남의 가장 두드러진 특징은 불교의 명상을 서구의 심리치료계에서 도입하고 있다는 점이다. 지난 25년간 이러한 흐름 속에서 불교명상 치유프로그램이 개발되기에 이른 것이다(Richard Gilpin, p.17)

불교명상 치유프로그램은 불교의 전통적인 불교 명상 수행법을 현데 미국인의 생활 스타일에 맞게끔 개발되어 임상 적용되고 있다는 점에서 높이 평가할 수 있다. 아울러 명상이 심신치유에 미칠 수 있는 한계를 정확히 지적하는 것도 적절하다. 명상의 심신치유 효과에만 초점을 두지 말고 명상의 근본 목적을 되새길 필요가 있다. 명상은 심장질환, 암, 불임, 우울증, 과잉행동, 주의력 결핍장애 등에 도움이 된다고 알려져 있으며 무엇보다도 스트레스를 치유하는 데 가장 좋은 역할을 하고 있다. 명상이 스트레스, 중독증, 고혈압, 공포증, 천식, 불면증 등에 대해서 긍정적인 결과를 얻을 수 있지만 거기에 머물지 않고 명상의 본래 목적인 열반의 성취로 나아갈 수 있도록 주의해야 할 것이다.

알아차림 명상에 근거한 치유프로그램의 궁극적인 목표는 내담자들에게 더 깊은 수준에서 이해의 변화가 일어나서 부정적 감정을 발생하게 하는 생각과 신체감각과의 관계가 근본적으로 변화될 수 있도록 도와주는 것이다. 전통적 불교와 알아차림 명상에 근거한 치유프로그램은 인간의 고통의 문제에 대하여 인지적인 접근 방식을 공통으로 취하고 있다. 인간의 정서문제는 인지 왜곡에서 기인한다고 진단하고 있다. 알아차림 명상에 근거한 치유프로그램은 왜곡된 사고를 직접적으로 바로잡는 것보다 알아차림 명상, 즉 사념처(四念處)를 통해 우울증을 다시 일으키는 사고를 다스린다.

사념처 수행의 요지는 주의의 확립을 통해 탐욕 등 번뇌를 제거하고 진리(法)를 통찰하고 궁극적으로는 아라한의 지혜를 얻는 것인데 비해 알아차림 명상에 근거한 치유프로그램에서의 명상의 목적은 심신의 안정을 도모하는 심신 치유에 두고 있다. 이런 목표의 차이에도 불구하고 심신치유라는 측면에서 공통적인 또는 유사한 부분을 공유한다.

존 카밧진(Jon kabbat-Zinn)은 서구에서 불교 명상을 주류 의학계에 성공적으로 도입되도록 한 인물이다. 중생의 고통 해결을 목표로 하는 붓다의 가르침과 현대인이 당면하고 있는 질병의 문제를 다루고 있는 의료계의 만남의 결과로 불교의 명상을 활용한 심신치유프로그램이 다양하게 개발되고 있다. 미국 매사추세츠 대학 의료원 행동의학과의 존 카밧진은 1970년대에 '알아차림 명상에 기반을 둔 스트레스 완화(Mindfulness-Based Stress Reduction: MBSR)' 프로그램을 개발하였고, 2000년 이후 미국의 주요 의료기관에 관련 클리닉이 개설되었을 정도로 스트레스와 관련된 질병치료에 널리 사용되고 있다.

MBSR은 단지 미국 의료계에서 활용되는데 한정되지 않고 심리학계에도 지대한 영향을 끼쳤다. 존 카밧진의 MBSR은 인지행동치료(Cognitive Behavior Therapy)의 제3물결의 형성을 가져왔다. MBSR의 직간접 영향 아래에서 MBCT(Mindfulness-Based Cognitive Therapy, 알아차림 명상에 기초한 인지치유), DBT(Dialectical Behavior Therapy, 변증법적 행동치유), ACT(Acceptance and Commitment Therapy, 수용과 전념치유) 등이 계속해서 개발되고 있다. 불교의 명상을 활용한 심신치유 프로그램의 개발은 일시적인 유행이 아니라 계속 발전하리라고 예상된다. 불교의 명상 효과가 전문학자들에 의해 과학적으로 입증되고 있으므로 수술과 약물 중심의 의료계에 보완 또는 대체 프로그램으로 확고하게 자리매김하고 있다.

MBSR은 대략 8주 동안 진행되는 치유 프로그램으로, 집단을 대상으로 실시되는 교육 프로그램이다. 이 프로그램은 불교의 명상을 바탕으로 스트레스로 발병한 만성질환자에게 적용한 치료 프로그램이다.

MBSR 등 불교 명상 치유프로그램이 성공적으로 의료계에 정착하여 발전할 수 있었던 것은 무엇보다도 불교 명상이 지닌 치유 능력 때문이다. 불교 명상이 갖추고 있는 치유적인 효과를 발견하고 현대인에게 맞게끔 치유프로그램이 개발되고 적용되고 있다. 불교 명상이 스트레스 완화를 비롯하여 거의 모든 질병의 치료에 도움이 되지만 만병통치는 아니라는 것을 염두에 두어야 할 것이다.

알아차림 명상에 기초한 인지 치유(Mindfulness-Based Cognitive Therapy, MBCT)는 초기불교의 명상 수행과 서양의 인지 치유를 접목한 새로운 방식의 치유법으로 우울증의 재발 방지에 효과적으로 적용되고 있다. MBCT는 아론 벡(Aaron Beck)의 인지치유(Cognitive Therapy)와 존 카밧진(Jon Kabat-Zinn)의 MBSR(Mindfulness-Based Stress Reduction, 알아차림 명상에 근거한 스트레스 감소) 프로그램을 결합한 치유 프로그램이다.

현대인이 앓고 있는 대표적인 질병 중의 하나가 우울증이다. 우울증의 발병률은 전세계적으로 꾸준히 증가하고 있다. WHO 보고에 따르면, 향후 우울증은 심장동맥질환 다음으로 인류를 위협하는 서열 2위의 질병이 될 것이라고 예견하고 있다. 우울증은 단순한 정신 질환이 아니라 자살로 이어질 수 있는 무서운 질병이다. 우울증은 치료 후 재발빈도가 매우 높다. 50%이상 재발하고, 재발횟수가 누적될수록 재발율은 가파르게 증가한다. 2002년 Mindfulness-based cognitive therapy for depression: A new approach to preventing relapse 이라는 단행본이 출판됨에 따라 공식적으로 MBCT 프로그램으로 널리 알려지게 되었다. 이런 짧은 역사에도 불구하고 MBCT는 영국을 중심으로 한 서구에선 크나큰 발전을 하고 있다. MBCT에 관한 논문이 해마다 늘어나고 있으며 MBCT 프로그램을 운영하는 기관이나 병원도 늘어나고 있다.

기존의 인지치유는 분명히 사고 내용을 바꾸는 것을 강조하고 있지만, 이러한 치유가 성공적이라면 환자의 부정적인 사고와 감정과의 관계를 바꾸는 것 역시 가능하다는 것을 MBCT의 창안자들은 추정하게 된다. 인지치유는 자신의 내면에서 감정과 행동을 좌우하는 부정적인 사고를 교정하는 것을 치유의 핵심으로 삼는다. 그러나 MBCT에서는 생각을 없애거나 억누르지 않고 수용하는 점에서 인지치유와 다르다.

MBCT는 우울증의 재발률 감소에 있어서 효과적인 치유방식으로 평가되고 있다. 환자들은 부정적인 생각을 입증하는 혹은 반대하는 증거들을 늘어놓으면서 그들의 생각이 사실인지 아닌지 논쟁하게 되고 반추적인 사고 패턴에 갇히는 위험에 빠지게 될 것이다. 어떤 생각은 비합리적 신념과 합리적 신념으로 범주화시키기가 어렵다. 모든 생각을 합리적인 것과 비합리적인 것으로 분명하게 나눌 수 있는 것은 아니다. 이런 중립적인 제3의 생각은 인지치유에서 제외될 수밖에 없다. 그러나 MBCT는 모든 사고를 그 관찰의 대상으로 삼고 있으므로 인지치유보다 더 광범위하고 철저하다.

생각의 집착에서 벗어나는 것이 명상이다. 근거 없는 부정적인 생각을 멈추고 자신을 향한 가혹한 비판을 멈추는 것을 배운다. 명상은 우리에게 고요함과 안정감, 자신감을 선물해 주어 스스로 문제를 해결하도록 돕는다. 알아차림(mindfulness) 명상의 효능에 대해 MBCT는 다음과 같이 우울증 재발을 방지할 수 있다. 첫째 알아차림 명상을 하게 되면 제한된 정보처리 채널에서 '공간을 차지' 하는 이점이 있다. 이렇게 되면 악순환되는 반추 사이클을 없앨 수 있다. 둘째 생각, 감정, 신체감각에 대한 알아차림 명상은 내담자들이 우울한 쪽으로 기울기 시작하는 초기 단계에서 이를 인식하도록 도와줄 수 있다. 다가오는 눈사태 즉 우울증의 초기 경고 체계를 알려주어 우울증으로 급속하게 떨어지기 전에 멈출 수 있게 해 준다(Segal, Z.V., 외 2002 p.41-42).

MBSR과 MBCT는 불교의 알아차림 명상을 치유 방법으로 적극적으로 활용한다. 전통적으로 동남아시아의 불교인들(上座部, Theravāda)은 사념처를 '비파사나'라고 부르며 중시하고 있다. 사념처(cattāro satipaṭṭhānā, 四念處)는 초기불교의 대표적인 수행 체계이다. '사념처'란 몸(身), 느낌(受), 마음(心), 법(法)의 4가지에 관련하여 사티(sati, 念)를 확립하는 것을 말한다. 현재 미얀마 등 동남아시아 불교인들의 대표적인 수행법인 비파사나 수행의 근간이 초기불교의 사념처이다.[29]

붓다 당시의 명상 수행법과 불교명상 치유프로그램을 비교해 보면 그 차이를 살펴볼 수 있다. 불교 명상은 문제의 근본을 해결하는 데 있다고 한다면 불교명상 치유프로그램은 문제의 증상을 다루고 있다고 할 수 있다. 불교 명상의 궁극적 목표는 열반의 성취에 있다. 이에 비해 불교 명상 치유프로그램의 목표는 구체적인 심인성 질병을 치유하는 데 있다. 불교 명상은 번뇌를 제거하고 궁극적인 열반을 목표로 수행된다. 불교 명상의 수행 과정에서 여러 가지 이점이 나타나지만, 이것은 어디까지나 부수적인 것으로 여겨진다.

---

2) 사념처 수행의 전체적인 내용을 담고 있는 팔리어 경전엔 두 가지가 존재하고 있다: *MahāSati-paṭṭhāna-Suttanta*(Dīghānikāya II. pp.290-315.), *SatipaṭṭhānaSutta*(Majjhimanikāya I. pp.55-63.).

3. 지식에서 지혜로

지식과 지혜는 여러 가지 측면에서 구분되어 논의될 수 있다. 시간이라는 관점에서 볼 때 지혜는 시간에서 벗어나 있다고 할 수 있다. 지식은 과거의 경험을 집적해 놓은 것이다. 반면에 지금 당면하고 있는 문제는 현재 일어나고 있는 일들이다. 어떠한 일도 같지 않다. 겉으로는 비슷해 보일지 몰라도 자세히 살펴보면 똑같지 않다.

실천적인 측면에서 보면 지혜는 전면적인 변화를 불러오지만, 지식은 그렇지 못하다. 어떤 일이 나쁘다고 학교에서나 사회에서 배워 알고 있지만 우리는 그것을 제대로 실천하지 못한다. 흡연이 해롭다고 하는 과학적 지식은 널리 알려진 사실이다. 여러 가지 해로운 물질이 담배에 포함되어 있어 흡연 시 여러 가지 해독이 여과 없이 몸에 축적된다. 과학의 실험에 의하면 여러 가지 해로운 물질이 분석되어 수치로 나타난다. 비록 이러한 과학의 분석이 아닐지라도 흡연자는 흡연이 몸에 해롭다는 것을 경험적으로 알고 있다. 담배가 해롭다는 지식에도 불구하고 왜 흡연자는 금연하지 못하는 것일까? 담배의 해독을 지식으로 알고 있기 때문이다.

소금에 대한 지식이 소금의 맛을 직접 알게 해주는 것은 아니다. 직접 혀로 소금을 맛보았을 때 소금 맛이 어떠하다는 것을 알게 된다. 이것이 붓다가 말한 자증(自證, sacchikaroti)이다. 자증은 개념을 통해 획득된 것이 아니라 자신이 직접 경험에서 얻어진 것이다. 몸으로 직접 경험하여 아는 것이 자증이다. 지식은 머릿속에 저장되어 있다가 현재를 설명하는 것이다. 따라서 시간상으로 지식은 과거가 현재에 대한 반응이다.

이 반응은 온전히 유효하지 못하고 부분적일 수밖에 없다. 지식은 부분적이기 때문에 행동으로 온전히 나타나지 못한다.

반면에 자증은 현재에 직접 관계하는 것이다. 그러므로 자증은 행동으로 바로 옮아간다. 자증은 곧 행동인 것이다. 소금을 한 움큼 입 안에 넣으면 소금의 짠맛 때문에 당장 내뱉을 것이다. 소금에 대한 경험은 자증이고 소금을 내뱉는 것은 행동이다. 여기서 자증은 행동과 분리되어 있지 않다. 지식은 과거에 뿌리를 두고 있 는데 반해지는 지금 이 순간 일어나고 있는 일에 대한 앎이다. 즉 지식은 과거이고 지혜는 현재이다.

크리슈나무르티(Krishnamurti 1895-1986)는 진리 탐구의 여로에서 먼저 모든 관념과 지식에서 벗어나야 한다고 가르치고 있다. 특정 목표를 미리 예상하고 추구하는 것이나 과거의 지식을 짊어지고 가는 것은 참된 새로운 진리를 발견하지 못한다고 강조하고 있다. 사고의 한계를 지적하고 있다. 크리슈나무르티는 사고는 기계적인 반응으로 과거의 경험과 지식에 근거하고 있어서 현재 진행 중인 인간 문제를 풀 수 있는 능력이 없으며 오히려 사고가 사라질 때 지성(intelligence)이 나타나 사고의 한계를 극복할 수 있다고 주장한다.

크리슈나무르티는 지식의 한계를 지적하고 있다.

> "지식은 시간을 초월하는 새로운 것을 이해하는데 장애가 된다. 오로지 자신이 알고 있는 것만 생각할 수 있다. 새로운 것을 경험하는 순간 마음은 과거의 지식으로 해석하고 이름 붙인다. 따라서 지식이 완전히 멈출 때 새로운 것이 경험될 수 있다. 미지(未知)의 것(the unknown)을 경험하기

위해선 기존의 지식이 개입되지 않아야 한다는 것이다. 만약 과거의 지식이 개입되는 순간 새로운 것(the new)은 지식에 의해 채색되어 새롭게 있는 그대로 경험될 수 없다(Krishnamurti, 1988 p154-156).

붓다는 생각(vitakka)을 두 가지 차원에서 분석하고 있다. 세속적인 차원에서 생각은 선한 생각과 악한 생각으로 분류된다. 욕심의 생각, 성냄의 생각, 해침의 생각은 대표적인 악한 생각으로 여기에서 자신과 타인을 해치는 결과를 초래한다고 분석하고 있다. 붓다는 선한 사고도 지혜의 성취를 위해 제거되어야 한다고 가르치고 있다. 선한 사고도 깊은 선정을 위해 사라져야 한다고 본 점에서 사고의 한계를 지적하고 있다.

지식과 지혜는 종종 혼동되는 개념이지만, 이 두 가지는 매우 다른 개념이다. 지식은 우리가 학습하고 이해하는 정보이다. 지식은 책에서 배우거나, 학교에서 배우거나, 인터넷에서 찾아볼 수 있는 사실, 정보, 데이터에 관한 것이다. 지식은 구체적이고 명확하며, 측정할 수 있고 검증할 수 있다. 지식은 '무엇을 알고 있는가?'라는 질문에 대한 답이다. 반면에, 지혜는 학습으로 획득되는 것이 아니다. 학습이라는 시간이 있어야 하지 않는다. 지혜는 즉각적(instant)이다. 어떤 상황에서 가장 좋은 결정을 내릴 수 있게 도와준다.

생각(thinking)은 지식이 전제되고 있다. 이런 측면에서 생각은 과거의 경험, 기억의 영향 아래에 있는 것이다. 성장 과정 중 성적 학대를 받은 사람은 성에 대해 좋지 않은 기억을 간직하고 있다. 이런 사람에게 성에 대해 그 의견을 물어보면, 틀림없이 성에 관련된 것들을 부정적으로 말할 것이다. 결국 과거의 경험하에서 성을 지금 바라보고 있다. 성이 가지고 있는 다른 측면을 보지 못하는 것이다.

우리가 어떤 지식에 바탕으로 두어 좋은 아이디어를 생각해 낸다는 것은 조건 지워진 두뇌에서 이루어지는 것이므로, 그 아이디어도 조건 지워진 것이다. 기억력이 뛰어난 사람을 머리가 좋은 사람이라고 한다. 그러나 기억력이 곧 창조적인 생각을 의미하지 않는다. 기억이나 지식은 과거인 것이지만 창조는 지금이다. 조건 지워진 두뇌가 완전히 자유로울 때 지혜가 발생한다. 지혜는 과거의 지식에 종속되는 것이 아니라 오히려 과거의 지식을 활용하여 창조적인 활동을 가능하게 한다.

일상적인 사고가 멈추고 자신의 본래 자리로 돌아갈 때 지혜는 활동한다. 이런 맥락에서 사고는 두뇌에서 발생하는 것이라고 말할 수 있지만 지혜는 두뇌를 사용하는 것이라고 할 수 있다. 지식과 그 지식에 근거해 이루어진 사고나 지식은 결코 새롭거나 창조적이지 못하다. 왜냐하면 지식 그 자체가 과거의 산물이기 때문이다. 창조적인 사고는 지혜에 의해서 가능한 것이다. 지혜는 시간의 종속에서 자유롭기 때문이다.

지식은 우리가 세상을 이해하는 데 필요한 정보와 사실을 제공한다. 이는 학습을 통해 얻어지며, 이를 통해 우리는 세상에 대해 배울 수 있다. 지식 없이는 우리는 세상을 이해하거나 문제를 해결하는 데 어려움을 겪을 수 있다. 우리는 지식을 실제 생활에 적용하고, 복잡한 문제를 해결하며, 올바른 결정을 내리도록 하지만 한계가 있다.지혜 없는 지식은 불완전하다. 지혜 없이는 지식이 잘못된 방향으로 사용될 수 있다. 지혜는 지식을 어떻게 사용할지를 알려줄 수 있다.

지식과 지혜를 비교하면 다음과 같이 정리할 수 있다.

① 지식은 본질적으로 선택적이며 특정 정보에 초점을 맞춘다. 지식은 구체적이고 특정 영역에 초점을 맞추는 경우가 많다. 반면에 지혜는 포괄적이며 통합적인 통찰력을 가지고 있다.지혜는 종종 더 넓은 관점과 세상에 대한 총체적 이해와 관련이 있다. 지혜가 주제나 상황에 대한 포괄적이고 완전한 이해를 포함한다. 지혜는 더 큰 그림을 보고 모든 관련 요소와 관점을 고려한다.

② 지식은 정보를 습득하고 저장하는 것을 의미하며, 이를 통해 양적인 지식을 축적할 수 있다. 반면, 지혜는 계량화되거나 저장될 수 없어 마치 번개와 같다. 지혜는 순간적으로 빛을 발하여 어둠을 밝히고 사라진다. 지식은 양적인 특성을 보이고 지혜는 질적인 면을 특성으로 한다.

③ 지식은 정적(定的)이고, 지혜는 역동적이다. 지식은 특정 상황에만 맞는 것으로 고정된 것이지만, 지혜는 어느 상황이든 그 상황에 맞는 통찰이다. 지혜를 가진 사람들은 변화하는 상황에 유연하게 대응할 수 있는 능력을 갖추고 있다. 즉, 새로운 상황이나 문제에 대해 적절하게 대응하고, 필요한 경우에는 자신의 계획이나 전략을 수정할 수 있다.

④ 지식은 제한이 있고, 지혜는 무제한적이다. 지혜는 전체적이어서 다양한 관점을 이해하고 받아들일 수 있는 능력을 내포하고 있다. 서로 다른 사람들의 상황을 이해하고 존중하는 데

큰 도움이 된다. 불교 경전에서는 인도의 어떤 왕이 시각장애인들에게 코끼리를 만져보게 하고, 그들에게 코끼리가 어떻게 생겼는지 물어본다. 각 시각장애인은 자신이 만져본 부분을 기반으로 코끼리를 설명한다. 이 이야기는 자신이 직접 경험한 일부분만을 전체로 오해하고, 그것만이 정답이라고 믿는 경향을 보여준다. 자기 경험, 즉 지식은 부분적이며 제한적이므로 다른 사람의 견해도 경청해야 한다. 지혜는 개방적인 자세와 다양한 관점을 수용하게 한다.

⑤ 지식은 외부 대상에 관한 정보이고, 지혜는 인간의 내면과 진실된 삶에 관한 통찰이다. 지식은 외부 세계에 대한 정보나 사실을 수집하고 학습하는 것에 초점을 맞추지만, 지혜는 내면적인 깊이와 통찰력을 갖는 것에 더 많은 중점을 둔다. 지혜로운 사람은 자기를 관조할 수 있다. 지혜로운 사람은 자신의 강점과 약점을 객관적으로 볼 수 있고, 자기 성장을 위해 결단을 내릴 수 있다. 지혜를 가진 사람은 자신의 행동과 결정에 대해 깊이 반성하고 성찰하는 능력을 갖추고 있어, 자신의 실수를 인정하고, 필요한 경우에는 행동을 개선한다.

⑥ 지식은 이 세상 내부에 관한 앎이라고 한다면 지혜는 이 세상의 내외에 대한 앎이다. 지식은 이 세상의 특정 주제나 분야에 대한 구체적인 정보나 사실에 대한 앎이다, 수학의 복잡한 공식, 역사의 중요한 사건, 과학의 기본적인 법칙 등은 모두 지식이다. 이런 지식은 세상 내부에서 개별적인 형태로 존재하고, 각각은 그들이 속한 특정 분야에서만 효력을 가진다. 지

혜는 이 세상 내부뿐만 아니라 이 세상 외부 또는 이 세상의 초월까지 대상으로 한다. 여러 가지 구체적 지식을 연결하고 통합하여 보다 큰 그림을 볼 수 있는 안목이 지혜이다. 지식이 세간적(世間的)이라면 지혜는 초세간적이다.

⑦ 지식은 삶을 파괴할 수도 있지만, 지혜는 항상 상생과 성장을 도모한다.

⑧ 지식은 거짓으로 판명될 수 있지만, 지혜는 늘 진실이다. 천동설은 과거 진실이지만 현재 거짓으로 판명되었다.

⑨ 지식은 학습을 통해 얻어지지만, 지혜는 마음의 개발을 통해 얻어진다. 학습이라는 개념은 전통적으로 책이나 강의를 통해 얻는 지식을 의미한다. 정보를 암기하거나 책에서 배우는 내용이 지식이 된다.

⑩ 지혜로운 사람은 객관적 태도를 갖추고 있다. 객관적 태도란 타인의 정보나 주장을 무조건 배척하거나 동의하지 않고 정보나 주장을 주관적 편견없이 평가할 수 있는 자세이다.

⑪ 지혜에는 감성 지능이 포함된다. 감성 지능에는 자신의 감정을 이해하고 관리하고 다른 사람과 공감하는 것이 포함된다. 지혜가 없으면 개인이 감정을 조절하는 데 어려움을 겪어 충동적이거나 부적절한 반응을 일으킬 수 있다. 타인의 감정과 관점을 이해하는 데 어려움을 겪어 관계와 갈등이 생길 수 있다. 지혜의 결여는 효과적인 의사소통, 협업 및 전반적인 사회적 웰빙을 저해할 수 있다. 지혜는 타인의 감정을 이해하고 존중하며, 상황에 따라 적절한 행동을 취하게 해준다. 사람들

사이의 갈등을 해결하는 데는 지혜가 주요한 역할을 한다. 지혜가 부족하다면 갈등 상황에서 더욱 곤란한 상황을 겪을 수 있다. 지혜로운 사람은 윤리적인 판단을 할 수 있다. 지혜로운 사람은 자신의 행동과 다른 사람이나 사회에 어떤 영향을 미칠지, 공정하고 도덕적인 선택을 할 수 있다.

⑫ 지식은 피상적이고 지혜는 심층적이다. 지식은 드러난 현상에 초점이 주어져 있다면 지혜는 대상의 본질에 대한 깊은 이해와 통찰력을 말한다. 지혜로운 사람은 문제를 해결하는 능력을 갖추고 있다. 지혜로운 복잡한 문제를 이해하며, 근본적인 해결책을 찾을 수 있다. 지혜로 최적의 해결책을 찾아내고 문제를 해결할 수 있다.

⑬ 지혜를 가진 사람들은 미래에 대한 통찰력을 갖추고 있어, 단기적인 이익보다는 장기적인 결과를 고려한다. 단순히 현재 상황에만 치중하는 것이 아니라, 미래를 전망하며 의사를 결정한다.

⑭ 지혜는 이타적이며 지식은 개인적이며 때로는 이기적이다. 지혜는 이타적인 성향을 보인다. 이타심은 다른 사람을 배려하고 도우려는 성향을 의미한다. 자신과 다른 사람들의 이익을 중시하고, 공동체나 사회의 발전을 위해 노력한다. 반면에 지식은 개인적이며 이기적으로 이용된다. 특정 지식을 배타적으로 소유하고 공유하지 않으려고 한다. 지혜는 사회적인 문제를 해결하는 데도 중요한 역할을 한다. 지식은 개인의 능력을 향상하는 도구의 역할을 하며, 지혜는 사회 전체의 이익을

위해 활용된다. 지혜가 개인의 이익이나 개인의 성공에만 초점을 맞추는 것이 아니라 타인의 더 큰 이익과 복지에 초점을 맞춘다.

⑮ 지식은 내면의 질적 변화를 가져올 수 없지만 지혜는 전인적(全人的) 변화를 불러올 수 있다. 지혜는 마음을 정화한다. 지혜를 통해 우리의 내적인 마음 상태가 정화되며, 이에 따라 우리 인생이 더욱 풍요롭고 행복한 삶으로 전환될 수 있다. 일상생활에서 우리는 다양한 스트레스와 문제에 직면하게 된다. 어떤 사람이 어려움에 직면했다고 가정해 보자. 지혜가 없는 상태에서는 문제에 직면할 때마다 마음이 혼란스러워지고, 스트레스를 해결하는 방법을 찾아내는 데 어려움을 겪을 수 있다. 이런 상황이 반복되면 그의 마음은 점점 더 불안하고 혼란스러워지며, 이는 그의 삶의 질을 저하하게 될 것이다. 만약 그 사람이 지혜를 갖추고 있다면 그는 문제가 발생할 때마다, 객관적인 시각에서 문제를 바라보고, 상황의 본질을 이해하며, 적절한 해결책을 찾는 방법을 알게 될 것이다. 지혜를 통해 그는 문제에 대한 두려움을 극복하고, 문제 해결 과정에서 얻는 교훈을 통해 개인적인 성장을 이루게 된다. 지혜는 마음의 혼란과 불안을 정화하고, 대신 마음의 평화와 안정을 가져다주는 역할을 한다.

제2부 불교와 인지치유

Ⅰ. 사고(思考)에 대한 붓다와 알버트 엘리스(Albert Ellis)의 견해

'사고'라는 행위는 마음에서 일어나는 정신적인 일체의 지적(知的, cognitive) 활동을 말한다. 데카르트의 말처럼 생각하는 행위만큼 인간을 인간답게 해주는 것도 없을듯한데 한편으로는 '생각한다'는 행위야말로 인간을 가장 고통스럽게 하는 행위가 되기도 한다. 프랑스의 위대한 문호인 까뮈는 이렇게 말하였다고 한다. "생각을 하기 시작한다는 것, 그것은 보이지 않게 마음속이 침식당하여 골병이 들기 시작한다는 말이다." 생각이라는 것은 일종의 질병이다. 보통 사람들이 하는 생각 중에서 80-90%는 반복적이고 불필요한 잡념에 불과하다. 더구나 부정적인 생각을 하고 있을 때가 적지 않다.

이런 부정적인 생각은 건강을 해치게 된다. 자기도 의식하지 못하는 대부분의 생각은 부정적인 경향을 띠고 있으므로 생각은 고통을 일으키는 원인이 된다. 일시적이지만 생각이 없는 상태에 있을 때, 우리 자신은 얼마나 평온한지 안다. 불필요한 생각은 일어나지 않고 필요한 생각만 하는 것이 건강한 삶이다. 아무리 좋은 생각이라도 반복하면 피곤해진다. 생각은 곧 에너지의 고갈을 뜻한다. 생각을 담당하는 두뇌에서 통증을 느끼는 것이 두통이다. 생각은 또 다른 생각을 불러일으킨다. 이런 운동의 흐름을 끊는 것이 치유이다.

자신이 원하든 원하지 않든 언제나 생각을 하고 있다. 자기통제를 벗어난 생각은 쉽게 자신이나 타인에게 해를 끼치는 방향으로 나아가게 된다. 이런 유해한 생각을 붓다는 불선(不善)의 근본으로 보았고 알버트 엘리스(Albert Ellis, 1913-2007)는 비합리적인 사고(非合理的 思考, irrational thoughts)라고 분석한다. 해로운 생각을 통제하여 교정하는 것이 곧 심리적인 고통이나 문제의 해결인 것이다.

붓다와 알버트 엘리스는 고통의 원인이 근원적으로 인식의 문제에서 출발한다고 진단하는 점에서 공통 토대를 공유하고 있다. 붓다는 사고를 두 종류로 분류하고 있다. 어떤 사고는 자신과 타인에게 고통을 일으키고 또 다른 한 부류의 사고는 자신과 타인에게 행복을 가져온다고 범주화하고 있다. 모든 사고가 무조건 제거되어야 할 대상으로 보거나 사고의 기능을 비판 없이 찬양하는 태도와 다르다. 즉 사고의 순기능과 역기능을 붓다는 함께 보고 있다. 알버트 엘리스에 의하면 사람의 행동과 정서는 그가 세계를 어떻게 구조화하느냐에 따라 대개 결정된다. 즉 세상을 어떻게 보고 해석하느냐는 그 사람의 인지(認知, cognition) 구조에 달려 있다.

상담과 심리치유에 대한 인지적 접근은 인간의 비합리적인 사고가 인간의 심리적 장애의 주요 근원이라는 전제에서 출발한다. 심리적 장애의 근원을 인지과정에서 밝히려고 하는 인지적 접근은 인간의 사고 또는 신념이 정서 및 행동을 중개하거나 선도한다는 전제를 설정하고 있다. 따라서 인지치유는 비합리적인 사고 과정을 수정하거나 변화시킴으로써 정서적 또는 행동적 장애를 없애는 접근 방법이라고 할 수 있다.

합리·정서·행동치유(REBT, Rational Emotive Behaviour Therapy)를 개발한

엘리스의 이론을 중심으로 정서 장애를 가져오는 사고에 대해 살펴보고자 한다. 사고에 대한 붓다의 견해는 팔리어 경전인 드베비탓카숫타(*Dvevitakkasutta*)와 이 경전에 상응하는 한역본인 『염경(念經)』을 중심으로 살펴보기로 한다. 엘리스의 비합리적 사고와 붓다의 불선(不善)한 사고를 서로 비교하여 그 공통분모와 그 차이를 논의하고자 한다.

1. 사고(vitakka)에 대한 붓다의 견해

붓다는 당신이 정각을 어떻게 이루게 되었는가를 두 종류의 사고에 관한 고찰에서 비롯되었다고 밝히고 있다. 정각 직전 붓다는 다음과 같이 생각하였다고 회상하고 있다. "나는 차라리 모든 생각을 구별해 두 부분으로 나누어, 욕심의 생각[欲念], 성냄의 생각[恚念], 해침의 생각[害念]을 한 부분으로 하고, 욕심이 없는 생각[無欲念], 성냄이 없는 생각[無恚念], 해침이 없는 생각[無害念]을 다시 한 부분으로 하자."[1] 마음속에 일어나는 무수한 모든 생각을 두 종류로 나누고 있다. 즉 욕심의 생각, 성냄의 생각, 해침의 생각을 한 무리로 분류하고 욕심이 없는 생각, 성냄이 없는 생각, 해침이 없는 생각을 한 무리로 분류하였다는 것이다.

상응하는 팔리어 경전에서 우리는 유사한 내용을 볼 수 있다. 붓다는 다음과 같이 회고하고 있다. "나는 한쪽엔, 감각적인 쾌락에 대

1) 『念經』(『대정장』 II p.589上). "我寧可別諸念作二分 欲念恚念害念作一分 無欲念無恚念無害念復作一分."

한 생각(kāmavitakko), 악의(惡意)에 대한 생각(byāpādavitakko), 폭력에 대한 생각(vihiṃsāvitakko)을 두고, 또 다른 한쪽엔 출리(出離)에 대한 생각(nekkhammavitakko), 무악의(無惡意)에 대한 생각(abyāpādavitakko), 비폭력에 대한 생각(avihiṃsāvitakko)을 두었다."[2] 물론 여기서 감각적인 쾌락에 대한 생각은 출리(出離)에 대한 생각과 상반되고, 악의에 대한 생각은 무악의에 대한 생각, 폭력에 대한 생각은 비폭력에 대한 생각과 상반된다. 감각적인 쾌락을 버리는 것이 출리가 되는 것이다.

비구 보디(Bikkhu Bodhi)는 무악의에 대한 사고(abyāpādavitakko)를 mettā(慈)로, 비폭력에 대한 사고(avihiṃsāvitakko)를 카르나(karuṇā, 悲)로 긍정적으로 정의하고 있다(Bhikkhu Bodhi, 2003 p.1205 fn 236). 팔리어 접두사 "a"는 부정 또는 반대의 의미를 지니고 있는데 아비야파다(abyāpada), 아비힘사(avihiṃsā)인 경우엔 반대의 의미로 사용된 것이다. 단순히 비증오, 비폭력을 의미하는 것은 아니다. 적극적으로 시혜(benevolence), 공감(compassion)으로 비스와뎁 무케르지(Biswadeb Mukherjee)는 정의하고 있다(Biswadeb Mukherjee, 1996 p.313). 경전 성립의 초기엔 비야파다(byāpada)와 비힘사(vihiṃsā)는 구분되어 사용되었으나 나중엔 그 구분이 사라진다. 비힘사(vihiṃsā)는 점차 사용되지 않고 비야파다(byāpada)만 보인다. 아비야파다(abyāpada)는 멧타칫타(mettacitta, 慈心)로 대체된다(Biswadeb Mukherjee, 1996 p.327).

보살은 생각을 두 그룹으로 분류한 후 유해한 생각과 유익한 생각

2) Majjhima Nikāya I p.115. "So kho ahaṃ bhikkhave yo cāyaṃ kāmavitakko yo ca byāpādavitakko yo ca vihiṃsāvitakko, imaṃ ekaṃ bhāgamakāsiṃ. Yo cāyaṃ nekkhammavitakko yo ca abyāpādavitakko yo ca avihiṃsāvitakko, imaṃ dutiyaṃ bhāgamakāsiṃ."

을 분간하게 되었다고 밝히고 있다.

> “부지런히 정근하고 있는데 욕심의 생각이 일어났다. 나는 곧 일어난 욕심의 생각이 자신도 해치고 남도 해치고 둘을 함께 해치며, 지혜를 멸하고, 번잡하고 피로가 많아, 열반을 증득하지 못한다는 것을 즉시 깨달았다”[3]

욕심의 생각, 성냄의 생각, 해침의 생각은 자신에게도 타인에게도 유해한 결과를 초래하며 지혜를 소멸시켜 열반을 성취하지 못하게 한다는 것이다. 팔리어 경전에도 같은 내용이 나오고 있다.

> “내가 부지런히, 열정적으로, 결의에 차서 머물고 있을 때, 감각적인 쾌락에 대한 생각이 나에게 막 일어났다. 나는 이렇게 이해하였다. ‘이 감각적인 쾌락에 대한 생각이 나에게 막 일어났다. 이것(감각적인 쾌락에 대한 생각)은 나에게 고통을 안겨다 준다; 다른 사람에게 고통을 안겨다 준다; 나와 다른 사람에게 고통을 안겨다 준다. 이것은 지혜를 가로막고, 난관을 만들고, 열반에서 멀어지게 한다.”[4]

---

3) 『念經』(『대정장』 II p.589上). “修行精勤 生欲念 我卽覺生欲念 自害害他 二俱害滅慧 多煩勞不得涅槃”.

4) Majjhima Nikāya I p.115. “Tassa mayhaṃ bhikkhave evaṃ appamattassa ātāpino pahitattassa viharato uppajjati kāmavitakko. So evaṃ pajānāmi: uppanno kho me ayaṃ kāmavitakko. So ca kho attavyābādhāyapi saṃvattati, paravyābādhāyapi saṃvattati, ubhayavyābādhāyapi saṃvattati, paññānirodhiko vighātapakkhiko anibbānasaṃvattaniko.”

감각적인 쾌락에 대한 생각이 두 가지 차원에서 유해하다고 밝히고 있다. 먼저 인간관계에서 자신에게 그리고 타인에게 해로움을 가져온다, 둘째 궁극적인 목표의 성취라는 관점에서 유해하다. 즉 열반의 성취에 도움이 되지 않고 오히려 장애가 된다. 요컨대 욕심의 생각, 성냄의 생각, 해침의 생각은 모든 불선법(不善法)의 근원이다. "나는 이것(욕심의 생각, 성냄의 생각, 해침의 생각)으로 말미암아 반드시 한량없는 악하고 착하지 않은 법이 생기는 것을 보았기 때문이다."[5] "욕심의 생각을 여의지 않고, 성냄의 생각을 여의지 않고, 해침의 생각을 여의지 않으면, 곧 생(生), 노(老), 병(病), 사(死)와 시름[愁], 걱정[憂], 울음[啼哭]을 벗어나지 못하고, 또한 일체의 괴로움을 여의지 못한다."[6]

왜 사람들은 자신에게 해로움을 일으키는 생각에 빠지게 되는 것일까? 사람이 자기 자신도 모르게 어떤 특정 생각을 많이 하게 되는 이유를 붓다는 설명하고 있다. 감각적인 쾌락에 대한 생각, 악의에 대한 생각, 잔인에 대한 생각은 해로운 것이라고 하는데도 사람들은 왜 이런 생각들을 많이 하는지 다음과 같이 설명하고 있다.

> "무엇이든지 비구가 자주 그것을 생각하고 숙고하면 그것은 마음의 경향이 된다. 만약 그가 감각적인 쾌락에 대한 생각을 자주 하고 숙고하면, 출리에 대한 생각을 버리고 감각적인 쾌락에 대한 생각을 기르게 된다. 그

---

5) 『念經』(『대정장』 II p.589上). "我見因此故 必生無量惡不善之法".

6) 『念經』(『대정장』 II p.589中). "不離欲念 不離恚念 不離害念者 則不能脫生老病死愁憂啼哭 亦復不能離一切苦".

리고 그의 마음은 감각적인 쾌락에 대한 생각을 향해 기울게 된다."[7]

인용문에서 우리는 생각의 법칙을 발견하게 된다. 생각의 습관성을 지적하고 있다. 어떤 생각(thoughts)을 빈번하게 자주 지속해서 반복해 생각하면 그 생각이 주도적인 생각이 된다. 생각의 빈도에 비례해 그 생각의 세력이 커진다. 습관적인 생각은 일정한 존속 또는 성장의 힘을 지니며 지속해서 활동한다. 이른바 생각의 지속성과 자동성이다. 수시로 반복된 생각은 어느 정도 자리를 잡게 되면 의도적으로 생각하지 않아도 저절로 일어난다. 습관적인 생각은 자동화되어 자신의 의지와 상관없이 일어나는 것이다.

자기 자신에 대한 부정적인 사고를 반복해서 하면 결국은 우울증에 빠지게 된다. 아내에 대한 반복적인 의심은 치유하기 어려운 의처증으로 나아간다. 결국, 이런 일상적인 예들은 생각이 마치 성장하고 소멸하는 생명체와 같다는 것이다. 한 나쁜 생각이 일어날 때 바로 없애지 아니하면 나중에 그 생각이 성장했을 때 제거하기란 무척 어렵다. 방치된 나쁜 생각은 자라서 꽃을 피우고 독성의 열매를 맺고 자신의 씨를 퍼뜨리게 된다. 그래서 붓다는 나쁜 생각이 일어나는 즉시 발견해 없애라고 밝히고 있다. 그 방법은 여기에선 나쁜 생각에 상반되는 좋은 생각을 하라는 것이다.

욕심의 생각, 성냄의 생각, 해침의 생각을 하지 않는 것이 선법으로

---

7) Majjhima Nikāya I p.115. "Yaññadeva bhikkhave bhikkhu bahulamanuvitakketi anuvicāreti tathā tathā nati hoti cetaso. Kāmavitakkañce bhikkhave bhikkhu bahulamanuvitakketi anuvicāreti, pahāsi nekkhammavitakkaṃ. Kāmavitakkaṃ bahulamakāsi. Tassa taṃ kāmavitakkāya cittaṃ namati."

나아가는 길이다. "방일하지 아니하고 부지런히 수행하고 있었는데 무욕(無欲)의 생각이 일어났다. 나는 이미 일어난 무욕의 생각은 자신도 해치지 않고 남도 해치지 않고, 또한 둘을 함께 해치지 않으며, 지혜를 닦고, 번잡하지 않고 괴롭지 않아, 열반을 증득한다는 것을 깨달았다."[8] 악한 생각을 하지 않게 되자 즐거움이 일어나게 된다.

> "비구는 의지[思]하는 바에 따라, 기억[念]하는 바에 따라, 마음은 곧 그 가운데서 즐거워하게 된다. 만일 비구가 욕심 없는 생각을 많이 생각한다면, 욕심의 생각을 버리고 욕심 없는 생각을 많이 생각하기 때문에 마음은 곧 그 가운데서 즐거워하게 된다. 만일 비구가 성냄 없는 생각, 해침 없는 생각을 많이 생각한다면, 성냄의 생각, 해침의 생각을 버리고 성냄 없는 생각, 해침 없는 생각을 많이 생각하기 때문에 마음은 곧 그 가운데서 즐거워하게 된다."[9]

인용문에서 우리는 두 가지 생각의 법칙을 발견하게 된다. 첫째 서로 상반되는 생각은 한 마음에 같은 시간에 함께 존재할 수 없다는 법칙이다. 상반되는 생각은 서로 어울려 공존하지 못하고 배타적이지만, 유사한 생각들은 서로 친화력을 발휘하여 서로 잘 어울려 커다란 세력을 형성하는 것이다. 따라서 특정 생각을 자주 하면 할수록 그 생각은 세

---

8) 『念經』(『대정장』2 p.589中). "心無放逸 修行精勤 生無欲念 我卽覺生無欲念 不自害不害他 亦不俱害 修慧不煩勞而得涅".

9) 『염경(念經)』(『대정장』2 p.589下). "隨所思 隨所念 心便樂中 若比丘多念無欲念者 則捨欲念 以多念無欲念故 心便樂中 若比丘多念無恚念無害念者 則捨恚念害念 以多念無恚念無害念故 心便樂中."

력을 증장시켜 마음을 장악하게 된다. 나쁜 생각을 자주 하면 그 생각이 성장해서 그 상반되는 좋은 생각을 일어나지 못하도록 한다. 감각적인 쾌락에 대한 생각과 출리에 대한 생각이 함께 마음에 공존할 수 없고, 악의에 대한 생각과 무악의에 대한 생각이, 폭력에 대한 생각은 비폭력에 대한 생각이 서로 공존할 수 없다. 일반화시켜 말하면 좋은 생각이 머무는 동안에 나쁜 생각은 한 마음에 공존할 수 없다는 것이다.[10]

두 번째의 법칙에선 생각과 정서의 상관관계를 볼 수 있다. 선한 생각을 가지게 되면 즐거운 감정을 느끼게 되고 반대로 악한 생각을 가지게 되면 괴로운 감정을 느끼게 된다는 것이다. 물론 감정이 즐거우면 긍정적인 생각을 하게 되고 괴로운 감정은 부정적인 생각을 하게 만든다. 생각과 정서의 긴밀한 상관관계 중 붓다는 생각이 정서에 미치는 주요한 요인임을 이 경전에서 가르치고 있다. 보통 중생은 외부의 역경이나 환경이 고통이라는 감정을 일으킨다고 여기고 있다.

붓다는 사건이 아니라, 생각이 감정을 유발한다고 진단하고 있다. 즉 어떤 사건을 겪으면서 감정적으로 우울해지거나 의기양양해지는 것은 사건 그 자체 때문이 아니라 그 사건을 어떻게 받아들이고 해석하느냐 하는 생각 때문이라는 것이다. 어떤 사건이나 사람 자체가 기분에 영향을 미친다기보다는, 처한 상황에서 자기 자신이 그 사건이나 상대방을 어떻게 평가하고 받아들이느냐에 따라 기분이 좌우되는 것이다. 생각이 정서에 선행하므로 즐거운 감정을 느끼기 위해선 선한 생각을 가

10) 해로운 생각은 제거하는 방법 중 하나는 좋은 생각을 유지하는 것이다. 이 방법은 *Vitakkasanthanasutta*에서 제시한 다섯 가지 방법 중 첫번째 방법에 해당한다. 본서 p.248. 참고

져야 한다는 것이다.

그렇지만 무욕, 무에, 무해의 생각으로만 궁극적인 열반에 이를 수 없다고 가르치고 있다. 악한 생각이 아닌 선한 생각도 너무 많이 하면 마음을 상하게 된다는 것을 알게 되었다. 좋은 생각을 너무 지나치게 하면 몸을 피로하게 만들어 마음을 괴롭힌다고 지적하고 있다.

> "내가 부지런히, 열정적으로, 결의에 차서 머물고 있을 때, 출리(出離)에 대한 생각(nekkhammavitakko)이 나에게 막 일어났다. 나는 이렇게 이해하였다. '이 출리에 대한 생각이 나에게 막 일어났다. 이것(출리에 대한 생각)은 나에게 고통을 안겨다 주지 않는다; 다른 사람에게 고통을 안겨다 주지 않는다; 나와 다른 사람에게 고통을 안겨다 주지 않는다. 이것은 지혜를 가로막지 아니하고, 난관을 만들지 아니하고, 열반에서 멀어지지 않게 한다. 만약 내가 이 생각을 심지어 한날 밤, 심지어 한낮 동안, 심지어 한 밤낮 동안 생각하고(anuvitakkeyyaṃ) 숙고하면(anuvicāreyyaṃ), 이 생각에 대해 두려워할 만한 것이 전혀 없다는 것을 알았다. 그러나 과도한 생각과 숙고로 나는 나의 몸을 지치게 하였다. 그리고 몸이 지치게 되면 마음이 혼란하게 된다. 마음이 혼란하게 되면 정신집중에서 멀어지게 된다. 그래서 나는 나의 마음을 내적으로 안정시키고, 조용히 시키고, 한 대상에 가져와 그 대상에 집중하였다. 왜 그렇게 했느냐? 나의 마음이 혼란에 빠지지 않도록 하기 위해서이다."[11]

---

11) Majjhima Nikāya I p.116. "Tassa mayhaṃ bhikkhave evaṃ appamattassa ātāpino pahitattassa viharato uppajjati nekkhammavitakko. So evaṃ pajānāmi: uppanno kho me ayaṃ nekkhammavitakko. So ca kho nevattavyābādhāya saṃvattati, na paravyābādhāya saṃvattati, na ubhayavyābādhāya

아무리 좋은 생각이라도 지나치게 사고하면 오히려 부작용을 일으킨다고 경고하고 있다. 좋은 생각일지라도 하루 정도 지속할 수 있지만, 그 이상 넘어가면 육신을 피로하게 만들고 정신을 산만하게 만들어 선정에서 멀어지게 된다고 생각의 부작용을 경계하고 있다. 이 경문에서 과도한 생각이란 하루 정도(24시간)을 넘어서는 것으로 짐작할 수 있다. 과도한 생각으로 인해 발생한 산란한 마음을 제어하기 위하여 선정(禪定)이 소개되고 있다. 한 대상에 마음을 안정시키는 사마타(samatha) 선정을 통해 산란한 생각을 조절하였다고 붓다는 밝히고 있다.[12]

한역 경전에서도 우리는 같은 내용을 접하게 된다. 욕심의 생각, 성냄의 생각, 해침의 생각의 소멸에 대한 생각을 많이 하는 것도 문제가 되는 것을 붓다는 알게 되었다고 회상하고 있다. 무탐(無貪)에 대한 생각은 곧 부정(不淨)에 대한 생각이고, 무에(無恚)에 대한 생각과 비폭력에 대한 생각은 자비에 대한 생각이다. 아울러 선법에 관한 생각도 악법에 관한 생각도 아닌 생각을 많이 하게 되는 것을 발견하고 그 유해성을 알게 된다. 어느 정도 또는 수준에서 생각은 적절히 제어되어야 한다는 것을 발견하게 된다.

---

saṃvattati, paññāvuddhiko avighātapakkhiko nibbānasaṃvattaniko. Rattiñcepi naṃ bhikkhave anuvitakkeyyaṃ anuvicāreyyaṃ neva tatonidānaṃ bhayaṃ samanupassāmi. Divasañcepi naṃ bhikkhave anuvitakkeyyaṃ anuvicāreyyaṃ neva tatonidānaṃ bhayaṃ samanupassāmi. Rattindivañcepi naṃ bhikkhave anuvitakkeyyaṃ anuvicāreyyaṃ neva tatonidānaṃ bhayaṃ samanupassāmi. Api ca kho me aticiraṃ anuvitakkayato anuvicārayato kāyo kilameyya. Kāye kilante cittaṃ ūhaññeyya. Ūhate citte ārā cittaṃ samādhimhāti. So kho ahaṃ bhikkhave ajjhattameva cittaṃ saṇṭhapemi sannisādemi ekodiṃ karomi samādahāmi. Taṃ kissa hetu: mā me cittaṃ ūhaññī ti."

12) 주석서에 의하면 과도한 생각으로 인한 마음을 다스리기 위해 보살은 선정(등지)에 들어가곤 했다. 선정에서 나와 지혜를 개발했다(Bhikkhu Bodhi 2003 p.1205 fn 237). 주석서는 사마타를 통해 생각을 통제하였고 지혜 개발은 비파사나 선정이라고 구분하고 있다.

"나는 일어난 욕심 없는 생각[無欲念]을 많이 사고하였고, 일어난 성냄 없는 생각[無恚念]. 해침 없는 생각[無害念]을 많이 사고하였다. 나는 다시 이렇게 생각하였다. 생각을 많이 하는 것[多思念]은 몸으로 느끼는 선정의 기쁨을 잃게 하고 곧 마음을 상하게 한다. 나는 차라리 내적인 마음을 다스려 항상 머물러, 안에 있어서 그치고 쉬어 한결같은 마음으로 선정을 얻어, 마음을 상하지 않도록 하자."[13]

이상의 인용문은 제1선정(禪定, jhana)을 묘사하고 있다. 제1선정에서는 탐욕, 진에, 해침과 같은 악법에 대한 생각이 존재하지 않는다. 그러나 여전히 생각이 남아 있다. 이것을 한역 경전에선 다사념(多思念)으로 표현하고 있다. 다사념은 육신을 피로하게 만들며 선정의 즐거움을 느끼지 못하게 만들어 결국 마음을 해치게 된다고 붓다는 지적하고 있다. 이런 맥락에서 다사념은 해소되어야 하는 문제인 것이다. 다사념이란 무엇일까? 우리는 이 경전에서 직접 그 정답을 찾을 수 없지만 팔리어 경전을 참고해 보면 팔리어 아누비탓케얌(anuvitakkeyyaṃ)과 아누비차레얌(anuvicāreyyaṃ)에 대응하고 있다는 것을 알 수 있다. 아누비탓케얌과 아누비차레얌의 기본형은 각각 아누비탓카티(anuvitakkati)와 아누비차라티(anuvicārati)이다. 아누비탓카티와 아누비차라티는 제1선에서의 비탓카(vitakka)와 비차라(vicāra)와 달리 나쁜 생각이든 좋은 생각이든 상관하지 않고 동일한 대상의 생각을 반복해서 생각하는 것이다(Biswadeb Mukherjee, p.314).

---

13) 『염경(念經)』(『대정장』 p.589中). "我生無欲念 多思念 生無恚念 無害念 多思念 我復作是念 多思念者 身定喜忘 則便損心 我寧可治內心 常住在內止息 一意得定 令不損心".

선정을 통하여 지혜가 발생해야 하는데 다사념은 보다 높은 선정을 이루지 못하게 하는 유해성을 지녀 결국 마음을 상하게 한다. 다사념은 제2선정 수행에서 해소하게 된다. 생각과 감정은 선정이 깊어질수록 사라지게 된다. 제2선정에 들어가면 거친 생각[vitakka, 尋]과 미세한 생각[vicāra, 伺]이 사라지게 된다. 제4선정에 들어가면 희락의 감정마저도 사라지게 되어 사성제(四聖諦)를 볼 수 있는 혜안이 일어나게 된다. 비스와뎁 무케르지(Biswadeb Mukherjee)는 비탓카(vitakka, 尋)를 감각적인 쾌락과 불선법에 대한 심판적 숙고(審判的j 熟考, judgemental deliberations)으로 정의하고 있다(Biswadeb Mukherjee, p.469). 여기서 비탓카(vitakka, 尋)는 제1선정에 들어오기 전 탐욕과 불선법에 대하여 의도적으로 심판하여 그것을 제거하는 역할을 하고 있어 입정(入定)하는데 긍정적인 역할을 하고 있다는 것을 알 수 있다.

제2선 이상 의도적인 생각이 전혀 없는 것은 아니다. 심사가 사라진 이후에 출현하는 보다 높은 사고를 증상심(增上心 adhicitta)이라고 부른다(Biswadeb Mukherjee, p.469 fn 24). 세친(Vasubandhu)은 비탓카(vitakka, 尋)와 비차라(vicāra, 伺) 모두 언행(言行)으로 심(尋)은 조사(inquiry)를 사(伺)는 심판(judgement)으로 구분한다.[14] 비탓카와 비차라는 동시에 존재할 수 없고 비탓카(vitakka)가 먼저 존재하고 그 후 비차라(vicāra)가 활동한다고 보고 있다.[15] 탐욕과 불선법에 묶여 있던 범부심이 비탓카의 심판적인 숙고에 의

14) Abhidharmakośabhāsyam, Louis de La Valle Poussin, English tranaslation Vol. 1, by Leo M. Pruden(California, 1968) pp.339~40, Note no. 171.

15) 심과 사를 이렇게 구분하면 4선정(jhāna)대신에 5선정으로 세분된다. Abhidharmakośabhāṣyam(P. Pradhan(ed.), pp.60~61.

해 제1선정(jhana)에 들어갔지만 제2선으로 진입하는데 비탓카와 비차라는 이제 부정적으로 작용한다(Biswadeb Mukherjee, p.478-9).

사고(vitakka)의 한계 또는 결점을 잘 지적하고 있는 경전이 있다. 붓다는 9차제정(九次第定)을 통해 깨달음을 성취할 수 있었다고 밝히고 있다. 붓다는 9차제정에 대한 자신의 개인적인 경험을 언표하고 있는데, 우리는 여기에서 비탓카의 한계 또는 결점이 언급되고 있는 것을 확인할 수 있다. 감각적인 쾌락에서 벗어나기 위해선 감각적인 쾌락이 가지고 있는 결점 또는 위험을 보는 것이 무엇보다도 우선 요구된다. 이렇게 감각적인 쾌락의 위험을 보게 되면 더 이상 감각적인 쾌락에 구속되지 않고 자유롭게 되어 제일선(第一禪, jhana)에 입정할 수 있다. 제일선에 들어가면 심(尋), 사(伺), 희(喜, pīti), 락(樂, sukha)을 경험하게 된다.

제1선에서 제2선으로 나아가려는데 그렇게 할 수 없었다고 보살은 고백하고 있다.

> "무슨 이유로, 무슨 까닭으로 나의 마음은 무심(無尋, avitakka)에 도약하지 못하고, 조용하지 못하고, 안정되지 못하고, 자유롭지 못하는가? 비록 무심을 평화인 줄 알면서도' 그러자 이런 생각이 일어났다. '나는 이전에 vitakka(尋)의 결점을 보지 못했다. 나는 이전에 이러한 통찰을 계발하지 않았다. 나는 이전에 무심의 보상을 알지 못했다. 나는 무심을 철저히 알지 못했다.[16]"

---

16) Aṅguttara Nikāya IV pp.440-1. "ko nu kho hetu, ko paccayo yena me avitakke cittaṃ na pakkhandati, nappasīdati, na santiṭṭhati, na vimuccati "etaṃ santanti" passato. Tassa mayhaṃ ānanda, etadahosi: "vitakkesu kho me ādīnavo adiṭṭho, so ca me abahulīkato, avitakke ānisaṃso anadhigato, so ca

보살의 마음이 더 깊은 선정으로 진행되지 못한 이유는 비탓카(vitakka, 尋)의 결점과 무심(無尋, avitakka)의 장점을 보지 못한 것이라고 밝히고 있다. 따라서 제1선에서 제2선으로 나아가기 위해서선 제1선의 선정요소인 심(尋, vitakka)에서 벗어나야 한다. 심(尋)에서 벗어나기 위해서 심(尋)의 단점과 한계를 정확히 파악해야 거기에서 벗어날 수 있다. 보살은 다음과 같이 고백하고 있다.

"나중에 나는 비탓카(vitakka, 尋)의 결점을 보게 되었다. 나는 이제 이러한 통찰을 계발하였다. 나는 이제 무심의 보상을 알게 되었다. 나는 무심을 철저히 알게 되었다. 나의 마음은 무심(無尋, avitakka)에 도약하게 되었고, 조용하게 되었고, 안정되었고, 자유롭게 되었고, 무심을 평화로 여기게 되었다. 심사(尋伺, vitakkavicāra)를 조용히 하여 나는 제2선에 들어가 머물 수 있었다."[17]

우리는 위에서 인용한 경문에서 붓다가 비탓카(vitakka, 尋)의 결점을 언급하고 있는 것을 볼 수 있다. 제1선에서 제2선으로 나아가지 못한 이유가 비탓카에서 벗어날 수 없었던 것임을 밝히고 있다. 우리는 이 경전에서 구체적으로 비탓카가 어떠한 결점을 지니고 있는지에 대해 자세

---

me anāsevito. Tasmā me avitakke cittaṃ na pakkhandati, nappasīdati, na santiṭṭhati, na vimuccati. "Etaṃ santanti" passato."

17) AN IV pp.441."Aparena samayena vitakkesu ādīnavaṃ disvā taṃ bahulamakāsiṃ. Avitakke ānisaṃsaṃ adhigamma tamāseviṃ. Tassa mayhaṃ ānanda, avitakke cittaṃ pakkhandati, pasīdati, santiṭṭhati, vimuccati 'etaṃ santanti' passato. So kho ahaṃ ānanda, aparena samayena vitakkavicārānaṃ vūpasamā ajjhattaṃ sampasādanaṃ cetaso ekodibhāvaṃ avitakkaṃ avicāraṃ samādhijaṃ pītisukhaṃ dutiyaṃ jhānaṃ upasampajja viharāmi."

한 설명을 들을 수 없다. 분명한 점은 비탓카(vitakka, 尋)가 더 깊은 선정에 들어가기 위해선 제거되어야 한다는 것이다. 이것은 곧 비탓카의 활동의 한계를 보여주는 것이다. 비탓카가 어떤 영역에선 필요한 것이지만 또 다른 범위에선 비탓카가 오히려 방해 요소로 작용한다는 것을 알 수 있다.

제1선에서 제2선으로 진입하는데 심사가 장애로 등장하는 것을 보았지만 여기에서 주의해야 할 것은 좋은 생각 그 자체를 부정하거나 반박하는 것이 아니라 좋은 생각을 계속해서 증진하려는 노력을 문제 삼고 있다. 나쁜 생각에 대한 비탓카(vitakka)는 나쁜 생각의 단점에 대한 비판 때문에 사라진다. 좋은 생각에 대한 비탓카도 집중(concentration)을 방해한다(Biswadeb Mukherjee, p.323).

2. 알버트 엘리스(Albert Ellis)의 비합리적 사고(irrational thinking)

알버트 엘리스는 한 개인의 정서적 혼란을 일으키는 비합리적 신념체계를 합리적 신념체계로 바꿀 수 있다면 자신이 당면한 문제를 현실적이고 효과적으로 대처할 수 있다고 주장한다. 따라서 정서적 혼란에서 벗어나려면 비합리적 신념체계를 합리적 신념체계로 바꾸어야 한다.

엘리스의 합리적·정서적·행동치유(REBT, Rational Emotive Behaviour Therapy)는 ABCDE의 원리로 요약할 수 있다. A(Activating Event, 활성화 사건)는 사고와 정서를 유발하는 어떤 사건이나 현상 또는 행위를 의미한다. B(Beliefs, 신념체계)는 A에 대한 각 개인이 갖게 되는 해석이다. C(Consequence, 결과)는 B에 따라 느끼게 되는 정서적인 결과이다. D(Dispute, 논박)는 B의 비합리적 신념이나 사고, 상념에 대한 논박이다. E(Effect, 효과)는 D의 결과로 치유 효과를 말한다. 엘리스가 가장 중점을 두는 부분은 B이다. B는 비합리적인 신념 또는 사고이기 때문에 그로 인해 정서장애가 발생한다고 본다. 그러므로 비합리적인 사고를 합리적인 사고로 전환하면 정서문제가 해결된다.

엘리스에 의하면 정서적 장애는 한 가지 뿌리 즉 당위적인 사고를 공유하고 있다. 절대적이고 당위적인 사고는 정서 문제의 근원이다. 당위적인 사고에서 파생한 비합리적 사고는 항상 정서적 장애를 일으킨다. 당위적 사고는 '반드시 ~해야만 한다'는 당위적인 용어 속에 반영되어 있다. 부적절한 정서와 비능률적인 행동은 "반드시…를(을) 해야만 한다", "반드시…이어야만 한다"와 같은 경직된 사고에서 비롯되며, 이런 당위적 사고가 모든 비합리적 사고의 핵심이 된다.

당위적 사고로부터 기타의 비합리적 사고가 파생되는데 대표적으로 과장적 사고, 비하적 사고, 낮은 인내성이 있다. 과장적 사고는 현실을 있는 그대로 직시하기보다는 훨씬 더 과장하여 생각하게 만든다. '끔찍하다, 큰일 났다' 등의 표현으로 드러난다. 사건에 대해서 극단적이고 과장한 부정적 평가이다. 비하적 사고는 인간의 가치에 대한 부정적 평가이다. 대체로 사람들은 잘못된 한 가지 행동을 가지고 자기 자신의 가치 또는 타인의 가치를 평가하는데, 그 형태가 자기 비하 또는 타인 비하로 드러나는 경향이 있다. 낮은 인내성은 욕구좌절이 되는 상황을 충분히 참지 못하는 경우이다(박경애, pp.339-355).

영어의 must나 should로 표현되는 당위적 사고는 세 가지로 세분된다. 첫째 자신에 대한 당위이다. '나는 반드시 훌륭하게 일을 수행해 내야 한다'와 같은 사고방식이나 '나는 타인들로부터 인정받아야만 한다'와 같은 사고방식이다. 둘째 타인에 대한 당위이다. '타인은 반드시 나를 공정하게 대우해야 한다'라고 생각하는 것이다. 셋째 인생에 대한 당위이다. '세상의 일들은 내가 원하는 방향으로 돌아가야만 한다'와 같은 사고방식이다. 이런 세 종류의 당위적 사고가 모든 비합리적 사고의 핵심이 되어 온갖 종류의 비합리적인 사고가 파생된다고 보고 있다.

세 종류의 당위적인 사고를 좀 더 자세히 살펴보자. 엘리스는 자신의 초기저작에서 11가지의 비합리적 신념을 제시하고 있다(Albert Ellis 1994).

① 나는 주위의 모든 사람으로부터 항상 사랑과 인정을 받아야만 한다.
② 나는 타인에게 의존할 수밖에 없고 내가 의존할 만한 더 강한 누군가가 있어야만 한다.
③ 주위의 다른 사람이 문제나 곤란에 처하면, 함께 괴로워하고 속상해야만 한다.
④ 어떤 사람들은 나쁘고, 사악하며, 악랄하다. 그러므로 그러한 사람들은 반드시 비난과 처벌을 받아야만 한다.
⑤ 나의 가치를 인정받기 위해서는 완벽하리만큼 유능하고, 만족스러워야 하고, 성취적이어야 한다.
⑥ 어떤 일이 내가 바라는 대로 되지 않는다면, 그것은 무시무시하고 끔찍한 일이다.

⑦ 모든 문제에는 바르고 완벽한 해결책이 반드시 있으므로, 내가 그것을 찾아야 한다. 그렇지 못한다면 그 결과는 재앙이다.

⑧ 사람의 불행은 외부환경에 의해 발생하며, 나로서는 그것을 통제할 수 없다.

⑨ 인생에 있어서 어떤 어려움이나 나에게 부여된 책임을 직면하는 것보다 이를 피하는 것이 더 쉬운 일이다

⑩ 위험하거나 두려운 일은 언제나 일어날 수 있어서 그 가능성을 늘 생각하고 있어야 한다.

⑪ 과거의 경험이나 일이 현재의 나의 행동을 결정하며, 나는 도저히 과거의 영향에서 벗어날 수 없다.

이상의 11가지 비합리적 사고를 세 종류의 당위적 사고와 관련지어 간략히 살펴보기로 한다.

가) 자기 자신에 대한 당위적 사고

자신에 대한 당위적 사고의 특징은 융통성이 없으며(inflexible), 자기 자신에게 비현실적인 기대를 걸며, 다른 사람이 자신에게 갖게 될 의견을 지나치게 의식한다. 자신의 성취나 인기에 의해 자신의 가치가 측정된다고 생각하며 자신을 있는 그대로 수용하지 못한다.[18] 여기에 소속되는 비합리적인 사고를 살펴보면 다음과 같다.

18) www.rebtnetwork.org/library/musts.html. 검색일: 2024.7.7.

① 나는 주위의 모든 사람으로부터 항상 사랑과 인정을 받아야만 한다.

② 나는 타인에게 의존할 수밖에 없고 내가 의존할 만한 더 강한 누군가가 있어야만 한다.

⑤ 나의 가치를 인정받기 위해서는 완벽하리만큼 유능하고, 만족스러워야 하고, 성취적이어야 한다.

⑨ 인생에 있어서 어떤 어려움이나 나에게 부여된 책임을 직면하는 것보다 이를 피하는 것이 더 쉬운 일이다

①은 인정요구(demand for approval)로 자신이 알고 있는 모든 중요한 사람으로부터 사랑받고, 인정받고, 이해를 받아야 한다는 비합리적인 신념이다. 다른 사람으로부터 인정받기를 기대하는 것 보다 자기 자신이나 타인을 존중하고 인정하려는 것이 더 합리적 사고이다. ②는 의존성(dependency)으로 사람은 다른 사람에게 항상 의지해야만 하고, 의지할 만한 강한 누군가가 있어야만 한다는 비합리적 신념이다. 사람은 어느 정도는 타인에게 의존하고 있으나 강한 의존심은 독립성과 개체성, 자아 등의 상실을 가져오게 된다. 자신의 의지(意志)에 의거해 주체적으로 생활할 수 있는 자립적인 사고가 필요하다. ⑤는 높은 자기기대(high self-expectation)로 자신이 가치 있는 사람이 되기 위해서는 모든 영역에서 완벽하게 유능하고, 성공을 거두어야 한다는 신념이다. 인간은 한계와 약점을 지닌 불안전한 존재로 모든 면에서 성공한다는 것은 불가능하기에 비합리적이다. 지나친 자기 기대는 현실과의 괴리를 넓혀 비현실적인 성격을 가지게 하거나 현실에 적응하지 못하게 한다. ⑨는 문제회피(problem avoidance)로 삶의 어려움이나 자신의 책임을 직면하는 것보다 회피하는 것이 더 낫다는 안이한 신념이다. 문제회피는 순간적인 위안은 줄 수 있으나, 장기적으로 남에게 문제를 떠넘기거나 자신감을 상실하게 만든다.

이상과 같은 경직된 사고를 하게 되면 우울증, 자기비하, 불안증과 같은 부정적인 정서를 느끼게 되며, 행동으로 표출되면, 타인을 피하거나, 일에 중독되거나, 도전적이지 못하고 안일에 빠지고, 해야 할 일을 하지 못하고 머뭇거리며 자신의 의견을 분명하게 밝히지 못하는 장애가 일어난다.[19]

나) 타인에 대한 당위적 사고

자신을 제외한 다른 사람들은 옳은 일(the right thing)을 해야만 하며 그렇지 않으면 선하지 못하고 마땅히 처벌을 받아야 한다고 생각하는 것이 전형적인 타인에 대한 당위적 사고이다. 이러한 사고의 특징은 비현실적이고 융통성이 없다. 다른 사람에 군림하고자 한다. 선과 악을 이분법적으로 나눈다. 선과 악을 분명히 분간할 수 있는 능력이 자신에게 있다고 믿는다. 자신을 우주의 중심에 두며 다른 사람들은 자신에게 봉사하기 위한 존재로 간주한다. 인간의 오류 가능성을 받아들이지 아니한다.[20] 여기에 소속되는 사고의 예는 다음과 같다.

③ 주위의 다른 사람이 문제나 곤란에 처하면, 함께 괴로워하고

19) www.rebtnetwork.org/library/musts.html. 검색일: 2024.7.7.

20) www.rebtnetwork.org/library/musts.html. 검색일: 2024.7.7.

속상해야만 한다.

④ 어떤 사람들은 나쁘고, 사악하며, 악랄하다. 그러므로 그러한 사람들은 반드시 비난과 처벌을 받아야만 한다.

③은 지나친 타인염려(over-concern about others)로 다른 사람의 문제나 곤란함에 대해 크게 신경을 써야 한다는 신념이다. 타인의 문제는 자신과 아무런 관계가 없을 때가 많으므로 타인의 문제에 대해 지나치게 심각하게 생각하는 것은 자신에게 유익하지 않다. 타인의 문제에 대해서 걱정한다고 해서 그들의 문제를 해결시킬 수 있는 것도 아니고, 오히려 자신이 불안하게 됨으로써 자신의 희생만을 초래하게 된다. ④는 비난경향(blame proneness)으로 자신에게 해를 끼치거나 악행을 저지르는 사람들은 반드시 비난과 처벌을 받아야 한다는 응징적인 신념이다. 자신의 주관적인 이해관계에 따라 사람을 비난하는 것이므로 비난의 근거도 매우 자의적이다.

모든 사람이 공정하게 그리고 배려하는 마음으로 다른 이(특히 자기 자신을 포함하여)를 대하여야 한다. 만약 그렇지 아니하면 마땅히 처벌받아야 한다. 다른 사람들은 현명하게 행동해야만 한다. 그렇지 아니하면 바보 멍청이거나, 처벌받아야 한다. 재능있는 사람은 자신의 재능을 충분히 발휘해야 한다. 그렇지 아니하면 인간으로서의 가치가 없다. 타인은 나를 비난해서는 안 된다. 만약 누군가가 나를 비난한다면, 그는 아무런 쓸모도 없고 그에게 좋은 일이 일어나는 것은 부당하다.[21] 타인에 대한

---

21) www.rebtnetwork.org/library/musts.html. 검색일: 2024.7.7.

비합리적인 사고는 분노를 발생시키며, 조급하여 참을성이 없으며, 폭력적인 행동으로 표출된다.

다) 인생에 대한 당위적 사고

인생에는 어떠한 불편이나 불행이 있어서는 안 된다고 사고하는 것이 대표적인 인생에 대한 당위적 사고이다. 이런 사고의 특징은 융통성이 없으며, 비현실적이다. 문제가 없는 인생에 대하여 지나치게 자신의 권리를 주장한다. 역경을 다룰 수 있는 자신의 능력을 과소평가한다. 인생 그 자체를 있는 그대로 수용하지 못한다. 여기에 속하는 비합리적인 사고는 다음을 나열할 수 있을 것이다.

⑥ 어떤 일이 내가 바라는 대로 되지 않는다면, 그것은 무시무시하고 끔찍한 일이다.
⑦ 모든 문제에는 바르고 완벽한 해결책이 반드시 있기 때문에, 내가 그것을 찾아야 한다. 그렇지 못한다면 그 결과는 재앙이다.
⑧ 사람의 불행은 외부환경에 의해 발생하며, 나로서는 그것을 통제할 수 없다.
⑩ 위험하거나 두려운 일은 언제나 일어날 수 있기 때문에 그 가능성을 늘 생각하고 있어야 한다.
⑪ 과거의 경험이나 일이 현재의 나의 행동을 결정하며, 나는 도저히 과거의 영향에서 벗어날 수 없다.

⑥은 좌절 반응(frustration reactivity)으로 일이 자기 뜻대로 진행되지

않는다면 이는 끔찍스럽고 아무런 가치가 없다는 신념이다. 모든 상황이 우리가 원하는 대로만 항상 진행될 수 있는 것은 아니다. 실패에 대해 지나치게 좌절하는 것은 자신의 삶을 위험한 지경에 이르게 할 수도 있다. ⑦은 완벽성(perfectionism)으로 모든 문제에는 언제나 온전한 해결책이 있으며 그것을 찾지 못하면 끔찍하다는 신념이다. 어떤 문제에 완전한 해결책을 찾는 일은 강박적인 고민과 불안을 낳을 뿐이다. 주어진 여건 속에서 가장 적절한 해결책을 찾는다는 사고가 합리적이다. ⑧은 정서적 무책임(emotional irresponsibility)으로 불행은 외적인 조건에 의한 것이며 그것을 통제할 수 없다는 자포자기식 신념이다. 대부분의 정서장애는 외적인 조건보다는 심리적인 문제이다. 정서 문제는 기본적으로 인지 문제로 비합리적인 신념을 변경하면 부정적인 정서도 바뀌게 된다.

⑩은 과잉불안(anxious over-concern)으로 좋지 않은 일이 일어날 가능성을 늘 생각하고 있어야 한다는 노이로제 신념이다. 어떤 위험에 대한 발생가능성을 계속 반복적으로 지나치게 생각하게 되면 그 위험이 실제 이상으로 과장되며, 그 결과 개인은 지속적인 만성 불안을 가져오게 된다(김희수, pp.39-42).

⑪은 무력감(helplessness)으로 개인의 과거 경험은 그의 현재 행동을 결정하며 사람은 과거의 영향에서 벗어날 수 없다는 숙명론적인 신념이다. 과거의 경험이나 사태가 현재의 행동을 결정하는 경우도 있지만 반대로 과거에는 필요했던 행동이 현재는 필요하지 않을 수도 있고 과거의 문제해결책이 현재에는 적절하지 않을 수도 있으므로 비합리적이다. 합리적인 사람은 과거사를 완전히 무시하지 않으나 과거의 영향을 분석하여 현재의 상태에 임한다.

이상 11가지 비합리적인 사고는 각 문화권의 특수성에 따라, 또는 개인의 성장배경이나 성격에 따라 어느 특정한 비합리적 사고가 더 빈번하게 나타나고 반대로 어떤 종류의 비합리적인 사고는 자주 나타나지 않을 수도 있을 것이다. 그래서 엘리스는 이상의 11가지 비합리적인 사고 유형은 결코 절대적인 것이 아니며, 가감(加減)이 가능하다고 밝히고 있다(김희수, p.42). 그렇지만 엘리스가 제시한 11가지 비합리적인 사고 유형은 현대인의 일상생활에서 쉽게 찾아볼 수 있다는 점에서 거의 보편적이라고 할 수 있다.

3. 사고에 대한 붓다와 엘리스의 견해 비교

인간의 고통이라는 정서 문제의 근본 원인을 인지적인 관점에서 해결하려고 한 점에서 붓다와 엘리스는 공통 기반을 공유하고 있다. 사고(thinking)에 초점을 맞추어 문제 해결을 도모한 점에서 붓다와 엘리스는 기본적인 견해를 공유한다. 행복감이라는 정서는 선한 생각에 따라 일어난 것이며 우울증과 같은 괴로운 감정은 선하지 않은 생각에 기인한다고 붓다와 엘리스는 주장한다. 감정이라는 말은 대체로 부정적인 의미로 사용되는 경우가 많으며 편협된 사고를 반영하는 경우가 많다. 반면에 사고는 감정을 동반하지 않을 수 있다(Ellis, A. & Harper, R.A. p.24).

사고와 감정은 상호 영향을 줄 수 있다. 부정적인 감정은 부정적인 사고를 강화하고 부정적인 사고는 부정적인 감정을 유발한다. 붓다와 엘리스는 행복과 불행의 감정은 인지에 기초하고 있다고 주장하는 점에서 인지가 정서에 선행한다고 공통적으로 전제하고 있다. 인지에 초점을 맞추었다는 점에서 근본적인 입장을 공유하지만 세밀한 부분에 들어가면 심각한 차이가 발견된다. 앞에서 논의한 내용을 바탕으로 삼아 공동 토대와 차이점을 논의하고자 한다.

붓다는 욕심의 생각[欲念], 성냄의 생각[恚念], 해침의 생각[害念]은 불선법(不善法)의 근본 원인으로 파악하였다. 욕심의 생각, 성냄의 생각, 해침의 생각은 자신에게도 타인에게도 유해한 결과를 초래하며 지혜를 소멸시켜 열반을 성취하지 못하게 한다고 관찰하고 있다. 여기에서 세 종류의 생각이 가져 오는 단점은 두 단계로 나누어 살펴볼 수 있다. 첫 번째 단계는 자신과 남에게 해로움을 입힌다는 것으로 이는 세속적인 것이라고 할 수 있다. 두 번째 단계는 지혜를 소멸시켜 불교의 궁극적인 목표인 열반에 이르게 하지 못한다는 것으로, 이는 초세간적인 것으로 분류할 수 있다. 첫 번째 단계에서 엘리스의 치유 이론체계와 비교 논의할 수 있다. 기본적으로 엘리스의 REBT는 일상적인 생활에서 발생하는 정서문제를 다루는 것으로 붓다의 가르침 중 세간적인 것에 관한 가르침과 비교될 수 있다.

붓다는 생각(vitakka)을 두 가지 차원에서 분석하고 있다. 세속적인 차원에서 비탓카(vitakka)는 선한 생각과 악한 생각으로 분류된다. 욕심의 생각, 성냄의 생각, 해침의 생각은 대표적인 악한 생각으로 여기에서 자신과 타인을 해치는 결과를 초래한다고 분석하고 있다. 왜 이런 생각들이 해로운 결과를 초래하는지 자세히 논의하는 것은 여기에선 생략하지만 엘리스의 REBT와 관련하여 간략히 언급하기로 한다.

욕심의 생각은 삼독(三毒) 중 욕애(慾愛)에 해당하는 것으로 오욕락을 탐욕하는 것이다. 성냄의 생각은 삼독 중 진에(瞋恚)에 해당하는 것으로 자기 자신과 남에게 화를 내는 것이다. 해침의 생각은 진에의 생각이 좀 더 구체적으로 행동화된 것으로 볼 때 같은 연속선 상에 있다. 욕심의 생각, 성냄의 생각, 해침의 생각의 배후에는 자아의식이 내재해 있다. 자기 자신을 중심에 두고 모든 것을 생각하는 이기적인 마음에서 탐욕 등의 생각이 일어나는 것이다. 그래서 이런 그릇된 자아의식을 제거하기 위한 가르침이 무아(無我)이다. 욕심의 생각, 성냄의 생각, 해침의 생각이 제거되어야 하는 이유는 실리적인 관점에서 제시되고 있다.

엘리스는 모든 정서 문제는 비합리적인 사고, 그중에서도 당위적 사고에서 비롯된다고 보며 세 가지 당위적인 사고를 제시하고 있다. 첫째 자기 자신에 대한 당위적 사고를 요약하면 자기 자신은 반드시 주위 사람들로부터 사랑과 존경을 받아야 한다. 이러한 당위적 사고는 붓다가 제시한 탐욕에 해당한다. 자신의 이기적인 이익을 얻으려는 탐욕이다. 이런 탐욕을 충족시키려고 생각하는 것이 자기 자신에 대한 당위적 사고이다. 물론 붓다가 말하는 탐욕에 대한 사고가 전적으로 엘리스의 비합리적인 사고와 일치하는 것은 아니겠지만 적어도 엘리스의 자기 자신에 대한 당위적인 사고는 붓다의 탐욕에 대한 사고에 포함된다는 것을 알 수 있다.

둘째 엘리스의 타인에 대한 당위적인 사고는 타인을 비난하는 것으로 붓다의 성냄의 생각, 해침의 생각과 연관을 수 있다. 셋째 인생에 대한 당위적인 사고도 요약하면 세상이 자신이 원하는 방향으로 진행되어야 한다는 사고이므로 이것도 자기 자신에 대한 당위적 사고의 연장선에 있다고 할 수 있다.

붓다는 좋은 생각은 즐거운 감정을, 나쁜 생각은 괴로운 감정을 각각 초래한다고 간결하게 언급하고 있다. 엘리스는 사고와 감정의 관계를 자세히 논의하고 있다. 합리적인 사고(rational thinking)는 결국 행복한 감정을 가져온다. 사고는 감정을 야기하는데 합리적인 사고는 적절하지 못한 자기 패배적인 감정이 일어나지 못하도록 한다. 합리적인 사고와 부적절한 감정은 공존할 수 없으며 분노와 같은 부적절한 감정은 합리적인 이성에 의해 소멸된다(Ellis, A. & Harper, R.A. p.14).

감정이란 이미 '좋다'(good), '나쁘다'(bad), '이롭다', '해롭다' 등의 주관적인 가치판단이 내포되어 있다(Ellis, A. & Harper, R.A, p.22). 엘리스는 감정을 적절한 감정(appropriate feelings)과 부적절한 감정(inappropriate feelings)으로 양분한다. 한 개인의 행복과 생존에 유익한 감정은 적절한 감정이며, 반면에 그렇지 않은 감정은 부적절한 감정이라고 정의한다. 원하던 것을 얻지 못하게 되었을 때 실망과 같은 감정을 느낀다. 이런 종류의 감정은 적절한 감정으로 볼 수 있다. 그러나 만약 자기비하나 자기 패배적인 열등감을 느낀다면 그것은 부적절한 감정이다.

엘리스의 입장에 의하면 어떤 감정이 적절한가 적절하지 않은가는 자신의 행복과 생존에 도움 여부에 달려 있다. 지나친 감정으로 인해 자기 자신을 괴롭히고 주위 사람에게 불편을 일으키면 그런 감정은 부적절한 감정이 되는 것이지만 자신의 행복과 성장을 도울 수 있는 감정은 적절한 것이 되는 것이다. 똑같은 감정이라도 자기성장에 도움이 되는 방향으로 작용한다면 적절한 감정이 되는 것이고 반대로 자신과 주위 사람에게 피해를 야기한다면 그것은 부적절한 감정이 되는 것이다. 어떤 부정적인 감정(negative emotion)은 생존을 돕기도 한다.(Ellis, A. & Harper,

R.A, p.27)

붓다는 자타에게 해로움을 가져오는 사고(vitakka)와 그렇지 않은 사고로 양분하여 전자를 불선(不善)의 원인으로 보았다. 선한 생각과 악한 생각의 분리 기준은 자타에게 이로움을 가져오느냐에 달려 있다. 엘리스는 비합리적인 사고를 정서문제의 원인으로 파악한다. 합리적인 사고는 2가지 기준에 의해 비합리적인 사고와 구분된다. 즉 생존과 목표 성취라는 두 가지 잣대에 의해 합리적인 사고는 특징져진다(Ellis, A. & Harper, R. A, p.23).

합리적인 사고는 위험으로부터 자신을 보호하여 생존하게끔 하며 자신의 목표를 성취하게끔 해준다. 엘리스는 맥시 몰츠비(Maxie Maultsby)의 견해를 인용하며 부연하고 있다. 합리적인 사고는 다음의 5가지 특성을 보이고 있다. 첫째 합리적인 사고는 객관적인 사실에 근거하고 있지 주관적인 견해에 근거하고 의존하지 않는다. 둘째 합리적인 사고는 자신을 위험으로부터 보호하여 생존하도록 돕는다. 셋째 합리적인 사고는 자신이 설정한 목표를 성취하는 데 도움을 준다. 넷째 합리적인 사고는 바람직하지 않은 개인적 또는 환경적 갈등의 발생을 방지한다. 다섯번째 합리적인 사고는 내적인 갈등과 혼란을 최소화한다(Ellis, A. & Harper, R.A. p.23). 엘리스는 합리적 사고에 관한 맥시 몰츠비의 견해 중 둘째와 세 번째 특성을 합리적인 사고의 가장 중요한 특성으로 삼고 있다. 이런 입장은 매우 실용주의적 입장에 근거한 것이라고 평가할 수 있다.

붓다는 비록 선한 사고(vitakka)일지라도 깊은 선정에 들어가기 위해선 제거되어야 하는 것으로 파악하였다. 세속적인 차원에선 선한 생각을 증진해야 하지만 지혜를 성취하기 위한 선정에 입정하기 위해선 선한 사고조차도 사라져야 하는 것으로 보았다. 이에 비해 엘리스는 합리적인 이성만을 제시하는데 머문다. 바로 여기에서 문제 해결 방식도 달라진다.

불선한 생각을 제거하는 방법에 대해 붓다는 자신의 경험을 서술하고 있다. 감각적인 쾌락에 대한 생각이 자신과 다른 사람에게 고통을 안겨다 준다는 것을 이해하고 고려하자 감각적인 쾌락에 대한 생각이 사라지게 되었다고 한다. "언제나 감각적인 쾌락에 대한 생각이 일어날 때마다, 나는 그것을 버리고, 나는 그것을 제거하고, 그것을 없애 버렸다."[22] 어떤 생각을 제거하려면 먼저 그 생각이 자신에게 그리고 타인에게 해로움을 가져오고 열반의 성취에 도움이 되지 않고 오히려 고통과 장애를 야기한다는 것을 먼저 알아야 한다. 생각의 유해성을 알게 되면 그 생각을 더 이상 붙잡지 아니하여 구속에서 벗어나게 된다. 해로운 사고는 일어나는 즉시 발견하여 없애버리라는 것이다.[23] 엘리스는 비합리적인 사고를 논박(dispute)으로써 정서 문제를 해결하려고 한다. 비합리적인 사고를 논박할 수 있는 이성을 신뢰하고 있다.

* * *

붓다는 종교적인 영역에서, 엘리스는 심리학적인 영역에서 각각 시

---

22) Majjhima Nikāya I p.115. "So kho ahaṃ bhikkhave uppannuppannaṃ kāmavitakkaṃ pajahameva vinodameva'byanteva naṃ akāsiṃ."

23) 이 방법은 Vitakkasanthana suta에서 제시한 다섯 가지 방법 중 2번째 방법에 해당한다. 본서 p.249 참조

간과 공간을 달리하면서 활동했지만, 그들 사이에 주목할 만한 유사점이 보인다. 다른 종교들이 외부의 신을 향해 기도로 고통의 문제를 해결하거나 전생의 업을 극단적인 고행으로 문제를 해결하려고 한 데 비해, 붓다는 인간의 사고(vitakka)에서 문제의 원인을 찾았다. 엘리스는 기존의 심리치유 체계와 달리 정서 문제를 비합리적인 사고에서 찾았다. 정신분석학이 주로 과거의 사건에 치우쳐 꿈이나 무의식에서 정서 문제를 찾거나 행동치유가 외형적인 행동에 초점을 둔 데 비해 엘리스는 인지과정에서 심리문제를 해결하는 치유체계를 구축하였다. 붓다와 엘리스는 인간의 사고 과정에서 정서문제를 해결하려고 한 점에서 공통 기반을 공유하고 있다.

붓다는 욕심의 생각, 성냄의 생각, 해침의 생각이 자타(自他)에게 해로움을 가져오므로 제거되어야 할 대상으로 파악하였다. 모든 악법의 근원에 이 세 가지 사고가 전제되어 있다고 보고 있다. 이에 비해 엘리스는 세 가지 당위적 사고에 근거하여 온갖 종류의 비합리적인 사고가 발생한다고 보았다. 붓다의 세 가지 불선한 사고와 엘리스의 세 가지 당위적 사고와 11가지 비합리적인 사고를 비교해 보았다. 엘리스가 제시한 비합리적인 사고는 모두 붓다가 분류한 악한 사고에 포함되는 것을 논의하였다. 선한 사고와 악한 사고의 분리선에 대해 붓다는 유해성을 기준으로 삼았다. 악한 사고는 자기 자신과 타인에게 해로움을 야기한다고 붓다가 가르치고 있는 데 비해 엘리스는 단지 내담자 자신에게만 초점을 맞추고 있다. 타인에 대한 배려가 빠져 있다.

붓다는 선한 사고도 지혜의 성취를 위해 제거되어야 한다고 가르치고 있다. 선한 사고도 깊은 선정을 위해 사라져야 한다고 본 점에서 사고의 한계를 지적하고 있다. 이에 비해 엘리스는 비합리적인 사고를 논박할 수 있는 이성을 신뢰하고 있다. 불교 측에서 본다면 엘리스의 이성이 얼마나 정확한지를 질문할 수 있다. 과연 이성이 비합리적인 사고를 오류없이 분간해 내고 논박할 수 있을 것이냐는 의문이다. 인지과정에서 붓다와 엘리스가 문제 해결의 핵심을 찾고 있다는 것을 논의하였다. 여러 가지 논의해야 할 문제가 여전히 남아 있다. 특히 엘리스의 비합리적인 사고 유형에 불교에서 가르치고 있는 업보 윤회의 가르침이 속하게 되는가 하는 문제가 논의될 필요가 있다.

Ⅱ. 종교적 신념에 대한 엘리스(Ellis)의 비판과 붓다의 가르침

현대의학이 독립된 학문으로 나타나기 전 시대엔 종교가 질병, 특히 정신질환을 다루고 있었다. 대체로 모든 종교가 질병 치유와 관련된 이야기를 하고 있지만, 기독교처럼 성경에 자세히 전하고 있지 않다. 기독교의 성경에 보이는 예수의 치유 활동은 광범위하며 왕성하다. 이런 치유 활동을 통한 전도 활동은 현대에도 이어지고 있다. 특히 한국 교계에서 행하여지고 있는 이른바 영성치유는 주목할 만한 활동이다. 가끔 언론 매체를 통하여 기도원에서 행해지는 영성치유의 부작용에 대한 소식을 접하지만, 종교에서 행하여지고 있는 치유에 대한 평가는 주로 긍정적인 측면에서 이루어져 왔다. 종교의 권위를 부정할 수 없는 현실적인 상황에 기인한 것으로 보인다.

19세기 심리학이 하나의 독립된 학문으로 태동하면서 인간의 건강과 관련하여 종교를 비판적으로 재검토하기 시작하였다. 영혼 돌봄의 행위가 종교의 영역에서 의학과 심리학의 영역으로 옮기게 된 가장 중요한 계기는 17, 18세기에 있었던 과학의 성장과 바로 뒤이어 19세기에 발생한 종교의 타락 때문이다(이만홍, 강현숙, p.39). 심리치유사(psychotherapist)는 성직자(priest)를 대신하여 정신을 치유하는 전문 직업인이 되었다. 영혼이라는 용어 대신에 마음(mind)이라는 말을 사용하고, 두뇌와 관련하여 마음을 이해하게 됨으로써 정신치유는 많은 사람에 의해 의학적인 행위(medical act)로 생각되었다.

20세기에도 이러한 경향은 지속하였고 심리학의 초기 개창자 중 상당수가 종교를 조잡하고 미신적인 사고체계로 배척하였다. 대표적인 학자로 프로이트(Sigmund Freud), 왓슨(John B. Watson), 스키너(B. F. Skinner)를 열거할 수 있다. 특히 프로이트는 종교를 강박신경증(obsessional neurosis)로 정의하며 종교의 유해성을 지적하였다(한승호, p.54). 제2차 세계대전 이후 행동 및 정신분석 이론의 영향 하에 개발된 임상 및 상담심리학은 계속해서 종교를 부정적으로 다루었다. 종교는 비합리적인 정신사고이며 건전한 사고 활동에 유해를 야기한다고 여겨졌다(Leong, Frederick T. L, p.437). 자곱 니들먼(Jacob Needleman)은 절대신 신앙에 근거한 기독교의 영성 치유를 반대한 정신치유가의 입장을 적절하게 요약하고 있다.

> "현대 정신의학은 인간이 스스로 변화해야 하며, 도움을 얻기 위해 상상의 신(imaginary God)에게 의지해서는 안 된다는 견해로부터 생겨났다. 지난 반세기 동안 주로 프로이드의 통찰들과 그의 영향을 받았던 이들의 노력을 통하여, 인간의 정신(psyche)은 힘을 잃어버린 종교의 지배권에서 벗어나 과학적인 연구를 위한 대상으로서 자연의 세계(the world of nature)에 놓이게 되었다."(이만홍, 강현숙, p.40).

20세기 후반 가장 위대한 심리치유가들 중의 한 명으로 꼽히는 알버트 엘리스(Albert Ellis, 1913-2007)는 종교는 비합리적이어서 정신건강에 해로움을 가져온다고 역설하였다. 엘리스는 REBT(Rational Emotive Behaviour

Therapy, 합리·정서·행동치유)를 개발하면서 인간의 비합리적인 사고가 정신 장애 및 질병을 가져온다고 주장하였다. REBT상담의 목표는 비합리적 생각을 합리적 생각으로 변화시켜서 합리적 생각이 행동양식에 영향을 미치도록 하는 것이다. 엘리스는 신념의 체계를 합리적 신념체계와 비합리적 신념의 체계가 존재하는 것으로 보았다. 합리적 사고는 개인의 생존과 행복에 기여하는 것으로 보이는 한편 비합리적 사고는 정서적 장애와 역기능적 행동의 중요한 원인으로 보고 있다. 종교적 신념은 비합리적인 사고로 정신건강에 장애를 야기한다고 엘리스는 보고 있다.

서구의 심리상담영역에서 알버트 엘리스의 막대한 영향력과 중요성에도 불구하고 국내에 이루어진 학술 연구는 충분하지 않다. REBT를 구체적으로 적용한 사례 연구가 다수를 이루고 있다. 주로 교육 현장 즉 학생들을 상대로 하거나 스포츠 선수를 상대로 한 연구가 눈에 들어온다.[1] 여기에선 REBT의 이론적, 철학적인 관점에서 종교와 건강의 상관관계를 다루고자 한다. 모든 종교적 신념이 반드시 비합리적이며 정신건강에 장애를 가져온다고 논자는 생각하지 않는다. 단지 특정한 종교의 특정한 신념은 정신건강을 해치는 경향이 있다는 것은 인정한다. 어떤 종교적 신념이 정신건강을 방해하며 정서장애를 만들어 내는지 논구하고자 한다. 먼저 종교적 신념에 대한 엘리스의 비판을 객관적으로 살펴보고, 그리고 그의 비판이 붓다의 가르침에도 적용되는지 살펴보고자 한다.

---

1) 교육 현장과 스포츠 현장에 적용한 최근의 논문을 각각 하나씩 소개하면 다음과 같다: 임명금 외 2010; 박혜주 외 2006.

1. 종교적 신념에 대한 엘리스의 비판

먼저 엘리스의 종교관을 살펴볼 필요가 있다. 종교에 대한 엘리스의 이해는 서구 문화의 상식적인 수준에서 벗어나 있지 않다. 기독교 중심의 종교 문화에 살아서 종교를 절대 유일신과 연관하여 이해하고 있다. 종교의 핵심엔 초월적인 존재에 대한 신념체계와 의례 행위가 놓여 있다고 본다. "종교란, 나에게 있어, 반드시 신(神, God)개념을 포함하고 있어야 한다"(Albert Ellis, 1980 p.5). 그의 종교 정의는 유일 절대 신에 대한 헌신적인 신앙을 핵심으로 삼고 있는 종교들이다. 예를 들면 기독교, 이슬람교, 유대교를 연상시킨다.

엘리스의 종교 정의에 따르면, 인격적인 창조주에 대한 신앙을 요구하지 않는 불교, 도교 등은 종교가 아니라 철학이다. 그는 동양의 종교 특히 불교가 자신의 REBT 형성에 주요한 사상적인 이론을 제공하였다고 고백하고 있다(Albert Ellis 외 2007, p.17). 엘리스의 종교적 문화 배경은 미국의 기독교이므로 그가 종교라고 했을 때 미국의 기독교를 중심으로 유일신 종교를 지칭하고 있다고 보아야 하겠다.

엘리스는 종교 자체를 문제 삼기보다는 종교에 대한 종교인의 신념, 그 신념에 근거한 성격 또는 태도를 비판의 대상으로 삼고 있다고 밝힌다. "REBT는, 내가 앞에서 보여주었듯이 종교(religion)를 반대하는 것이 아니라 이른바 내가 말하는 종교성(religiosity)에 회의적이다."(Albert Ellis, 1980 p.300). 엘리스는 종교와 달리 종교성을 경직되고 배타적인 교조적인(dogmatic) 주장으로 정의하고 있다. 교조적인 종교성에 의하면 자신이 믿는 종교만이 유일하게 진실된 것으로 모든 사람이 추종해야 하며,

반면에 나머지 모든 종교는 반드시 사라져야 한다. 엘리스는 사실상 종교와 종교성을 구분하지만, 실제적으로는 유일신 신앙인 기독교를 비판의 주요 대상으로 삼고 있다.(Albert Ellis, 1980 p.5).

엘리스는 "The Case Against Religion(종교에 반하는 사례)"이라는 글에서 경직된 종교에 대하여 심리치료가의 견지에서 신랄하게 비판하고 있다.[2] 그의 주장을 간단히 요약해 보면, 종교적 신념이 정신질환(mental illness)과 불행을 야기하는 주범이다. 초인간적인 존재나 초월적인 힘에 대한 헌신적인 신앙은 감정적인 건강문제와 장기적인 행복에 장애를 종종 발생시킨다(Albert Ellis, 1994 p.249). 그의 주장에 의하면 종교적인 신념은 비합리적인 사고며, 비합리적인 사고는 정서 장애를 만들어 낸다. 가장 대표적인 비합리적인 신념은 유일신의 존재에 대한 믿음이다(Albert Ellis, 1994 pp.33-34).

엘리스는 자기 자신을 '개연적 무신론자(a probabilistic atheist)'라고 자신의 신관(神觀)을 밝히고 있다. 개연적 무신론자란 신이 존재하지 않는다고 백퍼센트 확신할 수 없지만 대체로 신이 존재하지 않을 것이라고 주장하는 사람을 말한다. 신이 존재할 확률은 너무나 낮아서 사람들의 주의를 끌 수 없을 정도라고 믿는 사람이다(Nielsen, Stevan Lars & Ellis, Albert, pp.327-341). 절대신의 존재에 대한 가능성은 제한적으로 열어 놓았지만, 결국 엘리스는 창조신의 존재를 믿지 않는 것이다.

---

2) 원래의 제목은 Case Against Religiosity로 출판되었으나 1980년 American Atheist Press에 의해 Case Against Religion: A Psychotherapists View and the Case Against Religiosity라는 서명으로 출판되었다.

REBT가 종교가 건강에 전혀 도움이 되지 않는다고 주장하는 것은 결코 아니다. 기독교 신앙인 심리학자와 대항하여 종교가 종종 심리적인 질병을 초래한다고 논쟁하였다.[3] 그러나 뒷날 엘리스는 사랑의 신에 대한 신념이 정신건강에 이롭다는 연구 결과를 인정하고 동의하였다(Ellis A, 2000 pp.29-33). "REBT는 종교, 절대신에 대한 신앙, 신비주의, 다신교, 비합리성이 가끔 사람들에게 도움을 줄 수 있다고 인정한다. 그러나 REBT는 또한 지적한다. 그러한 신념들은 종종 이로움보다 해로움을 더 가져오며 삶이 충분히 기능하는 것을 방해한다."(Albert Ellis. 1994 p.387).

엘리스는 종교적 신앙이 유익한 측면이 있다고 인정한다. "만약 정서적으로 장애를 앓고 있는 사람이 이런 종류의 영적인, 종교적인, 또는 주술적인 것을 신앙하게 되면, 종종 감정이 나아지고, 행동을 더 잘하게 되며, 개선을 이루고자 하는 타고난 생물학적인 경향에 일할 수 있는 기회를 제공한다."[4] (Albert Ellis, 1994 p.319).

엘리스의 글 "종교에 반하는 사례(Case Against Religion)"은 사실 "신에 반하는 진술(Case Against God)"로 유일신 신앙을 핵심으로 삼고 있는 기독

---

3) 엘리스와 대론하였던 대표적인 신앙인 심리학자로는 Orval Hobart Mowrer와 Allen Bergin이 있다. 검색일자: 2024.3.5.

4) Albert Ellis, 1994 p.319. 종교가 질병 치료에 있어서 효과가 있다는 연구가 있다. The Journal of Family Practice 에 발표된 논문을 보면 병원에 입원중인 내담자들의 77% 는 의사가 내담자에게 "질병 치료에 있어서 종교의 유익성을 지도해 주기 바란다"고 나타났다. The Archieves of Medicine 의 보고에 의하면 신앙심이 돈독한 내담자들은 우울증에 걸릴 확률과 자살하는 확률이 낮다고 나타났으며 신앙심이 두터운 내담자들은 정신적으로나 육체적으로 무장이 잘되어 있으므로 투병 생활을 비신앙인에 비하여 잘해 더 빨리 회복되거나 퇴원해 나가고 있다고 발표되었다. http://en.wikipedia.org/wiki/Albert_Ellis_(psychologist)#cite_note-10. http://kr.blog.yahoo.com/youngseok1941/396. 검색일자: 2023.11.9.

교를 표적으로 여기고 있다.[5] "만약 종교를 인간 위에 그리고 너머에 있는 힘에 대한 인간의 의존으로 정의한다면, 심리치료사로서 나는 그런 종교를 지극히 해로운 것으로 여긴다."(Albert Ellis, 1980 p.2). "어떠한 종류의 교조(orthodoxy)에 대한 진정한 신앙자들은 모두 분명하게 정서적으로 혼란에 빠져있다. 왜냐하면 그들은 분명히 경직되어 있고, 광적이고, 의존적이다 --- 중략 --- 종교는 본질적으로 유아기적인 의존이다."(Albert Ellis, 1980 p.18).

엘리스는 정신건강(mental health)을 구성하고 있는 9가지 자질을 나열하고 있는데, 이러한 자질들은 종교적인 신념에 의해 방해받는다고 주장한다. 심리치유사는 내담자에게 불안감과 적대감을 최소한도로 느끼도록 하는 데 목적이 있다. 기독교와 같은 유일신 신앙은 정신건강을 구성하는 9가지 자질들을 훼손시킨다.

엘리스의 주장을 간략히 요약하면서 필요한 경우엔 부언하기로 한다. 9가지 자질 중 첫 번째는 자기-이익(self-interest)이다. "정서적으로 건강한 개인은 일차적으로 자기 자신에게 진실하여야 하며, 자학적(自虐的)으로 다른 사람을 위해 자신을 희생시켜서는 안 된다."(Albert Ellis, 1980 p.3). 그러나 기독교와 같은 종교는 자기 자신을 괴롭히는 자학증에 빠져있다. "가장 잘 조직된 종교의 진짜 핵심은 자학적인, 죄의식을 완화하는 의례(儀禮, rituals)를 행하는 것이다. 의례를 통해 종교인 개개인은 자신에게 인생을 즐길 수 있도록 허락한다. 종교성(religiosity)은 상당 부분 본

---

5) THE "CASE AGAINST" ALBERT ELLIS THE IRRATIONALITY OF "RATIONAL-EMOTIVE BEHAVIOR THERAPY" p.14. 저자의 이름은 밝혀져 있지 않다. www.christiandiscernment.com/.../08%20Ellis.pdf. 검색일자: 2023.11.9.

질에서 자학적이다: 종교와 자학주의는 정신 질병의 한 형태이다."(Albert Ellis, 1980 p.6). 기독교는 신도들에게 죄의식을 주입하여, 자기희생을 강조한다. 이런 종류의 강요된 자기희생은 자학(masochism)과 다른 바가 없으며, 따라서 정신질환의 일종이라는 것이다.

두 번째 건강한 요소는 자기-지시(self-direction)이다. 엘리스에 의하면 정신적으로 건강한 사람은 자치적(自治的, autonomous)이며, 자기 자신의 삶을 독립적으로 영위하며, 오로지 필요한 경우에만 다른 사람으로부터 도움을 받는다(Albert Ellis, 1980 p.3). 그러나 "종교인은 필연적으로 의존적이며 다른 사람의 지시에 따른다. 독립적이고 자기 지시적이지 못하다."(Albert Ellis, 1980 p.6). "종교와 자기충족은 서로 모순되는 용어이다."(Albert Ellis, 1980 p.6). 창조주에게 모든 것을 의존하려는 기독교 신앙을 비판하고 있다. 하나님은 주인이고 신앙인은 종이나 노예로 자처하며 외부의 지시만 기다리는 수동적인 상태가 되는 것을 비판하고 있다. 자기 지시적인 사람은 자신의 삶에 책임을 느끼며 자신의 문제를 자주적으로 해결하려 한다. 자신의 행위와 그 결과를 외부의 탓으로 돌리지 않고 자기 스스로 책임지는 자질은 신 중심의 종교 신앙인에겐 찾아보기 어렵다.

엘리스는 신에 대한 믿음보다 신에 대한 의존이 더 큰 문제라고 보고 있다. "초자연적인 영(spirits)에 대한 믿음은 해롭지 않을 수 있지만, 초자연적인 영에 대한 의존은 분명히 정서적으로 위험한 것이다."(Albert Ellis, 1994 p.325) 자신의 문제를 주체적으로 해결하려고 노력하는 대신, 신의 대변자에게 의존하게 된다. 이러한 의존 태도는 정서적으로 유해한 결과를 초래한다.

세 번째 자질은 관용(tolerance)이다. "사람들이 틀릴 수 있는 권리를 인정해야 한다. 사람들의 어떤 행동을 싫어하기도 하고 혐오하기도 할 수 있지만, 여전히 인간으로서 싫어할 만한 행동을 한다고 해서 비난해서는 안 된다."(Albert Ellis, 1980 p.3). 그러나 유일신 신앙의 종교는 절대적인 신이 부여한 기준을 세워 놓고 자신이 실수할 때 자신을 폄하시키고 비인간화시킨다. 그리고 다른 사람이 좋지 않은 행동을 할 때 종교인에게 그 사람을 경멸하게 만들고 비인간적으로 다루도록 종교는 이끈다. 이런 종류의 적대적인 완벽주의적인 사고는 가장 파괴적인 두 가지 감정, 즉 불안감(anxiety)과 적대감(hostility)을 불러일으키는 주범이다(Albert Ellis, 1980 p.7). "관용은 헌신적인 신(神) 중심의 신앙인들에게 저주이다. 왜냐하면 신앙인들은 자신의 특정한 신이 절대적으로 옳다고 믿으며 모든 반대되는 다른 신들과 인간들은 분명히 그리고 완전히 그릇되었다고 믿는다."(Albert Ellis, 1980 p.28).

자신이 믿는 신만이 오로지 진실이며 나머지 다른 모든 신들은 거짓이며, 그렇게 그릇된 신을 믿는 사람들을 배척하는 태도는 관용의 태도와 상반된다. 이러한 경직된 불관용은 정신건강에 도움이 되지 못한다는 것이다. 엘리스의 주장에 의하면 불관용(intolerance)은 모든 종류의 감정적인 혼란을 야기한다. 자기 자신과 타인에 대한 불관용은 가장 심각한 정서장애, 예를 들면 극단적인 불안, 우울증, 자기-혐오, 분노 등을 야기한다(Albert Ellis, 1980 p.29).

네 번째 자질은 불확실성의 수용(acceptance of uncertainty)이다. "감정적으로 성숙한 개인은 다음과 같은 사실을 받아들인다. 우리는 모두 개연성(probability)과 우연(chance)의 세계에 살고 있다. 이런 세계에는 현재에도, 아마도, 미래에도 절대적인 확실성은 없다. 개연적인·불확실한 세계가 결코 전적으로 무시무시한 것은 아니다."(Albert Ellis, 1980 p.3). 그러나 "신 지향적인 종교성(religiosity)은 상상할 수 있는 가장 최악의 건강 상태이다. 왜냐하면, 이런 종류의 종교의 주요 존재 이유는 신앙인으로 하여금 신의 명령과 확신을 믿도록 하기 때문이다."(Albert Ellis, 1980 p.3).

모든 것이 창조주 하나님에 의해 계획된 것이므로 모든 것이 확정된 것이다. 이런 믿음에 의하면 우연이나 개연적인 것이 들어설 여지가 없다. 미래에 어떤 일이 자기 자신에게 발생할지 예측하지 못하므로 사람은 불안을 느낀다. 그래서 모든 일을 주관하고 주재하는 절대적인 신에게 의존하여 불안한 미래의 일을 해소하려고 신앙인은 기도한다. 이러한 의존적인 자세는 개인의 주체적인 노력과 의지를 무시하거나 부정하게 되어 병약한 인간으로 만든다. 건강한 사람은 미래의 일을 도전적인 자세로 맞이한다.

다섯 번째 자질은 유연성(flexibility)이다. "지적으로 유연해야 하며 항상 변화에 열려 있어야 하며 자신을 둘러싼 세상의 다양한 사람들과 존재들을 경직되지 않게 보아야 한다."(Albert Ellis, 1980 p.4). 그러나 이러한 유연성이 종교적 신념에 의해 훼손당한다는 것이다. 특정 사고나 신념을 집착하여 경직된 자세를 고수하는 신앙인은 다른 종교에 대해 배타적인 성격을 지니며 다른 종교의 신앙인을 경멸하거나 멸시한다. 자신의 종교만이 진실이고 타종교는 거짓이라는 경직된 사고는 개인적인 차원에선 다툼으로 국가적인 차원에선 종교 간의 전쟁을 발생시킨다.

여섯 번째 자질은 과학적인 사고(scientific thinking)이다. "객관적이어야 하며 합리적이고 과학적이어야 한다. 논리의 법칙과 과학적인 방법의 법칙을 다른 사람이나 외계의 사건에 적용시켜야 하며 동시에 자기 자신과 자기 자신의 개인적인 관계에도 적용시켜야 한다."(Albert Ellis, 1980 p.4). 엘리스가 말하는 과학적인 사고는 비경험적인 신의 존재를 부정한다. 신의 존재는 경험론적 과학에 의해 입증될 수 있는 것이 아니다. 신의 존재를 과학적인 방법으로 입증할 수 없으므로 엘리스는 신에 대한 믿음은 비합리적이라고 단정한다.

엘리스의 이러한 견해는 칼 포퍼(Karl Popper)의 사상에 근거하고 있다. 포퍼는 진리의 기준으로 귀납원리 대신 새로운 기준인 반증가능성(反證可能性, fasifizierbarkeit)을 제시한다. 반증가능성의 정도가 높을수록 포퍼에게는 좋은 과학적 이론이 된다. 즉 논박될 수 없는 이론은 비과학적인 것이다. 이에 대한 좋은 예로 점성술과 아인슈타인의 중력이론을 비교한다. 아인슈타인의 중력이론이 반증가능성의 기준을 만족시키는 반면, 점성술은 그렇지 못했다. 아인슈타인의 중력이론은 논박가능성의 여지가 충분했지만, 점성술사들은 그들의 예측이 실패할 수 없도록 또 논박할 수 없도록 하는 방법을 채택하기 때문에 반증가능성의 원리가 적용될 수 없다(포퍼, p.83). 신의 존재에 대한 주장도 점성술과 다르지 않다는 것이다.

일곱 번째 자질은 창조적인 일을 추구하는데 전념(commitment)하는 것이다. "자기 자신 이외의 어떤 것에도-그것이 사람이든, 물건이든, 사상이든-전념하는 것이 절대적으로 필요하다."(Albert Ellis, 1980 p.4). 기독교 신앙인들은 신이나 신과 관련된 일에 전념하도록 강박적으로 장려된다. 이러한 전념은 광적인 신앙이며 더 깊은 환상 속으로 신앙인을 집어넣는 것이라고 엘리스는 보고 있다. 건전한 건강 자질로서의 전념은 자기 자신에 대한 애착에서 벗어나 자신을 둘러싸고 있는 세상에서 창조적인 일을 추구하고 즐기는 것이다. 최소한 한 가지 또는 두 가지 창조적인 일에 전념하는 것이 건강에 필요하다고 보고 있다.

여덟 번째 자질은 위험을 기꺼이 감수하는 것(the willingness to take risks)이다. "감정적으로 건전한 사람은 위험을 감수해야 하며 자신에게 인생에서 전적으로 무엇을 해야 할 것인지를 물어야 할 것이다. 그리고서 비록 실패하거나 좌절할 위험을 무릅쓰면서라도 그것을 성취하도록 노력해야 한다."(Albert Ellis, 1980 p.4). 엘리스의 주장에 따라면 신앙인은 모험적이지 않다. 신앙의 테두리 안에서 머물며, 신앙의 테두리를 벗어나는 일은 하지 않으려고 한다는 것이다. 건강한 사람은 인생에서 진정으로 가치 있는 것을 모색하고 위험을 직면하더라도 그것을 시도하려고 한다는 점에서 신앙에 안주하는 사람과 구별된다.

아홉 번째 자질은 자기 수용(self-acceptance)이다. "살아 있다는 자체만으로, 존재한다는 그 자체만으로, 그리고 생명체로서 분명히 자기 자신을 즐길 수 있는 행복과 즐거움을 창조할 수 있는 어떠한 힘을 지니고 있다는 그 자체만으로도. 일반적으로 살아 있다는 사실에 기뻐해야 하며, 자기 자신을 좋아해야 한다."(Albert Ellis,1980 p.4). 대체로 신앙인은 살아 있다는 사실 그 자체만으로 자기 자신을 수용하지 못한다. 무엇인가 신의 눈에 비추어 볼 때 가치 있는 것으로 여겨지는 일을 하였을 때 자기 자신을 수용한다는 것이다. 신의 기대에 미치지 못한다고 생각하는 신앙인은 늘 자기 자신을 헐뜯고 자학에 빠질 개연성이 높다는 것이다. 인생은 생존 그 자체만으로도 행복할 수 있다는 주장이다.

그러나 "교조적인 유일신 신앙인들은 신에 의해, 교회에 의해, 목사에 의해, 자신이 믿고 있는 교파의 동료 구성원에 의해 받아들여졌을 때 자기 자신을 수용하게 한다."(Albert Ellis, 1980 p.37). 건강한 사람은 자신이 살아 있다는 것 자체를 감사하고 항상 삶을 즐길 수 있다고 생각한다. 타인이 자신의 삶을 어떻게 평가하는 것에 대해 마음을 두기보다는 자신의 삶을 감사하고 즐긴다.

종교적 신념을 고수하고 있는 신앙인은 신경질적이며 건강하지 못하다고 엘리스는 단정 짓는데, 이러한 단정은 REBT의 기본 전제에 근거하고 있다. REBT에 의하면 불합리한 사고는 건강을 해치는 정서장애를 일으킨다. 종교적 신념은 불합리한 사고이므로 정서장애를 야기하는 원인이다. 엘리스는 비합리적인 사고와 종교적 신념을 관련지어 다섯 가지로 정리하고 있다. 비합리적인 사고는 모두 당위성을 포함하고 있는 것으로 엘리스는 다른 저서에서 11가지를 나열하고 있는데, 그 중 종교적 신념과 관련하여 다섯 가지를 관련짓고 있다.[6]

일반인이 가지고 있는 비합리적인 신념이 종교인에게 비합리적인 종교 신념으로 변형되어 나타난다. 첫째 주요한 사람들로부터 인정받아야 한다. 이러한 당위적인 비합리적인 사고 대신에 신앙인은 변형된 비

---

6) http://machineslikeus.com/articles/CaseAgainstReligion.html. 검색일자: 2023.11.9. 엘리스는 자신의 초기저작에서 11가지의 비합리적 신념을 제시하고 있다. ① 나는 주위의 모든 사람들로부터 항상 사랑과 인정을 받아야만 한다. ② 나는 타인에게 의존할 수밖에 없고 내가 의존할 만한 더 강한 누군가가 있어야만 한다. ③ 주위의 다른 사람이 문제나 곤란에 처하면, 함께 괴로워하고 속상해야만 한다. ④ 어떤 사람들은 나쁘고, 사악하며, 악랄하다. 그러므로 그러한 사람들은 반드시 비난과 처벌을 받아야만 한다. ⑤ 나의 가치를 인정받기 위해서는 완벽하리만큼 유능하고, 만족스러워야 하고, 성취적이어야 한다. ⑥ 어떤 일이 내가 바라는 대로 되지 않는다면, 그것은 무시무시하고 끔찍한 일이다. ⑦ 모든 문제에는 바르고 완벽한 해결책이 반드시 있기 때문에, 내가 그것을 찾아야 한다. 그렇지 못한다면 그 결과는 재앙이다. ⑧ 사람의 불행은 외부환경에 의해 발생하며, 나로서는 그것을 통제할 수 없다. ⑨ 인생에 있어서 어떤 어려움이나 나에게 부여된 책임을 직면하는 것보다 이를 피하는 것이 더 쉬운 일이다. ⑩ 위험하거나 두려운 일은 언제나 일어날 수 있기 때문에 그 가능성을 늘 생각하고 있어야 한다. ⑪ 과거의 경험이나 일이 현재 나의 행동을 결정하며, 나는 도저히 과거의 영향에서 벗어날 수 없다(박경애, pp.75-76).

합리적인 신념을 갖고 있다는 것이다. 신앙인은 자신을 다른 사람이 자신을 인정해 주지 않거나 사랑해 주지 않으면 항상 신의 사랑에 의존해야 한다는 불합리한 사고를 지니고 있기 때문에 정서적으로 건강하지 못하다는 것이다. 정신적으로 건강한 사람은 다른 사람의 인정, 사랑을 지나치게 기대하지 않으며 신의 사랑이나 인정을 늘 기대하지 않는다. 지나친 기대는 반드시 긴장을 초래하고 정서적인 문제를 일으키게 된다.

둘째 온전하게 유능해야 하며 모든 면에서 성취적이어야 한다. 기독교 신앙인은 신이 당신을 사랑하고 당신이 교회의 한 구성원인 이상 당신은 유능하고 성취적일 필요는 없다고 이야기한다. 그러나 신의 사랑을 받고 교회에 주기적으로 출석하는 것 자체가 신앙적인 차원에서 유능하고 성취적인 것이라고 엘리스는 반박한다. 신의 은총을 받고 교회에 나가야만 유능하고 성취적이라는 강박관념은 정서문제를 야기한다.

셋째 사악한 사람은 격심하게 저주받고 처벌받아야 한다. 신앙인은 이러한 비합리적인 사고가 더 강하다. 일반인보다 훨씬 높은 비율로 기독교 신앙인은 사형제도의 존속을 지지하고, 악의 처벌을 요구하는 전쟁을 지지하고, 잘못을 저지른 사람을 더 심하게 비난한다.

넷째 내가 바라는 방식으로 일이 진행되지 않으면 재앙이다. 이러한 비합리적인 사고는 신앙인의 핵심신념으로 신앙인은 항상 신을 찾게 된다. 불행한 일이 닥치지 않도록, 불안을 느끼지 않게 하려고 신에게 기도하며 의존하게 된다.

다섯째 인간의 불행은 외적인 요인에 의해 야기되며 사람은 불행감을 줄이거나 제거할 수 없다. 이러한 비합리적인 사고는 오로지 신에게 기도하면 모든 것이 이루어진다고 신앙인의 신념과 잘 어울린다. REBT

에 의하면 행복과 불행의 감정은 외적인 사건 그 자체에 의해 기인하는 것이 아니라 사건에 대한 해석의 차이에서 오는 것이다. 외부의 사건을 자신의 의지대로 통제한다는 것은 거의 불가능하지만 내적인 사고나 감정은 변화시킬 수 있다. 합리적인 사고를 하도록 노력하면 고통에서 벗어날 수 있다.

엘리스는 종교적인 신념과 관련하여 비합리적인 사고로 다음과 같이 15가지로 세분하여 적시하고 있다: 사실에 근거하지 않은 독실한 신앙이나 종교적 교의에 대한 맹목적 집착, 어떤 초자연적 힘이 반드시 있어야만 한다는 깊은 확신, 어떤 초자연적 힘 또는 존재가 자신에게 특별하고 개인적인 관심이 있다는 깊은 확신, 천당과 지옥에 대한 깊은 확신, 종교적 광신, 다른 종교집단에 대한 박해, 종교집단 간의 전쟁, 종교규칙 의식이나 금기의 맹목적 고수, 종교적 금욕주의와 극단적인 청교도주의, 모든 즐거움을 죄와 동일시하는 종교적 확신, 어떤 신적인 존재가 사람의 기도를 들어줄 것이라는 완벽한 확신, 사람은 육체와 완전히 분리된 정신이나 영혼을 가지고 있다는 절대적인 확신, 사람의 영혼은 영생한다는 절대적인 신념, 어떤 종류의 초인적인 힘도 존재할 수 없다는 절대적인 확신.[7]

대체로 유일 절대신을 믿는 종교는 이성보다 신앙을 더 강조한다. 합리적인 이성을 무시하고 신앙을 적대적인 것으로 본 대표적인 신학자는 2세기말에서 3세기초 카르타고에서 활동한 신학자 터툴리안(Tertul-

---

7) Ellis, A. 1990 pp.52-76. 종교적인 관습과 의례들, 할례전통과 의식들, 자신을 신격화하려는 경향, 종교적 편견, 어리석은 신화에 대한 광범위한 수용과 추종, 마술과 관련된 비합리성으로 저주와 구원에 대한 열렬한 믿음, 초인적인 존재와 신에 대한 열렬한 믿음, 기도의 힘에 대한 열렬한 믿음, 불멸에 대한 열렬한 믿음 등을 나열하고 있다(박경애 2007 pp.94-102).

lian)이다. 그는 신앙의 영역과 이성의 영역을 철저히 구분하였고, '나는 불합리하므로 믿는다'고 주장하면서 합리성의 가치를 폄하하였다. 그는 '예수의 동정녀 탄생, 부활, 재림 같은 신앙의 문제에 대해 이성의 잣대를 들이대서는 안 되고 오직 믿음으로 받아들여야 한다'고 주장했다(마르틴 우르반, p.261). 오직 종교적인 신념의 절대적인 진리성을 내세우며 이성이 필요 없다고 주장하는 태도로, 교회에서 합리성을 추구하는 것은 신앙생활에 방해가 된다는 의견이다. 이런 절대적인 신앙 중심의 태도를 엘리스는 비합리적인 사고로 비판하고 있다.

2. 종교적 신념과 붓다의 가르침

심리치유사로서 엘리스가 유일신 신앙이 정신건강에 도움이 되지 못하고 해로움을 일으킨다고 기독교를 비판한 것을 살펴보았다. 그는 아홉 가지 건강의 자질에 기독교 신념이 건강에 역행한다고 비판하였는데, 이러한 비판이 불교에도 적용될 수 있을까? 물론 그는 불교에 대해 비난하는 글도, 자세히 논의하는 논문을 작성한 일이 없지만, 붓다의 가르침에 우호적인 입장을 견지하고 있는 것으로 보인다. 논자는 기독교에 대한 엘리스의 비판을 붓다의 가르침과 병행하여 살펴보고자 한다. 엘리스가 제시한 아홉 가지 자질이 붓다의 가르침과 상응하는지 아니면 상반하는지 살펴보고자 한다.

첫 번째는 자기-이익(self-interest)이다. 정서적으로 건강한 사람은 자기 자신에게 충실하며 자학적으로 다른 사람을 돕지 않는다. 이타(利他)

를 중시하는 대승불교도 자리(自利)를 가르친다. 초기불교에선 진정으로 자기 자신을 사랑하는 것이 타인을 사랑하는 것이라고 가르치고 있다. 상유타 니카야의 한 경전에서 코살라(Kosala)의 왕인 파세나디(Pasenadi)와 그의 왕비 말리카(Mallikā)의 대화에서 우리는 누구나 자신의 행복을 가장 소중히 여기고 있다는 것을 확인할 수 있다.

파세나디 왕은 말리카 왕비에게 물었다. "이 세상에서 당신 자신보다 더 소중한 사람이 있는가?" 왕비는 대답했다. "위대한 왕이시여! 나 자신보다 더 소중한 것은 어느 누구도 없습니다. 위대한 왕이시여! 당신보다 더 소중한 사람이 있는지요?" 왕은 자신도 마찬가지로 자기 자신보다 더 소중한 사람은 없다고 말한다. 왕과 왕비는 붓다를 찾아가서 그들의 대화에 대하여 말한다. 이에 붓다는 그들의 결론을 인정하면서 그들의 결론이 이기주의로 빠지는 것을 경계하면서 다음과 같이 가르치고 있다.

"모든 지역을 주의 깊게 돌아다녀 보아도
자기 자신보다 더 소중한 사람은 어디에도 찾아볼 수 없다
이런 식으로 각 개개인은 자기 자신을 가장 소중히 여긴다
그러므로 자신을 사랑하는 자는 다른 사람을 해쳐서는 안 된다."[8]

모든 사람들은 제각기 자신을 가장 소중히 여기므로 서로서로 사랑해야 한다고 결론짓고 있다. 다른 생명에 대한 배려와 관심은 자기 자신

---

8) Samyutta Nikāya I p.75. "Sabba disa anuparigamma cetasa, Nevajjhaga piyataramattana kvaci; Evam piyo puthu atta paresam, Tasma na himse paramattakamoti."

이 행복하게 살고 싶다는 자각에서 비롯된다. 나 자신이 고통 없이 행복하게 살고 싶은 것처럼 다른 사람도 그러하다는 것을 분명히 자각할 때 자타불이(自他不二)의 건강한 삶이 가능하게 된다.

두 번째 건강한 요소는 자기-지시(self-direction)이다. 절대적인 신에 대한 의존은 자주적인 노력을 포기하고 오로지 신 또는 신의 대변자의 지시만 기다리게 되는 노예의 삶을 살게 된다. 자신의 삶에 대해 자신이 전적으로 책임을 지는 태도는 자신의 문제를 스스로 해결하며 다른 사람의 협력도 가능하게 해준다. 전지전능한 유일신의 신앙에 영향을 입어 붓다를 절대적인 창조자이자 지배자로 이해하는 사람이 있다.

절대적으로 붓다에게 의존하기만 해도 붓다가 우리를 위해 모든 것을 해 줄 것이다라는 신앙은 잘못된 것이다. 초기불교의 불타관(佛陀觀)을 살펴보면 붓다는 기도의 대상이나 의존의 대상이 결코 아니다. 붓다는 믿기만 하면 구원해 주는 이른바 전능한 구제자가 아니다. 붓다 자신은 결코 그러한 존재가 아니라고 분명히 밝히고 자신의 진정한 역할에 대해 말하고 있다. 담마파다(Dhammapada)에서 붓다는 가르치고 있다. "자기 자신이야말로 자신의 구세주이지, 다른 어떤 구원자가 있겠는가? 자신을 잘 조련함으로써 얻기 어려운 의지처를 획득한다."[9]

붓다는 당신의 역할을 분명히 밝히고 있다. 단지 열반에 이르는 길을 제시할 뿐이므로 제자들은 정확하게 붓다의 지시를 이해하고 받들어 실천해야 한다. 길은 각자 스스로 걸어가야 한다. 붓다가 중생을 짊어지

9) Dhammapada verse no 160. "attā hi attano nātho kohi nātho paro siyā. attan'āva sudantena nāthaṃ labhati dullabhaṃ."

고 열반이라는 목적지에 데려다주지 않는다는 사실이다. 붓다는 당신의 역할을 제자들에게 상기시키며 다음과 같이 권고하고 있다.

> "제자들은 마땅히 다음과 같이 배워 생각해야 한다. 스승은 제자의 마음 속으로 들어가 제자의 마음을 바로잡아 줄 수 없다. 제자들은 마땅히 스스로 자신의 마음을 깨끗하게 하고 바로 잡아야 한다. 마음이 깨끗하면 세속의 길에서 벗어 날 수 있다."[10]

불교에선 의존할 절대신도 없으며 붓다조차도 의존의 대상이 아니므로 불교인은 붓다의 법에 근거하여 자기 지시적일 수밖에 없다. 붓다의 유훈인 자주(自洲)·법주(法洲)를 중심으로 개인의 자율성이 다른 무엇보다도 더 중요시되고 있음을 보여준다. 자주·법주의 가르침은 붓다의 사후 불교도들은 누구를(또는 무엇을) 의지해야 할 것인가 하는 문제와 관련하여 설해지고 있다. 아난다는 붓다의 임박한 죽음을 목격하고 교단의 유지라는 관심사에서 붓다의 사후 붓다를 대신할 수 있는 후계자를 지정해 달라고 요청한다. 붓다는 아난다의 기대와는 달리, 승단의 유지에는 관심을 보이지 않고 개개인의 수행과 자율을 설하게 된다.

붓다는 절대적인 권위자를 부정하고 개개인의 자존성을 강조한다. 붓다는 후계자 지정 대신에 아난다에게 가르친다. "너희들 개개인은 자신을 자신의 섬으로 만들지, 다른 어떤 것도 의지처로 삼지 말라. 너희들

10) 『불반니원경』(『대정장』 I p.166中). "弟子當學思 師同不能入弟子心中 端弟子心 比丘當自淨心 端是心 心端則 得度世道". Majjhima Nikāya III p.1.

개개인은 법을 자신의 섬으로 만들지, 다른 어떤 것도 의지처로 삼지 말라."[11] 이상의 인용문에서 '자기 자신을 자신의 섬'으로 삼으라고 하는 것이나 '법을 자신의 섬'으로 삼으라고 하는 것은 외형적인 어떤 권위자나 조직의 수장에게 의존하지 말고 자기 자신이 먼저 자존과 자립을 확보하라는 것이다.

인과응보의 가르침은 자기 책임을 강조한다. 자신이 지은 업에 따라 그 결과를 받는다. 따라서 자신의 행위에 대해선 자신이 그 결과를 책임질 수밖에 없다. 제3의 신이 개입하여 인과응보의 법칙을 바꿀 수 없다. 업을 짓고 나면 그 과보는 피할 수 없다. 업에 대한 과보는 그냥 소멸되지 않는다. 언젠가는 업을 지은 사람에게 그 결과가 나타나고야 만다. 여기에는 어떠한 예외도 있을 수 없다. "하늘에도 바다에도 산중 동굴에도 사람이 악업(의 과보)에서 벗어날 수 있는 곳은 아무 데도 없다"[12] 스스로 자신의 의지에 의해 지은 업은 그 자신에게 과보를 가져온다. 자신이 지은 업에 대한 과보를 다른 존재에게 이전시킬 수 있다거나 다른 사람이 지은 업의 과보를 자기가 대신 받을 수는 없다. 인과업보는 자작자수(自作自受)의 원리, 또는 자업자득(自業自得)의 원리에 근거하고 있다.

세 번째 자질은 관용(tolerance)이다. 자신을 포함하여 모든 사람이 완벽하지 못하다는 사실을 인정하여야 한다. 자신의 주장 또는 신념만이 옳고 다른 것은 모두 틀렸다는 사고방식은 갈등을 초래한다. 대체로 유

11) Dīgha Nikāya II p.100. "Attadīpā, bhikkhave, viharatha attasaraṇā anaññasaraṇā, dhammadīpā dhammasaraṇā anaññasaraṇā."

12) Dhammapada verse no 127. "na antalikkhe na samuddamajajhe na pabbatānaṃ vivaraṃ pavissa na vijjatī so jagatippadeso yatthaṭṭhito mucceyya pāpakammā."

일신을 믿는 종교는 배타적이며 전투적이다. 나 이외에 다른 신을 섬기지 말라고 엄명하고 있는 종교에선 전투적인 성향을 지니게 된다. 오로지 유일 절대신만 믿고 다른 신이나 존재를 부정하다 보니 공격적인 성격을 지니게 된다. 반면에 불교는 창조주와 같은 절대 유일의 신을 내세우지 않기 때문에 유일신 신봉의 종교와 달리 배타적이지 않다.

한 외도가 붓다에게 물었다: 오직 자신에게만 보시하고 다른 사람에게는 보시하지 말라고 했느냐고. 이에 붓다는 다음의 비유로서 대답한다.

"검거나 혹은 희고 붉거나 혹은 다른 색
얼룩무늬 혹은 황금빛
샛노랗거나 혹은 잿빛
이와 같은 색색의 암소와
잘생긴 황소와 송아지들

몸도 튼튼하고 힘도 갖추며
잘 길들여지고 빨리 달리며
무거운 짐 옮기는 일 감당할 수만 있다면
타고난 색깔은 묻지도 않네."[13]

---

13) 『잡아함경』(『대정장』 II p.26上). "若黑若有白　若赤若有色　犁雜及金色　純黃及鴿色　如是等牸牛　牛犢姝好者　丁壯力具足　調善行捷疾　但使堪運重　不問本生色"

농부는 색상에 따라 소에게 먹이를 적게 혹은 많이 주는 것이 아니라 일을 잘 하는 소들에게 먹이를 주어 돌본다. 반면에 열심히 일하는 소에게 충분한 먹이와 휴식을 주어 정성스럽게 돌볼 것이다. 마찬가지로 피부색이 다르고 출생 배경이 다르고 종교도 다르겠지만 바르게 수행하는 사람이라면 누구나 마땅히 존경을 받을 만한 자격이 있다는 것이다. 우리는 여기서 붓다의 개방적인 성격과 관용적인 자질을 느낄 수 있다.

네 번째 자질은 불확실성의 수용(acceptance of uncertainty)이다. 엘리스에 의거하면 인생의 불안 또는 불확실성을 제거하기 위해 또는 무마하기 위해 창조신에 대한 신앙이 성립하게 되었다(Albert Ellis, 1980 p.8). 전지전능한 신을 상정하게 되면 미래의 불안과 아직 경험하지 못한 세계에 대한 불안이 상쇄된다. 전지한 신이 돌보아 줄 것이라는 강렬한 믿음은 인생의 불확실성에서 오는 불안을 막아준다. 모든 일이 신의 계획이라는 믿음은 결정론이며 불교는 이런 운명결정론을 비판한다. 그렇다고 모든 것이 우연의 산물에 불과하다는 우연론의 입장을 지지하는 것도 아니다. 붓다는 결정론이나 우연론은 인간의 자유의지를 부정하고 있다고 비판하며 중도(中道)의 입장에 있다.

불교에선 세상을 창조하고 다스리는 창조주를 주장하지 않지만, 세상사가 일정한 법칙 없이 제멋대로 운행된다고 보지 않는다. 인생이 창조신에 의해 계획대로 진행되는 것은 아니지만 인생사엔 인과법칙이 존재하게 된다고 가르치고 있다. 붓다의 업보 가르침은 인과 상응과 자업자득(自業自得)으로 요약될 수 있다. 선한 행위는 즐거움을 낳고 악한 행위는 고통을 낳는다는 업보의 인과 상응 법칙은 제3자에게 기도할 필요성을 요구하지 않는다. 선인선과(善因善果)와 악인악과(惡因惡果)는 불변의 법칙으로 제3자가 개입해서 자신이 지은 악업에 대한 나쁜 과보를 없애 주거나 낙과로 바꿀 수 없다.

자신이 지은 행위에 대한 결과는 자신이 받는다는 자작자수(自作自受)의 법칙 또한 절대신을 필요로 하지 않는다. 자신의 행위에 대하여 스스로 책임지는 태도를 지니게 되면 인생에 대한 불확실성에서 벗어나게 된다. 선업(善業)은 자기 자신이나 주위 사람에게 유익함을 가져다준다. 건강한 정신과 육체를 얻게 할 뿐만 아니라, 인간관계를 원만하게 진전시키는 데 일조한다. 물론 악행은 이것과 반대되는 결과를 초래한다. 이러한 경험적인 사실은 입증하기 곤란한 신을 대신해서 인생의 불확실성을 해소한다.

다섯 번째 자질은 유연성(flexibility)이다. 붓다는 당신의 가르침마저도 집착해선 안된다고 가르치고 있다. 뗏목의 비유를 설하여 붓다의 가르침인 법조차도 집착하지 말라고 가르치고 있다. 뗏목을 이용하여 안전하게 저쪽 언덕에서 이쪽 언덕으로 건넌 뒤 뗏목을 어떻게 하는 것이 좋을 것인지 붓다는 묻고 대답하고 있다. 뗏목을 도로 물에 두거나 혹은 언덕 가에 버리고 가는 것이 그 뗏목을 위해 유익한 일이 되는 것이다. "만일 너희들이 내가 설한 뗏목의 비유에 대해 잘 안다면 너희들은 마땅히 이 법도 버려야 하겠거늘 하물며 법이 아닌 것이겠는가?"[14] 뗏목은 강을 건너가기 위한 도구일 뿐이므로 강을 건너고 나면 다음 사람을 위해서 강변에 놓아두면 된다. 그런데 그 뗏목을 계속 어깨에 짊어지고 간다면 어리석은 일이다.

---

14) 『중아함경』(『대정장』 I p.764下). "若汝等知我長夜說筏喻法者 當以捨是法 況非法耶".

붓다의 가르침도 뗏목과 같아 고통의 강을 건너고 나면 더 이상 힘들게 짊어지고 갈 필요가 없다. 아무리 유익하고 고마운 법일지라도 지나치게 집착하게 되면 다툼이 일어나기 십상이다. 불법을 알리는 것은 불법 자체를 위함이 아니라 고통에 처해 있는 사람들을 위한 것이다. 불법 포교는 중생의 이익과 행복을 위한 것이어야 한다고 전도선언에서 붓다는 가르치고 있다. 신도 숫자를 불리기 위하거나, 조직을 더 키우기 위한 포교는 바람직하지 않은 것이다.

여섯 번째 자질은 과학적인 사고(scientific thinking)이다. 과학적인 사고의 특성은 객관성과 합리성이다. 개인의 주관에 의해 진위가 결정되는 것이 아니라 제3자가 보아도 타당해야 한다는 것이 객관서이다. 합리성은 맹목적인 감정이나 비논리적인 신념이 아닌 검증할 수 있는 이성을 그 모태로 삼는다. 맛지마 니카야(Majjhima Nikāya)의 우팔리 경전(*UpāliSutta*)에선 자유로운 탐구 정신을 강조하고 있다. 우팔리(Upāli)는 자이나교의 유력한 신자였는데 붓다와의 대론을 통해 붓다에게 귀의한다. 신업(身業), 구업(口業), 의업(意業) 삼업 중 어느 것이 가장 중요한가라는 문제를 두고 우팔리는 붓다와 대론을 벌였다. 자이나교는 신업을 가장 중요시하였고 붓다는 의업을 가장 중시하였다. 대론 끝에 우팔리는 자신의 견해가 잘못된 것임을 시인하고 붓다에게 자신을 재가 신자로 받아달라고 요청한다. 붓다는 그의 개종 의사를 즉각 받아들이지 않고 다음과 같이 권고한다 '재가자여! 철저히 조사하라. 그대처럼 유명한 사람이 철저히 조사하는 것이 좋을 것이다."[15] 이러한 권고에 우팔리는 더욱 감동받고

---

15) Majjhima Nikāya I p.379. "Anuviccakāraṃ kho gahapati karohi, anuviccakāro tumhādisānaṃ ñāta-

재차 불제자가 되기를 원한다.

우팔리는 붓다의 가르침과 자이나교의 가르침의 특성을 비교한다.

"어리석은 니간타 나타풋타(Nigantha Nathaputta)의 가르침은 어리석은 자에게 즐거움을 주지만 현자에게는 그렇지 못하다. 그리고 그의 가르침은 테스트나 조사에 견딜 수 없다. --- 중략 --- 그러나 세존·아라한·정등각자(正等覺者)의 가르침은 현자에게 즐거움을 주지만 어리석은 자에게는 그렇지 아니한다. 그리고 그의 가르침은 테스트나 조사에 견딜 수 있다."[16]

우팔리는 비유로 니간타 나타풋타의 가르침과 붓다의 가르침을 비교한다. 원숭이를 빨간색이나 노란색 등으로 염색할 수 있지만 두들겨서 평평하게 할 수 없듯이 니간타 나타풋타의 가르침도 그와 같다. 반면에 붓다의 가르침은 옷감과 같다. 옷감은 잘 두들겨서 염색할 수 있다(Majjhima Nikāya I pp.385ff.). 두들긴다는 것은 여러 가지 방식으로 조사하고 테스트한다는 것이다. 원숭이를 두들기면 죽듯이 니간타 나타풋타의 가르침도 질문해 보면 결국 허위로 판명된다. 옷감은 염색도 할 수 있고 두들겨 평평하게 할 수 있듯이 붓다의 가르침도 그와 같아 자유로운 탐구의 대상이 될 수 있다는 것이다.

붓다는 제자들에게 당신 자신의 가르침마저도 무비판적으로 수용

---

manussānaṃ sādhu hotīti.

16) Majjhima Nikāya I pp.385f. "Evam-eva kho bhante bālānaṃniganṭhānaṃ vādo raṅgakkhamo hi kho bālānaṃ no paṇḍitānaṃ, no anuyogakkhamo no vimajjanakkhamo --- 중략 --- Evam-eva kho bhante tassa Bhagavato vādo arahato sammāsambuddhassa raṅgakkhamo c'; eva paṇḍitānaṃ no bālānaṃ anuyogakkhamo ca vimajjanakkhamo cāti.

되어서는 안되고 스스로 검증해야 할 것이라고 권고한다. 붓다는 연기의 교리를 가르치고 나서 제자들에게 묻는다.

> "비구들이여! 너희들은 이와 같이 알고, 이와 같이 보았을 때, 다음과 같이 말하겠는가? '우리의 스승은 존경할 만한 분이니 우리는 스승에 대한 존경심에서 그와 같이 말한다'고." [17]

붓다는 자신의 가르침마저도 검토되어야 한다고 권고하고 있다. 단지 위대한 스승이 말했다고 해서 그대로 진실이라고 받아들여서는 안 된다는 것이다. 붓다는 자신의 가르침을 와서 확인해보라고 권장하고 있다. 스스로 붓다의 가르침이 진실인지 거짓인지 확인해보라는 것이다. 맹목적인 신앙이 아니라 이성을 사용하여 자유롭게 진실을 추구할 것을 강조하고 있다.

자유로운 탐구와 비판적인 이성(理性)은 불교를 떠받치는 토대이다. 이런 토대를 무시하고 불교 경전을 공부하는 것은 바람직하지 않다. 신앙 중심의 종교와는 달리 불교의 진리관은 신앙보다는 지혜를 강조한다. 믿음 중심의 종교의 교리 즉 도그마는 신앙을 전제로 하는 교설이다. 검토나 비판을 용납하지 않으므로 독단적이다. 반면에 붓다의 가르침은 비판적 검토나 사색을 중시한다. 따라서 불교에는 다양한 교리가 전개되고 발달하였다. 불교의 역사를 보면 새로운 경전과 논서가 제작되어

---

17) Majjhima Nikāya I p.265. "Api nu tumhe bhikkhave evaṃ jānantā evaṃ passantā evaṃ vadeyyātha: Satthā no garu, satthugāravena ca mayaṃ vademāti."

새로운 시대 상황과 문화에 부응하였다. 이런 열린 자세는 경직된 교주주의(dogmatism)나 권위주의를 막아준다.

일곱 번째 자질은 헌신 또는 전념(commitment)이다. 엘리스는 자기 자신의 테두리에서 벗어난 일에 전념하는 사람이 건강하다고 보고 있다. 불교인은 삼보에 전념할 수 있다. 불자들은 세 가지 보배, 즉 불보(佛寶), 법보(法寶), 승보(僧寶)를 공경하고 따를 수 있다. 공경과 귀의의 대상이 되는 붓다와 법에 대하여 살펴보자. 붓다는 무엇을 공경하고 따랐던 것일까? 고타마 싯달타가 정각을 성취하여 붓다가 되었다. 우리는 정각의 내용을 법이라고 한다. 선후 관계에서 보면 법이 먼저 실재하고 있었고 이 법을 붓다가 증득한 것이다. 붓다가 법을 깨달은 이상 법과 붓다는 서로 다른 별개의 존재가 아니다. 중생에게 있어선 붓다라는 인격은 무형의 법보다 더 쉽게 접근할 수 있다. 헤아릴 수 없을 정도의 난해한 법을 붓다라는 인격체를 통하여 우리 중생은 엿볼 수 있게 된다. 그리하여 중생에겐 붓다가 법보다 먼저 오게 되는 것이다.

『잡아함경』의 『존중경』에 의하면 보리수 아래에서 정각을 이른 직후 붓다는 다음과 같이 사색하였다고 한다.

> "공경하지 못하면 그것은 큰 괴로움이다. 순서가 없게 된다. 타자(他者)의 자재가 없어 두려워하게 된다. 대의(大義)에 후퇴와 소멸이 있다. 공경할 대상이 있으면 상하 순서가 있다. 다른 자재자가 있게 되어 안락을 얻어 머문다. 자못 천(天), 마라, 사문, 바라문, 천신, 세상의 인간 중에서 내가 구족한 계(戒), 삼매(三昧), 지혜(智慧), 해탈(解脫), 해탈지견(解脫知見)이 가장 수승하다. 이것을 공경하고 존중하자.그것에 의존하여 머물자 ---

중략 --- 오직 정법(正法)이 있어 나로 하여금 자각하게 하여 삼막삼붓다(三藐三佛陀)가 되게 하였다. 내 마땅히 그것을 공경하고 존중하자. 그것에 의존하여 머물자."[18]

붓다는 정각 직후 이 세상에서 당신보다 더 뛰어난 존재가 없다는 것을 알고 어느 누구도 당신으로부터 존경을 받을 자격이 없다고 보았다. 대신 붓다가 구족한 법이 가장 뛰어나므로 그것을 공경하자고 결심하였다. 붓다가 존경의 대상으로 된 법은 계 등 5가지가 나열되고 있지만, 요컨대 열반과 열반에 이르게 하는 모든 가르침에 다름 아니다. 진정으로 붓다를 공경하는 길은 붓다의 가르침 즉 법(法)을 실천하는 것이라고 붓다는 가르치고 있다.

입멸 직전 붓다가 사라쌍수 하에 누워 있을 때 천신들이 천상에서 온갖 종류의 꽃과 향료를 가지고 붓다를 공경하였다. 붓다는 이러한 외형적인 공경의 의식을 거부하고 대신 법을 제대로 수행하라고 훈계하고 있다. 거대한 사찰을 건립하고 화려한 금동 불상을 모시는 불사도 중생들에겐 필요하겠지만 붓다는 그런 것보다 당신의 가르침을 거울삼아 실천하는 것이 진정으로 당신을 존경하는 것이라고 강조하고 있다(Digha Nikaya II p.137). 불자 개개인이 붓다의 가르침에 따라 내면에 숨어 있는 번뇌의 적을 퇴치하고 붓다처럼 열반에 이르는 것이 진정 붓다의 은혜에

18) 『잡아함경』(『대정장』 II p.321下). "不恭敬者 則爲大苦 無有次序 無他自在可畏懼者 則於大義 有所退減 有所恭敬 有次序 有他自在者 得安樂住 有所恭敬 有次序 有他自在 大義滿足 頗有諸天魔梵沙門婆羅門天神世人中 能於我所具足戒勝三昧勝智慧勝解脫勝解脫知見勝 令我恭敬宗重奉事供養 依彼而住 --- 중략 --- 唯有正法令我自覺成三藐三佛陀者 我當於彼恭敬宗重奉事供養依彼而住".

보답하는 정도임에 틀림없다.

여덟 번째 자질은 위험을 기꺼이 감수하는 것(the willingness to take risks)이다. 위험을 회피하고 도전하지 않으면 결코 성장이 이루어지지 않는다. 출가수행은 대표적인 예가 될 수 있다. 출가라는 종교적인 행위는 출가 이전의 생활 방식을 포기하고 새로운 삶의 형태를 자발적으로 선택한다는 점에서 일종의 모험(adventure)이라고 할 수 있다. 출가의 일차적인 의미는 세속 생활을 버리고 수행 생활로 나아가는 행위이다. 일체의 세속적인 구속에서 벗어나려는 자유의 길이며, 자신이 홀로 스스로 걸어가야 하는 것으로 고독을 감수하는 삶이다. 붓다는 출가에 의한 무욕(無欲), 무아(無我)의 생활을 장려하였다. 즉, 집을 버리고, 재물을 버리고, 애착하던 것들을 버리고, 아집(我執), 아욕(我欲)을 떠나는 수행자의 길이 예찬되었다.

> "예전에 내가 재가자로 있을 때, 나는 무지하였다. 여래(如來)와 그의 제자들이 나에게 법을 가르쳤다. 법을 듣고서 나는 붓다에게 신심을 가지게 되었다. 신심을 가지고 나는 이렇게 생각하였다. '재가생활은 비좁고 깨끗하지 못하지만 출가 생활은 자유롭다. 집에 머무는 재가자가 온전하고 깨끗한, 잘 닦여진 조가비처럼 반짝이는 청정한 삶을 살기란 쉽지 않다. 머리와 수염을 깎고, 노란 가사를 입고 출가하자'." [19]

---

19) Majjhima Nikāya III p.33. "Pubbe kho ahaṁì, āvuso, agariyabhūto samano aviddasu ahosiin; tassa me Tathagato vā Tathāgatasāvako vā dhammani desesi; tāham dhammari sutvā Tathāgate saddhari paṭilabhim; so tena saddhāpaṭi-lābhena samannagato iti paṭisañcikkhim:-Sambadho ghara-vāso rajāpatho, abbhokāso pabbajjā; nayidaṁ sukaraṁ gāraṁ ajjhāvasatā ekantaparipunnam ekantaparisuddham samkhalikhitain brahmacariyan caritum; yannūnāham kesamassuṁ oharetvā kāsāyāni vatthani acchādetvā agārasmā anagāriyam pabbajeyyan ti."

재가(在家) 생활하면서 자신이 가지고 있든 재산을 포기하고 친인척 등 인간관계를 단절하고 출가하는 것은 한 개인의 인생에서 가장 어려운 도전이라고 할 수 있다. 출가 수행자는 모든 구속에서 벗어난 완전한 자유를 목표로 한다. "비구여, 과거는 말라 빠지고 미래는 아주 소멸하여 없는 것이며, 현재는 탐하거나 기뻐하는 것이 없다. 수행자의 마음에 망설임이 없고 걱정이나 후회를 버려, 모든 존재의 애욕을 여의고 온갖 번뇌를 다 끊으면 그것을 혼자의 삶이라고 하나니, 이보다 더 훌륭한 혼자의 삶은 없다."[20] 사람들과 떨어져 사는 것은 외형적인 독신생활이고 그것보다 더 나은 독신생활은 모든 번뇌에서 떨어져 나와 사는 것이다. 마음을 구속하고 있는 탐욕, 증오, 무지로부터 벗어날 때 진정으로 홀로 산다고 할 수 있다고 가르치고 있다.

아홉 번째 자질은 자기수용(self-acceptance)이다. 엘리스는 기독교가 자기 자신을 비난하게 하거나 깎아내리게 만든다고 비판하고 있다. 예를 들면 도덕적으로 실수하거나 자신이 잘못을 범하게 되었을 때조차도 신앙인은 신의 권좌 앞에서 죄의식을 느끼며 자신을 힐책하게 된다. 생존 자체를 감사해야 하며 외적인 성취나 타인의 평판으로 자기 자신을 평가하는 사람은 항상 불안과 긴장을 느끼게 된다. 불교는 자기 자신을 있는 그대로 직시할 것을 먼저 권고하고 있다. 나아가 다른 사람들에 대해서도 비난하지 말고 평정한 마음으로 대하라고 가르치고 있다. 자기 자신에 대한 가르침 중 자신에게 일어나는 감정에 대한 가르침은 자기 자

20) 『잡아함경』(『대정장』 2 p.278中). "比丘 前者枯乾 後者滅盡中無貪喜 是婆羅門心不猶豫 已捨憂悔 離諸有愛 群聚使斷 是名一住 無有勝住過於此者".

신을 어떻게 대해야 하는가를 잘 보여주고 있다. 아침에 일어나 밤에 잘 때까지 우리는 숱한 감정을 느낀다. 붓다는 이런 상황을 다음과 같이 비유하고 있다.

> "비유하면 허공에서 갖가지 광풍이 일어나는 것 같네.
> 동·서·남·북에서 바람이 불고 사유(四維)에서도 또한 그와 같나니
> 티끌이 있는 바람, 티끌이 없는 바람 또는, 바람바퀴에서 일어나는 바람.
>
> 그와 같이 이 몸 가운데에서도모든 느낌의 일어남도 또한 그러하니.
> 혹은 즐겁고 혹은 괴로운 느낌과 괴롭지도 않고 즐겁지도 않은 느낌
> 음식이 있고 음식이 없는 것[21], 탐착하고 탐착하지 않는 것.[22]

허공 중에 온갖 바람들이 불고 있는 것처럼 여기 이 몸속에서도 여러 느낌이 일어난다. 두려움, 불안, 초조, 통증 등 다양한 느낌들이 일어나고 사라진다. 여기 비유에선 여러 느낌을 크게 세 가지로 분류했다. 즐거운 느낌들, 괴로운 느낌들, 괴롭지도 즐겁지도 않은 느낌들이 그것이다. 우리 마음은 즐거운 감정은 와서 오래 머물기를 바라고 괴로운 감정은 빨리 사라지기를 원한다. 그러나 이런 태도는 공정하지 못하다고 허공의 비유는 가르치고 있다. 허공은 어떠한 바람에 대해서도 차별을 두

---

21) 여기에서 식(食)은 음식을 먹을 때 일어나는 느낌을 말한다. 맛있는 음식을 먹을 때 일어나는 쾌감을 말한다.

22) 『잡아함경』(『대정장』 2 p.120中). "譬如虛空中 種種狂風起 東西南北風 四維亦如是 有塵及無塵 乃至風輪起 如是此身中 諸受起亦然 若樂若苦受 及不苦不樂 有食與無食 貪着不貪着".

지 아니하고 간섭하지 않는다.

"비구들아, 부지런히 방편으로써
바르게 알아 잠시라도 흔들리지 말라.
이 일체의 느낌에 대하여
지혜로 완전히 알아야 한다.

이 모든 느낌을 완전히 알기 때문에
현세에서는 모든 번뇌가 다하고
죽은 뒤에는 윤회에 떨어지지 않아서
영원히 반열반에 머물리라."[23]

우리는 즐거운 감정은 붙잡아 두고 괴로운 감정은 쫓아내려고 하지만, 이것은 불가능한 것으로 이런 불가능한 일을 하는 것 자체가 더 많은 고통을 만들어 낸다는 것이다. 허공처럼 마음도 차별 없이 간섭하지 말아야 한다는 것이다. 어떠한 바람이 불어도 허공은 잠시라도 동요하지 않는다. 마음도 허공과 같이 어떠한 종류의 느낌에도 동요하지 말아야 한다는 것이다. 허공이 바람을 지켜보듯이 마음도 갖가지 느낌을 바르게 관찰하게 되면 탐욕이나 증오와 같은 번뇌를 다시 일으키지 않아 생사윤회에서 벗어나 궁극적으로 열반에 들어갈 수 있다고 가르치고 있다.

---

23) 『잡아함경』(『대정장』 2 p.120下). "比丘勤方便 正智不傾動 於此一切受 黠慧能了知 了知諸受故 現法盡諸漏 身死不墮數 永處般涅槃".

붓다는 대지(大地)의 포용성을 지적하면서 집착하지 않는 마음의 자세를 개발하도록 하고 있다.

> "땅과 같은 마음을 가져야 한다. 땅은 깨끗한 것도 받고 더러운 것도 받아 똥·오줌 같은 더러운 것을 모두 다 받는다. 그러나 땅은 좋아하거나 싫어하는 마음을 내지 않고 '이것은 좋고 이것은 더럽다.'고 말하지 않는 것처럼 너희들의 소행도 그와 같아서 도적에게 사로잡히더라도 나쁜 생각을 내거나 좋아하고 싫어하는 마음을 내지 말라. 저 땅·물·불·바람과 같이 나쁜 것을 받고 좋은 것도 받더라도 조금도 좋아하거나 싫어하는 마음을 내지 말고 사랑하는 마음·가엾이 여기는 마음·기쁘게 하는 마음·보호하는 마음을 일으켜 일체 중생을 대하여야 한다."[24]

종교는 인간이 당면하는 고통의 문제에 대한 철저한 자각과 근본적인 해결책을 제시한다. 적어도 심리적인 문제나 정서 장애를 해결해 정신적인 건강을 유지하게 해줄 것이 기대된다. 그런데 유일신 신앙자들은 절대적인 인격신(人格神)에 대한 믿음으로 오히려 정서적 문제를 가지게 된다. 이러한 점에 초점을 맞추어 엘리스는 기독교와 같은 종교의 유해성을 9가지 항목으로 나누어 지적하였다. 그렇지만 기독교에 대한 엘리스의 9가지 지적 사항은 불교와 상반하는 것은 아니며 오히려 불교와 같은 맥락이라고 할 수 있다.

---

24) 『증일아함경』(『대정장』 II p.760上). "持心當如地 猶如此地亦受於淨 亦受於不淨 屎尿穢惡皆悉受之 然地不起增減之心 不言此好此醜 汝今所行亦當如是 設爲賊所擒獲 莫生惡念 起增減心 亦如地水火風 亦受於惡 亦受於好 都無增減之心 起慈悲喜護之心 向一切衆生."

* * *

엘리스는 개인적으로 무신론자이면서 인본주의자이다. 종교가 정신적인 건강에 미치는 역할에 대한 그의 견해는 시간이 지나면서 변화하여 갔다. 최초기에는 단호하고 분명한 어조로 신앙을 요구하는 종교는 정신건강에 해롭다고 주장하였다. 후기엔 엘리스는 종교에 대한 반감을 줄이며 종교를 재평가하기도 하였다. 여전히 죽으면서도 무신론자로 남아 있었지만, 그의 만년 저서에선 종교가 건강에 유익하게 적용될 수 있다는 것을 인정하고 그 구체적인 적용 방법도 논의하기도 하였다. 그렇지만 엘리스는 '사려깊은 개연적 무신론'(thoughtful, probabilistic atheism)이 가장 건강한 인생 접근법이라고 주장하였다.[25]

엘리스는 종교적 신념을 비합리적인 것으로, 정신건강을 해친다고 비판하고 있다. 그가 문제로 삼고 있는 종교는 유일신을 믿는 종교들, 특히 그중에서도 기독교이다. 엘리스는 기독교의 신념이 비합리적이며. 이러한 신앙 행위가 정서 장애를 일으킨다고 비판하고 있다. 이러한 비판이 붓다의 가르침에도 적용되는지 살피고자 하였다. 기독교 신념에 대한 엘리스의 비판이 전적으로 타당하다고 논자는 보지 않는다. 그의 비판은 그릇된 종교적 신념이 부정적으로 작용하는 부분에만 초점을 맞추고, 긍정적인 측면을 외면하고 있다. 이러한 한계에도 불구하고 종교적 신념에 대한 엘리스의 비판은 종교적 신념의 역기능을 논의의 장으로 드러내었다는 측면에서 높이 평가할 수 있다.

---

25) http://en.wikipedia.org/wiki/Albert_Ellis_(psychologist)#cite_note-10. 검색일자: 2024.1.10.

역사적으로 종교가 인류에 미친 영향은 항상 긍정적이고 유익한 것만은 아니었다. 서로 다른 종교적 신념이 충돌하게 되면 숱한 살생이 자행되었다. 종교 간의 전쟁과 살육은 현재에도 세계 각처에서 자행되고 있다. 이러한 종교의 역기능은 사회과학에서 일찍부터 논의됐고 최근에 이르러 비판의 목소리가 더욱 커지고 있다. 종교적인 신념에 대한 엘리스의 비판은 신앙자 개개인의 내적인 건강이라는 측면에 대하여 이루어지고 있다는 점에서 평가할 만하다. 정신분석이나 심리학이 태동하면서 신앙인의 정신건강이라는 관점에서 종교의 역기능을 비판하는 흐름이 형성되었고 엘리스는 누구보다도 합리적으로 논리를 전개하고 있다고 보인다.

기독교를 향한 엘리스의 비판이 불교엔 그대로 적용되지 못한다는 것을 살폈다. 오히려 그가 제시하는 건강한 사람의 9가지 자질은 불교에서 충분히 확인할 수 있다. 그렇다고 불교가 엘리스의 비판에서 온전히 벗어난다고 말하려는 것은 결코 아니다. 단지 유일신 신앙에 기초한 종교인의 자세보다 불교도가 정신적인 자질에 기준으로 해서 볼 때 적어도 이론적인 면에서 더 건강하다는 것이다.

불교는 다른 종교 전통과 비교하면 이성적이고 합리적이다. 대부분 종교는 신앙을 그 핵심에 두고 있어 관찰과 실험을 통해 객관적인 진리를 탐구하는 과학과 충돌하는 측면이 많다. 절대 유일신을 믿는 기독교와 같은 종교는 이성을 중시하는 철학이나 과학과 적대적인 관계에 놓이게 된다. 절대적(絶對的) 신(神)에 의한 인간과 세상의 창조, 신의 징벌, 예수 부활 등의 교리는 합리적 사유나 과학적 관찰과 괴리되어 있다. 이런 까닭에 유일신 종교의 전통에서는 인간의 합리적 사색을 오히려 신앙의 장애로 간주하는 경향이 높다. 그러나 붓다는 맹목적인 신앙보다도 합리적 탐구 자세를 강조하고 있다. 이러한 합리적 탐구 정신은 REBT에선 건강한 삶의 주요한 요소로 여겨진다.

Ⅲ. 붓다의 가르침과 아론 벡의 인지치유

새로운 사상이나 이론이 형성되는 이유는 기존의 이론이나 사상에 대한 비판에서 기인하는 경우가 많다. 기존의 사상에 대해 전면적으로 부정하는 때도 있고 부분적으로 비판하는 때도 있고 보완하려는 태도를 보이는 예도 있다. 불교의 흥기나 아론 벡(Aaron Beck)의 치유이론은 기존의 체계에 대한 비판에서 비롯된다. 이러한 맥락에서 붓다의 설법 배경과 아론 벡의 인지치유의 형성 배경을 역사적인 관점에서 살펴보면 공통적인 요소를 찾을 수 있다. 아론 벡은 전문의로 정신질환을 해결하고자 인지치유라는 의료체계를 개발하였고 붓다는 중생의 고통 해결이라는 것에 초점을 두었기에 둘 다 고통의 해결이라는 공통 목표를 지니게 되는 것이다.[1] 이런 공통 목표에 접근하는 방식에 있어서도 유사한 요소들이 발견된다.

2500여 년 전 붓다가 새로운 가르침을 펴기 시작했을 때 붓다는 기존의 브라흐만교에 대하여 비판적인 태도를 보였다. 그리고 아울러 붓다는 동시대의 사상가들에 대해서도 비판적인 입장을 견지하였다. 붓다의 합리적인 가르침은 외도(外道)들의 가르침과 비교하면 잘 드러난다.

---

1) 물론 고통의 정의에 있어서 붓다의 가르침이 인지치유에 비해 보다 근본적이고 광범위하다. 인지치유에서 문제시되지 않는 심리적인 감정도 불교에선 고통의 범주에 포함될 수 있다. 고통의 정의에 대한 논의는 다음 기회로 미루고 본서에선 큰 차이를 두지 않겠다.

절대신인 브라흐마(Brahmā)에 대한 신앙을 통해 인간의 불행을 해결하려는 브라흐만교나 각종 그릇된 사견(邪見)에 의해 인간의 문제를 해결하려는 육사외도(六師外道)를[2] 비판하며 붓다는 바른 지혜에 의해 불행을 궁극적으로 해결할 수 있다고 가르쳤다.

인지치유는 비교적 최근에 개발된 치유법이라고 할 수 있으나 치유원리의 이론적 토대의 근원은 역사적으로 상당히 거슬러 올라간다. 즉 어떻게 생각하느냐가 어떻게 느끼느냐에 영향을 준다는 것은 동양에서는 대표적으로 불교사상과 서양에서는 고대 그리이스 스토아학파(Stoicism)에서부터 그 근원을 찾을 수 있다.[3] 특히 불교는 그 발생 후 현재에 이루기까지 마음에 대한 고찰과 수양에 초점을 두고 전개됐다.

인지치유는 기존의 무의식(無意識)을 강조하는 정신분석(psycho-analysis)과 행동의 변화를 중시하는 행동치유(Behaviorism)에 만족하지 않고, 그들이 간과하고 있는 인지 과정을 문제해결의 핵심으로 보고 있다. 인간은 적극적이고 선택하는 추구자이며 창조자이고 정보의 사용자가 될 수 있다고 전제하고 있는 아론 벡의 인지치유는 과거의 무의식을 중요하게 다루는 전통적 정신치유법과 자극-반응과 같은 외적 결정요인을 중요시

---

2) 석가모니 붓다와 동시기에 활동했던 사문 6명을 말한다. 그들은 기존의 브라흐만교의 제사만능주의에 반대하였다. 6명 외도의 이름은 다음과 같다: 니간타 나타풋타(Nigantha Nataputta), 산자야 벨랏티풋타(Sanjaya Belatthiputta), 아지타 케사캄발린(Ajita Kesakambalin), 막칼리 고살라(Makkhali Gosala), 파쿠다 캇차야나(Pakudha Kaccayana), 푸라나 캇사파(Purana Kassapa).

3) 스토아 학파(Stoicism)는 그리스 로마 철학의 한 학파로 기원전 313년 키프로스 출신의 제논이 창시했다. 스토아 학파의 행복관은 이성(理性, logos)을 중요시하였다. 행복은 이성적 판단과 행동을 통해 얻을 수 있다고 믿었다. 감정을 통제하고 이성적으로 사고하는 것을 강조했다. 스토아 학파는 마음의 평화(apatheia)를 추구한다. 우리가 마음의 평화를 잃고 불행한 것은 우리의 욕심과 자연의 질서를 거스르는 교만함 때문이라는 것이다.

하는 행동 치유법을 모두 비판하는 태도를 취하고 있다(Marjorie E. Weishaar, pp.121-126).

붓다의 가르침을 정확하게 이해하기 위해선 불교 흥기 당시의 대표적인 종교 사상을 이해하는 것이 필요하다. 붓다의 가르침은 기존의 전통적인 창조신 중심의 브라흐만교와 새로운 사상을 제시하였던 사문을 비판하면서 형성되었다. 본서에선 과거의 업(業) 해결을 중시하는 자이나(Jaina)교나 절대신을 믿는 브라흐만교와 대조하여 붓다의 가르침의 특징을 살펴보고자 한다. 무의식을 중시하는 프로이드의 정신분석과 대조하여 아론 벡의 인지치유를 살펴보고자 한다. 붓다의 가르침이 시작될 때의 사상적 배경과 아론 벡의 인지치유가 형성될 때의 심리치유학계의 이론적 배경을 살펴보면 매우 유사한 공통점을 찾게 된다. 여기에선 두 사상의 성립 배경 사상을 중심으로 붓다의 가르침과 아론 벡의 인지치유의 공통 기반을 몇 가지로 나누어 모색하고자 한다.

1. 아론 벡의 불교관

불교에 대한 벡의 입장을 살펴보면 자신의 초기저술에서 벡은 인지치유가 동양사상, 특히 마음을 중시하는 불교와 공유하는 점이 많다고 피력하고 있다. "스토아 학파와 마찬가지로 도교, 불교 등의 동양철학에서도 인간의 감정은 생각에 기초한다고 강조했다. 아무리 강렬한 감정이라도 생각을 바꾸면 통제할 수 있다는 것이다."(Aaron T. Beck, p.8) 아론 벡은 인지치유의 철학적 근원을 에픽테토스(Epictetus)으로 대표되는 그리이스 시대의 스토아철학에서 찾고 있다. '인간은 객관적 환경(things)에 의해 고통받는 것이 아니라 객관적 환경에 대해 취하는 견해(views which they take of them)에 의해 고통받는 것이다'라는 에픽테토스(Epcitetus)의 말은 고통의 근원을 주관적인 인지적 해석에 있다는 것을 보여 주고 있다.[4]

아론 벡은 고통의 경험에 있어 이런 주관적인 해석의 중요성에 대한 강조는 불교의 가르침에도 공유되고 있다고 피력하고 있다. 이 시점에서 벡이 스토아 철학 만큼 불교에 대해 깊이 알고 있었다고 보기 어렵다. 다른 동양 종교 사상과 마찬가지로 불교도 내향적인 종교로 이해하고 있는 정도일 것이다.

인지치유의 창시자인 아론 벡의 최근의 행적은 벡의 불교관에 관해 시사하는 바가 커다. 벡은 2005년엔 달라이 라마(Dalai Lama)를 직접 만나 불교와 인지치유의 유사성에 대해 의견을 교환하기도 하였고 자신의 연구소(Beck Institute for Cognitive Therapy and Research) 홈페이지에 불교와 인지치유에 관한 글을 게재하고 있다. 자신의 연구소에서 발행하고 있는 저널(Cognitive Therapy Today)에서 불교와 인지치유(Buddhism and Cognitive Therapy)라는 주제로 길지 않지만 핵심을 잘 보여주고 있다.[5] 벡은 불교의 두 가지 측면 즉 번뇌와 명상에 관한 가르침이 인지치유에 연관되어 있다고 밝

---

4) 고대 그리이스의 스토아(Stoa)학파는 사고의 부정적인 기능에 주목하고 바른 사고의 확립을 통해 행복을 성취할 수 있다고 역설하였다. 대표적인 철학자로 Epictetus(55-135 C.E)의 사상을 들 수 있다. 현대의 다수의 심신개발서나 자기수양서는 바른 마음가짐, 즉 긍정적인 사고의 중요성을 공통적으로 중시하며 부정적인 생각에 대해 경고하고 있다. 사고의 역기능에 관하여 깊은 통찰을 남긴 현대의 사상가로는 James Allen을 들 수 있다. 최근에 이르러 사고의 역기능에 대하여 집중적으로 조명한 Krishnamurti나 Eckhart Tolle의 사상도 반드시 언급해야 할 것이다.

5) "Buddhism and Cognitive Therapy" in Cognitive Therapy Today 2005 Spring. http://www.beckinstitute.org/Library/Search.asp?FolderID=200&SessionID=%7B69417EF9-83AF-4F67-B3F5-C2B-D2A3CBCFA%7D&Action=Search&LookFor=dalai+lama. 검색일자: 2023.12.5.

히고 있다. 첫째, 불교의 여섯 주요 번뇌는 탐욕, 분노, 아만, 무지, 의심, 사견이다. 둘째 이들 번뇌를 없애가는 명상 수행이 있다. 이것은 곧 이기주의를 없애는 것으로 벡은 이해하고 있다.

벡은 3단계로 자아도취(self-absorption)를 분석하고 있다. 첫째 공황장애나, 우울증에 걸린 내담자에게서 두드러지게 나타나는 증상은 육체적인 감각(bodily sensations)이나 자아 가치나 자기 문제에 대하여 '비자발적인 주의집중(involuntary focus of attention)'을 보인다. 둘째 외부 사건에 대해 '지나치게 자신과 연관지어 의미(exaggerated self-relevant meanings)'를 부연한다. 셋째, 자기 자신의 목표에 최고의 우선권을 부여하고 다른 사람(심지어 자기 자신)에게 해를 끼친다.

전형적으로 정서장애를 앓고 있는 사람은 극도로 자기 중심적(自己中心的, self-centered)이라는 것이 아론 벡의 관찰 내용이다. 내담자의 주된 관심은 자신의 경험에 집중되어 있고 자신과 무관한 일도 자신과 관련짓고, 오로지 자신의 탐욕만 채우려고 한다. 물론 이런 이기주의 경향은 이른바 정상인에게도 나타나는 속성이지만 정상인들은 좀 더 순화된 형태로 표출한다는 것이다. 불교와 인지치유가 모두 이기주의를 해결하려는 점에서 공통기반을 형성하고 있다는 것이 아론 벡의 견해이다.

비록 개략적이지만 항목별로 비교하여 적시하면서, 아론 벡은 자신이 창안한 인지치유와 불교가 다수의 공통점을 공유하고 있음을 피력하고 있다. 인지치유와 불교의 목표는 평온(serenity), 마음의 평화(peace of mind), 고통의 경감이다. 인지치유와 불교의 공통 가치를 다섯 가지로 나누고 있다. ① 수용, 자비, 지식, 이해 등을 중요시한다. ② 이기주의를 배격하고 이타주의를 주창한다. ③ 집단주의(groupism) 대신에 보편주의(universalism)를 중시한다. ④ 미신에 대항하여 과학을 존중한다. ⑤ 자기 책임을 강조한다.

아론 벡은 고통의 원인을 3가지로 나누어 분석하고 있다: ① 지나친 분노, 질투, 탐욕 등을 이끄는 자기중심적인 편견(egocentric biases)과 사견(邪見) ② 편견을 강화하는 배후의 자기패배적인 신념들 ③ 사건에 부정적인 의미를 부여하는 것. 그리고 고통의 해결 방안으로 다섯 가지를 적시하고 있다. ① 지금 여기에 초점을 맞춘다. ② 내성(introspection), 반성(reflectiveness), 관점 취하기(perspective-taking), 독성적인 신념을 확인하기(identification of toxic beliefs), 거리두기(distancing), 건설적인 경험, 긍정적인 신념을 기르기 등을 통한 편협된 사고(the biased thinking)를 다룬다. ③ 심상(imagery)을 이용한다. ④ 육체적인 고통(pain)과 정신적인 고통(distress)을 구분한다. ⑤ 명상 수련(mindfulness training)을 한다.[6]

매우 개략적이지만 아론 벡은 자신의 인지치유와 불교의 공유점에 대한 그의 견해는 핵심을 놓치지 않고 있다는 것을 보여주고 있다. 아론 벡은 불교 중에서도 주로 대승불교 그 중에서도 티 불교에 관심을 보인다. 이하 내용에선 인지치유와 초기불교를 체계적으로 비교하고자 한다. 위에서 아론 벡이 적시한 공유점 중에서 본문에선 3가지를 논의하고자 한다: 문제해결 방안으로 현재에 초점 두기, 고통의 원인으로 인지적

---

6) "Himalaya Buddhism meets Cognitive Therapy: The Dalai Lama and Aaron T. Beck in Dialogue" in Horizons in Buddhist Psychology edited by Maurits G. T. Kwee, Kenneth J. Gergen & Fusako Koshikawa Ohio: Taos Institute Publications 2006 pp.45-6. 벡 연구소의 홈 페이지에도 적시하고 있다. http://www.beckinstitute.org/Library/Search.asp?FolderID=200&SessionID=%7B69417EF9-83AF-4F67-B3F5-C2BD2A3CBCFA%7D&Action=Search&LookFor=dalai+lama. 검색일자: 2023.1.5.

요소, 공통된 태도로 자기책임.

2. 현재 상황에로의 초점

붓다의 가르침이나 벡의 인지치유는 현재를 그 중심에 둔다. 문제의 원인과 그 해결을 "지금 여기"(here and now)에서 시작하는 것이다. 현재의 고통을 모두 전생의 업으로 돌리는 자이나교와 대조적으로 붓다는 현재의 행위에 문제해결을 두었다. 정신분석은 과거의 경험의 집적체인 무의식에서 내담자의 고통의 원인을 찾으려고 하지만 아론 벡은 내담자의 현재 경험을 중심으로 고통을 해결하려고 한다.

붓다 당시에 전생의 업을 현재의 고통의 원인으로 여기는 사상이 있었다. 숙작인론(宿作因論, Pubbekatahetu-vāda)은 인간이 감수하는 고(苦)·락(樂)·비고비락(非苦非樂)의 모든 감정은 전적으로 과거에 행한 행위의 결과라고 주장하였다. 곧, 우리가 이 세상에서 감수하는 행복, 불행의 운명은 모두 우리가 과거세에 행한 선업, 악업의 결과로서 얻어진 것이며, 우리가 태어날 때, 이미 결정된 것이다. 따라서 우리가 노력을 계속하더라도, 그것은 내세의 운명을 결정하는 원인은 될 수 있겠지만 현세의 운명은 그것에 의해 절대로 고쳐질 수 없다는 숙명론이다.

불교에서는 이 숙작인설을 자이나교(Jainism)의 것으로 이해하고 있다. 업을 심리적인 것이거나 형이상학적인 세력으로 간주하는 인도의 다른 사상과 달리 자이나교는 업을 물리적인 요소로 본다. 예컨대 분노나 탐욕 등의 격정도 형태를 지닌 미세한 물질로서 영혼과 결합하여, 결국 해탈로 이르는 영혼의 상승을 방해하는 작용을 한다고 보았다. 즉 업은 영혼(Jīva)에 달라붙어 영혼을 구속하여 해탈하지 못하게 한다고 믿었다(존 M.콜리 p.205). 자이나교는 격심한 고행을 통하여 업을 제거할 수 있다고 믿는다.

자이나교는 현재 중생이 감수하고 있는 모든 감정은 전생에 지은 업에 전적으로 기인한다고 주장하였다. 붓다는 자이나교의 숙명론을 다음과 같이 힐난하고 있다. "지금 이 중생이 감수하고 있는 고락이 모두 과거(전생)에 지은 것에 기인한다고 하면 니건(尼乾)들은 모두 과거에 악업을 지었다. 왜냐하면 이런 이유로 오늘날 저렇게 지독한 고통을 받고 있기 때문이다."[7] 붓다는 현재 경험하고 있는 쾌락과 불쾌 등의 감정이 전적으로 과거 전생의 업에 기인한다고 보고 있지 않다. 현재 건강 관리를 잘못해 어떤 고통은 담즙 장애에 기인할 수 있다. 지금 경험하고 있는 고통은 담즙 장애에 기인한다는 것은 자기 자신도 알 수 있다. 그리고 이런 사실은 세상에서 누구나 인정할 수 있다(Saṃyutta Nikāya IV p.231). 붓다는 현재 당면하고 있는 고통의 감정은 기후 변화, 부주의한 행위, 신체의 질병, 누군가의 공격 등에 의해 일어날 수 있는 것이며 과거 전생에서 그 원인을 찾을 필요는 없다는 입장이다. 물론 과거의 숙업(宿業)에 의해 현재 고통의 과보를 받을 수도 있지만 모든 감수의 과보를 과거 전생에서 그 원인을 찾는 자이나교의 업론(業論)을 반박한다.

인간의 생존 및 일체의 행위가 전생에 지은 선악업의 인과에 의해

---

7) 『중아함경』(『대정장』 2 p.443下), "今此衆生所受苦樂皆因本作 若爾者 諸尼乾等本作惡業 所以者何 因彼故 諸尼乾於今受極重苦."

결정된다는 숙작인론은 정통 브라흐만교의 신의설(神意說)의 불합리를 비판하고 자기 자신에게 현세의 길흉 . 화복의 책임을 놓았다는 점에서 새로운 사상을 보여 주고 있다. 그러나 붓다가 비판하듯이, 모든 것이 과거에 지은 업에 결정되므로, 현재의 살생, 투도, 사음 등은 현재 인간의 자발적인 행위가 아니고, 그러므로 현재의 인간이 책임질 필요가 없게 된다.

> "여러분이 만일 일체는 다 숙명의 지음에 기인한다고 진실로 본다면 내인내(內因內)의 해야 할 일과 하지 않아야 할 일에 대해서 도무지 탐욕도 없고 방편도 없을 것이다. 여러분이 만일 해야 할 일과 하지 않아야 할 일에 대해서 진실 그대로 알지 못하면 곧 정념(正念)을 잃고, 바른 지혜가 없게 되어 가르칠 수 없을 것이다."[8]

지금 행하고 있는 악업도 전생의 원인에 기인하는 것이므로 현재 나의 자유의지에 의해 바꿀 수 없다. 현재 일어나고 있는 모든 것이 과거의 원인에 의해 결정된 것이므로 나의 의지나 노력이 들어설 자리가 없게 된다. 따라서 이것은 인간의 자유의지를 부정하고 사회윤리를 파괴하여 도덕을 무시하게 된다. 숙작인론에서는 신의설에서의 신(神) 대신에, 숙업을 주장함으로써 인간의 자유의지를 부정하게 되어 윤리나 종교적인 수행을 무용하게 만든다.

---

8) 『중아함경』(『대정장』 1 p.435中). "諸賢若一切皆因宿命造 見如眞者 於內因內 作以不作 都無欲無方便. 諸賢 若於作以不作 不知如眞者 便失正念 無正智 則無可以教".

붓다는 문제 해결의 단서를 과거에서 찾는 것이 아니라 현재에서 찾으려고 하였다. 따라서 우리는 붓다의 가르침이 항상 현재에 무게중심이 놓여 있는 것을 확인할 수 있다.

> "비구들아, 전생에 한 일에 관하여 말하지 말라. 왜냐하면, 그것은 이치에 도움이 되지 않고, 법에 도움이 되지 않으며, 범행에 도움이 되지 않고, 지혜도 아니고 바른 깨달음도 아니며, 열반으로 향하지도 않기 때문이다. 너희 비구들은 마땅히 함께 고성제(苦聖諦), 고집성제(苦集聖諦)), 고멸성제(苦滅聖諦), 고멸도적성제(苦滅道跡聖諦)에 대해 논의해야 한다. 왜냐하면, 그것은 이치에 도움이 되고, 법에 도움이 되며, 범행에 도움이 되고, 바른 지혜·바른 깨달음이며, 바르게 열반으로 향하기 때문이다."[9]

마찬가지로 미래의 삶에 대한 상상도 현재 해야 할 일을 외면하려는 경향이 있다. 그래서 『잡아함경』의 『나리가경』에서 붓다는 내세에 관해서도 관심을 두지 말라고 한다. 제자들이 근자에 죽은 재가 신자들의 내생이 궁금하여 여쭙자 붓다는 대답한다. "그대들은 그들의 내생에 신경 쓰지 마라. 그들이 죽고 난 뒤의 일에 관해 묻는 것은 그저 헛수고일 뿐이다. 그리고 여래는 그런 일에 즐겨 대답하지 않는다. 태어나면 반드시 죽는데 무엇이 기이한가?"[10]

---

9) 『잡아함경』(『대정장』 2 p.110上). "汝等比丘 莫作是說 宿命所作 所以者何 此非義饒益 非法饒益 非梵行饒益 非智非正覺 不向涅槃 汝等比丘 當共論說 此苦聖諦苦集聖諦苦滅聖諦苦滅道跡聖諦 所以者何 此義饒益 法饒益 梵行饒益 正智正覺 正向涅槃."

10) 『잡아함경』(『대정장』 2 p.217下). "汝等隨彼命終 彼命終而問者 徒勞耳 非是如來所樂答者 夫生者有死 何足爲奇."

자신이 지은 업에 따라 나고 죽으니 내생을 궁금할 이유가 없다. 죽기 전까지 해놓은 업에 따라 태어날 것이니 본인이 본인의 내생을 누구보다도 잘 알기 때문이다. 과거의 삶을 알고 싶으면 현재의 행동을 들여다보면 될 것이다. 그리고 미래를 알고 싶으면 현재의 행동을 들여다보면 될 것이다. 불교는 과거, 현재, 미래 삼세의 인과관계를 말하고 있지만, 그 중심은 현재에 있다는 것을 알 수 있다. 지금 모습은 지금까지 해놓은 행위의 결과이며 지금 현재 하는 행위는 미래의 모습을 결정짓는다. 지금 현재가 그 중심에 놓여 있는 것이다.

인지치유는 기본적으로 "지금 여기서"의 상황을 강조한다. 대부분 내담자의 치유는 당면한 현재의 문제와 내담자가 고통스러워하는 구체적인 상황에 초점을 맞춘다. 현재 고통을 주는 상황을 보다 현실적으로 평가하고, 해결함으로써 증상을 완화시킨다(Judith S. Beck. 1997 p.18). 인지치유에 기반한 상담자는 일반적으로 질병의 진단에 상관없이 현재 상황을 조사하고 분석하여 치유를 시작한다.[11]

반면에 프로이드는 전통적인 의식 심리학에 대항하여 무의식(無意識)의 심리학이라는 새로운 장을 열었다. 프로이드의 이론 중 가장 기본적이고 중요한 가설은 심리적 과정은 엄격히 결정되고, 행동과 감정은 무의식에 의해 결정된다는 것이다. 무의식은 감각기관으로 인식할 수 없는 마음 깊은 곳에 감추어져 있는 정신세계로 정신 내용의 대부분

---

11) 예외적으로 과거로 관심이 옮겨가는 경우에는 세 가지가 있다. 첫째 내담자가 과거의 문제나 상황에 강한 관심을 표현할 때, 둘째 현재의 문제에 대한 작업이 인지적, 행동적, 감정적 변화를 거의 일으키지 않을 때, 셋째 내담자의 역기능적 사고가 언제, 어떻게 생겨났고, 이러한 역기능적인 사고가 내담자에게 어떻게 영향을 주는지를 아는 것이 중요하다고 판단될 때 등이다(Judith S. Beck. 1997 p.18).

을 형성하며, 인간행동을 결정하는 주된 원인으로 인식할 수도 없고 직접 확인할 수도 없는 접근 불가능한 영역이다. 본능, 열정, 억압된 관념과 감정 등이 잠재해 있다. 정신분석적 치유란 어렸을 때 형성된 무의식적 갈등을 여러 기법을 통해 의식화시켜, 개인의 성격 구조를 재구성하는 것이다(칼빈 에스 홀 pp.86-87).

정신분석 치유와 대조적으로 인지치유는 지금 여기에서의 문제에 초점을 두고, 현재의 관찰 내용을 명료하게 하기 위한 목적이 아니라면 아동기 기억에는 주의를 기울이지 않는다(Aaron T. Beck, 1997 p.22). 정신분석에서는 개인의 성격을 결정론적인 입장에서 본다. 인간의 행동이 무의식적인 동기인 성적·공격적인 충동이나 이에 대한 갈등, 그리고 유년기의 경험으로 결정된다고 본다. 출생 이후 6세까지 형성된 성격 구조나 대인관계가 개인에게 지속해서 반복적으로 영향을 주고 있다고 보기 때문에 유년기의 심리적인 상처나 갈등이 현재의 인간관계에 지대한 영향을 주고 있다.

프로이드는 유아기의 경험이 밝혀진다면 성인기의 장애는 없어질 것이라고 기대한다. 유아기 경험의 총합이 성격을 형성하고 이 성격의 구조에서 성인기의 장애가 생긴다고 프로이드는 주장하고 있다. 반면에 "인지적 치료는 표면화되고 지각될 수 있는 증상 및 장애를 상담치료의 목표 문제로 삼으며, 아동기 경험에 대해 거의 관심을 두지 않는 것이 특징이다."(이장호, 2006 p.91).

정신분석과 달리 인지치유는 개인의 의식적 또는 전(前)의식적 경험을 중요하게 여긴다. 인간을 여러 층으로 이루어진 무의식적 존재로 모호하게 파악하기보다는 자신의 경험을 명료하게 전달할 수 있는 존재로 본다. 자유연상이나 꿈의 해석을 통해 무의식을 탐구하는 정신분석과 달리 인지치유는 내담자의 현재 경험에 대한 진술에 주의를 둔다. 인지치유는 내담자의 사고와 감정을 탐색하며 무의식적 요인을 해석하지 않는다(Marjorie E. Weishaar, pp.121-122). 상담자가 과거에 학습된 문제의 원인이나 과정을 밝혀내지 않고서도 사고나 행동 패턴을 변화시킬 수 있다고 주장하는 것이 인지치유의 특징이다.

인지치유는 과거라는 진창에 빠져들지 않으려 한다. 반면 정신분석치유는 오히려 내담자의 과거 경험을 강화시키는 경향이 있다. 사실 내담자들은 치유를 받을 때마다 자신의 과거를 파헤쳐 지나간 과거의 문제를 반복 경험하게 된다. 문제를 없애기는커녕 그 문제를 실제로 존재하는 무엇으로 믿게 되어 오히려 강화된다. 과거의 문제는 더 커져만 간다(엘리스 알버트, 1999 p.50). 인지치유는 기존의 신념을 이해하고 수정하기 위해서 과거의 자료를 사용하는 것이어서 정신분석의 접근과 다르다. 과거 경험의 자료를 활용하는 것은 인지적 요인을 변화시키는 새로운 방법이라고 할 수 있다(Marjorie E. Weishaar p.255).

인지치유에서는 그 사람이 현재 가지고 있는 인지 왜곡을 찾아내는 데에 초점을 맞추고, 그가 지닌 문제를 극복하기 위하여 그릇된 인지 왜곡을 어떻게 자기 스스로 제거할 수 있는지를 정확하게 가르쳐 주고자 한다. 물론, 자신의 과거에 대한 통찰도 중요하다. 그러나 당장 시급한 것은, 오늘 당신이 겪고 있는 현재의 문제를 해결하는데 도움이 되는 통찰이다. 10년이나 20년 전에 일어난 사건 그 자체는 현재에 와서는 어떠한 영향을 줄 수 없다. 이미 지나간 일일 뿐이다. 그런데도 과거의 사건을 회상함으로써 과거의 사건이 되살아나 영향을 주는 것이다. 과거는

돌이킬 수 없지만, 현재와 미래는 현재의 행동 여하에 따라서 얼마든지 바꾸어 나갈 수 있다(엘리스 알버트, 1999 pp.50-51).

아론 벡은 다음과 같이 프로이드의 무의식에 대하여 다음과 같이 말하고 있다.

> "Freud는 무의식에 관해서 독특한 생각을 하고 있다. 즉, 우리가 의식하는 생각과 감정의 저변에는 금기시되는 추동, 소망, 동기들로 이루어진 가마솥이 있다는 것이다. 그리고 그 사이에는 억압이라는 두꺼운 콘크리트 벽이 있다는 것이다. Freud에 따르면, '무의식' 은 의식적인 마음과 완전히 괴리되어 있으며 억압과 방어 기제를 통해 계속 격리가 일어나는 유리된 마음의 구역이다. 나의 생각은 의식이 연속적인 것이라는 것이다. 어떤 것은 다른 것보다 더 의식적이거나 덜 의식적일 수 있다. 차를 운전하면서 우리는 자신의 모든 움직임을 의식하지 못하지만, 만약 주의를 기울이면 우리의 행동을 자각하게 된다. 자동적 사고는 의식의 주변에서 일어나는 일시적인 신호들이다. 사람들이 자동적 사고를 자각하기 위해서는 의식의 주변부에 주의를 집중하는 훈련을 받기만 하면 된다. 자동적 사고는 정서와 정신 병리의 측면에서 보면 뇌를 통과하는 가장 의미 있는 전달내용이다. 이러한 일시적인 신호들은 우리 의식의 전면에 나타날 필요는 없는 것이다. 그러나 정신병리 상태에서는 이러한 내면적인 전달체계가 우세해진다는 것이 흥미로운 일이다."(Marjorie E. Weishaar p.122).

프로이드가 무의식을 마음의 독립된 구역으로 의식과 완전히 구별된 것으로 보는데 비해 아론 벡은 의식과 유리된 무의식을 인정하지 않고 단지 의식의 연속성을 주장하고 있다. 의식엔 더 의식적인 것이나 덜 의식적인 의식 즉 무의식이 있는 것이지 따로 무의식이 있다는 것을 부정하고 있다. 덜 의식적인 것도 주의를 집중하는 훈련을 통해 더 의식적인 것으로 변화가능하다. 이런 아론 벡의 입장에서 보면 무의식이 아동기에 형성되어 독립해서 존재한다는 프로이드의 무의식은 성립할 수 없다. 아론 벡은 이렇게 고백하고 있다. "정신분석을 받으면서 나는 많은 물음을 제기하고 의미를 탐색하기 시작했다. 그 결과, 나의 이론을 개발하는 과정에서 가장 중요했던 의미는 깊은 잠재의식적인 것이 아니라 의식 가능한 것이었다."(Diffily, A. p.25; Marjorie E. Weishaar, p.123). 정신분석에서처럼 과거의 기억을 떠올리려는 것이 아니라 인지치유는 현재 여기에서 내담자의 부정적인 감정을 야기하는 기저의 사고 과정을 직접 바라보게 한다.

과거가 현재를 지배하고 결정한다는 정신분석치유는 인간이 현재 행동을 변화시킬 수 있다는 가능성을 희박하게 만든다. 인간은 과거의 습관적인 행동 양식에서 벗어나 새로운 목표를 세우고 새로운 행동을 선택할 수 있는 능력을 지니고 있다. 사람은 주위 사람의 기대나 요구에 영향을 받게 마련이고 특히 어린 시기에는 부모나 형제들에게 깊이 의존하기 때문에 지대한 영향을 받을 수밖에 없다. 그렇지만 과거의 경험이 현재 행동의 모든 것이라는 과거 결정론은 옳지 않고 과거의 습관을 바꿀 수 없는 것도 아니다. 인지치유의 관점에서 보면 지금 진행 중인 행동 이면엔 사고가 배후에 선행하고 있으므로 사고를 변화시키면 자연히 행동도 변화시킬 수 있다. 따라서 행위의 배후에서 진행 중인 사고에 문제해결의 실마리가 있는 것이지 지난 경험에 초점을 맞추는 것은 효과가 없다는 입장이다.

3. 부정적 인지 과정

불교와 인지치유는 인간의 고통 원인이 인식의 문제 즉 인지적 요인에서 비롯된다는 점에서 이론적인 공통점을 지닌다. 고통의 근본 원인을 무명(無明)으로 인한 탐욕과 분노에 귀착시키는 붓다의 가르침과 심리적 장애는 비현실적인 사고와 그에 대한 확신에 기인한 것으로 보는 인지치유의 기본 가정은 인지적인 요소를 고통의 근본 원인으로 보고 있다. 불교에서의 무명은 세상과 자아에 대한 잘못된 인식으로 인지치유에서 말하는 인지 왜곡의 특성과 유사하다. 물론 불교에서 말하는 무명이 인지치유의 인지 왜곡과 비교하면 훨씬 더 포괄적이고 근본적이지만 인지적인 측면에서 보면 같은 범주에 속하는 것이다.

붓다의 가르침 중 인지 과정의 오류가 고통을 일으킨다는 가르침을 몇 가지 살펴보자. 12지연기(支緣起)에서 노사(老死)라는 고통의 근본 원인으로 무명(無明)이 제시되고 있다. 12지연기는 붓다의 어떤 교설보다도 고통의 원인을 인간의 내면에서 가장 치밀하게 다루고 있다. 고통은 절대신과 같은 절대자가 우리에게 준 것도 아니고 원인이 없이 우연히 발생한 것도 아니다. 일련의 잘못된 인식, 즉 무명(無明)에 의해서 노사라는 고통이 야기된다고 가르치는 것이 12지연기이다. 무명(無明), 행(行), 식(識), 명색(名色), 육입(六入), 촉(觸), 수(受), 애(愛), 취(取), 유(有), 생(生), 노사(老死)라는 12개의 연결 고리가 결합된 것이 고통의 발생과정이다.

12지연기의 근본 목적은 인생의 근원적인 문제인 '고(苦)'가 어떻게 해서 생겨나고, 또 어떻게 해서 사라지는가를 밝히는 것이다. 제법은 모두 여러 조건 또는 원인 등이 모여 일어난 것이고 그러한 조건들이 제거되면 제법은 사라진다는 것이 연기의 법칙이다. 따라서 고통이라는 현상도 여러 조건에 의해 형성된 것이므로 그 원인 또는 조건을 제거하면 고통도 사라진다. 이러한 연기의 원리를 인간의 내면에 적용해 고통의 근원을 추구한 것이 십이지연기이다. 고의 원인을 인간의 힘이 미칠 수 없는 신의(神意) 또는 숙업(宿業)에 돌리지 않고 인간의 무명에 두고 주체적 인간의 수행 및 정진(精進)에 의해 고통이 제거될 수 있음을 보여 주는 것이 12지연기이다.

근본 번뇌인 삼독(三毒)에서 우리는 인지적 요소의 중요성을 확인할 수 있다. 수많은 종류의 번뇌 중에서 3가지 근본 번뇌를 삼독(三毒)이라고 부른다. 삼독이란 불교의 근본 3가지 번뇌인 탐욕(貪慾)·진에·우치(愚癡)를 지칭한다. 이 3가지 번뇌가 중생을 해롭게 하기가 마치 독약과 같다고 하여 삼독이라 한다.

한 외도가 불교 수행의 이유와 목적을 묻자 아난다(Ananda)는 삼독을 끊기 위한 것이라고 대답한다. 삼독에서 어떤 허물과 걱정거리를 보았기에 삼독을 끊어야 하느냐에 질문에 다음의 대답이 주어지고 있다.

> "탐욕에 집착하면 마음을 장애하게 된다. 그래서 자신을 해치고 남을 해치고, 자신과 남을 함께 해친다. 현세에서도 죄를 받고 후세에서도 죄를 받고, 현세와 후세 모두에서 죄를 받는다. 그 마음은 항상 근심과 고통을 품게 된다. 분노와 우치에 가리면 자신을 해치고 남을 해치고, 자신과 남을 함께 해친다.내지 그 마음은 항상 근심과 고통을 품게 된다. 탐욕에 의해 눈멀어지고, 볼 수 없게 되고, 지혜가 없어지고, 지혜의 힘이 약해지고, 장애가 생기며, 밝지 못하고 평등이 깨닫지 못하여 열반에 나아가지

못한다. 분노와 우치도 또한 그와 같다. 나는 탐욕, 분노, 우치에서 이러한 허물을 보았기 때문에 탐욕, 분노, 우치를 끊으라고 설한다.”[12]

탐(貪)·진(瞋)·치(痴) 삼독은 사람을 시각장애인으로 만들어 사물을 분간하지 못하게 만들어 자신과 주위 사람을 해치게 만드는 고인(苦因)으로 보고 있다. 삼독을 제거한 사람은 자기도 해치지 않고 남도 해치지 않으며, 현세에서도 죄를 짓지 않고 후세에서도 괴로운 과보를 받지 않게 되며 마음은 언제나 기쁘고 즐거우며, 번뇌를 떠나 현세에서 깨달음을 얻게 된다는 것이다.

삼독 중 우치(愚痴)가 가장 근본적인 것으로 보고 있다. 우치 즉 무지가 근본이 되어 탐욕과 진에(瞋恚) 등의 모든 번뇌가 일어나는 것으로 보고 있다. 탐욕은 어떤 대상을 향한 지나친 갈구(渴求)이며 진에는 반대로 어떤 대상에 대한 증오이다. 탐욕과 증오는 한 쌍을 이룬다. 사성제(四聖諦) 중 집성제(集聖諦)에서 고통의 근원으로 탐욕이 제시되고 있지만 12지 연기에선 탐욕보다 더 근원적인 번뇌로 무명이 제시되고 있다. 이런 사실은 탐욕보다 무지가 더 근원적인 것을 드러내는 것이다.

삼독의 인지적인 성격은 삼업(三業) 중 의업(意業)에서 잘 나타나고 있다. 10선업은 다음과 같은 열 가지 악업을 짓지 않는 것이다: ① 살생(殺生), ② 투도(偸盜), ③ 사음(邪婬), ④ 망어(妄語), ⑤ 기어(綺語), ⑥ 악구(惡

12) 『잡아함경』(『대정장』 II p.251中). “染着貪欲映障心故 或自害 或復害他 或復俱害 現法得罪 後世得罪 現法後世二俱得罪 彼心常懷憂苦受覺 若瞋恚映障愚癡映障 自害害他自他俱害 乃至常懷憂苦受覺 又復 貪欲爲盲爲無目爲無智爲慧力羸爲障閡 非明非等覺 不轉向涅槃 瞋恚愚癡亦復如是 我見貪欲瞋恚愚癡有如是過患 故說斷貪欲瞋恚愚癡.”

口), ⑦ 양설(兩舌), ⑧ 탐욕(貪欲),⑨ 진에(瞋恚), ⑩ 사견(邪見). 이상의 10악업, 즉 10불선업은 몸과 말과 생각으로 다른 사람들뿐만 아니라 자기 자신까지도 해치는 악행의 근본이다. 살생, 투도, 사음은 몸으로 짓는 신업(身業)이고, 망어, 기어, 악구, 양설은 말로 짓는 구업 또는 어업이며, 탐욕, 진에, 사견은 생각으로 짓는 의업이다.

10악업은 인간 세계를 고통에 빠뜨리는 원인이다. 십악업에서 근본이 되는 것은 세 가지 의업(意業) 즉 탐욕(貪欲)·진에(瞋恚)·사견(邪見)의 소위 삼독심(三毒心)이다. 구업(口業)과 신업(身業)은 의업(意業)이 밖으로 나타난 것에 불과하다. 붓다는 자이나교와 달리 의업을 신업과 구업에 더 근원적인 것으로 보고 있다. 하지만 자이나교에서는 의업보다는 신업을 보다 더 중요시한다. 의지가 있어야 업이 성립된다고 강조하는 불교에 반해, 자이나교에서는 의도 없이 하는 일체의 행위가 모두 업(業, karma)이 된다고 보았다.

『법구경』의 서두에선 의업이 구업과 신업으로 나아가는 과정을 잘 보여 주고 있다. "마음이 법의 근본이다. 마음이 존귀하고 주인이다. 마음에서 악을 생각하면 말과 행동이 악하게 된다. 죄고가 그를 따른다. 마치 수레바퀴가 수레를 끄는 짐승의 발자취를 따르는 것과 같다."[13] 여기에서 마음(心)이란 언어 사용과 육신의 동작에 선행하는 사고 작용을 의미한다. 어떠한 생각을 하느냐에 따라 인간의 말과 행동이 좌우됨으로 악한 마음을 먹으면 반드시 악한 행위로써 나타나며, 악한 행위를 하면 반드시 악한 결과가 뒤따라온다고 하는 것을 수레바퀴와 수레를 끄는

---

13) 『법구경』(『대정장』 4 p.562上), "心爲法本 心尊心使中心念惡 卽言卽行 罪苦自追 車轢于轍."

짐승의 발자취로 비유하고 있다. 불교에서는 인간의 행위를 셋으로 나누어 이해하고 있다. 삼업 중에서 의업(意業) 즉 마음의 작용을 중시하는 것이 불교이며, 마음에 생각한 것이 입이나 몸의 행동으로 나타남으로 마음이 중심이 된다고 가르치고 있다.

삼학(三學)에서 인지적 요소를 다시 확인할 수 있다. 삼학이라는 용어 자체가 인지적인 학습을 내포하고 있다. 유일신에 대한 신앙을 강조하는 종교와 달리 불교는 이성적인 사고와 학습을 강조하는데 삼학이라는 말이 이런 인지적인 특징을 잘 드러내고 있는 것이다. 삼학은 초기불교에서 대승불교에 이르기까지 불교 공부와 수행을 계학, 정학, 혜학 등의 세 가지로 범주화한 것이다.

> "계(戒)를 수행했을 때, 정(定)의 큰 이익과 과보가 있다. 정을 수행했을 때, 혜(慧)의 큰 이익과 과보가 있다. 혜를 수행하면 마음은 청정하게 되어 해탈을 얻게 된다. 세가지 번뇌 즉 욕루(欲漏)·유루(有漏)·무명루(無明漏)를 다하여 해탈하게 된다".[14]

> "삼학(三學)이 있다. 어떤 것이 그 세 가지인가? 뛰어난 계율 공부·뛰어난 마음 공부·뛰어난 지혜 공부를 3학이라고 한다. 어떤 것이 뛰어난 계율 공부인가? 만일 비구가 계율인 바라제목차율의(波羅提木叉律儀)에 머물고 위엄 있는 태도와 행동을 원만하게 갖추어 아주 미세한 죄를 보더라도

---

14) 삼학의 체계는 붓다고사(Buddhaghosa)의 Visuddhimagga(청정도론)에도 적용되고 있다. 『장아함경』(『대정장』 1 p.12上). "修戒 晝像 獲定得大果報 修定獲智得大果報 修智心淨得等解脫 盡於三漏 欲漏有漏無明 已得解脫".

곧 두려워하는 마음을 내고 계율을 받아 지녀 배우는 것을 말한다. 어떤 것이 뛰어난 마음 공부인가? 만일 비구가 탐욕과 악하고 착하지 못한 법을 여의고 내지 네 번째 선정까지 완전히 갖추어 머무는 것을 말한다. 어떤 것이 뛰어난 지혜 공부인가? 이 비구가 이것은 괴로움의 거룩한 진리라고 사실 그대로 알고, 괴로움의 발생[集]·괴로움의 소멸[滅]·괴로움의 소멸에 이르는 길[道]에 대한 성스러운 진리라고 사실 그대로 알면, 이것을 뛰어난 지혜 공부라고 말한다."[15]

불교의 모든 수행 덕목은 지계(持戒)와 선정(禪定)과 지혜(智慧)의 삼학(三學)에 귀속시킬 수 있다. 바라제목차(波羅提木叉)는 산스크리트 프라티모크샤(Pratimoksya)를 음역한 말이며 계본(戒本)이라고도 한다, 몸과 입으로 허물을 짓지 않도록 하는 윤리의 근본 규칙이다. 계학(戒學)은 해야 할 일과 하지 말아야 할 일을 분별하여 죄업을 짓지 않는 것이다. 삼업 중 신업과 구업을 단속하는 것이라고 할 수 있다. 정학(定學)은 산란한 생각을 제어하여 마음에 안정을 유지하는 선정이다. 선정을 통해 일상생활에서 마음이 안정되고 고요에 근거하여 더욱 정진하면 자연스럽게 지혜가 드러난다. 사성제(四聖諦)를 알 수 있는 지혜의 완성이 혜학(慧學)이다.

사성제는 붓다의 모든 가르침을 포괄하는 가르침으로 고통 치유의 절차와 방법을 보여주고 있다. 사성제 중 고성제(苦聖諦)는 병의 상태를

---

15) 『잡아함경』(『대정장』 II p.210上). "復有三學 何等爲三 謂增上戒學增上意學增上慧學 何等爲增上戒學 若比丘住於戒波羅提木叉律儀 威儀行處具足 見微細罪則生怖畏 受持學戒 何等爲增上意學 若比丘離欲惡不善法 乃至第四禪具足住 何等爲增上慧學 是比丘此苦聖諦如實知 集滅道聖諦如實知 是名增上慧學."

살펴보는 진찰의 단계로, 집성제(集聖諦)는 병의 원인을 찾아내는 단계로, 멸성제(滅聖諦)는 그 질병이 사라진 건강한 상태를 예상하는 단계로 도성제(道聖諦)는 건강한 상태에 이르기 위한 방법이 제시되는 처방의 단계로 비유된다.

도성제는 고통의 해결을 위해 팔정도를 제시하고 있다. 팔정도를 계정혜 삼학으로 구분할 때 정견(正見), 정사(正思)는 지혜[慧]에 해당하고, 정어(正語), 정업(正業), 정명(正命)은 윤리[戒]에 해당하고, 정정진(正精進), 정념(正念), 정정(正定)은 마음집중[定]에 해당된다. 이와 같이 팔정도는 계정혜 삼학에 상통되며, 혜(慧)를 최초로 하여 이를 완성시키기 위한 방법으로 계(戒), 정(定)을 두고 있음을 알 수 있다.

삼학은 윤리적 규범인 계(戒 sīla), 정신적 수행인 정(定 samādhi), 지혜의 연마인 혜(慧 paññā)의 구조로 이루어져 있다. 계학과 정학은 혜학을 위한 과정에 있다는 것을 다음의 경전에서 확인할 수 있다.

> "어떤 비구는 뛰어난 계율 공부는 했으나 뛰어난 마음과 뛰어난 지혜의 공부는 하지 않았고, 뛰어난 계율과 뛰어난 마음 공부는 했으나 뛰어난 지혜 공부는 하지 않았다. 거룩한 제자로서 뛰어난 지혜의 방편을 따라 성취하여 머무르면, 뛰어난 계율과 뛰어난 마음을 닦아 익히는 것을 원만히 갖추게 된다. 이와 같이 거룩한 제자로서 뛰어난 지혜의 방편을 따라 성취하여 머무르면 위없는 지혜를 이룩하여 오래 살게 된다."[16]

16) 『잡아함경』(『대정장』 II p.210中). "有比丘增上戒學 非增上意 增上慧學 有增上戒 增上意學 非增上慧學. 聖弟子增上慧方便 隨順成就住者 增上戒 增上意 修習滿足. 如是聖弟子增上慧方便 隨順成就住者 無上慧 壽而活".

이상의 인용 경전에서 우리는 삼학 중 혜학이 가장 중시되고 있는 것을 확인할 수 있다. 계학과 정학 그 자체만으로는 온전하지 못하며 혜학이 완성되어야 한다는 것을 강조하고 있다.

1970년대 중반까지 상담과 심리치유 분야에서 대표적인 두 가지 접근 방법은 정신 분석치유(pyscho-therapy)와 행동치유(behaviour therapy)였다. 정신분석은 무의식적 정서 및 동기가 심리적 장애의 근원이라고 보는 접근이며, 행동수정은 환경 자극 및 반응의 유관 조건에 대한 잘못 학습된 행동이 장애의 근원이라고 보는 견해다. 대체로 전자는 무의식을, 후자는 행동을 접근 방법의 주요 대상으로 삼았다는 점에서 두 치유법 모두 인지적 측면(의식과정 및 사고 과정)을 소홀히 다루거나 중요시하지 않았다. 인지적 치유가 출현하기까지 주된 심리치유 종사자는 즉 정신분석가이거나 아니면 행동주의자나 인본주의자였다. 이들 이론들은 사고와 감정과 행동 패턴 간의 관계를 탐구하려는 노력을 전혀 존중하지 않았다(Marjorie E. Weishaar p.126).

인지치유는 기존의 심리치유 이론에서 다루지 않았거나 크게 주목하지 않은 사고 과정(thinking process)을 주요 문제 대상으로 삼는다. 인지치유의 인지적 접근은 인간의 인지나 사고가 인간의 심리적 장애의 주요 원인이라고 전제에서 출발한다. 사고가 인간의 정서 및 행동을 중개하거나 선도(先導)한다고 보는 인지치유는 내담자의 사고 과정을 수정하거나 변화시킴으로써 정서적 또는 행동적 장애를 없애려고 한다. 인지적 치유가 하나의 심리체계로서 심리치유 이론의 두 거인(巨人)인 정신분석적 접근과 행동치유에 비교될 수 있는 가장 중요한 측면은 이 치유법이 기존 심리치유의 이론과 달리 인지과정에 초점을 맞추고 있다는 점이다.

정서와 행동은 인지 방식에 의하여 결정된다고 하는 인지 모델에 기초하고 있는 인지치유는 심리 장애를 안고 있는 사람에겐 왜곡된 역기능적인 사고가 공통으로 존재하며, 이러한 역기능적인 사고는 내담자의 기분과 행동에 영향을 미친다고 가정한다. 모든 심리 장애의 근원에는 왜곡된 인지 과정이 놓여 있다고 본다(Beck, A. T. 1964 pp.561-571).

아론 벡은 왜곡된 인지 과정을 핵심신념(core beliefs), 중간신념(intermediate beliefs), 자동적 사고(automatic thinking) 등으로 구분하고 있다(Judith S. Beck 1997 p.27).

첫째, 핵심신념은 가장 중심적인 신념으로 근원적이고 심층적인 신념으로 이 핵심신념에 의해서 부정적인 자동사고가 형성된다. 핵심신념에 의해서 부정적 자동사고가 만들어지는 것이 인지 왜곡이다.

둘째, 중간신념은 태도(attitudes), 규칙(rules), 및 가정(assumptions)으로 구성되어 있으며 핵심신념과 자동적 사고 사이를 매개하는 신념이다.

셋째, 자동적 사고는 인지 과정의 가장 표면적인 것으로, 어떤 상황이나 외부 자극으로 자동으로 발생하는 생각들을 말한다. 이런 생각들은 심사숙고한 사고와는 다르며, 어떤 노력으로 나오는 것이 아니며 대체로 부정적이다.

사건을 해석하는 정보처리 과정에서 범하는 체계적인 잘못을 인지적 오류(cognitive error)라고 부른다. 아론 벡은 인지 왜곡의 전형적인 양상을 11가지로 나누어 제시하고 있다: ① 터널 시야(tunnel view), ② 선택적 추상화(selective abstraction), ③ 임의적 추론(arbitrary inference), ④ 과일반화

(over-generalization), ⑤ 양극화된 사고(polarized thinking), ⑥ 과장(magnification), ⑦ 편향된 설명(biased explanation), ⑧ 부정적 낙인(negative labeling), ⑨ 개인화(personalization), ⑩ 마음 읽기(mind-reading), ⑪ 주관적 추론(subjective reasoning)(아론 벡, 2002 pp.162-169).

이상 아론 벡이 제시한 인지 왜곡은 외부의 사건 자체보다 사건에 대한 비합리적인 처리, 즉 외부 세계에 그릇된 해석을 다양하게 분석하고 분류한 것이다. 이러한 인지 왜곡은 여러 가지 심리적 장애의 원인으로 간주된다. 우울증 등 정서 문제를 일으키는 인지 왜곡을 교정하는 것이 치유의 핵심이라고 인지치유는 보고 있다.

인지치유가 정서나 행동의 중요성을 무시하는 것은 아니지만 인지 과정을 통하여 정서 문제에 접근하는 것이 보다 정확하며, 행동 장애의 치유도 인지 변화가 먼저 선행되어야 한다고 주장한다. "즉 장애요인 및 치료과정에서 인지적 변수를 중심개념으로 삼고 있다는 점에서 기존의 전통적 치료이론과 다르다고 보겠다."(이장호 1984 p.150). "인지치유에서는 행동적 기법이 사용되기도 하는데, 이는 인지적 변화를 위한 것이다. 또한 새로운 행동이 잘 유지되려면 인지적 변화가 필수적이며, 행동의 변화를 통해서 인지적 변화가 촉진된다고 본다."(Marjorie E. Weishaar, p.125).

아론 벡은 인지적인 요소의 중요성을 역설하고 있다.

> "나는 다양한 심리치료의 '공통적인 치료적 요인'은, 그것이 치료적 관계, 감정발산 또는 설명이나 해석을 통해 나타난 것이든 간에, 기본적으로 인지적 변화에 의한 것이라고 나는 믿는다. 우리는 치료적 동맹을 여러 치료법들이 공유하는 '공통적인 치유적 요인'으로 여기고 있다.

그러나 우리는 신념체계의 변화, 현실 검증력의 강화 그리고 대처방략의 개선 초점을 맞춤으로써 좀 더 강력한 치료를 할 수 있다."(Marjorie E. Weishaar, p.170).

다양한 심리치유의 치유적 요인으로 치유적 관계, 감정발산, 설명 또는 해석을 이야기하고 있지만 모든 심리치유에는 인지적 변화가 핵심이라고 아론 벡은 확신한다.

아론 벡의 인지치유에 대한 다음의 평가는 가장 적절해 보인다.

"Beck의 가장 큰 이론적 공헌은 개인적인 내면적 경험을 과학적 연구의 영역으로 다시 가져왔다는 점일 것이다. 이것은 정신분석학자들이 주장하는 동기 모델과 행동주의자들이 주장하는 조건형성 모델을 모두 이론적으로 개편하는 길이었다. 이것은 주된 이론적 초점을 행동주의의 환경적 결정론으로부터 내면적 결정론, 즉 현상학적 접근으로 전환시킨 것이다. 정신분석 모델과 달리, 이러한 결정론은 생물학적 추동이나 무의식적 동기에 근거하기보다 개인이 자신의 경험을 어떻게 구성하는지에 바탕을 두고 있다."(Marjorie E. Weishaar, p.117).

아론 벡의 공헌은 개인적인 내면적 경험을 과학적 연구의 영역으로 되돌려놓은 것이다. 정신분석학자들의 동기 모델과 행동주의자들의 조건형성 모델을 인지모델로 개편하는 역할을 한 것이다.

4. 문제해결의 근본 주체

붓다의 가르침은 지적인 사유를 요구하는 점에서 철학적이다. 믿음을 근간으로 하는 종교는 일반 대중에게 널리 믿어질 수 있는 데 비해 철학은 합리적인 이성을 구사할 수 있는 사람에게 국한된다. 붓다의 가르침은 모든 중생을 고통에서 구제하는 것을 목표로 하지만, 그 목표에 이르는 접근 방식은 신앙 위주의 종교 행위이라기 보다 자유로운 비판적 사고에 가깝다. 사성제, 연기, 오온, 무아, 12처 등의 붓다의 주요 가르침은 이성적인 사유를 통한 지적인 이해를 요구한다. 붓다의 핵심 가르침은 지적인 사유를 할 수 있는 사람에게 적절하게 이해될 수 있다. 이런 측면에서 서구에서 처음으로 불교를 접한 이래 불교를 '철학'으로 보거나, '엘리트 종교'라고 정의하는 이유를 이해할 수 있다.

인지치유도 지적인 이성을 요구한다. 인지치유의 핵심은 내담자가 자신의 왜곡된 인지 과정을 지적으로 이해하는 것이다. 합리적인 사고를 하지 못하는 내담자에겐 인지치유는 효과적이지 못하다. 지적인 사유 능력이 떨어지는 내담자나 지적인 장애를 심하게 겪고 있는 내담자에게 합리적인 사고를 요구하는 것은 적절하지 못하다. 인지치유에 적합한 내담자는 일정 정도의 지적인 능력을 갖추고 있어야 한다. 인지치유는 동작 중심의 치료법(예를 들면 놀이치료, 무용치료)과 다르다.

붓다의 가르침은 각 개개인의 사유를 중시하고 있어 자력(自力)적이다. 대체로 신앙을 근간으로 하는 종교는 신자들에게 무조건적인 추종을 요구하는 데 비해 붓다는 제자들에게 각 개개인의 합리적인 사고를 존중하고 무조건적인 신앙을 강요하지 않았다. 붓다 당시 가장 오랜 역사를 지니고 있던 브라흐만교는 여러 가지 해탈 방법들을 제시하고 있지만 가장 대중적인 방법은 브라흐마(Brahma, 梵天)신에 대한 신앙이다. 브라흐마신에게 향한 완전한 헌신 즉 제사야말로 고통에서 해탈하기 위한 가장 좋은 방법이라고 주장하였다.

반면 붓다의 가르침은 지혜의 획득을 중요시한다. 지혜만이 인간을 불행에서 해탈하게 만들 수 있는 최상의 방법이라고 주장한다. 자아와 세계에 대한 무지가 고통의 근원으로 보고 지혜의 개발로 해탈할 수 있다는 인지적인 접근을 그 특징으로 하고 있다. 무명(無明, avidya)이 고통의 근원이라고 보는 이유는 자신 또는 세계에 대한 무지나 사견 때문에 악업을 짓기 때문이다. 그래서 고통에서 벗어나기 위해서 올바른 지혜를 추구하는 것이다. 지혜는 스승에 의해 주어지는 것이 아니라 스스로 획득해야 성취할 수 있다.

신앙보다 이성을 중시하는 대표적인 가르침은 자주(自洲), 법주(法洲)이다.[17] 이 가르침은 붓다의 사후 불교도들은 누구를 의지해야 할 것인가 하는 문제와 관련하여 설해지고 있다. 우안거(雨安居) 시작 직후 붓다에게 죽음에 이를 정도의 격심한 질병이 발생하였다. 그 질병을 지켜보던 아난다는 병고에서 회복한 붓다에게 교단에 관해 어떤 유언을 말하지 않고 그냥 붓다가 입멸하리라고는 생각하지 않았다라고 고백한다. 이러한 아난다의 고백에 대하여 붓다는 다음과 같이 대답한다.

---

17) 한국의 불교도들에겐 자등명(自燈明), 법등명(法燈明)으로 널리 알려져 있다.

"아난다여! 비구 승단(Saṃgha)이 나로부터 무엇을 바라고 있는가? 아난다여, 나는 이미 법을 설했다. 무엇인가를 비밀스러운 가르침으로 남겨놓지 않고. 아난다여! 여래는 법에 관하여 사권(師拳, ācariya-muṭṭhi)을 만들지 않았다. 아난다여, 요컨대, 만약 누군가가 '나는 비구 승단을 지도한다' 거나 '승단이 나에게 의지해야 한다.'라고 생각하는 자가 있다면, 그로 하여금 승단에 관하여 어떤 말을 하도록 요청하여라. 그러나 여래(如來, Tathāgata)는 자신이 승단을 지도한다거나 승단이 자신에게 의지해야 한다고 생각하지 않는다. 따라서 왜 여래가 승단에 관하여 어떤 말을 해야 하겠는가?"[18]

어느 누구에게도---심지어 붓다를 포함하여--- 의존하지 말고 스스로의 자립을 강조하고 있다. 붓다는 후계자 지정 대신에 아난다에게 다음과 같이 가르친다. "너희들 개개인은 자신을 자신의 섬으로 만들지[自洲], 다른 어떤 것도 의지처로 삼지 말라. 너희들 개개인은 법을 자신의 섬으로 만들지[法洲], 다른 어떤 것도 의지처로 삼지 말라."[19] '자기 자신을 자신의 섬'으로 삼으라고 하는 것이나 '법을 자신의 섬'으로 삼으라고 하는 것은 외형적인 어떤 권위자나 조직의 수장에게 의존하지 말고 자기 자신이 먼저 자존과 자립을 확보하라는 것이다. 자기 자신의 노력

18) Dīgha Nikāya II p.100. "Kim panānanda bhikkhusaṃgho mayi paccāsiṃsati. Desito ānanda mayā dhammo anantaraṃ abāhiram karitvā na tatthānanda tathāgatassa dhammesu ācariyamuṭṭhi. Yassa nūna ānanda evam assa ahaṃ bhikkhusaṃghaṃ pariharissāmīti vā mamuddesiko bhikkhusaṃgho ti vā so nūna ānanda bhikkhusaṃghaṃ ārabbha ki.jcid eva udāhareyya tathāgatassa kho ānanda na evaṃ hoti. ahaṃ bhikkhusaṃghaṃ pariharissāmīti vā mamuddesiko bhikkhusaṃgho ti vā. Kiṃ ānanda tathāgato bhikkhusaṃghaṃ ārabbha kimcid eva udāharissati."

19) Dīgha Nikāya II p.100. "Attadīpā, bhikkhave, viharatha attasaraṇā anaññasaraṇā, dhammadīpā dhammasaraṇā anaññasaraṇā."

에 의해 스스로를 계발하는 것이 요청된다. 만약 스승이 필요로 한다면 그것은 수행자가 바른 수행을 하도록 지도할 때일 뿐이다.

붓다는 자기 자신은 결코 길을 안내하는 도사(導師)에 불과할 뿐이라고 자신의 역할과 한계를 분명히 하였다. 붓다는 고통에서 벗어난 길을 발견하고 그 길을 중생에게 가르치고 남겨놓은 것이다. 붓다가 남겨놓은 약도를 가지고 열반이라는 목적지를 찾아가야 하는 것은 중생들의 몫이라는 것을 다음의 경전은 전하고 있다. 왕사성(王舍城)에 가고자 하는 두 사람에게 길잡이가 길을 똑같이 가르쳐 주었는데, 두 사람 중 한 사람은 왕사성에 이르지 못하고 나머지 한 사람은 왕사성에 도착하였다. 이런 경우 누구에게 허물이 있는지 묻고 있다.

붓다는 다음과 같이 당신과 제자의 관계에 대하여 명확하게 하고 있다. 붓다가 모든 제자들을 위하여 열반으로 가는 길을 가르치지만, 열반의 성취 여부는 단지 각자 수행하는 수행자에 달려 있을 뿐이다. 붓다는 단지 길을 가르쳐 줄 뿐이다.

> "마찬가지로, 열반이 존재하고, 열반으로 이끄는 길이 존재한다. 내가 제자들을 격려하지만, 이렇게 가르침을 받고 조언받은 내 제자들 중 일부는 궁극적인 목표인 열반을 달성하고, 일부는 실패한다. 브라만이여, 내가 그것에 대해 무엇을 할 수 있겠는가? 여래는 길을 보여주는 자이다."[20]

---

20) Majjhima Nikāya III p.6. Evam eva kho, brāhmaṇa, tiṭṭhat' eva nibbānaṁ tiṭṭhati nibbānagunimaggo titthām'nhan samādapetā. Atha ca pana mama sāvakā mayā evaṁ ovadiyamānā evaṁ anusāsiyamānā appehacce accantanitthanh nibbānam arādhenti ekacce n' ārādhenti. Ettha kvāhain, brāhmaṇa, karomi. Maggakkhayi, brahmana, Tathagato ti.

붓다는 당신의 역할을 분명히 밝히고 있다. 단지 열반에 이르는 길을 제시할 뿐이므로 제자들은 정확하게 붓다의 지시를 이해하고 받들어 실천해야 한다. 길은 각자 스스로 걸어가야 한다. 붓다가 중생을 짊어지고 열반이라는 목적지에 데려다주지 않는다는 사실이다. 붓다는 제자들의 열반 성취에 책임이 없다.

붓다는 당신의 역할을 제자들에게 상기시키며 다음과 같이 권고하고 있다. "제자들은 마땅히 다음과 같이 배워 생각해야 한다. 스승은 제자의 마음속으로 들어가 제자의 마음을 바로잡아 줄 수 없다. 제자들은 마땅히 스스로 자신의 마음을 깨끗하게 하고 바로 잡아야 한다. 마음이 깨끗하면 세속의 길에서 벗어 날 수 있다."[21] 자기 자신이야말로 자신의 구세주이지, 달리 구원자가 있지 않다는 것이다.

인지치유의 주요한 목표는 내담자가 자신의 인지치유에 기반한 상담자가 되도록 가르치는 것이다. "인지치유는 교육적이며 내담자 자신이 스스로 상담자가 될 수 있도록 교육하는 것을 목표로 하며 재발 방지를 강조한다."(Judith S. Beck. 1997 p.19). 처음 치유시간에 상담자는 내담자에게 장애의 본질과 과정에 대해, 인지치유와 인지모델(자신의 생각이 자신의의 행등과 감정에 어떻게 영향을 주는지)에 대해서 교육한다. 상담자는 내담자가 목표를 정하고, 생각과 믿음을 식별하고 평가하며, 행동 변화를 계획하는 데 도움을 줄 뿐 아니라, 구체적인 방법까지 가르친다. 각 치유시간에

---

21) 『불반니원경』(『대정장』 1 p.166中). "弟子當學 思師同不能入弟子心中 端弟子心 比丘當自淨心 端是心 心端則 得度世道."

상담자는 내담자가 배우고 깨달은 주요한 내용을 기록하게 함으로써 치유가 끝난 후 또는 몇 주 후에 이를 통하여 도움을 받도록 한다.

아론 벡의 인지적 모델에 따르면, 상담자에 의해 대안적 해석이 제공되는 것 보다 내담자가 스스로 대안적인 해석을 발견하는 것이 중요하다. 내담자는 자신의 신념을 검토하고 보다 적응적인 대안을 발견하는 훈련을 받게 되는데, 이렇게 스스로 발견한 대안적 신념일수록 더 의미 있고 신뢰할 수 있는 것이 된다(Marjorie E. Weishaar pp.128-129). 즉 상담자의 관점에서 내담자의 생각을 반박하거나 설득하기보다는 내담자 스스로 정보를 주의 깊게 검토하여 자신이 지니고 있는 생각의 정확성과 효용성을 결정할 수 있도록 도와준다(Judith S. Beck 1997 p.20). 아론 벡의 인지치유에 따르면, 변화는 철학적 논쟁이나 상담자에 의한 설득에 의해서가 아니라 내담자의 신념을 검토하고, 실증적으로 검증함으로써 이루어진다. 내담자들은 인지치유에서 배운 기술을 사용하여 자기 자신을 치유하는 상담자가 된다. 이러한 기술들은 (1)자신의 해석에 대한 지지 또는 반증 증거를 조사하는 일, (2)대안적 설명이나 행동을 찾아내는 일, (3)더 적응적인 사고방식과 일치하는 행동을 하는 것이다. 내담자들은 사건에 대해서 새로운 의미와 해석을 찾아내게 되며, 상담자는 대안적 신념을 제시하지 않는다(Marjorie E. Weishaar, p.129).

인지치유를 통하여 내담자가 호전되는 것은 내담자가 자신을 더 잘 이해하고 문제를 해결하며 자신에게 적용될 수 있는 방법을 학습하게 되기 때문이다(Judith S. Beck 1997 p.49). 내담자들은 상담자가 자신을 고쳐줄 것이라는 생각을 하기 쉽지만 실제로 좋아지게 하는 사람은 자기 자신이라는 것이다. “정신분석이나 내담자 중심치료 등의 전통적인 심리치료와는 달리, 인지치유에서 상담자는 줄곧 적극적이며 끊임없이 내담자와 상호작용한다. 상담자는 특정 설계에 따라 치료를 구조화하는데, 그 과정에서 내담자의 참여나 협력을 중요시한다 --- 중략 --- 상담자는 자신의 창의력과 풍부한 자원을 활용하여 내담자가 여러 가지 치료조작에 능동적으로 참여하도록 자극할 필요가 있다."(Aaron T. Beck, 1997 pp.21-22).

정신분석에서 상담자는 내담자에게 솔직해지도록 격려해주며 내담자의 이야기에서 불일치를 발견한다. 처음에는 듣는 데 치중하며 가끔 해석을 해주고 내담자의 심리적 저항에 관심을 가진다. 내담자의 성격 구조와 역동 관계를 이해하게 되면, 문제의 윤곽이 드러난다고 할 수 있다. 프로이드에 의하면 분석가(analyst) 즉 정신분석학적 상담자는 마치 거울처럼 행동해야 한다. 즉, 분석과정에서 가능한 한 자신의 인격적 특성을 배제해야 하고 내담자를 있는 그대로 비추어 내야 한다는 것이다. "자유연상이나 상담자편에서의 최소한의 개입과 같은 전통적인 정신분석기법들은 자칫 내담자가 집착하고 있는 부정적 사고의 늪으로 더 빠져들게 만듦으로써 우울증 내담자에게 오히려 부정적인 영향을 줄 수도 있다."(Aaron T. Beck 1997 p.22).

전통적인 심리치유의 기법인 정신분석의 가장 심각한 결점은, 내담자들이 수년간의 치유를 받고 나서도 여전히 상담자의 지속적인 도움이 없이는 자기 인생의 중요한 문제들을 혼자 해결해나갈 능력이 길러지지 않는다는 것이다. 상담자가 의미없는 분석이나 해석을 해주는 데에 의존하는 대신에, 내담자들이 이제 스스로 사고하고 실험해보며 현실을 보는 안목을 가지도록 하였다. 이 방법을 사용하자, 내담자들은 정신분석적인 방법을 사용했을 때보다도, 이른 시일 안에 지속적인 치유 진전을 나타내기 시작하였다. 일반적으로 치유 초기에 상담자는 내담자의 문제에 보다 많이 '관여'한다. 치유 후반으로 가면서 상담자는 내담자가 주도권(예: 상담 일정과 과제 할당을 계획하는 것)을 잡도록 유도한다. 다시 말하면 상담자는 내담자 스스로가 자신을 위해 무엇인가를 더 하도록 기대하며 치유 초반부보다 개입을 적게 한다.

인지치유에서 상담자와 내담자는 한 팀을 이루고 있다. 스포츠에 빗대보면, 상담자는 선수의 재능을 계발하고 약점을 보완하는 전략을 수립하여 훈련을 시키는 '코치'이고, 내담자는 체계적인 훈련으로 다져진 실력을 발휘하는 '선수'에 비유할 수 있다. 따라서 인지치유에서는 상담자와 내담자의 상호협력과 내담자의 적극적인 참여가 필수적이다. 인지치유를 통해서, 내담자는 자신의 왜곡된 생각을 찾아내는 기술, 부적응적인 믿음을 수정하는 기술, 감정을 인식하고 조절하는 기술, 그리고 문제가 되는 행동을 변화시키는 기술을 익힌다.

내담자가 이러한 기술을 일상생활에 적용할 수 있게 되고, 삶에서 벌어지는 문제를 해결하는 데 유용하게 활용할 수 있게 되면, 내담자는 이미 자신을 스스로 치유할 수 있는 자가상담자(self-therapist)가 되는 것이다. 인지치유의 핵심은 '내담자의 눈을 통해 비추어진 세상'을 이해하는 것이다. 내담자가 세상을 보는 방식을 함께 하면서, 보다 현실적이고 적응적인 삶의 방식을 찾아가는 것이다. 따라서 내담자의 적극적인 참여가 중요하게 두드러지며, 내담자의 적극적인 개입과 참여가 없는 상담자의 일방적 노력으로는 성공적인 치유 효과를 기대할 수 없다(Judith S. Beck. 1997 p.17).

인지치유에서는 부정적 감정을 유발하는 자동적 사고를 포착하기 위해 내담자에게 자신의 내면에 일어나는 인지 과정을 자각하게 한다. "인지적 치료기법은 자신의 사고내용과 상념(像念)에 대한 내성(內省) 능력이 갖추어진 사람에게 가장 적합할 것이다. 즉 자신의 생각을 자각, 표현할 수 있으며 상담자의 교육적 지시와 반응을 어렵지 않게 수용할 수 있는 지적(知的) 수준이 요구되는 것이다."(이장호 2006 p.151).

* * *

붓다의 가르침과 벡의 인지치유에서 공통적인 요소들을 발견할 수 있다. 본서에선 역사적인 관점에서, 즉 두 체계의 형성 과정에 초점을 맞추어 3가지 공통 사항을 논의하였다.

첫째, 불교나 인지치유 모두 현재를 문제해결의 출발점으로 두고 있다는 것이다. 붓다가 과거의 행위에 초점을 두지 않는 것이나 아론 벡이 아동기의 기억에 역점을 두지 않고 지금 여기에서의 문제를 그 출발점으로 삼는 것은 치유의 효율이라는 관점에서 유익하다. 대체로 과거에 집착하면 변화를 모색하는 대신 핑곗거리를 찾을 가능성이 크다. 스스로 노력하여 자신을 변화시키는 것보다 변화시킬 수 없는 과거의 피해자라고 자신을 동정하는 것이 훨씬 쉽다. 과거에 그 원인을 두기 때문에 현재의 삶은 등한시 되고 과거의 희생자로 문제 해결을 위해 지금 아무것도 할 수 없다는 무기력한 태도를 지니게 된다.

붓다와 아론 벡은 인간의 의지를 긍정적으로 평가한다. 인간은 항상 환경으로부터 단서를 포착해 삶을 향상하는 방식으로 반응한다. 따라서 인간은 환경에 적응하기 위해 대응방법을 모색할 뿐만 아니라 사건을 지각하고 해석하며 그에 의미를 부여한다. 인간은 단지 과거의 산물인 아니라 자신의 의지 때문에 자신 또는 자신을 둘러싼 세계를 긍정적으로 변화시킬 수 있다. 부정적인 사고를 채워 환경에 적절하게 대응하는 존재로 파악하고 있다.

둘째, 붓다나 아론 벡은 그릇된 사고가 고통의 원인이라고 진단한 점에선 동일하다. 불교에선 12지연기(十二支緣起), 삼학(三學), 삼독(三毒) 등의 붓다의 주요 가르침은 모두 인지적이다. 고통의 원인을 무명에 두고 있으며 문제해결을 지혜에 두고 있다는 점에서 붓다의 가르침은 근본적으로 인지적이다. 아론 벡은 내담자의 정서 문제는 왜곡된 인지 과정에 있다고 진단하고 있다. 인지 왜곡을 교정함으로써 내담자의 정서 문제를 치유할 수 있다고 전제한다.

셋째, 붓다와 아론 벡은 내담자의 주체적인 노력을 강조한다. 붓다는 제자들에게 '길을 가르치는 안내자'로 자신을 소개하고 있다. 목표지점까지 사람을 업어서 데리고 가지 않는다. 붓다는 단지 목표지점에 이르는 길을 보여 줄 뿐이다. 중생 각자의 자주적인 노력을 강조한다. 붓다의 가르침은 조력에 해당하며 중생 각자의 자력 구제가 핵심이 된다. 인지치유도 내담자 자신의 노력이 가장 중요한 핵심이 된다. 내담자의 지적인 오류를 스스로 깨닫게 되는 것이 치유과정의 출발점이다.

아무리 상담자가 내담자에게 내담자의 인지 왜곡을 설명해 준다고 하더라도 내담자가 자신의 인지 오류를 제대로 보지 못한다면 치유는 이루어지지 않는다. 결국, 상담자는 내담자가 스스로 자신의 인지 오류를 이해하고 다시 똑같은 오류에 빠지지 않도록 돕는 역할에 머문다. 본격적인 치유의 시작은 자신의 인지 왜곡은 스스로 알고 재발하지 않도록 하는 인지 능력에 있어서 인지치유도 궁극적으로는 내담자에게 달려 있다고 할 수 있다. 내담자의 자주적인 노력이 치유에 핵심적인 관건이 된다.

붓다의 가르침과 아론 벡의 인지치유는 '합리적인 이성'과 '자력'을 강조하는 점에서 신앙과 타력에 의존하려는 경향이 강한 사람에겐 효율적이지 못하다. 지적인 능력이 떨어지거나 지적인 활동을 싫어하는 사람들을 위해 붓다는 우화를 통해 가르치고 있다. 인지치유에서도 놀이극 등의 요소를 도입하여 이런 한계를 극복하려고 하고 있다. 지적인 사고를 중시하는 붓다의 가르침이나 아론 벡의 인지치유는 사유 능력에 장애가 있는 사람에겐 적합하지 않다고 할 수 있다.

Ⅳ. 역기능적 사고(思考, thinking)에 대한 붓다와 아론 벡

'생각'을 하는 자는 자기 자신인데 항상 자신에게 유익한 '생각' 만을 하는 것은 아니다. 어느 경우에는 자신에게 치명적으로 불리한 생각을 만들어 내기도 한다. 이런 극단적인 경우가 자살 사고이다. 생각의 생산자가 자신임에도 불구하고 스스로 자신을 해치는 것이다. 보통 사람들은 '사고'의 내용을 자의적으로 선택하거나 의지적으로 조절할 능력을 갖추고 있지 못한다. 생각은 우리가 생각의 필요를 느낄 때만 생산되는 것이 아니라 아무런 필요를 느끼지 않아도 끊임없이 발생한다.

사고의 역기능에 관한 붓다의 견해와 아론 벡의 인지치유를 살펴 사고의 부정적인 기능과 그 해결책을 살펴보고자 한다. 붓다는 모든 행위의 근저에는 사고가 전제되어 있어 나쁜 생각이 악행을 초래하고 고통을 일으킨다고 가르치고 있다. 부정적인 생각의 부작용을 경고하고 있다. 아론 벡도 왜곡된 인지 과정이 심리 장애를 일으킨다고 진단하고 있다. 사고의 부정적인 역기능에 대하여 붓다와 아론 벡은 집중적으로 분석하고 그 해결책을 각각 제시하였다. 사고의 부정적인 기능 및 그 해결에 관한 붓다의 가르침과 벡의 인지치유를 비교 연구하여 부정적인 사고에 대한 깊은 이해를 도모하고 아울러 부정적인 사고를 통제할 수 있는 더욱 효과적인 방법에 관하여 연구할 것이다.

여기에선 사고가 어떻게 고통을 만들어내는지 그리고 그 해결방안을 연구한다. 잘못된 사고가 만들어 놓은 파괴적인 일은 한 개인적인 차원에서부터 시작하여 인류 전체에 걸쳐 쉽게 찾아볼 수 있다. 붓다는 모든 사람이 그릇된 사고에 의해 고통을 일으키고 있다고 진단하고 있다. 아론 벡은 개인의 심리적인 문제는 잘못된 인지 과정에 기인하고 있다고 진단한다. 붓다는 고통을 일으키는 불선(不善)한 사고(akusala-vittaka)를 통제할 방법을 제시하고 있으며 아론 벡도 나름대로 심리 장애를 일으키는 인지 왜곡을 해소할 수 있는 치유법을 제시하고 있다. 잘못된 사고에 발생하는 심리적인 고통과 그 해결방안에 대하여 붓다의 가르침과 아론 벡의 인지치유를 비교하고자 한다.

붓다는 인간의 심리에 대한 깊은 통찰을 가르쳤고, 그의 가르침은 초기불교 경전에 남아 전하고 있다. 고통의 근원으로써의 사고에 관한 붓다의 가르침은 초기불교 경전 여기저기에서 쉽게 찾아볼 수 있다. 많은 경전 중에서 두 개의 경전을 중심으로 집중적으로 연구하고자 한다. 『마두핀디카숫타(*MadhupiṇḍikaSutta*)』와 『비탓카산타나숫타』(*Vitakkasaṇṭhāna-Sutta*)는 맛지마 니카야(Majjhima Nikāya)에 소속되어 있는 경전으로 각각 몇 페이지 분량에 불과하지만 담겨 있는 내용은 심오하다. 이 두 경전은 서로 보완관계에 있다고 할 수 있다. 『마두핀디카숫타』는 사고의 발생 과정 및 사고로 인한 고통의 발생에 중점이 주어져 있는 데 비해 『비탓카산타나숫타』는 고통을 발생시키는 사고를 어떻게 종식시킬 수 있는가에 중점이 주어져 있으므로 이 두 경전을 따로 분리해서 둘 것이 아니라 함께 고찰해야 사고의 발생에서 사고의 종식을 통한 고통의 해소라는 전모를 그려볼 수 있다.

1. 고통의 원인과 그 발생 과정

1) 파판차(papañca): 역기능적인 사고 과정

마두핀디카숫타에선 사고의 발생 과정에 관하여 그리고 사고가 어떻게 심리적인 고통을 발생시키는지, 어떻게 하면 고통을 일으키는 왜곡된 사고에서 벗어날 수 있는지 자세히 설명하고 있다. 이 경전을 깊이 연구하면 우리는 사고의 발생 과정을 위시하여 사고 전반에 관하여 붓다의 통찰을 이해할 수 있다. 사고의 발생 과정 중 가장 핵심적인 논의는 파판차(papañca)에 집중될 것이다. 파판차(papañca)의 일차적인 의미는 개념적 확산으로 사고가 끊임없이 연속적으로 전개되는 운동 양상을 의미한다. 현실과 괴리된 언어적 유희(遊戲) 또는 망상(妄想)이라고도 번역될 수 있다. 여기에선 잠정적으로 망상이라고 번역하여 사용하기로 한다.

파판차(papañca)의 어원(pra-pañc)을 살펴보면 그 일차적인 의미는 '펼쳐짐(spreading out)', '확장(expansion)', '방산(放散, diffusness)', '다양화(manifoldness)'이다. 나나난다(Ñāṇananda)는 papañca의 일차적인 의미를 개념적 확산으로 설명하고 있다(Ñāṇananda, p.4). 비구 나나몰리(Bhikkhu Ñāṇamoli)는 파판차를 '다양화(diversification)'로 번역하는 데 비해 비구 보디(Bhikkhu Bodhi)는 나나난다(Ñāṇananda)의 번역을 따라 개념적 확산(mental proliferation)으로 번역하고 있다. 비구 보디(Bhikkhu Bodhi)는 "다양화'라는 용어는 색경(色境) 등 감각 대상의 영역이 6경(境)으로 다양화되어 있다는 측면에서 적절히 사용될 수 있지만, 이 경전에서 문제 삼고 있는 것은 관념적으로 마음에서 여러 가지 망상과 상상을 일으켜 순수한 감각 데이터를 왜곡시키는 정신적인 작용 과정을 유희라고 보고 있기 때문에 '개념적 확산'으로 번역하는 것이 타당하다고 설명하고 있다(Bhikkhu Ñāṇamoli and Bhikkhu Bodhi, p.1204 fn 229).

마두핀디카숫타(*Madhupiṇḍikasutta*)에는 인간의 인식 과정에 대해 자세히 밝히고 있다. 중요한 부분을 중심으로 살펴보자. 오만한 단다파아니(Daṇḍapāni)가 붓다에게 당신은 무엇을 가르치느냐고 거만하게 물었다. 이에 붓다는 대답하였다.

> "벗이여, 신들의 세계, 마라의 세계, 브라흐마 신의 세계, 사문·브라흐민의 세계, 신·인간의 세계, 그 어느 세계에서도 다툼(viggayha)이 없고, 감각적인 쾌락에서 벗어나고 의혹이 없고, 걱정이 없고, 온갖 존재(bhava)에 대한 갈애에서 벗어난 브라흐민에겐 상(想, saññā)은 더 이상 숨어 머물지 않는다. 이와 같이 말하고 이와 같이 가르친다."[1]

이상 붓다의 대답에서 우리는 두 가지를 주목할 수 있다. 첫째 붓다의 가르침은 세상의 누구와도 논박하거나 논쟁하지 않는다. 둘째 모든 감각적인 쾌락과 번뇌가 사라진 브라흐민(여기서는 붓다)에겐 상(想)이 더 이상 존재하지 않는다. 상은 왜곡된 인지과정의 한 부분으로 파판차와 관련되어 있다. 두 가지를 종합해 보면 붓다의 가르침은 다른 종교 사상가의 가르침과 상대하여 다투거나 논박하기 위한 것이 아니며, 이것이

---

1) Majjhima Nikāya I p.109. "Yathāvādī kho āvuso sadevake loke samārake sabrahmake, sassamaṇabrāhmaṇiyā pajāya sadevamanussāya na kenaci loke viggayha tiṭṭhati, yathā ca pana kāmehi visaṃyuttaṃ viharantaṃ taṃ brāhmaṇaṃ akathaṅkathiṃ chinnakukkuccaṃ bhavābhave vītataṇhaṃ saññā nānusenti. Evaṃ vādī kho ahaṃ āvuso evamakkhāyī ti."

가능한 것은 붓다 당신이 모든 번뇌에서 벗어나 있으므로 더 이상 상(想, saññā)에 구속되어 있지 않기 때문이다.

이상 우리는 여기에서 무쟁(無諍)과 무탐(無貪)의 인식론적인 근거가 상(想, saññā)의 부재임을 주목하고 다음 단계를 살펴보자. 단다파아니가 붓다의 간략한 대답을 듣고 떠난 직후, 붓다의 제자들이 붓다의 대답을 듣고 그 의미를 부연해 달라고 하자 붓다는 다음과 같이 설명하고 있다.

> "비구들이여! 사람을 괴롭히는 망상·상·수(papañcasaññāsaṅkhā)의 원천에 대하여 즐거워하지 아니하고 환영하거나 붙들지 아니한다면, 탐욕에 대한 수면, 증오에 대한 수면, 사견에 대한 수면, 의혹에 대한 수면, 존재의 갈애에 대한 수면, 무지에 대한 수면이 끝날 것이다. 그리고 몽둥이와 무기에 의존하지 아니하고, 다툼, 비방, 논박, 반소(反訴), 악의적인 말, 망어가 단절된다. 여기에서 모든 사악한 불선법(不善法)은 남김없이 사라진다."[2]

처음에 붓다가 단다파아니에게 일러준 가르침과 제자들에게 부연한 내용을 비교하면 망상·상·수(papañcasaññāsaṅkhā)라는 용어가 눈에 띈다. 사람을 괴롭히는 망상·상·수(papañcasaññāsaṅkhā)의 의미가 정확하게 무엇인지 이해하기 어렵다. 세 개의 단어가 결합된 복합어인 이 용어를 어떤

---

2) Majjhima Nikāya I p.109. "Yatonidānaṃ bhikkhu purisaṃ papañcasaññāsaṅkhā samudācaranti, ettha ce natthi abhinanditabbaṃ abhivaditabbaṃ ajjhosetabbaṃ, esevanto rāgānusayānaṃ. Esevanto paṭighānusayānaṃ. Esevanto diṭṭhānusayānaṃ. Esevanto vicikicchānusayānaṃ. Esevanto mānānusayānaṃ. Esevanto bhavarāgānusayānaṃ. Esevanto avijjānusayānaṃ. Esevanto daṇḍādānasatthādānakalahaviggahavivāda tuvantuvampesuññamusāvādānaṃ. Etthete pāpakā akusalā dhammā aparisesā nirujjhantīti. Idamavoca bhagavā, idaṃ vatvā sugato uṭṭhāyāsanā vihāraṃ pāvisi."

식으로 분석하고 관계 지우냐에 따라 여러 가지 다른 해석이 나올 수 있다. 나나난다(Ñāṇananda)는 마음의 확산적인 경향으로 특징 지워지는 개념(concepts characterized by the mind's prolific tendency)으로 번역하고 있다(Ñāṇananda, p.6). 비구 보디(Bhikkhu Bodhi)는 정신적인 확산화에 의해 채색된 지각과 개념(perceptions and notions tinged by mental proliferation)로 영역하고 있다.

나나난다(Ñāṇananda)가 saññā(想)을 제대로 번역하지 않은 것에 주목하고 비구 보디는 saññā와 saṅkhā를 대등한 병렬어로 다루고 있다. 이 경전의 주석서는 saṅkhā를 부분(koṭṭhāsa)으로 정의하면서 상(想)을 망상과 연계된 상(想) 또는 망상 그 자체로 주석하고 있다(Bhikkhu Ñāṇamoli and Bhikkhu Bodhi, p.1204 fn 229). 주석서에 의하면 saññā는 망상과 직접적으로 긴밀한 관계에 있어 거의 동의어로 이해해도 무방하다는 것을 보여주고 있다. 비구 보디(Bhikkhu Bodhi)는 다른 두 가지 대안을 제시하고 있다. 첫째 '지각의 확산에 의해 일어난 개념(notions [arisen from] the proliferation of perceptions)' 둘째 '확산에서 일어난 지각적인 개념'(perceptual notions [arisen from] proliferation) (Bhikkhu Ñāṇamoli and Bhikkhu Bodhi, p.1204 fn 229).

붓다는 단다파아니에게 한 가르침을 제자들에게 간략히 이상과 같이 부연하고 곧 자리를 떠나버린다. 붓다의 부연설명을 들었지만, 제자들은 그 의미를 충분히 이해할 수 없었다. 그래서 붓다의 간략한 가르침을 자세히 설명해 줄 수 있는 마하캇차나(Mahākaccāna)에게 찾아가 자세한 설명을 요청했다. 이에 마하캇차나는 다음과 같이 보통 사람의 인식 과정을 설명하고 있다.

"안(眼)과 색(色)을 인연하여 안식(眼識)이 일어난다. 이 세 개의 화합이 촉

(觸)이다. 촉을 인연으로 하여 수(受)가 있다. 자신이 느낀 것을 자신이 지각한다. 자신이 지각한 것을 자신이 사유한다. 자신이 사유한 것을 자신이 망상한다. 자신이 망상한 것에 의존하여 일어난 망상·상(想)·수(數)는 과거 현재 미래의 색(色)과 관련하여, 안식(眼識)과 관련하여 그 사람을 좌지우지한다."[3]

마하카차야나의 인식과정에 관한 설명은 3단계로 나누어 분석할 수 있다.

첫째 단계, "안(眼)과 색(色)을 인연하여 안식(眼識)이 일어난다. 이 세 개의 화합이 촉(觸)이다. 촉을 인연으로 하여 수(受)가 있다(Cakkhuñcāvuso paṭicca rūpe ca uppajjati cakkhuviññāṇaṃ. Tiṇṇaṃ saṅgati phasso. Phassapaccayā vedanā)." 감각기관인 근(根)과 감각대상인 경(境)을 의지하여 식(識)이 발생하고 근·경·식의 3자가 화합한 것이 촉이다. 촉을 인연으로 하여 고(苦), 락(樂), 불고불락(不苦不樂)의 감정이 일어난다. 수(受)의 발생 과정까지는 인칭동사가 사용되지 않고 있다. 즉 '나', '나의 것'이라는 인칭적 요소가 없다. 인식론적인 요소 혹은 심리적인 요소만 등장하고 있다.

둘째 단계, "자신이 느낀 것을 자신이 지각한다(yaṁ vedeti taṁ sañjānāti). 자신이 지각한 것을 자신이 사유한다(yaṁ sañjānāti taṁ vitakketi). 자신이 사유한 것을 자신이 망상한다(yaṁ vitakketi taṁ papañceti)." 첫째 단계와 비교하여

3) Majjhima Nikaya I p.112. "Cakkhuñcāvuso paṭicca rūpe ca uppajjati cakkhuviññāṇaṃ. Tiṇṇaṃ saṅgati phasso. Phassapaccayā vedanā. Yaṃ vedeti, taṃ sañjānāti. Yaṃ sañjānāti taṃ vitakketi. Yaṃ vitakketi taṃ papañceti. Yaṃ papañceti tato nidānaṃ purisaṃ papañcasaññāsaṅkhā samudācaranti atītānāgatapaccuppannesu cakkhuviññeyyesu rūpesu."

이 단계에서 문법적으로 중요한 특이점은 3인칭을 지칭하는 동사가 사용되고 있다. 느낀다(受)→지각한다(想)의 과정에서 인칭적인 요소가 등장하기 시작한다. 이 전개 과정에서 '나'라는 자아의식을 가지게 된다는 것을 지적할 수 있다(Ñāṇananda, p.11).

기억과 의지를 갖춘 자아는 감각 경험을 자신과 관련하여 평가한다. 순수한 감각 경험에 대해 경험되는 찰나 즉시 '좋다', '나쁘다'라는 주관적인 평가를 하게 된다. 사실 자아의식은 물리적 정신적 과정의 결합에서 만들어진 것에 불과한 것으로 독립적으로 실재하는 존재는 아니다. 그러나 일단 나라는 자아의식이 성립하게 되면 '사유한다(思)→망상한다'로 이어지면서 인식과정이 점차 왜곡되고 있는 것을 보여주고 있다.

개념화(conceptualization)는 지각에서 일어난다(yaṁ sañjānāti taṁ vitakketi). 자아의 이기적인 본성이 드러나기 시작하는 단계이다. 수(受)에서 발생한 주관적인 경험을 관념적으로 대상화하는 것이다. 각각의 외경은 독특하고 따라서 촉도 수도 독특하지만 자아는 자신과 관련하여, 자신의 과거·현재·미래의 경험 또는 필요와 관련하여 사유한다. 상(想)에 의존한 개념화(vitakka)는 망상으로 진행되는 경향이 있다. 왜냐하면 자아는 개념(thoughts)에 애착하고 있기 때문이다. 개념이 선입견으로 전이되면 모든 인지과정은 오류로 왜곡된다. 상(想)에 의존하여 일어난 개념은 어느 정도 왜곡되어 있지만 그렇게 심한 것은 아니다. 자아의식이 채색된 개념이 선입견으로 고착되면 인지과정 전체가 오류에 빠지게 된다.

셋째 단계, "자신이 망상한 것에 의존하여 일어난 망상·상·수는 과거 현재 미래의 색과 관련하여, 안식과 관련하여 그 사람을 좌지우지한다(yaṁ papañceti tatonidānaṁ purisaṁ papañcasaññāsaṅkhā samu-dācaranti atītānāgatapaccuppanesu manoviññeyyesu dhammesu).” 이 단계에선 사고의 부정적인 역기능을 잘 보여주고 있다. 망상의 결과로 개념이 사고의 주인이 되고 자신은 사고의 노예가 되어 여기저기 생각에 끌려다니는 것을 보여주고 있다. 2) 단계에선 사고하는 자가 능동적이었지만 이 단계에선 사고자가 오히려 자신이 사고하는 개념 때문에 괴롭힘을 당하고 있다. 특정 생각으로 괴롭힘을 당하는 사람은 이 단계에 속한다. 관념 강박증에 시달리는 내담자는 이 단계에서 벗어나지 못하고 있다. 자신이 만들어 낸 허상에 의해 그 자신이 피해를 보게 된다. 과거, 현재, 미래에 대해, 즉 지나간 일, 현재 일어나고 있는 일, 아직 일어나지 않은 일에 대해 생각하면 후회하거나 걱정하거나 불안해하면서 고통에 빠지게 된다.

붓다는 존재 대상에 대한 견해와 초월적인 것에 대한 상상에 집착하는 유해성에 대해 경계하였다. 문제의 핵심은 어떤 견해 자체가 객관적으로 타당한가 그렇지 않은가 하는 것에 있기보다는 그 특정 견해에 자아의식을 투영하여 그것을 진실이라고 집착하는 데 있다. 이런 식으로 특정 견해나 관념을 붙들고 집착하게 되면 그 관념이 중심이 되어 자신의 세력을 강화하고 상반되는 관념이나 생각은 무시하게 된다. 이렇게 특정 관념이 굳어지면 고집불통의 독재자가 되어 인지 과정이 왜곡되어 그릇된 사고가 심신을 괴롭히게 되는 것이다.

인칭을 사용하지 않고 인식과정을 설명한 경전은 다수이다. 12연기 또는 변형된 연기지(緣起支)를 설하는 경전은 인칭을 사용하지 않고 있다.

> “안(眼)과 색(色)을 인연하여 안식(眼識)이 일어난다. 이 세 개의 화합이 촉(觸)이다. 촉을 인연으로 하여 수(受)가 있고, 수를 인연으로 하여 애(愛)가

있고, 애를 인연으로 하여 취(取)가 있고, 취를 인연으로 하여 유(有)가 있고, 유(bhava)를 인연하여 생(生)이 있고, 생을 인연으로 하여 노사우뇌고수(老死憂惱苦愁)가 있다. 이것이 세상(loka)의 발생이다."[4]

이상의 경전 인용은 12연기의 후반부를 설명하고 있다. 마두핀디카숫타에선 사고가 어떻게 발생하여 사람을 괴롭히게 되는지 자세히 밝히고 있다. 즉 12연기에선 인식이 고통을 일으키는 과정을 개략적으로 지적하고 있는 데 비해 마두핀디카숫타에선 구체적으로 인식 과정이 고통을 야기하는 지 밝히고 있다.

2) **인지 왜곡**(cognitive distortions)

인지치유에서는 외부의 사건에 의해 내적으로 특정한 생각과 심상이 유발되고 이러한 생각과 심상의 내용이 특정한 감정 및 행동 반응을 불러일으킨다고 본다. 아론 벡의 인지치유는 개인의 정서와 행동은 자신과 주위 환경을 해석하는 인지 방식에 의하여 결정된다고 하는 인지 이론에 기초하고 있다. 심리 장애를 안고 있는 사람에겐 왜곡된 역기능적인 사고가 공통으로 존재하며, 이러한 역기능적인 사고는 내담자의 기분과 행동에 영향을 미친다고 가정한다. 아론 벡은 우울증을 개인이 자기자신, 타인, 세상, 미래에 대해서 부정적으로 왜곡해서 발생하는 인

4) Saṃyutta Nikāya II p.73. "Cakkhum ca paṭicca rupe ca uppajjati cakkhuviññanam tinnam sangatiphasso phassapaccaya vedana vedanapaccayā tanhā tanhapaccayā upādānam upādānapaccayā bhavo bhavapaccayā jāti jātipaccayā jaramaranam sokaparidevadukkbadomanassupāyāsā sambhavanti. Ayam lokassa samudayoti."

지의 문제라고 보았다. 이런 부정적인 인지 과정이 우울증을 일으키고 지속시키는 원인이라는 것이다. 우울증 등 모든 심리 장애의 근원에는 왜곡된 인지 과정이 놓여 있다고 본다.

아론 벡은 왜곡된 인지 과정을 핵심신념(core beliefs), 중간신념(intermediate beliefs), 자동적 사고(automatic thinking) 등으로 구분하고 있다(Judith S. Beck, p.27).

첫째, 핵심신념은 가장 중심적인 신념으로 근원적이고 심층적인 신념이다. 핵심 믿음으로서, 인지의 가장 심층부를 말한다. 전혀 의식하지 못하고 생활하고 있으며, 이 핵심 믿음에 의해서 부정적인 자동사고가 형성된다. 핵심 믿음에 의해서 부정적 자동사고가 만들어지는 과정이 인지 왜곡이다. 핵심신념은 인지도식(schema)이라고 부르기도 한다(Beck, A. T, 1964 pp.562-4). 아론 벡은 도식을 마음 속에 있는 인지구조로 핵심신념은 그 구조의 구체적인 내용으로 보아 둘을 구분하였다. 그리고 그는 핵심신념을 두 가지로 분류하였다. 하나는 자신이 무능하다는 핵심신념이고 또 하나는 사랑받을 수 없다고 하는 핵심신념이다(Judith S. Beck, p.183).

둘째, 중간신념은 태도(attitudes), 규칙(rules), 및 가정(assumptions)으로 구성되어 있으며 핵심신념과 자동적 사고 사이를 매개하는 신념이다.

셋째, 자동적 사고는 인지 과정의 가장 표면적인 부분으로, 어떤 상황이나 외부 자극으로 자동적이고 즉각적으로 진행되는 일련의 생각들을 말한다. 이것은 논리적이고 심사숙고한 사고와는 다르며, 어떤 노력으로 나오는 것이 아니라 자동으로 자기 내부에서 발생하므로 전혀 의심 없이 받아들이고 믿는다.

자동적 사고는 환경적 사건으로부터 심리적 증상이 유발되도록 매개하는 주요한 인지적 요인이 된다. 특정한 심리적 장애는 자동적 사고의 내용에 의해서 커다란 영향을 받는다. 예를 들어, 우울증을 경험하는 사람들은 흔히 실패, 상실, 손실, 무능함 등의 주제와 관련된 부정적이고 비관적인 내용의 자동적 사고를 갖는다. 이 자동적 사고는 우리의 태도나 행동, 기분 등을 좌우하는 직접적인 원인이다.

심리 장애는 인지 왜곡에 의해 발생한 것으로 여기는 아론 벡은 인지적 왜곡을 역기능적 인지도식(dysfunctional schema)의 개념으로 설명하고 있다. 인지도식(認知圖式)은 한 개인이 주위 환경이나 사건을 주관적으로 해석하고 체계화하는 인지적인 틀을 의미한다. 역기능적 인지도식은 인지 왜곡의 가장 밑바닥에 숨어 있는 구조물이며 이 구조물 위에 인지 왜곡과 자동적 사고가 작용하고 있다.[5]

역기능적 신념은 삶에 대한 굳어진 신념이나 원칙으로서 흔히 절대주의적, 당위적, 이상주의적, 완벽주의적이며 융통성이 없는 내용으로 구성되어 있다. 역기능적 신념을 많이 지닌 사람이나 강한 역기능적인 신념을 가진 사람은 인지적 오류를 더 자주 범하여 사건의 의미를 부정적으로 왜곡하여 중간신념이나 자동적 사고를 발생시켜 감정 및 행동상의 심리적 문제를 일으키게 된다.

인지 왜곡의 발생 과정에서 표면에 자동사고가 있고 그 하부에 중간신념이 있으며 다시 그 아래에 핵심신념이 있다고 설명하지만, 반드시 한 방향으로만 인과적 영향이 전달되는 것은 아니며 각 요인 간에 상

---

5) 아론 벡은 역기능적 인지도식이 내용면에서, 즉 핵심신념으로서 비현실적이고 완벽주의적이고 융통성이 없는 신념체계로 이루어져 있다고 본다. 역기능적 신념(dysfunctional beliefs), 역기능적 태도(dysfunctional attitudes), 기저신념(underlying assumptions)등의 다양한 용어로 부르고 있다(권석만 1998 pp.123-158).

호 영향을 주고받을 수 있다. 예를 들어, 우울한 정서 상태는 자동적 사고의 내용을 부정적이고 비관적인 방향으로 변화시킬 수 있으며 이러한 지속상태는 중간 및 핵심신념의 내용에까지 영향을 미칠 수 있다. 이렇듯 심리 장애가 지속하는 단계에서는 부정적 감정과 역기능적 인지 간의 상호 작용이 일어나는 악순환적 고리가 형성될 수 있다(권석만 1998 pp.123-158).

사람은 인지 과정을 통해 현실을 정확히 지각해야 정상적 생활을 할 수 있다. 인지에 장애 즉 인지 왜곡이 있으면 우울증과 같은 정신병리가 나타나기도 하고 심하면 자살과 같은 극단적인 행동으로 나아가기도 한다. 심리적 문제를 호소하는 내담자들이 가지는 자동적 사고는 대체로 비현실적으로 왜곡되거나 과장된 것이 다수이다. 이들은 주변의 사건이나 상황을 자의적으로 왜곡해서 해석하는 경향이 있다. 이러한 사건 또는 경험을 해석하는 정보처리 과정에서 범하는 체계적인 잘못을 인지적 오류(cognitive error) 또는 인지적 왜곡(cognitive distortion)이라고 부른다. 아론 벡은 최근의 저서에서 인지 왜곡의 전형적인 양상을 11가지로 나누어 제시하고 있다. 간략히 살펴보자(아론 벡 2002 pp.162-169).

① 터널 시야(tunnel view): 시야가 좁은 사람은 자신에게만 맞는 것만 보고 그렇지 않은 것은 무시해 버린다. 사소한 측면만 보고 나머지 주요한 측면을 외면해 버린다. 대체로 대상 전체를 보지 아니하고 부정적인 것에 초점을 맞추어 보는 인지 오류이다.

② 선택적 추상화(selective abstraction): 선택적 추상화는 앞의 터널

시야와 유관한 현상으로 전체 상황 중에서 특정 말이나 특정 사건만 보고 그릇된 해석을 내리는 인지 왜곡이다.

③ 임의적 추론(arbitrary inference): 아무런 근거 없이 오로지 자기 생각대로 사건 또는 상황을 해석하는 오류이다. 상대방의 웃음을 자신을 비웃는 것으로 해석하는 예를 들 수 있다.

④ 과일반화(overgeneralization): 가장 심각한 인지 왜곡 중의 하나이다. 충분한 증거나 논리가 부족한 상태에서 과일반화는 일부의 경험 혹은 거기서 얻은 결론을 가지고 지나치게 전체에 적용하는 사고방식을 말한다. 어쩌다가 늦게 귀가한 남편을 남편은 항상 늦게 귀가한다고 아내가 판단한다는 아내는 과일반화의 인지 오류에 빠진 것이다.

⑤ 양극화된 사고(polarized thinking): 전부 아니면 전무(all-or-nothing)라는 양극화된 사고 방식이다. '흑 아니면 백', 이것 아니면 저것이라는 사고방식으로서, 모든 현상을 양극단의 범주 중 하나로 평가한다. 흑백논리는 친구 아니면 적 등 자기 자신과 세상을 이분법적으로만 도식화한다. 흔히 완벽주의자들이 이런 인지오류에 잘 빠진다.

⑥ 과장(magnification): 상대방의 행동이나 특정 상황의 특징을 지나치게 확대시하고 특정 사건의 결과가 지닌 심각성을 부풀려 파국으로 몰고가는 사고 유형이다. 알고 보면 별 것 아닌 일임에도 불구하고 끔찍한 일로 사고하는 방식이다. 벡은 이런 사고 방식은 앨리스(Ellis)의 끔찍하게 여기기(awefulizing)과 유사하다고 설명하고 있다. 현실을 있는 그대

로 직시하기 보다는 과장해서 본다. '끔찍하다', '큰일 났다' 등의 표현으로 드러난다(박경애, 1997 p.91).

⑦ 편향된 설명(biased explanation): 어떤 부정적인 사건의 원인을 상대방에게 돌리는 것이다. 예를 들면 불행한 부부는 자신이 불행의 원인을 찾을 때, 배우자의 행위를 부정적인 것으로 생각한다.

⑧ 부정적 낙인(negative labeling): 부정적 낙인은 합리적인 증거를 고려하지 않고, 자신이나 다른 사람에게 부정적인 이름(예: '비열한 인간')을 붙이는 것을 말한다. 이렇게 낙인을 찍은 다음에 상대방을 그런 사람인 것처럼 대한다. 엘리스(Ellis)가 분류한 '악마취급'(devilizing)의 단계까지 나아간다.

⑨ 개인화(personalization): 다른 사람의 행위를 모두 자신을 향한 것이라고 생각하는 오류이다. 자신과 무관한 타인의 행위도 자신과 관련되어 있다고 보는 인지 오류이다. 자신을 추월하는 차주를 두고 자신을 의도적으로 괴롭히는 행위로 생각한다.

⑩ 마음 읽기(mind-reading): 상대방이 무슨 생각을 하고 있는 지다 알고 있다는 사고 방식이다. 상대방의 마음을 읽을 수 있다는 사고방식은 상대방이 그릇된 생각과 악한 동기를 가지고 있다고 여기는 오류를 범하기 쉽다. 부정적 마음읽기는 주로 피해망상적인 사고가 많다. 즉, 상대방의 표정이나 행동을 자신을 무시하거나 싫어한다고 자의적으로 판단하는 인지 오류이다.

⑪ 주관적 추론(subjective reasoning): 어떤 감정을 경험할 때 이를 합리화하는 것이다. 내가 슬픈 것은 상대방이 나를 싫어하기 때문이라고 생각하는 것은 주관 추론의 대표적인 예로 들 수 있다. Burns(1980)이 제시한 감정적 추론(emotional reasoning)과 유사하다.

이상 벡이 제시한 인지 왜곡은 외부의 사건 자체보다 사건에 대한 비합리적인 처리, 즉 외부 세계에 그릇된 해석을 다양하게 분석하고 분류한 것이다. 이러한 인지 왜곡은 여러 가지 심리적 장애의 원인으로 간주하고 있다. 아론 벡은 우울증 내담자들이 임의적 추론, 선택적 추상화, 과일반화, 과장과 축소, 개인화, 흑백논리 등과 같은 체계적인 사고의 오류를 범한다고 기술한다(Aaron T. Beck, 2005 pp.29-30). 김정호는 비합리적 인지와 비합리적 인지를 생성하는 비합리적 인지책략을 구분하고, 여러 가지 기존의 비합리적 인지책략들을 크게 흑백논리, 과장과 축소, 독심술사고, 과일반화의 4가지로 구분하여 비합리적인 인지가 스트레스에 어떻게 작용하는 지 다루고 있다(김정호, 2002 pp.287-315).

이상 벡이 제시한 인지 왜곡은 자동적으로 그리고 순간적으로 일어나는 경우가 많다. 그리고 이렇게 짧은 시간에 발생하는 왜곡의 수도 대단히 많다. 한 사건에 하나의 인지 왜곡이 일어나는 것이 아니라 복합적으로 일어나는 것으로 이해해야 할 것이다. 이렇게 발생한 인지 왜곡은 인간관계를 해치게 되고 자신과 주위 사람들에게 고통을 야기할 것이다.

앞에서 우리는 붓다가 가르친 망상의 발생 과정에 대해서 살펴보았다. 망상이 구체적으로 어떻게 전개되어 중생들을 고통에 빠뜨리는지에 관한 자세한 설명은 들을 수 없었다. 우리는 여기서 아론 벡의 전형적인 열 한가지 인지 왜곡에 대해 살펴보았다. 아론 벡은 구체적으로 인지 왜곡이 어떻게 일어나는지를 설명하고 있지 않지만 인지 왜곡의 양상에 관하여 자세한 분석을 내놓고 있다. 붓다나 아론 벡은 그릇된 사고가 고통의 원인이라고 진단한 점에선 같지만, 붓다는 인지 왜곡의 발생 과정에 더 자세하고 아론 벡은 인지 왜곡 현상 자체에 더 자세한 분석을 하고 있다. 바로 여기서 우리는 붓다와 아론 벡을 연계시키면 하나의 온전한 그림이 완성되는 것을 볼 수 있다. 아론 벡의 열 한가지 인지 왜곡은 붓다의 망상을 더 자세히 설명한 것이라고 평가할 수 있다.

2. 역기능적 사고의 종식과 고통의 해결

1) 불선한 사고(vitakka)의 통제

사고가 초래하는 고통을 종식시키는 방법에 대해서 붓다는 여러 곳에서 다양한 방법을 제시하고 있다. 먼저 마두핀디카숫타를 살펴보자.

"사람을 동요하게 하는 망상·상(想)·수(數)가 무엇이든, 거기에 대해 즐거워하지 않고, 동조하지 않고, 집착하지 아니하면, 탐욕 수면(睡眠)이 종식되고, 증오 수면이 종식되고, 탐욕 수면이 종식되고, 견(見) 수면이 종식되고, 의심 수면이 종식되고, 만(慢) 수면이 종식되고, 유애(有愛) 수면이 종식되고, 무명(無明) 수면이 종식된다. 몽둥이를 잡거나, 무기를 잡거나 언쟁하거나 다투거나 분쟁하거나 비난하거나 비방하거나 거짓말하지 않는다. 그러므로 여기에서 이들 모든 불선법은 남김없이 사라진다.”[6]

망상에 의한 고통에서 벗어나는 길은 어떠한 망상에 대해서도 평정한 마음을 지니는 것이라고 처방하고 있다. 어떤 특정 생각에 대해 즐거워하거나 동조하거나 애착하지 않으면 분쟁이 일어나지 않는다. 인류사에서 사상투쟁이라는 이념 갈등으로 수많은 사람들이 희생당하였다. 생각은 행동으로 표출되므로 다른 생각들은 다른 행동으로 나타난다. 바로 여기에 물리적인 폭력이 발생하게 된다고 붓다는 경고하고 있다.

마두삔디카숫타(*Madhupiṇḍikasutta*)에 의하면 비탓카(vitakka, 사고)가 인식과정의 초기 단계에 위치하고 있는 것과 대조적으로 파판차(papañca)는 감각-인식 과정에서 마지막 단계에 있다. 망상과 불선한 사고를 비교해 보면 비탓카(vitakka)는 사고가 이제 막 시작하려는 단계인 데 비해 망상은 사고의 확산으로 혼돈되어 있다.[7] 비탓카(vitakka)는 파판차에 비해 초기단계의 사유로 미약한데 비해 파판차는 지나치게 산만하게 사고하고 있는 것을 말한다.

비탓카는 망상의 전단계(前段階)에 있어서 초기 단계의 사고인 비탓카를 통제한다는 것은 곧 망상(papañca)을 통제한다는 의미이다. 고통을

---

6) Majjhima Nikāya I p.109. “Yato nidānaṃ bhikkhu purisaṃ papañcasaññāsaṅkhā samudācaranti, ettha ce natthi abhinanditabbaṃ abhivaditabbaṃ ajjhositabbaṃ, es'ev'anto rāgānusayānaṃ, es'ev'anto paṭighānusayānaṃ, es'ev'anto diṭṭhānusayānaṃ, es'ev'anto vicikicchānusayānaṃ, es'ev'anto mānānusayānaṃ, es'ev'anto bhavarāgānusayānam, es'ev'anto avijjānusayānaṃ, es'ev'anto daṇḍādāna-satthādāna-kalaha-viggaha-vivāda-tuvantuva-pesuñña-musāvādānaṃ, etth'ete pāpakā akusalā dhammā aparisesā nirujjhantīti.”

7) Ñāṇananda, p.4. 여기에선 vicāra(伺)없이 심만 사용되고 있지만 심은 사(伺)와 함께 사용되는 경우가 많다. 사는 심과 함께 사용되지 홀로 독립해 나타나는 경우가 드물다.

야기하는 망상을 제어하는 것 보다 그 전단계인 비탓카를 제어한다는 것이 전술적으로 효과적이다. 이미 활활 타오르는 불길을 잡는 것보다 발화되고 있는 것을 잡는 것이 용이하듯이 파판차보다 비탓카를 잡는 것이 쉬운 것이다.

이런 맥락에서 보면 비탓카산타나숫타(*VitakkasanthanaSutta*)의 존재 의의와 그 가치를 충분히 알 수 있다. 이 경전에선 불선한 사고를 탐진치와 연계된 생각이라고 이해하고 있다. 이런 저급한 생각을 통제하여 보다 높은 마음을 추구할 수 있는 5가지 방법을 제시하고 있다. "비구들이여! 증상심(adhicitta)을 추구하려는 비구들은 5가지 상(相, nimitta)을 수시로 주의해야 한다."[8] 증상심(adhicitta)이란 선정심을 일컫는다. 색계(色界) 사선과 무색계(無色界) 사선의 8선정심이거나 비파사나 선정심으로 주석서에서 해석하고 있다(Soma Thera 1971). 상(相)은 여러 가지 의미가 있지만 본문에선 불선의 사고를 제거할 수 있는 실천적인 방법을 의미한다(Bhikkhu Ñāṇamoli and Bhikkhu Bodhi, p.1205 fn 239).

첫째, 저급한 생각이 일어날 때 그 저급한 생각을 상쇄할 수 있는 고상한 생각을 일으킨다.

> "비구여, 어떤 비구가 어떤 상(相)에 주의를 둘 때, 그 상(相)으로 인해 그에게 탐(貪)·진(瞋)·치(痴)와 연결된 악(惡)·불선(不善)의 생각이 발생할 때, 선(善)과 연결된 다른 상(相)에 주의를 두어야 한다. 이렇게 선한 상(相)에

---

8) Majjhima Nikāya I p.119. "Adhicittamanuyuttena bhikkhave bhikkhunā pañca nimittāni kālena kālaṃ manasikātabbāni".

주의를 두면 자연히 탐(貪)·진(瞋)·치(痴)와 연계된 악한 생각은 버려지고 사라지게 된다. 나쁜 생각이 사라짐에 따라 비구의 마음은 내적으로 안정되고, 침착해지고, 한 대상에 두게 되고 집중하게 된다."[9]

마치 목수가 거친 쐐기 목을 뽑아내고 더 잘 다듬어진 쐐기 못을 박는 것과 같다. 불선의 생각이 일어나면, 그것을 대체할 선한 생각을 하라는 것이다. 유정과 관련하여 탐욕과 연계된 불선한 생각이 일어나면 부정관(不淨觀)을 닦아야 하고 무정물과 관련하여 탐욕과 연계된 불선한 생각이 일어나면 무상관(無常觀)을 닦아야 고 유정(有情)과 관련하여 증오와 연계된 불선한 생각이 일어나면 자비관(慈悲觀)을 닦아야 하고 무정물과 관련하여 증오와 연계된 불선한 생각이 일어나면 계분별관(界分別觀)을 닦아야 한다(Bhikkhu Ñāṇamoli and Bhikkhu Bodhi, p.1205 fn 240).

무지와 관련된 불선의 생각을 제어하기 위해선 법을 잘 숙지하고 있는 스승을 찾아가 지혜를 개발해야 한다. 복주에서는 5가지 구체적인 방법을 제시하고 있다: ① 훌륭한 스승의 지도로 사는 것 ② 가르침을 배우는 것 ③ 배운 가르침의 의미를 탐구하고 사유하는 것 ④ 적절한 시기에 법문을 듣는 것 ⑤ 원인을 조사하는 것(Soma Thera. 1970). 생각 치환법은 동일한 대상에 대하여 다른 관점에서 생각하는 방법과 완전히 다른 대상을 떠올려 생각하는 방법으로 크게 나눌 수 있다. 어떤 이성에

---

9) Majjhima Nikāya I p.119 "Idha bhikkhave bhikkhunā yaṃ nimittaṃ āgamma yaṃ nimittaṃ manasikaroto uppajjanti pāpakā akusalā vitakkā chandūpasaṃhitāpi dosūpasaṃhitāpi mohūpasaṃhitāpi, tena bhikkhave bhikkhunā tamhā nimittā aññaṃ nimittaṃ manasikātabbaṃ kusalūpasaṃhitaṃ. Tassa tamhā nimittā aññaṃ nimittaṃ manasikaroto kusalūpasaṃhitaṃ, ye pāpakā akusalā vitakkā chandūpasaṃhitāpi dosūpasaṃhitāpi mohūpasaṃhitāpi, te pahīyanti. Te abbhatthaṃ gacchanti. Tesaṃ pahānā ajjhattameva cittaṃ santiṭṭhati sannisīdati ekodi hoti, samādhiyati.

관하여 두 방법을 적용해 보면 첫 번째 방법은 그 이성의 부정한 측면을 생각하여 탐욕스러운 생각을 없애는 것이고, 두 번째 방법은 탐욕의 생각을 대치할 수 있는 붓다의 모습을 생각하는 것이다.

둘째, 불선한 생각이 일어나면 그 생각의 위험을 생각하는 것이다. 위험물을 가까이 하지 않고 제거하거나 멀리한다.

> "탐(貪)·진(瞋)·치(痴)와 관련된 악, 불선의 생각이 일어나면, 저들 생각의 위험을 조사해야 한다. 이들 생각들은 선하지 아니하고, 비난받을 만하고 고통을 초래한 것이다. 이들 생각의 위험을 조사하게 되면 자연히 탐(貪)·진(瞋)·치(痴)와 연계된 악한 생각은 버려지고 사라지게 된다. 나쁜 생각이 사라짐에 따라 비구의 마음은 내적으로 안정되고, 침착해지고, 한 대상에 두게 되고 집중하게 된다. 마치 나이 젊고 단정하여 사랑스러운 사람이, 목욕하여 몸을 씻고 밝고 깨끗한 옷을 입고, 몸에 향을 바르고 수염과 머리를 고루어 지극히 정결하게 하였는데, 반쯤 뜯어 먹히고 푸르딩딩하게 부풀어 문드러지고 더러운 물이 흐르는 죽은 뱀이나 죽은 개나 죽은 사람의 송장을 그의 목에 걸친다면, 그는 싫어하고 더럽게 여겨 기뻐하지도 즐거워하지도 않는 것과 같다."[10]

---

10) Majjhima Nikāya I p.119. "pāpakā akusalā vitakkā chandūpasaṃhitāpi dosūpasaṃhitāpi mohūpasaṃhitāpi tena bhikkhave bhikkhunā tesaṃ vitakkānaṃ ādīnavo upaparikkhitabbo: itipime vitakkā akusalā, itipime vitakkā sāvajjā, itipime vitakkā dukkhavipākāti." Tassa tesaṃ vitakkānaṃ ādīnavaṃ upaparikkhato ye pāpakā akusalā vitakkā chandūpasaṃhitāpi dosūpasaṃhitāpi mohūpasaṃhitāpi te pahīyanti te abbhatthaṃ gacchanti. Tesaṃ pahānā ajjhattameva cittaṃ santiṭṭhati sannisīdati ekodi hoti samādhiyati. Seyyathāpi, bhikkhave, itthī vā puriso vā daharo yuvā maṇḍanakajātiko ahikuṇapena vā kukkurakuṇapena vā manussakuṇapena vā kaṇṭhe āsattena aṭṭiyeyya harāyeyya jigucchеyya."

불선한 생각이 가져올 위험, 유해, 불이익을 생각하면 그 나쁜 생각이 사라진다. 뱀의 시체를 목에 걸면 소녀는 겁에 질리고 두려워한다. 마찬가지로 나쁜 생각이 일어나면 나쁜 생각의 위험을 조사해야 한다. 나쁜 생각을 계속 품고 있으면 결국 언어로 표현되고 행동으로 나아가게 된다. 악업을 짓게 되어 괴로운 과보를 받게 된다. 인과응보의 업보 중 악인악과의 원리를 생각하여 즉시 나쁜 생각을 쫓아낸다.

셋째 방식은 불선의 생각을 전략적으로 무시하는 것이다. 어떤 대상에 눈길을 주면 관심을 받는 것처럼 오해하여 그 대상은 사라지지 않는다.

> "비구들이여! 저 생각의 위험을 조사하였는데도 악하고 불선한 생각, 탐욕과 결합되고 분노와 결합되고 무명과 결합된 생각이 일어나면 , 비구들이여! 저들 생각을 잊고 저들 생각에 주의를 주어서는 안 된다. 저들 생각을 잊고 저들 생각에 주의를 주지 않으면 악하고 불선한 생각, 탐욕과 결합되고 분노와 결합되고 무명과 결합된 생각은 버려지고 사라지게 된다. 나쁜 생각이 사라짐에 따라 비구의 마음은 내적으로 안정되고, 침착해지고, 한 대상에 두게 되고 집중하게 된다. 마치 눈 밝은 사람이 보고 싶지 않은 형상을 보기 싫어 눈을 감아버리거나 시선을 돌려버리는 것과 같다."[11]

---

11) Majjhima Nikāya I p.120. "Tassa ce, bhikkhave, bhikkhuno tesampi vitakkānaṃ ādīnavaṃ upaparikkhato uppajjanteva pāpakā akusalā vitakkā chandūpasaṃhitāpi dosūpasaṃhitāpi mohūpasaṃhitāpi, tena, bhikkhave, bhikkhunā tesaṃ vitakkānaṃ asatiamanasikāro āpajjitabbo. Tassa tesaṃ vitakkānaṃ asatiamanasikāraṃ āpajjato ye pāpakā akusalā vitakkā chandūpasaṃhitāpi dosūpasaṃhitāpi mohūpasaṃhitāpi te pahīyanti te abbhatthaṃ gacchanti. Tesaṃ pahānā ajjhattameva cittaṃ santiṭṭhati sannisīdati ekodi hoti samādhiyati. Seyyathāpi, bhikkhave, cakkhumā puriso āpāthagatānaṃ rūpānaṃ adassanakāmo assa; so nimīleyya vā aññena vā apalokeyya."

불선한 생각을 무시하는 방법은 마치 시야에 어떤 대상이 들어오면 시선을 돌려 보지 않거나, 눈을 감아 보지 않는 것이라고 경전에서 부연하고 있다. 이 방법은 마치 떼를 쓰고 있는 아이에게 일부러 주의를 주지 않는 것과 같다. 울고 있는 아이에게 주의를 주면 더 떼를 쓰며 우는 경우가 흔히 목격된다. 따라서 이런 것을 막으려고 일부러 무시하는 것이다. 주의를 받지 못한 아이는 결국 울음을 그친다. 주의를 받지 못한 불선한 생각은 결국 사라지게 된다.

주석서에선 불선한 생각을 무시하기 위해서 경전을 암송하거나 염송하라고 제안하고 있다. 복주에선 명상과 관련하여 이 방법을 설명하고 있다. 일정 수준의 명상에 이른 수행자를 더 깊이 진척하고 싶은 열망으로 인해 오히려 이것이 명상의 수행에 방해가 된다. 더 빨리 더 높은 수준의 선정에 들어가고 싶은 생각을 없애기 위해선 명상에 더 이상 주의를 두지 말고, 명상 수행을 중단하고 일시적으로 다른 생각을 하라고 권고하고 있다.

주석서는 불선의 생각을 무시하는 방법으로 주머니를 열어 주머니 속에 든 물건들을 하나씩 꺼내며 마음속으로 그 물건의 이름을 부르는 것도 좋은 방법이라고 설하고 있다. 또는 옷을 수선하거나 사원을 고치거나 하는 등 일시적으로 생각을 쉬게 해야지 너무 명상에서 멀어지게 해서는 안 된다고 경계하고 있다. 선정 수행이 너무 조급하게 진행될 때 그 속도를 적절히 조절하기 위해 일시적으로 선정에 대한 지나친 생각을 다스리는 것이다(Soma Thera. 1971). 결국 선정을 멀리하는 것이 아니며, 우는 아이를 완전히 무시하는 것이 아니다. 선정의 계발을 위해 아이의 성장을 위해 잠시 무시하는 것이다.

넷째 방식은 생각의 발생 원인을 제어하는 것이다. 불선한 생각을 잊고 불선한 생각에 주의를 주지 않았는데도 불선한 생각이 사라지지 않고 지속되면 불선한 생각의 형성을 멈추도록 해야 한다고 가르치고 있다.

> "저들 생각의 사행(思行, vitakkasaṅkhāra)을 중지시키도록 주의해야 한다. 생각의 사행(思行)을 중지시키면 악하고 불선한 생각, 탐욕과 결합되고 분노와 결합되고 무명과 결합된 생각은 버려지고 사라지게 된다. 나쁜 생각이 사라짐에 따라 비구의 마음은 내적으로 안정되고, 침착해지고, 한 대상에 두게 되고 집중하게 된다. 마치 어떤 사람이 빨리 걷고 있다가 이렇게 생각한다. '왜 이렇게 빨리 걷고 있지? 천천히 걸으면 어떨까? ' 이렇게 생각하고 나서 천천히 걷는다. '서 있으면 어떨까? ', 이렇게 생각하고 나서 서 있는다. '앉으면 어떨까?' 이렇게 생각하고 나서 앉는다. '누우면 어떨까?' 이렇게 생각하고 나서 눕는다. 이렇게 함으로써 거친 것을 좀 더 미세한 것으로 대체한다."[12]

'사행의 중지'란 '생각의 원인의 중지(stopping the cause of the thought)'를

---

12) Majjhima Nikāya I p.120. "tesaṃ vitakkānaṃ vitakkasaṅkhārasaṇṭhānaṃ manasikātabbaṃ. Tassa tesaṃ vitakkānaṃ vitakkasaṅkhārasaṇṭhānaṃ manasikaroto ye pāpakā akusalā vitakkā chandūpasaṃhitāpi dosūpasaṃhitāpi mohūpasaṃhitāpi te pahīyanti te abbhatthaṃ gacchanti. Tesaṃ pahānā ajjhattameva cittaṃ santiṭṭhati sannisīdati ekodi hoti samādhiyati. Seyyathāpi, bhikkhave, puriso sīghaṃ gaccheyya. Tassa evamassa – 'kiṃ nu kho ahaṃ sīghaṃ gacchāmi? Yaṃnūnāhaṃ saṇikaṃ gaccheyya'nti. So saṇikaṃ gaccheyya. Tassa evamassa – 'kiṃ nu kho ahaṃ saṇikaṃ gacchāmi? Yaṃnūnāhaṃ tiṭṭheyya'nti. So tiṭṭheyya. Tassa evamassa – 'kiṃ nu kho ahaṃ ṭhito? Yaṃnūnāhaṃ nisīdeyya'nti. So nisīdeyya. Tassa evamassa – 'kiṃ nu kho ahaṃ nisinno? Yaṃnūnāhaṃ nipajjeyya'nti. So nipajjeyya. Evañhi so, bhikkhave, puriso oḷārikaṃ oḷārikaṃ iriyāpathaṃ abhinivajjetvā [abhinissajjetvā(syā.)] sukhumaṃ sukhumaṃ iriyāpathaṃ kappeyya. "tesaṃ vitakkānaṃ vitakkasaṅkhārasaṇṭhānaṃ manasi kātabbaṃ."

의미한다(Bhikkhu Ñāṇamoli and Bhikkhu Bodhi, p.1206 fn 242). 생각이 먼저 형성되고 그 형성에 따라 행동이 일어난다. 이 방식은 질문, 탐구 자세가 들어 있다. 나쁜 생각이 일어나면 '왜 이런 나쁜 생각이 일어나는 것이지'라고 그 원인을 조사하는 것이다. 이렇게 계속 질문해 들어가면 생각의 흐름에 단절이 일어나게 되고 결국 불선의 생각이 사라지게 된다. 행동의 이면에는 생각이 있다. 행동을 살펴보면 그 심리를 짐작할 수 있다.

자기도 모르게 하는 습관적인 행동의 이면엔 습관적인 생각이 자리 잡고 있다. 무의식적으로 이루어지는 행동을 멈추고, 그 행동을 일으킨 습관적인 생각에 대해 질문하게 되면 자동화되어 있던 생각이 상습적으로 이론처럼 일어나지 못한다. 이 방식은 자동적인 사고(automatic thoughts)를 제어하기 위한 수행법이라고 할 수 있다.

사야도우 실라난다(Sayadaw U Silananda)는 "생각의 원인의 원인(the cause of the cause of thoughts)로 이해하고 있다.[13] 어떤 생각이 일어나면 그 생각을 일으킨 원인을 조사하는 것이다. 특정 생각을 일으킨 원인을 찾아내고, 다시 그 원인의 원인을 찾아 들어가면 갈수록 미세한 생각이 발견될 것이다. 그 생각을 없애버리면 그 이후의 생각들은 더 이상 일어나지 못할 것이다. 주석서에선 자타카의 이야기를 인용하여 이 방법을 설명하고 있다.[14]

---

13) Sayadaw U Silananda, "How to deal with distracting thoughts". http://www.tbsa.org/articles/pdf/RemovalOfDistractingThoughts.pdf. 검색일자: 2023.5.5.

14) Jātaka No 322. 겁이 많은 토끼 한 마리가 떨어지는 과일 소리를 듣고 땅이 무너진다고 오해한다. 지진이 일어났다고 외치며 달아났다. 이 광경을 본 동물들이 공포에 빠져 도망치기 시작한다. 보디삿타는 동물들이 도망치는 것을 보고 모두를 멈추게 했습니다. 그는 군중에게 누가 땅이 무너지는 것을 보았는지 물었고, 코끼리들이 알고 있다는 대답을 들었다. 하지만 코끼리들은 아무것도 보지 못했고, 단지 사자들에게서 들었을 뿐이라고 했다. 사자들도 아무것도 몰랐

거친 생각에서 미세한 생각으로 그 원인을 찾아 들어가는 것도 아론 벡의 핵심 신념 찾기 과정에 비견할 수 있다. 자동사고를 일으킨 중간신념을 찾고, 그 중간신념의 배후에 있는 핵심신념을 찾아 들어가는 방식이다. 핵심신념의 변화는 곧바로 자동사고의 변화로 이어진다.

다섯 번째 이자 마지막 방식은 강인한 의지가 필요로 한다. 이전의 4가지 방식이 지적인 능력이 요구되었는데 비해 지금 이 방법은 의지적인 측면이 강하다. 사행의 중지가 성공적으로 완수되지 못하면 강인한 의지를 실천하는 것이다.

> "이를 굳게 악물고 혀를 이 천장에 딱 붙이고 마음으로 마음을 때리고, 억제하고 부순다. 이를 굳게 악물고 혀를 이 천장에 딱 붙이고 마음으로 마음을 때리고, 억제하고 부수면, 악하고 불선한 생각, 탐욕과 결합되고 분노와 결합되고 무명과 결합된 생각은 버려지고 사라지게 된다. 나쁜 생각이 사라짐에 따라 비구의 마음은 내적으로 안정되고, 침착해지고, 한 대상에 두게 되고 집중하게 된다. 마치 아주 건장한 장부가 약한 사람을 그의 머리나 어깨를 붙잡아 때리거나 묶거나 부수는 것과 같다."[15]

고, 호랑이들에게서 들었다고 했다. 호랑이들은 코뿔소들에게서, 코뿔소들은 들소에게서, 들소는 물소들에게서, 물소들은 사슴들에게서, 사슴들은 토끼들에게서 들었고, 토끼들은 그들 중 첫 번째로 소식을 퍼뜨린 토끼를 가리켰다. 결국 첫 번째 소문을 퍼트린 토끼와 함께 현장을 조사하고, 단순히 열매가 떨어진 소리였음을 확인한다.

15) Majjhima Nikāya I p.120. "dantebhidantamādhāya jivhāya tāluṃ āhacca cetasā cittaṃ abhiniggaṇhitabbaṃ abhinippīḷetabbaṃ abhisantāpetabbaṃ. Tassa dantebhidantamādhāya jivhāya tāluṃ āhacca cetasā cittaṃ abhiniggaṇhato abhinippīḷayato abhisantāpayato ye pāpakā akusalā vitakkā chandūpasaṃhitāpi dosūpasaṃhitāpi mohūpasaṃhitāpi te pahīyanti te abbhatthaṃ gacchanti. Tesaṃ pahānā ajjhattameva cittaṃ santiṭṭhati sannisīdati ekodi hoti samādhiyati. Seyyathāpi, bhikkhave, balavā puriso dubbalataraṃ purisaṃ sīse vā gale vā khandhe vā gahetvā abhiniggaṇheyya abhinippīḷeyya abhisantāpeyya."

이를 악물고 혀를 입천장에 붙이는 자세는 강인한 의지력, 용기, 임전불퇴(臨戰不退)의 자세를 상징한다. 붓다가 고행하던 시점이나 보리수하에 정각 직전 앉을 때의 자세를 연상할 수 있다. '마음으로 마음을 때려 부순다'는 것은 선한 생각으로 나쁜 생각을 공격한다는 것이다. 이런 경우 현존하는 불선한 생각을 정확히 확인하고 포착해야 하는 것이 급선무이다. 사야도(Sayadaw)는 앞의 네 가지 방식에 비하여 이 방법은 단기적인 방식으로 이해하고 있다.[16]

이전의 방식들은 오래 시간을 두고 수행하는데 비해 지금 이 방식은 단기간에 수행하는 자에게 유익하다고 보고 있다. 즉 현재 나의 마음에 발생할 생각에 주의를 두고 그 생각에 이름을 붙이는 수행법(making mental notes)이 대표적인 것이라고 한다. 불선한 생각이 일어날 때마다 '불선한 생각'이라고 이름 붙이면 불선한 생각은 사라진다. 명상이 마음의 평화를 지향하지만, 가끔 이 방법처럼 강인한 의지력이 동반되어야 한다.

이상 5가지 방법을 제대로 사용하게 되면 생각을 자신의 의지대로 통제할 수 있게 된다. 5가지 방법을 모두 수행해야 하는 것은 아니다. 경전에서도 첫 번째 방법이 맞지 않으면 두 번째 방법을 사용하고, 두 번째 방법이 효과적이지 못하면 세 번째 방법을 사용하라고 권하고 있다. 따라서 중요한 것은 자신에게 맞는 방법을 찾아 지속적으로 수행하는 것이 중요하다.

16) Sayadaw U Silananda, "How to deal with distracting thoughts". http://www.tbsa.org/articles/pdf/RemovalOfDistractingThoughts.pdf. 검색일자: 2023.11.3.

"이런 비구가 생각의 진행을 통제한 자라고 불린다. 무슨 생각이든지 자신이 원하는 것이면 생각할 수 있고, 자신이 원하지 않으면 어떠한 생각도 하지 않을 수 있는 자이다. 그는 갈애를 끊고 결박을 풀고 바르게 아만(我慢)을 통찰하고 고통을 단절한다."[17]

생각의 노예가 아니라 생각의 주인이 되어 자신의 의지대로 생각할 수 있어 악한 생각은 멀리하고 선한 생각을 하여 고통에서 벗어난다는 것이다. 악한 생각에 지배받는 범부는 고통에서 벗어날 수 없다는 것을 우리는 여기서 다시 확인할 수 있다.

2) 인지치유의 기법

인지치유의 기본 원리는 내담자의 인지 왜곡을 교정하는 데 있다. 인지치유는 심리적 장애의 치유에 있어서 내담자가 자신의 내면적 정보처리 과정을 잘 이해하는 것을 중요하게 여긴다. 내담자가 자신의 내면적 인지 왜곡과정을 스스로 이해하고 바로 잡아, 인지 왜곡에 의한 심리장애에서 벗어나는 것이 인지치유의 목표가 된다.

인지치유의 가장 기본적인 원리는 내담자에게 본인의 심리장애를 초래한 인지 왜곡을 발견해 내게 하고 왜곡된 인지 내용을 제거하거나 수정하여서 심리장애를 치유하는 것이다. 요약하자면 심리 장애를 일으킨 인지 왜곡을 교정하는데 인지치유의 기본 치유원리가 있으며 치유에

17) Majjhima Nikāya I p.120. "Ayaṃ vuccati bhikkhave bhikkhu vasī vitakkapariyāyapathesu: yaṃ vitakkaṃ ākaṅkhissati taṃ vitakkaṃ vitakkessati, yaṃ vitakkaṃ nākaṅkhissati na taṃ vitakkaṃ vitakkessati, acchecchi taṇhaṃ, vāvattayi saṃyojanaṃ, sammā mānābhisamayā antamakāsi dukkhassāti."

이르기 위한 다양한 인지치유 기법이 개발되어 있다.

인지치유는 비교적 구조화된 치유법이지만 그 구체적인 과정은 내담자의 상태에 따라 융통성 있게 달라질 수 있다.[18] 여기에서는 인지치유의 전형적인 상담과정을 크게 준비 단계, 본격적인 치유단계, 종결단계로 나누어 살펴보기로 한다. 준비 단계에선 내담자에게 인지치유의 기본 원리를 설명한다. 본격적인 치유단계는 인지 왜곡 과정을 교정하는 작업으로 첫째 자동적 사고를 교정하고, 둘째 중간 신념을 교정하고 셋째 핵심 믿음을 교정하는 것으로 요약할 수 있다. 왜곡된 인지 과정이 교정되면 심리 장애 문제에서 벗어나 치유가 종결된다. 마지막으로 종결단계에선 인지 왜곡이 재발되지 않도록 주지시킨다.

가) 준비단계

치유자가 내담자를 처음 만나는 단계로 내담자로 무엇보다도 상담자와 내담자 사이의 신뢰와 치유적 관계(rapport)를 형성하는 것이 중요하다. 내담자에게 치유 희망을 품도록 격려해준다. 상담자가 내담자에게 인지치유 이론의 핵심과 골격을 설명해 준다. 내담자에게 내담자의 중요한 신념체계, 잘못된 논리에 관해 설명한다. 문제가 되는 증상과 사고, 정서, 행동의 관계와 치유의 이론적 근거를 충분히 설명해 준다. 내담자에게 질문하여 내담자의 문제를 구체적이고 체계적으로 탐색하여 명료화한다. 내담자로부터 피드백을 얻어 내어 치유자는 내담자의 심리 장

---

18) 인지치유는 단기간의 구조화된 치유기법으로 내담자의 심리 장애의 정도에 따라 상담회기의 수가 조정될 수 있으나 일반적으로 우울증이 중간 정도로 심각한 내담자의 경우 15주에 최대 20회의 만남이 요구된다(Aaron T. Beck, 1997 p.128.).

애와 관련된 정보를 수집하고 정리하여 치유 계획을 수립한다. 내담자의 기대를 탐색하고 상담에 대한 구조화를 통해 구체적인 상담목표를 내담자와의 합의로 설정한다(Judith S. Beck, 1997 pp.37-55).[19]

준비 단계에선 무엇보다도 치유자가 내담자의 신뢰를 확보하는 것이 가장 중요하다고 보인다(Judith S. Beck, 1997 p.39). 내담자가 호소하는 심리 문제와 고통을 이해하고 공감해 주며 신뢰하고 상호 존중하는 관계 형성에 노력한다. 그 바탕 위에서 인지치유의 기본 이론과 치유 과정을 설명하여 내담자가 인지치유의 기본개념과 원리에 대해서 익숙해지도록 노력한다. 내담자에게 문제의 증상을 치유할 수 있다는 확신을 심어주는 것이 다음 치유 단계에 나아가기 위한 기반이 된다. 제자가 붓다에 대한 신뢰를 바탕으로 붓다에게 자발적으로 찾아가 가벼운 법문을 듣는 단계로 비견할 수 있다. 불교에서 제자들이 붓다의 가르침에 귀를 기울이는 과정에서나 인지치유에서 내담자가 치유자를 찾는 과정에서 가장 주요한 덕목은 신심이나 신뢰이다.

나) 본격적인 치유 단계

① 자동적 사고의 발견 및 교정

인지치유에선 상황 그 자체보다 상황에 대한 해석 즉 자동적 사고가 내담자의 주요한 심리 문제, 이상 행동 불쾌한 생리적인 반응 등을

---

19) 권석만은 환자라는 용어 대신에 내담자로 표현하고 있다. 인지치유라는 용어 자체가 인지 장애를 가지고 있는 사람 즉 내담자를 전제로 하고 있기 때문에 환자라는 말이 더 적합하다고 보인다. 그러나 치유적인 동맹관계에 초점을 맞춘다면 내담자로 표현하는 것이 더 적절할 것이다. 이론 벡은 호칭 문제와 관련하여 내담자에게 물어보라고 권고하고 있다(권석만. 1998 pp.123-158.)

일으킨다고 본다. 왜곡된 자동적 사고가 심리 문제나 정서 문제를 발생시킨다고 여기기 때문에 먼저 자동적 사고에 초점을 맞추어 하나씩 집중적으로 다루어 간다. 역기능적인 자동적 사고는 대체로 매우 단편적이면서 자발적으로 발생하며 의도적이거나 심사숙고해서 형성된 것이 아니다. 내담자는 자신의 자동적 사고를 평가하거나 심사숙고하지 아니하고 진실로 받아들여 자동적 사고의 영향 아래에 놓이게 된다. 자동적 사고의 발생 과정과 그 영향에 놓이게 되는 과정은 파판차의 발생 과정과 그 영향에 놓이는 과정과 비교할 수 있다.

자동적 사고는 빠르게 스쳐 지나가서 주의를 기울이지 아니하면 파악하기 어렵다. 내담자는 사고 그 자체보다는 자동적 사고의 결과로 발생한 감정을 더 잘 인식하게 된다. 내담자에게 문제가 야기되는 상황이나 사건에 대한 구체적이고 사실적이며 객관적인 기술을 하게 하고 그 상황에서 내담자가 느낀 감정 및 행동 반응을 자세히 보고하게 하여 역기능적인 자동적 사고를 발견하게 한다. 자동적 사고를 발견하는 방법은 기본적인 질문을 던지는 것이다. 즉 내담자에게 "바로 그때 마음 속에 무엇이 스쳐 지나갔습니까?"라고 물음으로써 내담자로 하여금 자동적 사고를 발견하도록 유도한다. 내담자의 감정적인 변화 징후가 포착될 때 이 질문을 던지는 것이 효율적이다(Judith Beck, 1997 p.93)

자동적 사고를 찾아내는 방법으로 질문법 대신에 '역기능적 사고의 일일 기록표'(daily record of dysfunctional thoughts)를 사용할 수 있다. 내담자에게 매일매일 문젯거리가 되는 감정을 느끼게 되는 사건과 인지를 기록하게 하는 숙제를 주고 다음 상담시간에 그 기록지의 내용을 근거로 구체적인 내용을 다루어 간다. 역기능적 사고 기록지(Dysfunctional Thought

Record)에는 날짜/시간, 상황, 감정, 자동적 사고, 적응적 반응, 결과 등의 항목이 들어 있다(Judith Beck, 1997 p.142).

자동적 사고가 확인되고 나면 상담자는 내담자가 자신의 자동적 사고의 타당성을 검증할 수 있도록 돕는다. 특정 상황에서 내담자가 지니는 자동적 사고내용이 그 상황에 대한 적절한 해석인가를 검증하기 위해 내담자에게 적절한 질문을 한다. 치유자가 내담자의 부정적인 자동적 사고내용을 정면으로 논박하기보다는 소크라테스의 대화법적 질문(Socratic questioning)을 통해 내담자 스스로 자신의 사고내용을 평가하도록 유도하는 것이 필요하다.[20]

적절한 물음을 던짐으로써 내담자 스스로 자신의 사고내용이 상황에 대한 과장되고 왜곡된 해석이었음을 스스로 깨닫도록 하는 것이 바람직하다. 대체될 수 있는 다른 설명을 해주는 것이 적합하지 않은 자동적 사고를 해소하는 방법이 될 수 있다. 이 과정에서 내담자는 자신의 다양한 인지적 오류를 알 수 있다. 치유자는 인지적 오류의 내용을 구체적으로 지적하고 이름 붙여(labeling) 주어서 내담자가 자신이 흔히 범하는 인지 오류를 자각하도록 돕는다.[21]

② 중간신념의 발견과 교정

자동적 사고를 효과적으로 다룬 뒤 자동적 사고 보다 더 깊이 박혀

20) 두 가지 이유로 치유자는 자동적 사고를 직접 공격하지 않는다. 첫째 상담자는 어떤 자동적 사고가 왜곡되어 있는지 미리 알지 못한다. 둘째 직접적인 도전은 상호 협의에 따른다는 인지 치유의 기본 원리를 깨는 것이다(Judith S. Beck, 1997, p.122.).

21) 11가지 전형적인 사고의 오류가 제시될 수 있다. 본서 참조 p.242. 참조.

있는 중간신념을 교정한다. 자동적 사고를 다르면서 치유자는 처음부터 중간신념을 찾는 노력을 기울여야 한다. 자동적 사고는 자동적 사고를 일으키는 보다 깊은 수준의 신념을 찾아 교정한다. 가정, 규칙, 태도로 구성된 중간신념을 수정하는 것은 자동적 사고의 교정보다 쉽지 않지만, 핵심신념보다 어렵지 않다.

상담자가 중간신념을 발견하는 방법을 간략히 살펴보자(Judith Beck, 1997 pp.159-162). 첫째 내담자는 신념을 자동적 사고로 표현하므로 자동적 사고를 잘 살핀다. 둘째 상담자는 가정의 전반부를 제시하여 내담자의 전체가정을 유도해 낸다. 일반적으로 규칙이나 태도보다는 가정의 형태로 표현된 중간신념을 다루기가 더 쉽다. 셋째 상담자는 직접적인 유도를 통해 내담자의 중간신념을 알 수 있다. 넷째, 하향식 화살기법을 사용한다. 우선 상담자는 역기능적인 신념과 직접적인 관련성이 있을 것 같은 주요한 자동적 사고를 찾아 이 자동적 사고에 대하여 질문한다. 자동적 사고가 옳다고 가정할 때 그것이 무엇을 의미하는지 내담자에게 물어본다. 이런 식으로 질문을 계속함으로써 중간신념을 찾아낼 수 있다.[22] 다섯 번째 여러 상황에서 발생하는 자동적 사고들의 공통적인 주제를 찾아낸다. 여섯번째 내담자에게 직접 자신의 신념이 무엇인지 물어본다. 마지막으로 역기능적 태도 척도(Dysfunctional Attitude Scale)와 같은 설문지를 작성하도록 하여 중간신념을 발견한다.

이상의 방법을 통해 중간신념이 발견되면 상담자는 역기능적인 중

---

22) 보통 자동적 사고가 내담자에게 무엇을 의미하는지 묻는 것은 중간신념을 유도해 내고 자동적 사고가 내담자에게 무엇을 말해 주는지 묻는 것은 핵심신념을 유도한다(Judith Beck 1997 p.160).

간신념의 수정에 초점을 맞춘다. 먼저 상담자는 신념의 본성에 관하여 내담자에게 교육한다. 신념은 타고나면서 가지는 것이 아니라 학습된 것이므로 바꿀 수 있다는 것을 주지시킨다. 중간신념을 구성하는 규칙이나 태도를 가정의 형식으로 바꾼다. 상담자는 역기능적인 신념의 의미를 파악하기 위해 하향식 화살기법을 사용한다. 내담자가 가지고 있는 신념의 장점과 단점을 평가한다.

역기능적인 신념 대신에 더욱 적응적 신념을 가지도록 하기 위한 구체적인 기법을 살펴보자(Judith Beck, 1997 pp.168-182). 역기능적인 신념을 교정하는 기법엔 자동적 사고의 교정에 사용되었던 기법이 일부 포함되어 있는데 다음에 제시하는 기법은 부정적인 신념의 교정에 주로 사용되는 기법이다. 첫째 소크라테스식 문답법을 사용하여 내담자가 중간신념을 평가할 수 있도록 한다. 둘째 내담자가 자신의 신념의 타당성을 평가해 볼 수 있는 행동실험을 고안하도록 상담자는 돕는다. 적절한 행동실험은 언어적 기법보다 효과적이다. 셋째 인지적 영속성(cognitive continuum)은 내담자의 양극화된 신념을 교정할 때 효과적이다. 인지적 영속성에 대한 이해는 내담자의 경직된 신념을 유연하게 만들 수 있다.

넷째 이성적·감정적 역할연기(rational-emotional role-play)는 내담자가 자신의 신념이 역기능적이다는 사실을 알고 있지만, 감정적으로 여전히 사실로 받아들일 때 효과적이다.[23] 다섯 번째 다른 사람을 준거(準據 reference)로 사용한다. 내담자들은 다른 사람의 신념을 검토함으로써 자신들의 역기능적인 신념에 대한 심리적인 거리를 두게 된다. 타인의 신념을 객관적

23) Young(1990)은 rational-emotional role-play를 point-counterpoint(요점제시-요점반박)라고 부른다.

으로 관찰하게 되어 자신이 지니고 있는 신념의 역기능을 알 수 있게 된다. 남의 단점은 크게 보이는 원리를 이용한 것이다. 내담자의 역기능적인 신념과 유사한 신념을 가진 이를 찾아 내담자 자신의 신념을 교정하는 것이다. 여섯 번째 '마치 ~인 것처럼 행동하기(acting "as if")' 기법은 신념과 행동의 연결성을 이용한 것이다. 인지 모델에선 신념의 변화는 행동의 변화를 가져온다. 신념과 행동의 상호 연관성을 이용하여 역으로 행동의 변화를 통해 신념의 변화를 가져온다. 일곱 번째 자기-노출(self-disclosure)은 내담자들이 자신의 신념을 다른 각도에서 보도록 도와준다.

소크라테스식 문답법은 붓다가 제자를 가르칠 때 빈번히 사용하는 방식이다. 이런 붓다의 교설 특징에 근거하여 라이스 데빗(Rhys Davids)은 디가 니카야(Dīgha Nikāya)를 번역하면서 *The Dialogue of the Buddha*라고 서명으로 삼았다(Rhys Davids. 1995). 인지적 영속성(cognitive continuum)과 상관하여 언급하면 양극단적인 사고를 해소하는 방법으로 붓다는 중도(中道)를 가르치고 있다. 행동의 교정을 통해 신념을 교정하는 방식은 십악업의 순서를 보면 알 수 있다. 십악업은 다음과 같다: 첫째 산목숨을 죽이는 것[殺生]. 둘째 남의 물건을 훔치는 것[偸盜], 셋째 그릇된 성적 행위 [邪淫], 넷째 거짓말을 하는 것[妄語], 다섯째 부풀리는 말이나 과장된 말[綺語], 여섯째 이간질하는 말[兩舌], 일곱째 험악한 말을 하는 것[惡口], 여덟째 간탐을 부리는 것[貪慾], 아홉째 성을 내는 것[瞋], 열째 삿된 소견을 지니는 것[邪見]. 첫째에서 셋째까지는 신업(身業)이고, 넷째에서 일곱째까지는 구업(口業)이다. 일곱째에서 아홉째까지는 의업(意業)이다. 다른 어떤 기법보다도 신념을 행동실험을 통해 검증하는 것은 붓다의 가르침 중 자증(自證)의 가르침에 가장 유사하다. 『칼라마숫타』에서 보듯이 어떤 주장을 맹신하거나 배척할 것이 아니라 스스로 그 주장이 참인지 거짓인지 검증하라는 가르침과 상통한다.

③ 역기능적 핵심신념의 발견과 교정

자동적 사고와 중간신념의 근저에는 더욱 근본적이며 심층적인 역기능적 핵심신념이 놓여 있다. 역기능적 핵심신념을 교정하는 것은 곧 중간신념과 자동적 사고의 변화를 의미하므로 핵심신념의 교정이야말로 가장 근원적인 치유방법이다.

역기능적 핵심신념을 발견하고 교정하기 위해선 자동적 사고와 중간신념의 발견 및 교정에 사용된 기법들이 적용될 수 있으며 특별히 핵심신념의 발견과 교정을 위한 기법도 고안될 수 있다. 여기에선 핵심신념의 교정과 관련된 주요한 치유기법 사항만 요약하기로 한다(Judith Beck, 1997 pp.183-208). 부정적인 핵심신념은 크게 두 가지로 대별할 수 있다. 자신이 무능하다는 핵심신념과 자신은 사랑받을 수 없다는 핵심신념이다. 상담자는 먼저 내담자의 핵심신념이 어떤 범주에 소속되는지 파악해야 한다. 상담자는 내담자의 중간신념을 발견할 때 사용한 기법으로 내담자의 핵심신념을 찾아낸다.

하향식 화살기법뿐만 아니라 내담자의 자동적 사고에서 중심 주제를 찾아내고, 자동적 사고의 형태로 표현되는 핵심신념을 파악하며, 직접적으로 핵심신념을 발견한다. 내담자의 핵심신념을 발견하면 상담자는 내담자에게 핵심신념을 제시한다. 내담자에게 핵심신념의 본성과 그 작동 기능을 이해시키고 핵심신념을 관찰하도록 한다(Judith Beck, 1997 pp. 189-192). 상담자는 순기능적인 새로운 신념을 내담자에게 제시하여 이전의 부정적인 핵심신념을 교정한다. 이전의 부정적인 핵심신념과 새로운 순기능의 핵심신념으로 구성된 핵심신념 작업표을 작성하도록 한다.[24]

내담자의 핵심신념과 극단적으로 대조적인 인물을 내담자 자신과 비교하도록 하여 핵심신념을 교정할 수 있다. 상담자는 내담자의 어린 시절에서 핵심신념을 지지했을 것으로 보이는 증거들을 조사하고 또한 그것과 반대되었던 증거들을 밝혀내도록 돕는다. 내담자의 핵심신념이 어떻게 시작되고 유지되는지 알 수 있다.[25]

역기능적인 핵심신념의 교정에서 제일 중요한 부분은 내담자가 자신이 가지고 있는 핵심신념의 역기능을 자각하고 교정하려는 의지이다. 상담자의 역할은 내담자의 핵심신념을 발견하도록 돕는 것이다. 두 가지 종류의 핵심신념은 모두 자아의식에 근거한 것이다. 붓다는 고통을 야기하는 자아의식의 해소를 위해 무아(無我)를 설하고 있다는 점에서 인지치유의 핵심신념의 교정과 다르다.

다) 마무리 단계

만족스러울 정도로 내담자의 심리적 문제가 호전을 보이고 안정된 상태가 되면 치유의 종결을 위해 준비한다. 이 시기에 이루어져야 할 주요 사항을 살펴보자. 치유 진척을 내담자의 공(功)으로 돌린다. 내담자가 자신의 노력으로 문제를 해결하였음을 숙지시켜 격려한다. 치유과정에선 배운 기법을 재검토한다. 치유의 종결 후에 치유적 퇴보가 생기면 어

24) 핵심신념 작업표의 예는 Judith Beck, 1997 p.195. 참조.

25) 유년시절의 기억을 재구성할 수 있는 방법으로 역할연기나 심상 이용이 있다(Judith Beck, 1997, pp.201-208).

떻게 할지에 대하여 대처 카드를 구체적으로 작성하도록 한다. 만약 추가적인 치유 약속이 필요한 경우 상담자는 내담자 스스로 문제를 해결하는데 어떤 장애가 있는지 발견하도록 돕고 대처 방안을 세우도록 한다.

인지치유 기법을 요약하면 심리적인 증상을 초래하는 왜곡된 인지 과정을 규명하고 변경하는 것이다. 먼저 정서 문제 및 행동 장애를 가져오는 자동사고를 찾아내고 그 그릇된 사고에서 벗어나는 것이다. 자동사고의 기저에 있는 중간신념 그리고 그 이면에 놓여 있는 역기능적인 핵심신념을 찾아내어 바로잡는 것이다. 왜곡된 역기능적 인지 과정의 교정을 통해서 심리적 증상이 호전될 수 있다는 것이 인지치유의 기법이다. 이 과정에서 무엇보다도 내담자와 상담자 간의 유기적인 관계가 중시되며 특히 치유사의 자질이 무엇보다도 중요한 것으로 보인다.

인지치유는 문제의 근본 원인을 왜곡된 인지 과정에 둔다는 점에서 불선한 사고가 고통의 원인이 된다는 붓다의 가르침과 상통한다. 그릇된 사고 과정을 교정함으로써 심리적인 장애를 제거할 수 있다고 인지치유가 주창하듯이 붓다도 바른 지혜를 성취하게 되면 고통에서 벗어나 열반(涅槃, nirvana) 즉, 완전한 행복을 누릴 수 있다고 가르친다.

* * *

고통의 근원인 불선한 사고와 망상에 대한 붓다의 가르침과 왜곡된 인지가 심리적 장애를 일으킨다는 벡의 인지치유를 비교하였다. 마두핀디카숫타(*MadhupiṇḍikaSutta*)에서 붓다는 고통의 근원이 되는 망상(papañca)

의 전개 과정을 자세히 분석하였다. 개인 간의 다툼이나 집단 간의 물리적인 폭력도 결국 개개인이 망상의 지배하에 종속되어 있기 때문이라고 분석하고 있다. 주변 세계와 자기 자신에 대한 망상 소멸이야말로 모든 고통의 해결이라고 보고 있다.

한편 아론 벡은 내담자가 인지의 왜곡과정에 빠져 있기에 심리 장애가 발생한다고 파악하고 11가지 인지의 왜곡 유형을 자세히 분석하고 있다. 붓다는 망상(papañca)의 왜곡 과정을 분석하고 있어 아론 벡보다 인식론적으로 더 깊은 통찰을 보여주고 있다. 반면 아론 벡은 보통 사람들이 범하게 되는 인지 오류를 자세히 분석하고 제시하여 더 구체적이고 더 경험적이라고 할 수 있다. 붓다가 제시한 망상의 구체적인 내용이 아론 벡의 11가지 인지 왜곡이라고 할 수 있다.

왜곡된 사고를 어떻게 교정할 것인가에 대한 붓다와 아론 벡의 견해를 비교하였다. 비탓카산타나숫타(*VitakkasaṇṭhānaSutta*)에서 붓다는 불선한 사고를 제어하는 방법으로 5가지를 제시하였다. 붓다의 가르침에서 불선한 사고를 선한 사고로 대치하는 첫째 방식은 인지치유에서 왜곡된 사고나 신념을 보다 나은 새로운 사고나 신념으로 대체하는 것과 상응한다. 불선한 사고의 유해성을 발견하는 두 번째 방법은 인지치유에서 왜곡된 신념이나 자동적 사고를 평가하는 인지치유의 방법과 유사하다. 불선한 사고의 기원을 찾는 네 번째 방법은 구체적이고 개별적인 자동적 사고에서 점차 일반적이고 추상적인 신념을 찾아 들어가는 인지치유의 방법과 유사하다. 자동적 사고, 중간신념, 핵심신념의 순서로 심층적으로 분석해 들어가는 인지 치유 과정은 네 번째 방식을 구체화 시킨 것으로 볼 수 있다. 역기능적인 사고의 일일기록표나 소크라테스식 질문법 등 인지치유에서 사용된 방법은 불교와 비교하면 현대인에게 방법론적으로 더 구체적이고 더 실천하기 쉽다.

붓다가 제시한 왜곡된 사고의 해결 방식에 관한 붓다의 가르침과 인지치유의 가장 큰 차이점은 내담자를 돕는 상담자가 있느냐의 여부이다. 붓다의 가르침에선 수행자 개인이 다른 제3자의 도움을 받지 아니하고 오로지 붓다의 가르침에 의존하여 스스로 치유하는 자가치유하는 것임에 비하여 인지치유에선 치유자의 역할이 매우 중대하다. 물론 인지치유에서도 치유자가 내담자의 문제를 모두 해결해 주는 만능 해결사는 아니지만 치유자가 없는 내담자의 치유란 불가능하다. 인지치유는 내담자와 상담자는 공동의 목표를 향해 함께 노력하는 동반자적 관계에 있다고 본다.

여기에서 충분히 다루지 못한 부분은 불교에서 말하는 역기능적인 사고 과정 또는 사고 내용인 파판차(papañca)와 비탓카(vitakka)와 인지치유에서 말하는 역기능적인 사고를 비교하지 못한 점이다. 단지 불교에서 말하는 파판차(papañca)와 비탓카(vitakka)가 탐진치와 연결된 것임에 비해 인지치유의 역기능적인 사고는 일상생활의 부적응적인 사고라는 점만 간략히 언급하는 것으로 만족해야 하겠다. 불교 측에서 문제로 여기는 불선한 사고는 인지치유에선 모두 문제시되지 않는다는 것을 부연하기로 한다.

제3부 불교명상과 인지치유

Ⅰ. 불교 명상에 기반한 치유프로그램

1. 불교 명상과 치유

1) 불교 명상의 본래 기능 및 목적

현대인은 물질문명의 급속한 발달의 결과로 편리하고 안락한 삶을 영위해가고 있지만, 이에 반비례하여 정신세계의 황폐화와 가치관의 혼돈으로 인해 오는 정신적 위기를 경험하고 있다. 전 세계에 걸친 자살 통계 수치는 정신적인 피폐를 잘 보여주고 있다. 최근 한 통계조사에 의하면 우리나라 청소년 4명 중 1명이 정신치유를 받아야 할 정도로 현대 한국인의 정신 건강이 위태롭다. 명상과 같은 불교 수행법이 스트레스를 해소하는 획기적인 대안으로 주목받는 이유다. 현대사회의 치열한 경쟁과 급격한 변화로 마음의 평화와 행복을 찾기 위한 사람들의 움직임이 계속되고 있다. 2003년 8월호 <타임>지는 '명상'을 커버스토리로 다루면서 미국의 명상인구가 1000만 명을 넘어섰다고 보도했다. 한국에서도 최근 불교 명상뿐만 아니라 다양한 종류의 명상법이 소개되고 있다. 실존적 차원에서 현실의 고통을 해결하는 내면의 과학으로서의 명상이 현대인의 관심사가 되는 것으로 명상에 관한 일반인의 관심은 지속할 것이다.

붓다는 당신을 중생의 고통을 치유하는 의사라고 밝히고 있다. "여래, 응공, 등정각은 훌륭한 의왕이 되어 출생의 근본적 치유 방법을 있는 그대로 알고, 늙음, 병듦, 죽음과 근심, 슬픔, 번민, 괴로움의 근본적 치유 방법을 있는 그대로 안다, 그러므로 여래, 응공, 등정각을 큰 의왕이라고 부른다."[1] 붓다는 훌륭한 의사로 비유되고 있듯이 중생의 고통을 제거하는 것을 그 주된 역할로 하고 있다. 세간의 의사는 육체의 질병을 치유하는 것에 비해 붓다는 생노병사라는 삶의 궁극적 문제를 다루는 의사이다.

붓다의 모든 가르침을 포괄하고 있는 사성제(四聖諦)에서 의사로서의 붓다의 역할을 볼 수 있다. 사성제 중 고성제(苦聖諦)는 병의 상태를 살펴보는 진찰의 단계로, 집성제(集聖諦)는 병의 원인을 찾아내는 단계로, 멸성제(滅聖諦)는 그 질병이 사라진 건강한 상태를 예상하는 단계로 도성제(道聖諦)는 건강한 상태에 이르는 방법이 제시되는 처방의 단계로 비유된다. 훌륭한 의사가 병을 정확하게 진단하고 그 병을 고칠 수 있는 처방을 내려 환자가 질병을 극복하게 할 수 있듯이 붓다도 중생이 고통에서 벗어나는 길을 가르쳐 준다.

불교는 고통의 해결을 목표로 하여 다양한 방안을 제시하고 있다. 그 중에서도 명상은 직접적으로 심신 치유의 수단으로 여겨지고 있다. 현재 심리치유에 불교 명상을 어떤 방식으로든 접목시키고 있는 치료자가 41% 정도라고 할 정도로 불교 명상이 활용되고 있다. "과학적인 효과성에 근거하여 심리치료에서 세속적 불교가 성장하고 있다. 작년에

---

1) 『잡아함경』(『大正藏』 II p.105中). "如來應等正覺爲大醫王 於生根本知對治如實知 於老病死憂悲惱苦根本對治如實知. 是故如來應等正覺名大醫王".

미국인 심리치료사 중 41%가 그들의 치료에 불교명상을 통합시켜 실행하고 있다. 이제 불교명상에 근거한 치료를 연구하여 임상심리학 박사학위를 취득하고자 하는 학생은 거의 모든 미국의 대학에서도 과정을 밟을 수 있다. 현재는 소위 불교적 심리치료가 가장 현대적이고 두드러진 형태의 행동치료라고 볼 수 있다".[2]

서양의 의료학계나 심리학계에서는 불교의 명상 수행법을 심리치유에 활용하려는 추세가 확산하고 있다. 중생의 고통 해결을 목표로 하는 붓다의 가르침과 현대인이 당면하고 있는 질병의 문제를 다루고 있는 의료계와의 만남의 결과로 불교의 명상을 활용한 심신치유 프로그램이 다양하게 개발되고 있다. 불교의 명상을 활용한 심신치유 프로그램의 개발은 일시적인 유행이 아니라 계속 발전하리라고 예상된다. 불교의 명상 효과가 전문학자들에 의해 과학적으로 입증되고 있으므로 수술과 약물 중심의 의료계에 보완 또는 대체 의료 프로그램으로 확고하게 자리매김하고 있다.

본서에선 전통적인 불교 명상이 현대에 이르러 의료 종사자에 의해 치유프로그램으로 활용되는 것에 초점을 두고 논의하고자 한다. 먼저 불교 명상의 본연 기능을 제시하고, 불교 명상치유 프로그램이 등장하게 된 배경을 조사하고자 한다. 불교 명상의 의학적 효과를 정리하고 전통적인 불교 관점에서 불교 명상치유프로그램의 한계를 논의하고자 한다.

다양한 종류의 명상이 불교 문헌에 다수 제시되어 있지만 크게 두

---

2) Germer, 2009 November 21 p.20. 크리스토퍼 거머, 서양 심리치유에서 마음챙김과 연민, 『불교평론』 2010 42호.

가지로 분류된다. 첫째는 어떤 특정 대상에 마음을 집중시키는 사마타(samathā) 수행으로 서구에선 집중명상(concentration meditation)으로 번역하고 있다. 이 방법은 "옴", "훔", "옴마니반메훔" 등 특정 음절이나 낱말과 같은 만트라(mantra)를 반복하여 읊조린다거나 촛불과 같은 시각적 대상에 의식을 집중하는 것이다. 둘째 대상의 본질을 꿰뚫어 보는 비파사나(vipassanā) 명상으로 서구에선 통찰명상(insight meditation)으로 번역하고 있다. 대상을 현재 있는 그대로 관찰하는 명상이다. 집중명상(samathā, 止法)은 어떤 특정 대상에 마음을 집중하는 것을 특별하게 강조하는 명상인데 반해 통찰명상(vipassanā, 觀法)은 지금 이 순간 당면하고 있는 대상에 주의하면서 어떤 판단이나 해석을 가하지 아니하고 그대로 지켜보는 명상이다. 불교 전통에서 비파사나 수행은 자기 자신과 세계에 대한 존재의 실상(무상, 고, 무아)을 통찰하여, 우리를 모든 고통에서 벗어나게 한다. 불교 전통에서 비파사나 수행은 존재의 특성에 대한 통찰을 얻는 것이 목표이다. 통찰 명상을 통해 대상의 무상(無常)·고(苦)·무아(無我)의 특성에 대한 통찰로 고통을 제거함으로써 해탈의 길로 나아가게 한다고 본다.

삼학(三學)에서 명상의 기능과 역할을 찾을 수 있다. 계율(戒律), 선정(禪定), 지혜(智慧)를 점차 닦는 삼학은 불교 전체를 관통하고 있는 중요한 공부방법이다. 계·정·혜를 사물에 비유해, 계를 그릇에 비유하고, 선정(禪定)을 물에, 지혜를 달빛에 견주어 말한다. "계(戒)의 그릇이 견고하고 선정의 물이 깨끗해야 지혜의 달이 바야흐로 드러난다."[3] 계의 그릇이

3) 휴정, 『선가귀감』 "戒器完固 定水澄淸 慧月方現". 석암문도회 편찬, 『석암스님 범망경 강설』 불광출판사 2012 p.96.

견고하고 선정의 물이 맑아야 지혜의 달이 환히 비칠 수 있다는 뜻이다. 그릇이 온전하지 않으면 그 안에 맑은 물을 담을 수 없다. 그릇에 담긴 물이 출렁이게 되면 그 안에 있는 사물은 제대로 보이질 않는다. 흔들리던 물결이 가라앉아야 비로소 그 안에 있는 물체가 왜곡되지 않고 있는 그대로 보이는 것이다. 지혜는 대상을 있는 그대로 볼 수 있는 안목을 가리킨다.

선정의 수행 효과는 지혜이다. 선정에서 지혜가 발현한다. 선정과 지혜의 밀접한 관계는 단적으로 정혜쌍수(定慧雙修)로 전통적으로 표현되고 있다. 정과 지혜를 함께 닦는 것이 정혜쌍수이다. 계율을 통해 우리의 몸과 마음을 깨끗이 하고, 선정을 통해 산란한 마음을 고요하게 함으로써 지혜를 증진하는 것이다. 마음이 복잡하고 이리저리 동요될 때, 현재 상황을 있는 그대로 볼 수 없다. 마음이 고요해져야만 비로소 문제 상황을 있는 그대로 정확히 볼 수 있는 지혜가 나온다. 마음이 고요하려면 산란하지 않아야 한다. 마음이 한 대상에 머물고 있으면 산란하지 않아 고요해진다. 이런 고요 속에서 지혜가 발현한다. 선정은 지혜의 발현을 위한 근거가 되고 있다.

선정, 즉 명상은 본래 지혜 개발을 위한 것이지만 강력한 효과를 지닌 약과 같이 몸과 마음의 병을 치유할 수 있는 능력을 지니고 있다. 불교 전통에선 명상이란 궁극적으로 모든 구속으로부터 해방된 해탈의 경지, 즉 열반의 성취를 목표로 한다. 불교명상이 각종 질병을 비롯한 정신치유에 도움이 되고 심리치유에도 도움이 되지만 불교 명상의 본질이 지혜 개발을 통한 열반의 성취에 있다는 것을 명심해야 할 것이다. 열반의 성취 도정에 명상이 심신의 질환을 치유하는 부수적인 효과를 발휘하는 것이다. 불교를 정신건강 기법이나 치유법으로써 임상심리학의 범주에 한정하는 위험에 빠져서는 안 된다. 불교 명상이 심리치유에 효과적이지만 명상 본래의 기능과 목적에서 벗어나는 것은 전통적인 불교의 입장에선 우려할만한 사항이 될 수 있다.

2) 불교 명상의 치유 기능

영어로는 명상을 'meditation'이라는 단어로 쓰는데 , 이는 라틴어 mederi(cure)에서 나온 것이다. mederi에서 파생된 또 다른 하나의 단어는 'medicine' 이라는 단어이다. mederi라는 단어에는 '치유하다'라는 뜻이 내포되어 있다. 명상을 하면 치유의 효과 있다는 것을 보여주고 있는 것이다(Kabat-Zinn, 1990, p.163). 물리적인 약을 medi-cine이라고 하면, 심리적인 약을 medi-tation이라 할 수 있다. 메디-신(medi-cine)은 화학적 성분이고, 메디-테이션(medi-tation)은 정신적 성분이다. 둘 다 병을 고치기 위해 쓰이기 때문에 그 앞에 '치료'의 뜻인 접두사 'medi-'가 붙는다.

마취 및 통증전문의인 칼사(Khalsa)는 명상을 의료현장에 사용할 수 있다고 강력히 주장한다. 명상을 의료명상(Medical Meditation)이란 이름으로 질병치료와 예방에 활용할 수 있다고 주장하고 있다. 그는 명상이 노화를 방지하고 삶을 젊게 해주기 때문에 명상이 다방면에 걸친 의료 장면에 적용할 수 있다고 주장한다. 명상은 근본적으로 내분비기관의 퇴화를 저지시키고 활성화하기 때문에 노화를 방지시킬 수 있다는 것이다(Cameron Stauth, 외 2002; 장현갑, 2004 p.479에서 재인용).

명상이 치료의 기능도 있지만, 기본적으로 치유가 그 주된 기능이다. 치료(curing)는 반드시 치유(healing)를 의미하지는 않는다. 치료가 구체적인 요법(therapy)을 통한 신체적 통증이나 심리적 병증을 해소하는 데 초점이 둔 것이라고 한다면, 치유는 신체적 치유뿐만 아니라 상담(相談, counselling)에 의한 정신적 치유, 그리고 명상(meditation)을 통한 영적 치유에 이르기까지 좀 더 포괄적인 의미로 사용되고 있다. 존 카밧진(Jon Kabat-Zinn)도 불교 명상이 결코 독립된 치료기법은 되지 않는다고 밝혀 보완책으로 활용할 것을 권하고 있다. 명상은 치료기법은 아니지만, 존재에 이르는 길로서, 명상에 몰입하고 있으면 명상 그 자체로서 치유가 저절로 일어난다. 치유란 깊은 생리적 이완상태에 들어가 질병까지도 수용하는 자세에서 일어난다. 질병의 증상을 없애기 위해 명상을 하는 것은 아니다(Kabat-Zinn, 1990, pp.171-3).

불교 명상이 정서적으로 안정을 주고 치료 효과를 향상한다는 점은 분명하지만, 구체적으로 질병을 치료하는 방법은 아니라는 뜻이 된다. 불교 명상이 약물치료나 수술을 대신하여 질병을 치료할 수 있다고 주장하는 것은 결코 아니다. 전통적인 의학을 존중하면서 명상의 역할을 보완제로 한정하고 있다. "명상이 임상에서 주요 치료 수단은 아니지만, 보조수단으로서의 가치는 크게 기대할 수 있다."(안도오 사무, 2009, pp.183-184). 명상은 성공적인 정신치료에 필수적인 힘을 부여할 수는 있지만, 명상만으로는 완전한 치료를 기대할 수 없다.

마음을 어느 하나의 대상에 모으는 집중명상(samathā)은 한 대상에 마음을 고정시키기 때문에 산란한 마음이 통제되어 마음의 평화와 안정을 가져오게 한다. 이런 이완된 상태에서 치유적인 효과가 발생하게 된다. 대상의 본질을 통찰하는 통찰명상(vipassanā, 觀)은 대상의 본질을 파악함으로써 다시는 대상에 대하여 애착하거나 근심하지 않게 된다. 이러한 과정에서 마음의 평화가 일어나게 된다. 대상에 대한 정확하고 깊은 통찰은 대상으로 인해 일어난 심리적인 구속을 해결하게 해준다. 결국 명상은 근본적으로 내적 평화를 이루게 해줌으로 치유 기능을 갖추고 있다.

사념처(四念處)를 통해 정신적·육체적 고통에서 벗어나 열반을 실현하게 된다고 경전에선 설명하고 있다. 치유는 궁극적인 목표가 아니며 열반을 실현하기 위한 과정 중 부수적으로 따라오는 것임을 분명히 밝히고 있다. "이것은 모든 중생들의 청정을 위한, 슬픔과 비탄을 극복하기 위한, 육체의 고통과 정신적 고뇌를 없애기 위한, 올바른 길에 이르기 위한, 열반을 깨닫기 위한 하나의 길이다. 바로 그것은 사념처이다."[4] 사념처 명상을 통해 얻을 수 있는 이익을 7가지로 밝히고 있다: ①마음의 청정, ②슬픔의 극복, ③비탄의 극복, ④육체적인 고통의 소멸 ⑤정신적인 고뇌의 소멸, ⑥올바른 길에 도달함 , ⑦열반의 성취.

불교는 그 자체로 심리 치유적이다. "명상은 생리학적으로 긴장을 완화시키고 자기관찰의 눈, 알아차림을 키우고 심리적 방어를 제거하고 무의식에 억압된 심리적 내용이 출현되도록 촉진하는 치유적 작용이 있다고 할 수 있다"(안도오 사무, 2010, p168). 통찰명상은 '자기관찰'을 강조한다. 비파사나는 새로운 사고의 지평을 열어주기 때문에 '고양된 정신적 깨어있음', 즉 진정한 '의식의 성장'을 얻을 수 있는 치유 과정이 된다(J. Kabat-Zinn, 1990 p.168). 명상은 사물을 바라보는 관점을 바꾸어서 치유하는

---

4) Dīgha Nikāya, II p.290. "eka-yano ayaṃ, bhikkhave, maggo sattanam visuddhiya, sokapariddavanam samatikkamaya, dukkhadomanassanam atthagamaya, ñayassa adhigamaya, nibbānassa sacchikiriyaya yadidaṃ cattaro satipaṭṭhana."

기능이 있다. 바른 관찰은 사물을 있는 그대로 볼 수 있는 눈을 얻게 해 주는데 , 이런 지혜의 눈은 치유의 효과를 산출한다.

남방 상좌부 불교에서는 '통찰명상'과 병행하여 자애(慈愛, mettā)명상을 하고 있다. 비파사나가 번뇌를 제거하여 열반에 이르는 '자가치유'의 길을 제시해 준다면 , 자애명상은 자신과 주변 관계를 변화시키는 대인관계치유의 길을 제시해준다는 점에서 주목할 만하다. '자기치유'와 함께 '관계치유'가 함께 진행되었을 때 효율적인 온전한 치유가 될 수 있다.

의료현장이나 상담 치유 현장에선 명상은 일상생활 속에서 건강하게 살아갈 수 있도록 하는 것을 목표로 한다. 명상을 통해 더욱 건강한 삶을 사는 것을 목적으로 하는 명상은 주로 심신의 치유에 초점이 맞추어져 있다. 명상은 자체 내에 치유 기능이 내재해 있다. 치유는 명상이 진행되는 가운데 부수적으로 나타나는 기능이다. 모든 고통이 절멸된 열반을 목적으로 수행하는 과정에서 명상이 치유의 기능이 발휘될 수는 있으나, 명상의 목적 자체는 아니다. 명상을 피상적인 치유만을 목적으로 수행한다면 명상의 범위를 좁히는 결과를 초래하게 된다.

2. 불교 명상치유프로그램의 개발 배경 및 현황

1) 불교 명상치유프로그램의 개발 배경

(1) 불교 명상의 대중화

현재 국내 및 미국 등 서양에서는 상좌부(Theravada) 불교의 수행이라고 하면 대체적으로 비파사나(vipassanā) 명상을 생각한다. 상좌부 수행엔 비파사나 이외에도 사마타(samathā)라는 수행법이 있지만, 비파사나 수행이 미얀마 등 동남아시아 불교를 대표하는 수행법으로 여겨지고 있다. 이러한 경향은 미국 등 서양에서 비파사나 명상을 이용한 MBSR(Mindful-ness-Based Stress Reduction)과 같은 심신치유프로그램이 개발되면서 더욱더 유행하고 있다.

수자토(Sujato, pp.79-81)는 비파사나 수행이 지금과 같이 지대한 영향력을 발휘하게 된 것은 현대불교(modernist Buddhism)의 특성에서 찾고 있다. 현대의 불교인들은 급변하는 과학 물질문명에 적응하기 위해 이성을 중시하게 되고 이러한 이성 중시는 불교를 파악하는데 관건이 된다. 이성주의 시각에선 사마타는 대체로 사이비 신비주의 또는 마술로 비치기 쉽다. 전통적으로 사마타는 이성을 초월하는 신비주의로 이해되곤 하였다. 사마타 수행 과정에서 광명(光明) 명상이나 특정한 형상(image)이 나타나게 되어 이러한 형상을 이성적으로 설명하기 어려워 신비적인 경험으로 남게 된다.

결국 사마타 수행은 감정적인 측면과 주관적인 경험이 동반되며 이에 비해 비파사나 수행은 이지적이고 객관적이다. 곧잘 점성술, 예언 심령 현상과 결부되기 쉬운 사마타 대신에 합리적이고 과학적인 비파사나가 이성을 중시하는 현대인에게 더 적합한 것이라고 여기는 경향으로 비파사나가 강조된 것이다. 이러한 제반 상황에서 미얀마에선 비파사나 수행이 중흥하게 된 것이다.

현재 비파사나 수행을 중시하는 수행자들은 사티팟타나숫타(*Sati-paṭṭhanasutta*)를 그 소의경전으로 여기고 있다. 미얀마의 레디 사야도(Ledi

Sayadaw) 계통과 마하시 사야도(Mahasi Sayadaw) 계통의 수행자들이 현대의 비파사나 수행 전통을 세계화하는 데 그 기틀을 마련해 준 것이다. 미국 서구의 불교는 명상 중심의 불교이다. 신앙 위주의 기독교의 주요 교리는 현대과학과 상반되면서 서구인들은 점차 성경의 내용에 흥미를 잃게 되고 그 대안으로 심신의 평화를 직접 가져오는 불교의 명상에 매료되는 것이다.

카밧진은 1960년대 중반 대학 시절의 학문적인, 문화적인 분위기에 고무되었다. 20세기 후반 반문화(counter culture) 운동이 확산함에 따라 불교를 사상의 원천으로 여겨지면서 불교를 배우려는 분위기가 형성되었다. 이러한 반문화 분위기에서 서양의 젊은이들은 미얀마 등 동남아시아에 직접 가서 불교 명상을 배우게 된다. 조셉 골드스타인(Joseph Goldstein)과 잭 콘필드(Jack Kornfield)은 통찰명상회(Insight Meditation Society)를 만들어 미국인에게 동남아시아 상좌부의 비파사나 명상을 체계적으로 보급하기 시작하였다. 조셉 골드스타인과 잭 콘필드는 비슷한 구도 여정을 공유하고 있다. 이 둘은 평화봉사단의 일원으로 각기 동남아시아에 파견되었고 그곳에서 상좌부 불교를 집중적으로 공부하였다. 카밧진이 접한 비파사나 명상법은 조셉 골드스타인과 잭 콘필드를 위시한 통찰명상회의 소속의 명상가들의 것이다. 현재까지도 카밧진은 통찰명상회와 긴밀한 유대 관계를 가지고 있다. 카밧진은 자신의 명상 경험을 바탕으로 '알아차림에 기반한 스트레스 완화 프로그램'(Mindfulness-Based Stress Reduction)을 개발하기에 이른다.

(2) 스트레스 관련 만성질환의 만연

1950년대 이후 산업화가 고도화되고 인간 사회가 복잡하게 됨으로써 스트레스가 증가하게 된다. 급증하는 스트레스를 적절하게 대처하지 않고 내버려 두면 결국 각종 질병이 발생한다는 사실이 밝혀지면서 스트레스를 대처하기 위한 자기조절기법으로서 명상이 주목받기 시작하였다. 특히 1970년대에 들어와 스트레스에 의한 정신 신체질환이 만연하고, 병원 외래를 찾는 다수의 환자가 스트레스 관련 질환자라는 사실이 알려지면서 명상법이 주목받게 되었다. 병원을 찾는 환자 중 75%는 자가치유가 가능하고 나머지 25%는 약물과 수술이 필요하다는 통계가 있다(허버트 벤슨, 윌리엄 프록터, 2003 p.33). 약물이나 수술에 의존하지 않고 병을 고치는 대표적인 방법으로 최근에 명상이 활용되고 있다.

스트레스는 만성질환이나 정신신체질병의 발생에 중요한 역할을 담당한다. 스트레스 반응이란 유기체가 심각한 영향을 받을 수 있는 위협적 장면에서 자신을 방어하기 위한 반응이다. 이때 뇌는 일련의 신경생리학적 반응을 활성화할 수 있는 스트레스 관련 호르몬을 분비한다. 스트레스 호르몬의 분비에 따라 호흡률, 심혈관의 긴장, 정서적 각성 그리고 근육의 긴장성 등이 증가하게 된다. 스트레스 반응이 반복하여 나타난다거나 멈추어지지 않을 때 종국적으로 건강에 손상을 입게 된다. 스트레스 유발 사건에 반복적으로 노출되면 스트레스에 대한 대처 반응이 무기력하게 되어 우울증이나 면역조절에 장애가 나타난다(장현갑, 2010 p.6).

20세기 후반에 들어오면서 의학의 눈부신 발전으로 이전에 불치의 병으로 여겨졌던 질병도 상당수 치유가 가능하게 되었다. 그러나 정신질환이나 심인성 질환을 앓고 있는 더욱더 늘어나는 추세다. 약물치유의 한계를 극복하고자 현재 미국이나 영국에선 불교의 명상 수행법을 이용하여 환자의 질병을 치유하는 심신치유법이 적용되고 있다. 현대의학에서 명상의 치유 효과를 과학적으로 연구하기 시작한 계기는 허버트 벤슨(Herbert Benson)의 "이완반응" 출간 이후이다.

명상을 과학과 연결한 벤슨은 스트레스에 주목하였다. 마음에는 긴장상태(tension)와 이완상태(relaxation)가 있는데 긴장상태는 인류의 진화에서 생존을 위해 꼭 필요한 상태였으나 이제는 원시시대와 같이 생존을 위협하는 환경이 사라졌음에도 불구하고 긴장상태로 인한 신체적 반응은 여전히 남아 있다. 한때 생존에 도움이 되었던 긴장상태가 이제는 생존을 위협하는 상태가 되었다. 명상은 바로 이러한 생존에 위협이 되는 긴장상태를 완화해 주는 효과가 탁월하다(Herbert Benson, Willam Proctor, 2010, pp.54-71).

명상의 이완반응을 통하여 스트레스를 해소할 수 있다. 이완반응을 자유롭게 유발 할 수 있다면 심신질환은 대부분 완화하거나 치유할 수 있다고 보았다. 스트레스 상황에 부닥쳤을 때 인체 내부에 일어나는 변화를 관찰하여 스트레스와 고혈압 심장마비 뇌졸중 등 질병과의 상관관계를 추적하고 그러한 스트레스를 대처하려는 방법으로 이완반응을 제시하였다. 존 카밧진(Jon Kabat-Zinn)도 1979년에 스트레스로 인한 만성통증, 두통, 고혈압, 불안장애, 수면장애 등의 환자들을 위해 8주간의 프로그램으로 구성된 'MBSR(Mindfulness-Based Stress Reduction, 알아차림에 근거한 스트레스 완화)'클리닉을 운영하여 거의 모든 환자에게서 치유 효과가 증진되는 결과를 입증하였다.

(3) 심신의학의 대두

20세기 후반에 들어와 스트레스가 극심해지면서 스트레스 관련 질병의 치유에 전통 서양의학의 한계가 드러나면서 새로운 치유법이 요구되었다. 보완대체의학(complementary alternative medicine: CAM) 또는 통합의학(integrative medicine)이란 새로운 의학이 태어났고, 이러한 의학의 핵심에 심신의학(mind/body medicine)이 자리 잡고 있다. 심신의학이 주목받게 된 것은 질병에 관한 서양 전통의학의 관점이 생의학적(biomedical) 모델로부터 생심리사회학적(biopsychosocial) 모델로 전환된다. 질병 치유가 외부적 개입(약물이나 수술) 없이 생명체 자체의 힘으로 치유될 수 있다는 자가치유(self-healing)라는 관점이 주목받게 된 것과 밀접한 관련이 있다. 심신의학에서 다루는 건강이란 마음(mind), 몸(body), 그리고 영성(spirit)이 서로 통합되는 전체적(全體的, holistic)인 것으로 보고, 마음(정서)으로 신체의 질병을 치유하려는 입장을 강조한다(장현갑, 2010 p.2).

20세기 후반에 들어와 마음과 몸은 서로 밀접하게 연결되어 있으며, 마음에서 생긴 문제가 신체의 문제를 일으킬 수 있다는 견해와 증거가 제시되기 시작하였다. 이러한 심신불이론(心身不二論)에서는 인지적·정서적 과정과 같은 마음의 과정에 문제가 있으면 각종 신체적 질병에 걸릴 수 있는 조건을 만들고, 또 이러한 신체적 질병이 만성화되어 고질병으로 될 수 있다는 증거들을 제시한다. 이와 동시에 명상과 이완반응과 같은 심리적 중재법을 적용하면 스트레스에 의해 직접·간접적으로 발생할 수 있는 질병들을 치유할 수 있고 예방할 수 있다는 증거들이 제시되기도 했다. 예컨대 고혈압이나 관상성 동맥질환, 두통, 소화기 질환, 각종 만성통증, 불안과 우울 및 암과 같은 스트레스 관련 질병의 치유에 심신개입법이 효과적이라는 것이 밝혀졌다(장현갑, 2010 p.3).

심신의학에 대한 과학적 연구는 심리신경면역학(psychoneuroimmunology, PNI) 분야의 연구발견에서 찾을 수 있다. 심리신경면역학은 마음, 신경계통 그리고 면역계통 간의 상호 작용을 연구하는 의학이다. 심리신경면역학은 두뇌와 면역계의 상호 연계성을 바로 보여준다. 질병의 발병이나 치유가 생각, 감정 등에 의해 크게 영향을 받는다는 것이다. 시험기간 중에 있는 학생들을 조사해 보면 자연살해세포(natural killer cell)의 활동이 줄어드는데 이것은 심리신경면역학(PNI)의 작동을 잘 보여준다. 스트레스, 고립감, 외로움 등은 면역 기능을 저하한다. 명상은 면역 기능을 향상해 질병에 저항하며 건강을 유지한다(Kabat-Zinn, 1990, p.174).

1970년대 들어와 신체질병의 예방과 치유에 스트레스 관리가 중요한 요인이 된다는 점이 널리 인식되기 시작하면서 스트레스를 효과적으로 다루는 방법으로 명상과 같은 심신개입법(mind-body intervention)이 시선을 끌게 되었다. 명상이 신체에 미치는 영향은 이미 1960년대 후반부터 서구에서 연구됐다. 미국 하버드 의대 허버트 벤슨(Herbert Benson)은 명상이 혈압을 낮추고 일산화탄소의 배출도 줄인다는 사실을 밝혔다(Benson, H, 2006 p.80; pp.129-130). 명상의 의학적 효능이 속속 밝혀지자 서양 의학계에서는 명상을 질병치유에 다양하게 응용하고 있다. 1970년대에 개발된 MBSR(Mindfulness-Based Stress Reduction, 알아차림에 근거한 스트레스 완화)은 몸과 마음의 새로운 치유접근이다. 이러한 새로운 치유법은 몸과 마음에 대한 통합적 접근을 통해 질병 치유뿐만 아니라 몸과 마음의 건강 증진이라는 보다 장기적이고 더욱 근원적인 효과를 발생시키는 불교적 접근으로 평가될 수 있다.

불교와 현대과학 사이의 상호 이해 및 공동 작업을 목적으로 하는 과학자, 철학자들의 모임인 '마음과 생명 학회'(Mind and Life Institute)는

2005년에 '과학, 그리고 명상의 임상적 적용'이라는 주제로 달라이 라마(Dalai Lama)와 대담을 가졌다.[5] 이 대담은 단적으로 명상의 심신치유 기능에 얼마나 많은 관심이 집중되고 있는지 보여준다. 불교 명상이 미국에서 의학적 효능에 관한 과학적 연구가 활발하게 이루어진 배경에는 미국연방정부기관인 국립보건원(The National Institute of health, NIH) 산하의 보완대체의학연구소(National Center for Complementary and Alternative Medicine)에서 명상의 연구를 위해 공식적으로 지원하였기 때문이다(장현갑, 2004. p.472).

2) 불교 명상 치유 프로그램의 현황

서양에서 불교 명상이 의료 현장에서 공식적인 치유 프로그램으로 정착하게 된 계기는 존 카밧-진 박사의 '알아차림에 근거한 스트레스 완화(MBSR)' 프로그램이 개발되면서 부터이다. MBSR은 만성질환과 스트레스 관련 질병을 가진 환자를 위한 행동의학프로그램으로 개발되었다. 이 프로그램은 8주동안 주당 한 회기씩, 각 회기 마다 2~3시간정도 진행되는 집단프로그램이다. 불교 명상에 기반한 치유법은 정신장애자나 만성질환자로부터 스트레스를 완화하여 삶의 질을 높이려고 하는 사람들에 이르기까지 많은 사람들에게 널리 활용되고 있다. 존 카밧진의 MBSR 프로그램은 불교의 명상을 과학화한 최초의 임상 프로그램이라고 할 수 있다. 환자 자신이 현재 경험하고 있는 내외적 현상을 심판하지 않고 자각하여 스트레스를 통제하는 훈련 프로그램이다.

---

5) http://www.mindlandlife.org. 검색일자: 2023.8.3.

심장병, 암, 폐질환, 두통, 만성통증, 고혈압, 간질, 수면장애, 소화장애, 피부질환, 언어장애 등의 신체 질환은 물론, 불안, 우울, 공황장애, 대인공포 등의 각종 심인성 질환으로 고통 받는 많은 사람들이 이 프로그램을 찾고 있다. 환자들의 심신 질환 치유는 물론, 일반인들의 스트레스 대처능력 증가, 차분함, 평안함, 통찰력의 증가, 삶의 활력 및 열정 증가, 대인관계 개선에도 놀라운 효과가 있는 것으로 알려져 있다. 미국의 경우 일반인은 물론 수 만 명의 의료인, 환자들이 비파사나 명상 스트레스 완화 전문 프로그램을 참여하여, 자신의 내적 능력을 활용하는 방법을 배우고 있다. MBSR은 스트레스, 통증, 각종질환, 그리고 일상생활의 여러 가지 어려움을 효과 있게 대처하는데 뛰어난 프로그램으로 평가되고 있다.

불교 명상을 이용한 MBSR은 단지 미국 의료계에서 활용되는데 한정되지 않고 심리학계에도 지대한 영향을 끼쳤다. 존 카밧진의 MBSR은 인지행동치유(Cognitive Behavior Therapy)의 제3물결의 형성을 가져왔다. MBSR의 직간접 영향 아래에서 MBCT(Mindfulness-Based Cognitive Therapy, 알아차림 명상에 기초한 인지치유), DBT(Dialectical Behaviour Therapy, 변증법적 행동치유), ACT(Acceptance and Commitment Therapy, 수용과 전념치유) 등이 속속 개발되고 있다.

알아차림 명상에 기초한 인지 치유(Mindfulness-Based Cognitive Therapy, MBCT)프로그램은 불교의 명상 수행과 서양의 인지 치유를 접목한 새로운 방식의 치유법으로 우울증의 재발 방지에 효과적으로 적용되고 있다. MBCT는 영국 정부의 보건기관(National Institute of Clinical Excellence, NICE)에 의해 효과적인 치유법으로 공인받고 있다. 근자에 한국에서도 MBCT

를 임상에 적용하려는 시도가 활발하게 이루어지고 있다. MBCT는 인간의 고통 특히 우울증을 경험하고 있는 환자들을 치유하기 위해 개발되었으나 우울증의 영역을 벗어나서 잠재적으로 다양한 정서 장애를 치유할 가능성을 지닌 프로그램으로 평가되고 있다. 정서 문제를 해결할 수 있는 이론적이면서도 방법론적인 자료를 제공해 주고 있다고 평가된다,

MBCT는 아론 벡(Aaron Beck)의 인지치유(Cognitive Therapy)와 존 카밧진(Jon Kabat-Zinn)의 MBSR 프로그램을 결합한 치유프로그램이다. 영국의 티스데일(Teasdale)은 1990년대 중반부터 비파사나 명상을 우울증 치유에 적용해오다가 2002년에 그의 동료인 시걸(Segal), 윌리엄스(Williams)과 함께 우울증의 재발방지를 위해서 알아차림에 근거한 인지치유(Mindfulness-Based Cognitive Therapy)를 제시하였다. MBCT는 우울증의 재발률 감소에 있어서 효과적인 치유방식으로 평가되고 있다. 아론 벡의 인지치유의 치유원리와 치유방법은 핵심적인 부분에서 불교와 유사한 내용을 담고 있다. MBSR도 불교의 명상을 도입하고 있기 때문에 인지치유와 MBSR를 통합한 MBCT에도 자연히 불교적인 요소가 근본 토대를 이루고 있다.

2002년 Mindfulness-based cognitive therapy for depression: A new approach to preventing relapse 이라는 단행본이 출판됨에 따라 공식적으로 MBCT 프로그램으로 널리 알려지게 되었다. 이런 짧은 역사에도 불구하고 MBCT는 영국을 중심으로 한 서구에선 장족의 발전을 하고 있다. MBCT에 관한 논문이 해마다 늘어나고 있으며 MBCT 프로그램을 운영하는 기관이나 병원도 늘어나고 있다. 영국의 정부 의료 기관(National Institute of Clinical Excellence, NICE)에 의해 우울증 재발에 효과적인 치유 프

로그램으로 공인받고 있다. 영국의 옥스퍼드 의과대학 소속의 옥스퍼드 인지치유센터(Oxford Cognitive Therapy Centre) 와 웨일즈 대학에서 MBCT 프로그램이 운영되고 있다.

변증법적 행동치유(DBT)는 말사 리네한(Marsha M. Linehan)에 의해 개발된 심리사회적 처치이며, 특별히 경계선 성격장애(Borderline Personality Disorder, BPD)를 가진 개인들을 치유하기 위해 고안된 것이다. 자살위험이 상존하는 경계성 인격장애 환자의 치유를 위해 충동적으로 참을 수 없는 인지와 정서를 조절하는 능력을 증가시키기 위해 개발되었다. DBT는 경계선 성격 장애를 가진 개인들을 위해 고안되었지만 다른 심리장애를 가진 환자들을 위해서도 사용되고 있다(Matthew Mckay C., 외 2013 ; 쉐리반 디크, 2013). 수용전념치유(ACT)는 스트레스, 우울증, 불안증, 중독, 식이장애, 조현병, 경계성 인격정애와 다양한 심리장애에 효과가 입증되었다(Russ Harris, 2014). 인지적 유연성을 증가해 행동과 감정 조절을 꾀하기 위해 불교명상을 이용한 치유법이다.

비에턴(Vieten C.)과 어스틴(Astin J.)은 "Mindful Motherhood"라는 프로그램을 개발하고 임산부에게 적용하여 스트레스, 불안, 부정적 정서를 줄이는데 효과적이다라는 연구 결과를 발표하였다(Vieten C. Astin J. 2008). 낸시 바더커(Nancy Bardacke)는 1998년 임산부의 출산과 유아 성장을 돕는 MBCP(Mindfulness-Based Childbirth and Parenting, 알아차림에 기반한 출산과 양육) 프로그램을 개발하였다. MBCP는 임신, 출산, 출산 직후 유아 양육과 관련한 스트레스를 명상을 통하여 가족의 건강과 복지를 향상시키는 것을 목적으로 하고 있다. 이 프로그램을 임산부에게 적용한 연구 결과에 의하면 주시력(注視力)과 긍정적인 정서를 향상시키고, 임신불안, 우울증, 부정적인 정서를 감소시키는데 효율적이다(Larissa G. Duncan and Nancy Bardacke 2009). 칼슨(Carson) 등은 불교명상에 기초한 관계 향상 프로그램(MBRE, Mindfulness-Based Relationship Enhancement)을 개발하여 부부관계나 남녀 간의 관계 향상을 도모하고 있다(Carson 외 2004).

크리스틴 네프(Kristin Neff)와 거머는 공동으로 Mindful Self-Compassion(알아차림 자기공감)을 개발하여 자기 사랑 프로그램을 개발하였고 폴 길버트는 폴 길버트는 자기—연민 훈련 프로그램인 연민 마음 훈련을 개발했다. 길버트(Gilbert)는 자비에 초점을 둔 치유(Compassion Focused Therapy, CFT)를 개발하여 우울증 감소, 자기—존중감의 향상 그리고 수치심의 감소 등을 이끌어 내고 있다.[6]

3. 불교 명상의 의료적 적용 효과

서구의 여러 학자들이 명상이 심신치유 및 질병 예방에 효과적이라는 연구 논문을 발표하고 있다. 2000년 이후에 발표된 연구 중 분야별로 대표적인 것만 소개하고자 한다. 뉴욕 주립 대학의 존 윌리엄스(John C. Williams, M.S.)와 캘리포니아 대학의 빙함톤 리디아(Binghamton Lidia Zylowska, M.D.)가 함께 1975년에서 2009년 3월까지 알아차림(mindfulness) 불교 명상 관련 논문을 정리하였다. 이들이 수집한 자료를 중심으로 본 연구

6) http://www.mindfulselfcompassion.org/workshops_present.php. 검색일자: 2024.4.5.

에 직접 연관되는 논문을 간략히 요약하고자 한다.[7]

알아차림 명상에 기반한 스트레스감소(Mindfulness-Based Stress Reduction: MBSR) 프로그램의 효과를 검증한 다양한 연구결과들이 다양한 분야에서 최근에 많이 쏟아져 나오고 있다. 특히, 만성통증, 불안, 건선, 근섬유통, 암에 이르기까지 다양한 질병군에서 MBSR의 효과가 검증되어 있다. 만성 통증(chronic pain)증에 관한 연구가 활발하게 이루어지고 있다. 노인 중 만성 등병을 겪고 있는 환자에게 명상이 효과가 있다(Morone, N., 외 2008). 만성통증을 경험하고 있는 환자에게 인내력과 심리적 복지, 생리적 활동에 명상이 상당한 효과가 있다(Kingston, J., 외 2007). 암환자 집단에 MBSR의 효과를 검증하고 기분장애와 스트레스 수준이 유의미하게 경감된다는 것이 보고되었다(Speca, 외 2000)는. 칼슨(Carlson 2004) 등은 유방암과 전립선암 환자 58명에게 MBSR을 실시하였더니 MBSR 집단은 삶의 질과 수면질이 증가된 반면 불안과 우울은 감소된다고 보고했다. 심장병을 개선하는데 명상이 효율적이다(Edelman, D., 외 2006).

알아차림 명상은 불면증을 개선하며(Winbush, N., 외 2007), 금연에도 효과적이다(Davis, J., 외 2007). 정신질환으로 대표되는 병적인 불안을 치유하는데 효과적이라는 연구가 다수 존재한다. 최근에 불안 또는 불안과 관련된 정서 장애를 다룬 연구를 단행본으로 모아 두었다(Antony M., 외 2009). 크리스텔러(Kristeller)와 할렛(Hallett, 1999)은 MBSR이 섭식장애에 미치는 영향을 연구하였다. 통제집단이 없는 사전-사후 설계에서 18명의

---

7) Mindfulness Bibliography, Mindful Awareness Research Center, UCLA Semel Institute http://marc.ucla.edu/body.cfm?id=38&oTopID=38에서 이용가능. 검색일자: 2023.12.5.

여성환자들이 섭식 및 기분과 관련된 몇 가지 측정치에서 통계적으로 유의미한 개선을 보여주었다. 알아차림 명상이 근섬유통에 효과가 있다(Grossman, P., 외 2007).

알아차림 명상을 통해 자기-조절력을 향상시켜 당뇨병을 완화하는 데에도 효과가 있다(Gregg, J. A., 외 2007). 병적인 비만을 관리하는데 명상이 유효하다. 건선(psoriasis) 환자를 대상으로 한 카밧진(Kabat-Zinn) 등(2003)의 연구에서는 개개의 광선치유 동안 명상 오디오 테이프를 듣고 명상한 환자들은 광선치유만 받은 환자들에 비해 더 빨리 피부가 깨끗해졌다. HIV/AIDS에 감염된 젊은이에게 명상은 유의미한 결과를 가져온다(Sibinga, E., 외 2008). 윌리엄스(Williams K.A., 외 2001) 등은 MBSR을 수료한 환자집단을 대상으로 연구하였는데 스트레스 수준이 감소되고 의학적·심리적 징후가 유의미하게 개선된다고 보고하였다. 임상적인 불안과 우울을 낮추어준다(Kenny & Williams, 2007).

MBCT(Mindfulness-Based Cognitive Therapy, 알아차림 명상에 기초한 인지치유)는 우울증의 재발 방지를 목적으로 개발된 우울증 치유 유지 프로그램으로 기존의 인지치유(Cognitive Therapy)에 불교의 알아차림(mindfulness) 명상을 결합하여 임상에 활용되고 있다. 자살사고와 자살 행동 재발방지에 효율적이다(Barnhofer, T., 외 2007, pp.709-712). MBCT는 우울증의 재발 방지를 위해서 개발되었으나 다른 심신장애에도 효과가 있다는 임상적 연구도 나오고 있다. 우울과 관련된 심리장애를 살펴보면, MBCT는 양극성 장애(Williams, J. M. G., 외 2008; Miklowitz, D., 외 2009), 섭식장애(Baer, 외 2005 pp.351-358) 등에 긍정적인 효과가 있다고 한다. 우울증 및 불안을 앓고 있는 환자를 대상으로 MBCT의 수용성과 효과성을 밝힌 연구도 있다(Finucane, 외 2006). 일반화된 불안장애(Susan Evans, 외 2008 pp.716-721) 등에 긍정적인 효과를 보여 주고 있다. 불안 장애를 앓고 있는 아동들을 위한 MBCT를 개발한 연구도 있다(Randye Semple, 외, 2010). 또한 MBCT는 노인의 우울과 불안 부정적 정서 대처능력을 향상한다(Smitha, L., 외 2007, pp.346-357).

홉스(Hoppes, K. 2006)는 중독 및 기분 장애에 대한 MBCT의 효과성을 연구하였다. 성인 외래 환자를 대상으로 MBCT의 효과를 연구도 있다(Ree, M. J., 외 2007). 필립(Philipp M. Keune 외 2010) 등은 우울증 재발 환자의 전두엽에 MBCT가 미치는 효과를 연구하였다. 루쓰(Ruth A. Baer 2005) 등은 폭식 장애에 효과가 있으며, 무사비아니(Moosaviani N., 외 2012) 등은 비만에 효과가 있다는 것을 밝혔다. 마니캐버스가르(Manicavasgar, 2011) 등은 우울증 치유에 있어 MBCT와 전통적인 CBT(Cognitive Behaviour Therapy)의 효과를 비교하고 있다.

자애(metta)명상은 긍정적 정서(기쁨, 감사, 즐거움, 경외감), 사회적 연대감을 증가시켜 대인관계를 원만하게 해 준다(Fredrickson, B., 외 2008). 자애명상은 마음챙김과 문제해결 능력, 미래를 음미하기, 환경에 숙달하기, 자기—수용, 인생의 목적, 사회적 지지기반, 다른 사람들과의 긍정적인 관계, 육체적 건강과 같은 개인적인 자원을 넓게 증가시키는 것은 물론 긍정적 정서(예를 들면, 사랑, 기쁨, 감사, 희망, 자긍심, 재미, 경외감)를 유의미하게 증가시킨다. 낯선 사람에 대한 긍정적 느낌과 사회적 연대감을 증가시켜 준다.

국내에도 2000년도 전후로 불교 명상 치유와 관련된 논문이 발표되기 시작하여 현재에 이르러 급증하고 있다. 불교 명상 치유와 관련하여 보면 MBSR과 MBCT 관련 논문이 주류가 되어 있다. 대체로 학생 특히 대학생을 상대로 한 연구가 다수 차지하며 스트레스와 우울증이 중심이다. 불교 명상의 치유 효능에 관한 국내 논문은 모두 심리학계나 의료계에 종사하고 있는 학자나 전문의들이 발표된 것이 대부분이다.

* * *

MBSR 등 불교 명상치유프로그램이 성공적으로 의료계에 정착하여 발전할 수 있었던 것은 무엇보다도 불교 명상이 지닌 치유 능력 때문이다. 불교 명상이 갖추고 있는 치유적인 효과를 발견하고 현대인에게 맞게끔 치유프로그램이 개발되고 적용되고 있다. 불교 명상이 스트레스 완화를 비롯하여 거의 모든 질병의 치유에 도움이 되지만 만병통치는 아니라는 것을 염두에 두어야 할 것이다.

최근에 불교 명상은 심리치유에 접목되어 다양한 심리장애를 극복하기 위해 직간접적인 방법으로 응용되고 있다. 이는 불교가 고통의 해결이라는 목표를 지향하고 있는 점에서 긍정적으로 평가할 수 있다. 불교와 심리치유가 심리적 고통을 해결함으로써 '건강한 삶'을 추구한다는 점에서 서로 공통된다. 전통적인 불교 명상이나 현대의 불교명상 치유프로그램도 고통의 제거를 목표로 한다. 불교의 핵심은 마음을 다스림으로써 완전한 행복을 추구하는 것이다.

붓다 당시의 명상 수행법과 불교 명상치유프로그램을 비교해 보면 그 차이를 살펴볼 수 있다. 불교 명상은 문제의 근본을 해결하는 데 있다고 한다면 불교명상 치유프로그램은 문제의 증상을 다루고 있다고 할 수 있다. 불교 명상의 궁극적 목표는 열반의 성취에 있다. 이에 비해 불교 명상 치유프로그램의 목표는 구체적인 심인성 질병을 치유하는 데 있다. 불교 명상은 번뇌를 제거하고 궁극적인 열반을 목표로 수행된다. 불교 명상의 수행 과정에서 여러 가지 이점이 나타나지만, 이것은 어디까지나 부수적인 것으로 여겨진다.

불교 명상 치유프로그램은 불교의 전통적인 불교 명상 수행법을 현대 미국인의 생활 스타일에 맞게끔 개발되어 임상 적용되고 있다는 점에서 높이 평가할 수 있다. 아울러 명상이 심신치유에 미칠 수 있는 한계를 정확히 지적하는 것도 적절하다. 명상의 심신치유 효과에만 초점을 두지 말고 명상의 근본 목적을 되새길 필요가 있다. 명상은 심장질환, 암, 불임, 우울증, 과잉행동, 주의력 결핍장애 등에 도움이 된다고 알려져 있으며 무엇보다도 스트레스를 치유하는 데 가장 좋은 역할을 하고 있다. 명상이 스트레스, 중독증, 고혈압, 공포증, 천식, 불면증 등에 대해서 긍정적인 결과를 얻을 수 있지만, 거기에 머물지 않고 명상의 본래 목적인 열반의 성취로 나아갈 수 있도록 주의해야 할 것이다.

불교 전통 내에선 명상의 치유 효과에 대한 체계적인 보고나 연구가 존재하지 않는다. 그 이유 중 하나는 불교에서 명상은 지혜 개발을 통한 열반 또는 정각 성취를 목표로 하므로 명상을 통해 심신의 질병이 완화되었다거나 치유되었다는 사실을 공공연하게 이야기하지 않기 때문일 것이다. 국내에선 심신질환에 명상의 무게중심이 쏠리면 불교 명상의 본래 목적이 희석될 수도 있으므로 명상의 치유적 특성이 제대로 연구되거나 평가받지 못하고 있다. 명상의 효과에 관한 적극적인 연구가 필요하다.

Ⅱ. 알아차림 명상에 근거한 프로그램과 치유 원리

1. 알아차림 명상에 근거한 프로그램

1) 알아차림 명상에 기반한 스트레스 완화(Mindfulness-Based Stress Reduction, MBSR) 프로그램

중생의 고통 해결을 목표로 하는 붓다의 가르침과 현대인이 당면하고 있는 질병의 문제를 다루고 있는 의료계의 만남의 결과로 불교의 명상을 활용한 심신치유프로그램이 다양하게 개발되고 있다. 존 카밧진(Jon kabbat-Zinn)은 서구에서 불교 명상을 주류 의학계에 성공적으로 도입되도록 한 인물이다. 미국 매사추세츠 대학 의료원 행동의학과의 존 카밧진은 1970년대에 '알아차림 명상에 기반을 둔 스트레스 완화(Mindfulness-Based Stress Reduction: MBSR)' 프로그램을 개발하였고, 2000년 이후 미국의 주요 의료기관 200곳 이상에 관련 클리닉이 개설되었을 정도로 스트레스와 관련된 질병치유에 널리 사용되고 있다.[1]

MBSR은 단지 미국 의료계에서 활용되는데 한정되지 않고 심리학

---

1) "Center for Mindfulness in Medicine, Health Care, and Society: Stress Reduction Program" University of Massachusetts Medical Center [Broacher]: 1; http://www.umassmed.edu/content.aspx-?id=41252. 검색일자 2023.12.5

계에도 지대한 영향을 끼쳤다. 존 카밧진의 MBSR은 인지행동치유(Cognitive Behavior Therapy)의 제3물결의 형성을 가져왔다. MBSR의 직간접 영향 아래에서 MBCT(Mindfulness-Based Cognitive Therapy, 주시 명상에 기초한 인지치유), DBT(Dialectical Behavior Therapy, 변증법적 행동치유), ACT(Acceptance and Commitment Therapy, 수용과 전념치유) 등이 계속해서 개발되고 있다. 불교의 명상을 활용한 심신치유 프로그램의 개발은 일시적인 유행이 아니라 계속 발전하리라고 예상된다. 불교의 명상 효과가 전문학자들에 의해 과학적으로 입증되고 있으므로 수술과 약물 중심의 의료계에 보완 또는 대체 프로그램으로 확고하게 자리매김하고 있다.

그렇지만 1970년대 말 MBSR 프로그램이 개발되자마자 곧바로 널리 수용된 것은 절대 아니다. 명상(meditation)이라는 용어의 사용을 피할 정도로 그 당시 편견이 심하였다. 1979년 카밧진은 매사추세츠 대학교 의료센터(the University of Massachusetts Medical Center)에서 스트레스 완화 의원(the Stress Reduction Clinic)이라고 처음에 명명하고, 나중에 '의학, 건강 돌봄 및 사회를 위한 명상 센터'(the Center for Mindfulness in Medicine, Health Care, and Society)로 개명하였다. 최초에 주시 명상이라는 용어를 사용하지 못한 것은 그 당시 전통적인 의료센터에서 의심스러운 시각으로 볼 것을 염려하였기 때문이다. 30년이 지난 뒤 주시 명상(mindfulness)은 병원이나 임상상담치유 현장에서 가장 보편적인 용어로 정착하게 되었다(David Jacobs Gordon, pp.30-31).

MBSR 프로그램은 미국 내에서 병원을 포함한 200개가 넘는 건강 관련 센터에서 시행되고 있으며, 다른 국가에서도 널리 적용되기 시작하였다. 해마다 MBSR 관련 논문과 저서가 증가 일로에 있을 정도로 미국 심리치유계 또는 의학계에서 주된 흐름을 형성하고 있다.[2] 국내에서도 MBSR 관련 논문이 꾸준히 증가 추세에 있다. 다만 국내 발표되는 대부분의 논문은 임상과 관련하여 MBSR의 효과를 검증하는 내용이다.

2) 알아차림 명상에 근거한 인지치유 프로그램(Mindfulness-Based Cognitive Therapy, MBCT)

알아차림 명상에 기초한 인지 치유(Mindfulness- Based Cognitive Therapy: MBCT)는 불교의 명상 수행과 서양의 인지 치유를 접목한 새로운 방식의 치유법으로 우울증의 재발 방지에 효과적으로 적용되고 있다. 우울증은 보통 기분 나쁜 상태가 지속되는 것으로 보고 있다. 치유를 요하는 임상적인 우울증(clinical depression, major depression)은 지속적으로 우울한 기분이나 흥미 상실이, 수면 곤란, 식욕 감퇴, 주의 집중력의 손상, 절망감, 무가치감 등과 같은 뚜렷한 신체적, 정신적 징후와 동반되어 나타나는 심리상태이다. 우울증 진단은 이러한 증상들이 적어도 2주 이상 지속되어 일상적인 활동을 할 수 없게 될 때 내려진다. MBCT는 영국 정부의 보건기관인 국립임상우수연구소(National Institute of Clinical Excellence, NICE)에 의해 효과적인 치유법으로 공인받고 있다. 근자엔 한국에서도 MBCT를 임상에 적용하려는 시도가 활발하게 이루어지고 있다.

MBCT는 아론 벡(Aaron Beck)의 인지치유(Cognitive Therapy)와 존 카밧진

2) Mindful Awareness Research Center, UCLA Semel Institute는 Mindfulness Bibliography를 제공하고 있다. 2008년 3월까지 발표된 주시명상에 관한 논문과 서적을 정리하고 있다. 자료는 다음 사이트에서 다운로드 가능하다. www.mindfuleducation.org/MARC_biblio_0808.pdf. 검색일자 2023.12.5.

(Jon Kabat-Zinn)의 MBSR(Mindfulness-Based Stress Reduction, 알아차림 명상에 근거한 스트레스 감소) 프로그램을 결합한 치유 프로그램이다. 영국의 티스데일(Teasdale)은 1990년대 중반부터 알아차림 명상을 우울증 치유에 적용해오다가 2002년에 그의 동료인 시걸(Segal)과 윌리엄즈(Williams)과 함께 우울증의 재발 방지를 위해서 알아차림에 근거한 인지치유(MBCT)를 개발하였다.

현대사회에 주요한 질환으로 등장한 우울증은 두 가지 위험을 내포하고 있다. 첫째 치유되지 못한 우울증 내담자는 자살로 삶을 마감할 위험에 처해있다는 것이다. 우울증 에피소드가 늘어날 수 록 자살률이 높아지게 되고, 심각한 우울증 재발을 경험하고 있는 내담자 중 약 15% 정도가 자살로 자신의 생명을 마감한다(Keller M. B., 외 1992). 둘째 한번 우울증에 걸린 사람은 다시 우울증에 걸릴 위험이 높다는 것이다. 첫 번째 우울증 에피소드에서 회복한 내담자 중 절반 정도가 다시 우울증 재발을 경험하게 되며, 두 번 이상 우울증 에피소드를 경험한 내담자는 이후 재발률이 70~80%에 달한다(Paykel E. S., 외 1995). "단극성 우울증은 만성적이고 평생 지속되는 질병이며, 재발할 위험은 80% 이상이며, 우울증 내담자는 평균 평생 네 번 정도 매번 20주 이상 지속되는 주요 우울증을 경험하게 된다."(Lewis L. Judd, MD. p.990).

초기 우울증에서 회복한 내담자는 다시 우울증 재발에 걸릴 확률이 높으므로 이러한 재발을 방지할 수 있는 유지 치유프로그램이 필요하였다. MBCT(Mindfulness-Based Cognitive Therapy, 알아차림에 근거한 인지치유)는 특별히 '주요 우울장애'(major depressive disorder)를 앓았던 환자의 우울증 재발 예방을 돕고자 고안된 심리치유프로그램이다. 연구에 의하면 3~4회 우울증 에피소드가 있었던 사람들에게서 MBCT의 효과가 커 50% 재발 감소가 있다(Ma, S. H., 외 pp.31-40).

MBCT의 효과는 우울증 에피소드를 더 많이 겪은 내담자들에게서 나타났다. 과거에 3번 이상 우울 증상을 보였던 내담자에 있어 MBCT 집단의 재발률은 1년 이내에 37%이지만 그렇지 않은 집단은 66%로, MBCT의 재발 방지 효과가 크다는 것을 알 수 있다(Teasdale, J. D., 외 2000 pp.615-623). 세 번 이상의 우울증 에피소드를 가진 내담자들의 경우 재발률이 MBCT가 36%, 일상적인 치유는 78%라는 연구결과도 있다(Ma, S. H., 외 pp.31-40). MBCT는 서구의 인지치유 이론과 초기불교의 알아차림 명상 수행을 결합한 것으로 불교적인 요소가 핵심적으로 차지하고 있으면서 중요한 역할을 하고 있다. 우울증 재발 방지에 탁월한 효과가 있다는 것이 임상적으로 밝히는 논문은 다수 있다.

외형적으로 MBCT는 MBSR의 치유구조를 빌려오고 있지만 몇 가지 점에서 차이가 난다. MBSR처럼 MBCT도 8주기를 취하고 MBSR의 바디 스캔, 좌선, 요가, 걷기 명상 그리고 일상생활에서의 비공식적인 알아차림 수행 모두를 수용하고 있다. 하지만 내용면에서 인지적인 요소가 교육되고 있는 점이 MBSR와 다르다. 비록 MBCT가 MBSR에서 명상의 요소를 도입하였지만 여전히 전통적인 인지치유에서 사용하는 기법들(예를 들면, 자동적 사고에 대한 탐색 등)도 치유방법으로 포함되어 있다. 요가를 빼고 삼분호흡의 공간명상법을 도입한 것도 특이하다.

치유의 대상이 서로 다르다. MBCT와 MBSR은 치유대상이 되는 내담자의 심리적 증상이 다르다. MBSR은 만성적인 통증과 스트레스와 관련된 문제 해결에 초점을 둔 치유 프로그램이다. 임상적인 진단 또는 병에 상관없이, MBSR은 광범위한 문제를 가지고 있는 개인들을 모아 집단적으로 프로그램을 진행한다. MBCT는 우울증의 재발을 예방하기 위한 치유 프로그램이다.

2. 사념처 수행에서의 사티(sati)의 의미

알아차림 명상에 근거한 치유프로그램은 불교의 알아차림 명상을 치유 방법으로 적극적으로 활용한다. 전통적으로 동남아시아의 불교인들(上座部, Theravāda)은 사념처를 '비파사나'라고 부르며 중시하고 있다. 사념처(cattāro satipaṭṭhānā, 四念處)는 초기불교의 대표적인 수행 체계이다. '사념처'란 몸(身)·느낌(受)·마음(心)·법(法)의 4가지에 관련하여 사티(sati)를 확립하는 것을 말한다. 현재 미얀마 등 동남아시아 불교인들의 대표적인 수행법인 비파사나 수행의 근간이 초기불교의 사념처이다. 사념처 수행의 전체적인 내용을 담고 있는 팔리어 경전엔 두 가지가 존재하고 있다: *MahāSatipaṭṭhāna-Suttanta*(Dīghā-nikā.ya,II. pp.290-315), *SatipaṭṭhānaSutta*(Majjhimanikāya I. pp.55-63).[3]

본서에선 *MahāSatipaṭṭhāna-Suttanta*(이하 『대념처경』이라고 부른다)를 사념처를 대표하는 경전으로 보고 이 경전을 중심으로 사티(sati)의 의미를 살

---

3) *SatipaṭṭhānaSutta*와 MahāSatipaṭṭhāna-Suttanta는 거의 동일하다. 단지 전자에 나타나는 법념처(法念處)'의 '4성제(四聖諦)'에 해당하는 부분이 후자에는 간략하게 항목만 거론된다는 점에서 차이가 있을 뿐이다. 이 두 경전 이외에도 Majjhimanikāya의 *ĀnāpānasatiSutta*(vol.3. pp.78-88.), *KāyagatāsatiSutta*(vol.3. pp.88-99.)은 사념처 중 신념처(身念處)를 중심으로 다루고 있으며 Saṃyuttanikāya의 Satipaṭṭhānasaṃyutta(vol.5. pp.141-192.)은 사티 전반에 관하여 다루고 있다. 사념처 수행의 효과나 다른 수행법이나 교리와의 관계를 설하는 경전을 모아두고 있다.

펴보기로 한다. 경명이 보여 주듯이 사티(sati)는 사념처 수행에 있어서 핵심적인 역할을 담당하고 있다. 사티(sati)를 바르게 이해하는 것은 곧 사념처 수행을 바르게 이해하는 것과 직결된다. 사티(sati)는 산스크리트의 어근 √smṛ(기억하다)에서 나온 명사로 기억(memory)이라는 일차적인 의미를 갖으며, 한역(漢譯)에서는 念(념), 正念(정념), 憶念(억념) 등의 단어로 번역되고 있다. 영어로는 대체로 mindfulness로 번역되고 있다. 사티에 대한 적절한 현대 한국어 역어가 없어 본서에선 사티라고 사용하도록 하겠다.

사티에는 다양한 의미와 기능이 존재하고 있어서 사티가 쓰인 문맥에 따라 그 의미와 기능을 분간할 필요가 있다. 『대념처경』에 사용되는 사티와 이 경전 이외에 보이는 사티의 용법을 분간하여 다루는 것이 더 정확할 것이다. 본서에선 당연히 사념처 수행에 보이는 사티의 의미에 대하여 집중적으로 탐구하겠지만 사념처에서의 사티의 그 의미를 더 잘 드러내기 위해서 『대념처경』이 아닌 경전에 보이는 사티의 일반적인 용법을 먼저 간략히 살펴보기로 한다.

대표적인 몇 가지만 살펴서 사티의 의미와 기능을 분명히 하기로 한다. 사티를 조심스러운 마부로 비유한 경전이 있다(Saṃyutta Nikāya V p.6). 수레를 탄 마부가 주위를 잘 살피면서 말을 다루듯이 사티도 마음을 순간순간 잘 살핀다는 의미이다. 사티를 문지기로 비유한 경전이 있다(Anguttara Nikāya IV p.110). 문지기는 문을 출입하는 자를 검색하는 일을 한다. 성문에 배치된 문지기는 성문을 출입하는 자가 적군인지 아군인지 분간하고 적군을 색출하는 일을 한다. 변방에 경험 있는 현명한 문지기가 있어 성을 지키기 위해 성문을 출입하는 자를 검색하여 선한 사람만 성(城)에 들어가게 하고 악인(惡人)은 들여보내지 않는다. 사티는 문지기처럼 나쁜 생각이나 감정이 감관(感官)의 문에 나타나면 즉각 분간하여 조처하는 것이다. 이곳 비유에선 사티가 참과 거짓을 분간하여 악을 제어하는 기능까지 하고 있다.

주의해야 할 대상을 잊지 않고 기억하는 기능을 사티(sati)가 갖추어 있음을 다음 경전에선 이야기하고 있다(Saṃyutta Nikāya IV p.194). 온갖 신기한 것으로 가득 찬 시장통을 걸어가다 보면 자기도 모르게 주위의 자극에 이끌려 한눈을 팔게 된다. 애당초 시장에 갔던 목적을 잊어버리고 딴 곳에 주의가 가게 된다. 가득 찬 물 항아리를 머리에 이고 시장통을 걸으면 틀림없이 물을 항아리 밖으로 흘리게 될 것이다. 그러나 만약 항아리를 머리에 이고 진 사람 뒤에 칼을 쥔 사람이 따라가게 하여 만약 한 방울이라도 흘리게 되면 바로 그 자리에서 목을 벤다고 한다면 물 항아리를 인 사람은 쉽게 주위 자극에 한 눈을 팔지 않고 조심스럽게 물 항아리에 주의를 두면서 걸어갈 것이다. 물 항아리를 잊지 아니하고 지속적으로 현재에도 기억하고 관찰하는 것이 sati라고 이 비유에선 가르치고 있다.

『대념처경』에서 사용되고 있는 사티의 의미를 이제 살펴볼 차례이다. 사티라는 말이 직접 들어 있는 문장을 집중적으로 살펴보고자 한다. 경전은 사념처가 무엇인가에 관한 질문에 다음과 같이 답하고 있다.

> "비구들이여, 여기에 한 비구가 세상에 대한 탐욕과 근심을 제거하고 나서, 몸(身)에 관련하여, 몸을 정진력(ātāpī) 과 정지(正知, sampajāna)와 정념(正念, sati)을 지니고서 관찰(anupassī)하며 머문다. 세상에 대한 탐욕과 근심을 제거하고 나서, 감각(vedana)에 관련하여, 감각을 정진력(ātāpī) 과 정지(正知, sampajāna)와 정념(正念, sati)을 지니고서 관찰(anupassī)하며 머문다. 세상

에 대한 탐욕과 근심을 제거하고 나서, 마음(心)에 관련하여, 마음을 정진력(ātāpī)과 정지(正知, sampajāna)와 정념(正念, sati)을 지니고서 관찰(anupassī)하며 머문다. 세상에 대한 탐욕과 근심을 제거하고 나서, 법(法)에 관련하여, 법을 정진력(ātāpī)과 정지(正知, sampajāna)와 정념(正念, sati)을 지니고서 관찰(anupassī)하며 머문다."[4]

사티와 함께 사용된 용어를 살펴보자. ātāpī(정진), sampajāno(正知) satimā(정념)는 모두 아누팟시(anupassī, 관찰)를 한정하고 있다. 아타피(ātāpī)는 게으르지 아니하고 열정적으로 수행하는 자세 즉 정진력을 의미하고 있다. 명상 수련은 짧은 기간에 완성되는 것이 아니다. 순간순간 주의 관찰하는 수련을 쌓아 나가는 힘이 아타피(ātāpī)이다. 삼파자나(sampajāna)는 사티와 짝이 되어 여러 경전에 등장하고 있는데 그 의미는 '알다(to be aware of), 지각하다(to perceive)이다. 삼파자나(sampajāna)에 대해 다음과 같이 구체적으로 해설한다.

"비구들이여, 비구의 정지(正知)란 무엇인가. 이 가르침 안에서, 비구들이여, 비구는 나아갈 때나 물러날 때 정지로 한다. 볼 때나 관찰할 때 정지(正知)로 행한다. 구부리거나 펼 때 정지로 한다. 겉옷과 발우와 옷을 착용할 때 정지로 한다. 먹거나 마시거나 맛을 볼 때나 정지로 한다. 대소변을

4) Dighanikāya II p.290. "Idha bhikkhave bhikkhu kāye kāyānupassī viharati ātāpī sampajāno satimā vineyya loke abhijjhādomanassaṃ. Vedanāsu vedanānupassī viharati ātāpī sampajāno satimā vineyya loke abhijjhādomanassaṃ. Citte cittānupassī viharati ātāpī sampajāno satimā vineyya loke abhijjhādomanassaṃ. Dhammesu dhammānupassī viharati ātāpī sampajāno satimā vineyya loke abhijjhādomanassaṃ."

볼 때도 정지로 한다. 가거나 서거나 앉거나 자거나 깨어 있거나 이야기 할 때나 침묵할 때도 정지로 한다. 비구들이여, 이것이 곧 비구가 정지한다고 하는 것이다."[5]

정지(正知, sampajāna)는 어떤 행동을 할 때 즉각적으로 그 행동을 스스로 지각하는 것이다. 지나간 과거나 다가올 미래와 관련하여 생각에 빠져 자신이 무슨 일을 하고 있는지 모르는 마음의 상태가 아니라 현재 이루어지고 있는 자신의 행위를 지각하는 것이다. 순간 순간 지속해서 관찰한다. 관찰 대상을 스스로 직접 관찰한다. 사티(sati)와 삼파자나(sampajāna)가 함께 짝으로 사용될 때 사티는 대상을 있는 그대로 주의하고 관찰하는 것이고 이러한 주의 관찰된 내용을 지적으로 깊게 이해하는 것이 삼파자나(sampajāna)이다. 삼파자나는 지혜와 직접 연결되기 때문에 열반의 증득에 더 가깝다고 할 수 있다. 여실지견(如實智見, yathābhūtañāṇadassana)에서 냐나(ñāṇa)는 삼파자나(sampajāna)와, 사티(sati)는 다사나(dassana)와 연계시킬 수 있다(Analayo, p.42).

『대념처경』에서 사용된 사티는 "현재 순간을 주의 관찰"하는 것과 관련되어 있다. 사념처 수행의 맥락에서 사티의 현존이야말로 너무나 쉽게 잊힐 수 있는 것 즉 현재 순간(the present moment)을 기억할 수 있다(Alāyano, 위의 책, pp.47-49). 사티의 일차적인 의미는 기억(memory)이다. 기억

5) Dighanikāya II p.95. "Kathañca, bhikkhave, bhikkhu sampajāno hoti? Idha, bhikkhave, bhikkhu abhikkante paṭikkante sampajānakārī hoti, ālokite vilokite sampajānakārī hoti, samiñjite pasārite sampajānakārī hoti, saṅghāṭipattacīvaradhāraṇe sampajānakārī hoti, asite pīte khāyite sāyite sampajānakārī hoti, uccārapassāvakamme sampajānakārī hoti, gate ṭhite nisinne sutte jāgarite bhāsite tuṇhībhāve sampajānakārī hoti. Evaṁ kho, bhikkhave, bhikkhu sampajāno hoti

이 잘되기 위해선 대상에 대한 주의 관찰이 흩어지지 아니하고 이루어져야 한다. 기억과 현재 순간에 대한 주의 관찰은 비례한다. 현재 순간에 대한 주의 관찰이 깊으면 깊을수록 기억도 깊어진다. 사티의 대상은 현재 진행형으로 과거나 미래와 상관이 없다. 사념처 수행의 목적은 현재 상태에로 주의를 되돌려 현재 순간에 무엇이 일어나고 있는지 관찰하며 머무는 것이다(Nhat Hanh, Thich, p.39).

신념처(身念處)의 하나인 호흡에 대한 관찰을 원문으로 살펴보자.

> "비구들이여, 그러면 비구가 몸에 관련하여 몸을 관찰하며 머문다는 것은 어떠한 의미인가? 비구들이여, 여기에 비구가 있어, 숲 속에 가거나, 나무 아래에 가거나, 빈방에 가서 가부좌를 하고, 몸을 바로 세우고, 면전에 사티를 확립하고 앉는다. 그는 주의하며 [숨을] 들이시고, 주의하며 내쉰다. 길게 들이실 때에는 '길게 들이신다'고 지각하고(pajānāti), 길게 내쉴 때에는 '길게 내쉰다'고 지각한다. 짧게 들이쉴 때에는 '짧게 들이쉰다'고 지각하고, 짧게 내쉴 때에는 '짧게 내쉰다'고 지각한다. '온 몸을 느끼면서 들이쉬겠다'라고 익히고(sikkhati), '온몸을 느끼면서 내쉬겠노라'고 익힌다. '육체적 현상(身行, kāyasaṅkhāra)을 가라앉히면서 들이쉬겠다'라고 익히고, '육체적 현상을 가라앉히면서 내쉬겠다' 라고 익힌다.[6]

---

6) Dighanikāya II, 291 "Kathañca bhikkhave bhikkhu kāye kāyānupassī viharati? Idha bhikkhave bhikkhu araññagato vā rukkhamūlagato vā suññāgāragato vā nisīdati pallaṅkaṃ ābhujitvā ujuṃ kāyaṃ paṇidhāya parimukhaṃ satiṃ upaṭṭhapetvā. So sato'va assasati, sato'va passasati. Dīghaṃ vā assasanto dighaṃ assasāmīti pajānāti, dīghaṃ vā passasanto dīghaṃ passasāmīti pajānāti. Rassaṃ vā assasanto rassaṃ assasāmīti pajānāti, rassaṃ vā passasanto rassaṃ passasāmīti pajānāti. Sabbakāyapaṭisaṃvedī assasissāmīti sikkhati, sabbakāyapaṭisaṃvedī passasissāmīti sikkhati. Passambhayaṃ kāyasaṅkhāraṃ assasissāmīti sikkhati, passambhayaṃ kāyasaṅkhāraṃ passasissāmīti sikkhati.

호흡의 관찰에서 보이는 사티의 역할은 현재 진행 중인 호흡 동작 그 자체를 주의해서 관찰하는 것이다. 호흡의 장단을 인위적으로 조절하거나 통제하지 않고 있다. 호흡의 움직임에 개입하지 아니하고 있는 그대로 관찰하는 것이 사티의 주요한 측면이다. 대상에 대하여 간섭하지 않는 사티의 특성은 바른 인지과정에 있어서 매우 중요한 첫 단계이다. 인지과정의 첫 단계로 주의를 기울여 대상의 데이터를 있는 그대로 수용한다. 일단 사티에 의해 있는 그대로 받아들여진 데이터는 다른 마음 작용(예를 들면 sampajāna)에 의해 처리된다.

사티(sati)의 비간섭적이고 수용적인 태도는 중도(中道)에 근거한 것이다. 어떤 특정 대상에 대해 즉각적으로 집착하며 반응하는 것도 아니고, 어떤 특정 대상에 대해 즉각적으로 배척하며 반응하는 것도 아니므로 중도로 이해할 수 있다. 사티는 자동적인 반응 이전에 있는 그대로의 대상을 주의 관찰하는 중도이다(Analayo, p.58). 현재 진행 중인 대상에 대하여 어떠한 간섭도 영향도 주지 아니하고 일정한 거리를 유지하고 주의 관찰하는 사티의 특성은 현대의 심리치유에 적용되고 있다(Analayo, pp.57-58).

사티 수행의 목적이 무엇인지 살펴보자.

"이와 같이 혹은 안으로 몸과 관련하여 몸을 관찰하며 머문다. 혹은 밖으로 몸과 관련하여 몸을 관찰하며 머문다. 혹은 안팎으로 몸에 관련하여 몸을 관찰하면서 머문다. 혹은 몸에서 일어나는 법(samudayadhammā)을 관찰하면서 머문다. 혹은 몸에서 사라지는 법(vayadhammā)을 관찰하면서 머문다. 혹은 몸에서 일어나고 사라지는 법(samudayavayadhammā)을 관찰하면서 머문다. 혹은 지각(ñāṇa)만을 위한 만큼, 통찰(patissat)만을 위한 만큼 그에게 [이와 같이] '몸이 있다'고 하는 주의 관찰(sati)이 확립된다. 또한 그는 의존하는 것이 없이 머물고, 어떠한 세간적인 것에 대해서도 집착하지 않는다. 비구들이여, 이와 같이 한 비구가 있어, 몸에 관련하여 몸을 관찰하면서 머문다."[7]

사념처 수행의 목적은 무상(無常)을 체득하는 데 있다. 신(身)·수(受)·심(心)·법(法)의 발생과 소멸을 증득하는 것이 사티 수행의 목표가 되고 있다. 무상에 대한 자각은 집착하고 있는 대상에서 자유롭게 해주고 더 나아가 아집에서 벗어나 무아를 실증하는데 있다. 자신 내외부에서 일어나는 모든 경험을 무상으로 바라볼 수 있다면 자신의 고질적인 나쁜 습관을 효율적으로 바꿀 수 있다(Goenka, S. N. pp.109-113).

오온, 십이처, 십팔계 등 유위법에 대한 무상의 자각은 무아로 이어져 어떤 대상에도 자기동일시(self-identification)에서 벗어나게 된다. 『대념처경』 주석서에도 신(身)·수(受)·심(心)·법(法)의 무상에 대한 통찰은 자기동일시에서 벗어나게 하며 어떠한 대상에도 집착하지 않게 된다고 밝히고 있다(Soma Thera p.51). 무상관은 무아와 직결된다는 점에서 뒤에서 살펴볼 초인지적 통찰(meta-cognitive insight)과 연관하여 이해할 수 있다.

념처(念處 satipaṭṭhāna)는 3가지 단계로 나누어 살펴볼 수 있다. 1) 내외

---

7) Dighanikāya II, p.292 "Iti ajjhattaṃ vā kāye kāyānupassī viharati. Bahiddhā vā kāye kāyānupassī viharati. Ajjhattabahiddhā vā kāye kāyānupassī viharati. Samudayadhammānupassī vā kāyasmiṃ viharati. Vayadhammānupassī vā kāyasmiṃ viharati. Samudaya vayadhammānupassī vā kāyasmiṃ viharati. Atthi kāyo'ti vā panassa sati paccupaṭṭhitā hoti yāvadeva ñāṇamattāya patissatimattāya. Anissito ca viharati, na ca kiñci loke upādiyati. Evampi kho bhikkhave bhikkhu kāye kāyānupassī viharati."

에 현재 진행 중인 현상 그 자체에 주의를 두는 것. 2) 현재 현상의 발생과 소멸, 그리고 그 둘을 관찰하는 것 3) 첫 번째와 두 번째의 수행 결과로 현상을 있는 그대로 볼 수 있는 여실지견(如實智見)을 얻어 세상의 어떤 것에도 집착하지 아니하고 머무는 단계이다. 1)과 2)에서 현상이란 유위법(有爲法)을 지칭하는 것으로 이러한 현상은 무상(無常)→고(苦) → 무아(無我)로 관찰되는 것이며 특히 2)의 단계에선 무상을 집중적으로 관찰하는 것이다. 3)은 현상의 애착에서 벗어나 자유를 성취한 아라한의 삶을 보여준다.

이상 사념처 수행에 보이는 사티의 특성은 네 가지로 요약될 수 있다. 첫째 사티는 현재 중심으로 현재 진행 중인 현상을 관찰한다. 둘째 관찰 대상을 있는 그대로 지켜본다. 셋째 관찰 대상에 대해 어떠한 인위적인 조작을 하지 않고 있는 그대로 둔다. 넷째 사티의 목적은 무상(無常)을 자증(自證)하는 데 있다.

3. 알아차림(mindfulness)의 의미

사티(sati)의 영역은 'mindfulness(알아차림)이다. 영역 mindfulness는 팔리 문헌 학자인 라이스 데이빗(Rhys Davids)에 의해 처음으로 사용되었는데 회상(recollection)이라는 뜻도 담고 있지만 거의 모든 경우에 사용될 정도로 그 의미가 광범위하다. 참고로 힌두교의 smrti는 구전 전통(oral tradition)을 의미하므로 불교의 사티와 다르다(Walshe Maurice, p.589 fn 629). mindfulness에 대한 한국어 번역으로 마음챙김, 마음지킴, 알아차림, 수동적 주의 집중, 명상, 관법(觀法), 비파사나 명상, 주시(注視) 등 다양하게 번역되고 있다(법보신문 2009. 12. 3). 본서에선 알아차림 또는 알아차림 명상으로 사용한다.

영어 'mindful', 'mindfulness'은 300여 년간 특별한 주의를 받지 않고 평범하게 사용됐다. 이 두 용어는 심리학, 심리치유, 또는 윤리학에 사용될 수 있었지만 대략 1990년대까지 특별한 주목을 받았거나 용어의 중요성에 대한 논의도 존재하지 않았다. 1990년대 이르러 이 두 용어는 눈에 띌 정도로 광범위하게 사용된다. 두 방향에서 이런 현상이 촉발되었다. 첫째 1989년 엘렌 랑거(Ellen Langer)는 그의 책 Mindfulness: choice and control in everyday life(알아차림: 일상생활의 선택과 통제)에서 알아차림이라는 용어를 서명으로 삼으면서 mindfulness(알아차림)의 의미를 되새기고 확장시켰다.

전통적으로 영어 mind는 '주의하다(taking heed or care)'; '대상을 의식하다', '알다'(being conscious or aware)라는 의미를 지닌다. 이러한 사전적 의미에 엘렌 랑거(Ellen Langer)는 심리학적인 맥락에서 알아차림의 의미를 더욱더 정교화시켰다. 사티(sati)는 어원적으로 기억(memory)과 의도(intention)라는 용어와 밀접한 관계가 있다. 부주의나 아무런 의도나 자각 없이 하는 행동은 알아차림의 반대가 된다.

엘렌 랑거는 부주의는 실수를 더 많이 짓게 하지만 주의는 실수를 줄이며, 주의 깊은 알아차림은 수명을 연장할 수 있다는 것을 실험적으로 보여주었다(Dryden, W. & Still, A. pp.3-4). 노인 요양병원에 거주하고 있는 노인들에게 화분에서 키울 조그마한 나무를 선택하게 해주고 돌보도록 하고 일상생활에서 중요하지 않은 사소한 결정을 할 수 있도록 해주었다. 1년 6개월이 지난 후 이들 노인은 그렇지 않은 노인들보다 훨씬 더 생기에 차 있고 활동적이었고, 다수의 노인이 생존하고 있었다. 나무를 돌보고 스스로 결정할 수 있었던 노인들은 그렇지 않은 노인들보다 사망률에 있어 절반 이하였다(Langer, E. J. p.13).

랑거의 알아차림(mindfulness) 사용이 학술적인 연구 접근이었다고 한다면 카밧진의 알아차림은 환자를 주요 대상자로 하여 심신치유라는 효과를 직접 겨냥하고 있었다. 1980년에 카밧진은 서구불교에서 특별한 의미로 사용되어 온 알아차림을 과학적인 맥락에서 실수(實修, practice), 기술(technique)로 보았다. 카밧진은 알아차림을 다음과 같이 정의하고 있다. "특별한 방식 즉 의지적으로, 현재순간에, 그리고 비심판적으로 주의를 두는 것이다."(Kabat Zinn 1994 p.4). 카밧진이 개발한 MBSR은 바디 스캔(body scan), 행선(行禪), 요가, 일상생활에서의 주시 등이 포함되어 있는데 상당 부분이 불교에서 온 것들이다.

불교 용어인 사티의 영역인 mindfulness는 1962년 냐나포니카 장노(Nyanoponika Thera)의 The Heart of Buddhist Meditation(불교 명상의 핵심)이 나오기까지 대중적으로 널리 사용되지 못하였다. mindfulness(알아차림)를 불교계에서 meditation(명상)이라는 말 대신에 사용되었지만, 불교계 외부에서 여전히 meditation(명상)이 널리 사용되었다. 틱낙한(Thich Nhat Hahn) 스님의 Miracle of mindfulness(알아차림 명상의 기적)[8]와 다니엘 골만(Daniel

---

8) Thich Nhat Hahn, The Miracle of Mindfulness: An Introduction to the Practice of Meditation. Random House, 2014. 책 제목에 의거해 보면 mindfulness가 meditation에 입문하기 위한 단계처럼 읽힌다. 또는 mindfulness와 meditation가 동의어로 보이기도 한다.

Goleman)의 The varieties of the meditative experience(명상 경험의 다양성)의[9] 두 서적에선 알아차림(mindfulness)과 명상(meditation)는 구분되기 시작하였다. 이 두 서적 이후 mindfulness라는 말은 급증하게 사용되었다. Mindfulness 와 psychotherapy(심리치유)라는 두 용어가 디더레지(Deatherage)의 간략한 에세이에서 함께 등장하게 된다. 이 전후로 카밧진의 mindfulness가 매우 광범위하게 사용되기 시작하였다(Dryden, W. & Still, A., p.17).

최근에 서구에선 사티(sati)를 이용하여 정신치유를 하는 치유기법들이 왕성하게 이루어지고 있다. 사티의 임상적 적용은 현대 심리치유 학계의 대표적인 동향이라고 호칭할 수 있을 정도로 광범위하게 퍼지고 있다.[10] 사티의 영어 번역어인 mindfulness는 심리상담자에 따라 다양하게 사용되고 있지만 대체로 다음과 같은 점에서 동의하고 있다. 1) 사티는 현재 순간에 주의를 두거나 지각하는 방식이다. 이런 주의 또는 지각 방식은 개방적(open)이며 수용적이며(receptive), 무집착적(dispassionate), 비조작적(non-manipulative)이다(Brown & Ryan, p.822).

---

9) 1977년에 The Varieties of the Meditative Experience 로 출간되었다가 1988년도엔 서명이 The Meditative Mind: The Varieties of Meditative Experience 로 변경되어 출간되었다. 동서양의 다양한 명상 전통을 다루고 있는데 불교 명상을 많이 다루고 있다.

10) Germer는 mindfulness의 사용 정도에 따라 두 가지 즉 'mindfulness를 알려주는 심리치유' (mindfulness-informed psychotherapy)' 과 mindfulness에 기초한 심리치유(mindfulness-based psychotherapy)로 나눈다. 전자는 불교의 명상을 이용하지만, 상담자는 자신들에게 필요한 경우에만 참조하고, 내담자들에겐 mindfulness 명상 자체를 분명하게 알려주지 않는다. 반면 후자는 내담자들에게 분명하게 mindfulness 명상 자체를 가르친다. 후자는 다시 사용 정도에 따라 두 가지로 세분된다. 변증법적 행동치유(Dialectical Behaviour Therapy)와 수용과 전념치유(Acceptance and Commitment Therapy)는 mindfulness 수행이 다른 치유법과 병행되어 사용된다는 점이다. 반면에 MBSR과 MBCT의 경우에는 mindfulness 수행이 전적으로 활용된다. MBSR과 MBCT에서는 mindfulness 수행은 정신 질환을 치유하는 가장 중요한 치유 도구로 여겨지며 명상 수행이 현대의 서구인을 위해 체계적으로 공식화되어 있으며 내담자 자신의 명상 수행이 필수적으로 요구된다(Germer, Christopher K., 외 2005 p.19).

비숍(Bishop)은 서구의 심리치유학계에서 사용되고 있는 mindfulness를 자세히 설명하지 않으며(non-elaborative), 비심판적(non-judgmental)이며, 현재 중심의 지각으로 주의의 영역에서 발생하는 생각, 감정, 또는 감각을 인정하고 있는 그대로 수용하는 것이라고 요약하고 있다(Bishop 외 pp.230-241). 비슷한 방식으로 배어(Baer)도 "비심판적으로 일어나는 그대로 자극을 관찰하는 것"이라고 정의하고 있다(Baer, R.A., p.125). 이 두 학자의 정의는 카밧진(Kabat-Zinn)의 견해에 근거한 것으로 보인다. "특별한 방식 즉 의지적으로, 현재 순간에, 그리고 비심판적으로 주의를 두는 것이다."(J. Kabat-Zinn, 1994 p.4).

이상 세 명의 공통적인 견해는 "비심판적 요소"라는 부분이다. 비심판적인 자세는 개방적인·수용 태도(the open, accepting attitude)를 가능하게 하며, 이 개방적인 수용태도는 성공적인 심리치유에 긴요하다(Germer, Christopher K., 외 pp.6-7). mindfulness에 관한 서구 학자들의 공통적인 견해는 '사티의 현재 순간의 활동'을 강조하며 사티의 또 하나의 의미, 기억능력을 거의 언급하지 않는다. 우리는 앞서 불교 경전에 사티의 몇 가지 기능을 살핀 적이 있다. 서구의 심리 치유학계에선 관찰의 의미가 강조되고 다른 부분은 등한시되고 있다(Buchheld, Grossman, Walach p.13).

이상의 공통적인 일치에도 불구하고 알아차림(mindfulness)과 알아차림(mindfulness)에 부가된 속성을 어떻게 분리해 낼 것인지, 그리고 그것이 가능한가에 대하여 이견이 있다. 카밧진(Kabat-zinn)은 '비심판' 이외에 여섯 가지 다른 특성을 주목하고 있다: 인내, 초심(마치 처음 보는 것처럼 모든 것을 보려는 의지),(자신에 대한) 신뢰, 고투하지 않기, 수용, 보내기. 이러한 자질들은 상호 고무적이며 성공적인 치유에 토대가 된다고 보고 있다.

한편 비숍(Bishop)은 알아차림(mindfulness)을 일차적으로 호기심(curiosity), 개방성(openness), 수용(acceptance)의 특징을 지닌다고 보고 있다. 인내와 신뢰 등의 자질은 수행의 결과이지 알아차림 그 자체의 속성은 아니라고 보고 있다(Bishop 외 pp.230-241). 알아차림 명상에 근거한 치유프로그램의 명상관을 제대로 이해하기 위해서는 카밧진의 명상에 대한 이해를 분명히 할 필요가 있다.

존 카밧진은 알아차림을 '특별한 방식으로 주의를 기울이는 것' 이라고 기술하고 있다. 즉, 의도적으로 현재 순간에 심판하지 않고 머무르는 것이다. 의도적으로 주의를 전환하는 것은 하나의 인지 양식에서 다른 인지양식으로 전환되는 것을 도와준다. 그리고 심판하지 않고 현재 순간에 주의를 두는 것은 마음의 존재 양식과 매우 밀접하게 연관되어 있다. 알아차림 명상은 역기능적인 '행위와 관련된' 마음상태에서 벗어나 존재양식으로 전환될 수 있게 해 준다(Segal, Z.V., 외 2002 p.77).

알아차림 명상의 목표는 순간순간의 경험에 대해서 현재의 자각을 증진시키는 것이다. 내담자들은 생각의 흐름이나 걱정거리 또는 전반적인 자각의 부족으로 인해 주의가 산만해진 마음을 자각할 때마다 마음을 고정해 주는 닻 역할을 하는 호흡에 집중하면서 현재로 주의를 되돌리기 위한 연습을 한다. 신체 부위의 감각에 대해서 어떤 식으로든 바꾸려 하기보다는 감각 그 자체를 순간순간 자각하도록 가르친다. 대부분의 심리치유보다는 신체감각에 더 많은 주의가 주어졌고, 신체감각을 통해 다양한 감정이 표현되는 것을 자세히 탐색하도록 한다(Segal, Z. V., 외 2002 p.47).

알아차림 명상에 근거한 치유프로그램의 알아차림(mindfulness)은 마음이 반추적인 생각에 매몰되어 있는 것에서 빠져나와 직접적인 신체 감각에 주의를 두는 것으로 이해하고 있다. 임상심리학(臨床心理學, clinical psychology)에서 이용되고 있는 알아차림(mindfulness)의 치유적 근거는 자신의 내적 경험, 즉 생각과 감정을 더 깊이 관찰하고 내적 경험 내용에 관하여 좀 더 수용적이고 탈중심적인 태도를 지님으로써 심리적 고통의 증상에서 벗어날 수 있다. 즉 사티 수행은 생각이나 감정 등의 내적 경험에 대한 접근 태도를 수정해서 정서장애를 치유한다. 내적 경험에 대한 태도의 변화는 해로운 습관이나 행동에서 벗어나도록 이끌어준다.

4. 알아차림 명상의 치유원리

알아차림 명상에 근거한 치유프로그램의 치유 원리와 그 특징을 사념처 수행과 관련하여 논의하고자 한다. 다음의 네 가지 항목을 중심으로 논의하고자 한다. 네 항목 모두 상호 연계되어 있으며 본질에서 생각과 감정을 자기동일시(自己同一視, self-identification)하지 않는 무아(無我)의 가르침에 귀결된다.

1) 탈중심화(decentering)

알아차림 명상은 자신의 생각과 감정을 비심판적으로 관찰하도록, 자신의 생각과 감정을 탈중심적인(decentred) 관점에서 관계 짓도록 가르친다. 탈중심주의란 자신을 생각으로부터 분리하는 것, 거리를 두는 것(distancing)을 의미하는 것으로 생각을 자아 동일시하지 않는 것이다. 이러한 접근 방식은 생각과 감정에 대하여 다른 관계(relationship)를 형성하는 것이다. 이러한 접근에 대한 학습은 잠재적인 우울증의 재발시 드러나는 반추적 생각을 방지하여 준다(Teasdale, J.D. 1999 pp.146-155).

탈중심화(decentering) 즉 거리두기는 아론 벡(Aaron Beck)의 인지치유(Cognitive Therapy)에서 사용되는 주요한 개념이다. 거리두기는 인지치유에서 치유를 위한 첫 번째 주요한 걸음으로 내담자에게 자신의 부정적인 사고가 사실이 아니라 단순한 신념에 불과하다는 것을 배우도록 해 준다. ACT(Acceptance and Commitment Therapy, 수용-전념 치유)의 초기 발전 단계에서는 '포괄적 거리두기(comprehensive distancing)'로 불릴 정도로 거리두기를 강조하였다.

로버트(Robert)는 불교의 명상을 도입한 MBCT의 치유 특징을 잘 파악하고 있다. MBCT는 기존의 인지치유와 달리 핵심적인 변화 과정은 우울증을 일으키는 생각을 재구조화하는 것에 있지 아니하고 내담자에게 우울증을 일으키는 생각으로부터 떼어내서 거리를 두게 하는 것이다. 내담자가 자신의 생각과 분리하여 거리를 두게 되는 것은 불교의 알아차림 명상에 의해 효과적으로 성취될 수 있다(Robert D. Zettle, p.19).

부정적인 생각이 나타날 때 그것을 확인하고 그 내용과 한걸음 물러서서 그 정확성을 평가하게 되면 내담자들은 부정적인 생각과 감정에 대한 관점에 있어서 더욱 전반적인 변화를 만들어낼 수 있다. 내담자들은 생각을 사실이라고 생각하거나 자기의 한 측면으로 받아들이기보다 관점을 바꾸어 부정적인 생각과 감정이 반드시 현실을 타당하게 반영하는 것도 아니고 자기의 중요한 측면도 아닌 마음속에 스쳐 지나가는 사건으로 볼 수 있게 된다. 이 같은 '거리 두기(distancing)' 혹은 '탈중심화

(decentering)의 중요성은 인지치유와 관련된 논의에서 널리 인식됐었지만, 그 자체가 목적이기보다는 사고 내용을 바꾸려는 목적에 대한 수단으로 알려졌었다. 또한 탈중심화란 인지치유에서 일어나는 많은 변화 중의 하나로 여겨졌었다.

그러나 불교 명상을 심리치유에 도입하기 전 몇몇 다른 연구자들은 탈중심화가 더 중심적인 역할을 한다고 제안해 왔다. 릭 인그람(Rick Ingram)과 스티브 홀론(Steve Hollon)의 분석에 따르면 탈중심화는 심리치유에서 중심적인 역할을 한다(Ingram RE, Hollon SD. pp.261-284). 마샤 리네한(Marsha Linehan)은 변증법적 행동치유(Dialectical Behavior Therapy)를 개발하면서 탈중심화 개념을 사용하였다. 그녀는 경계선(境界線) 성격장애(borderline personality disorder)를 앓는 내담자를 위한 심리치유를 개발하고 있었다.[11] 그녀는 존 카밧진의 명상 수행을 도입하고 있었다. 존 카밧진은 내담자들이 강렬한 생각과 감정으로부터 스스로를 돌보도록 도와줄 수 있는 알아차림(mindfulness)에 기반한 명상 프로그램을 개발하였는데, 여기에서 한 발자국 뒤로 물러서서 사실상 생각이나 감정과의 관계를 다르게 가지는 방식을 소개하였다. 생각과 감정에서 자신을 분리시키는 태도를 가지도록 하였다.

알아차림 명상에 근거한 치유프로그램에 고용된 탈중심화는 몇 가지 측면에서 기존의 심리치유에서 활용했던 탈중심화와 다르다. 첫째 알아차림 명상에 근거한 치유 프로그램을 창안하기 이전에 이해되고 있

---

11) Linehan M. M. 외 pp.1060-1064. 경계선 성격장애는 자해, 불안정한 정서, 혼자 있는 것을 견디기 어려워하는 것, 불안정한 관계, 때때로 비정상적인 '해리' 경험을 특징적으로 보여 준다(Segal, Z. V., 외 2002 p.39).

었던 탈중심화가 주로 생각에만 국한된 것으로 지나치게 국소적으로 이해하고 있었다. 그러나 알아차림 명상에 근거한 치유 프로그램는 생각뿐만 아니라 감정과 신체적인 감각에 대해 어떻게 다른 관계를 맺을지 탐색하도록 가르치고 있다. 둘째 전통적인 인지치유에선 탈중심화는 생각·감정을 억압하고 피하면서 그것들로부터 분리되려고 노력하는 것을 의미하기도 한다. 알아차림 명상에 근거한 치유프로그램의 입장은 '환영하는 것(welcoming)'과 '허용하는 것(allowing)'을 의미하며 초대하는 것이다. 탈중심화는 어려움에 개방되고 모든 경험에 대해 관대한 태도를 형성하도록 한다. 생각의 영역을 넘어서서 탈중심화 개념을 확장한다는 것은 모든 경험을 허용하고 환영하는 태도로 받아들이는 것이다(Segal, Z. V., 외 2002 p.58).

스티번(Steven)은 MBCT의 탈중심화는 전통적인 인지행동치료(Cognitive Behaviour Therapy, CBT)에서 빌려온 것이라고 보고 있다.[12] 반면에 크리스 메이스(Chris Mace)는 MBCT의 탈중심화는 본질적으로 MBSR의 '사고에 대한 관찰'(mindfulness of thinking)과 다를 바 없다고 보고 있다(Chris Mace, p.63). MBCT 창안자들은 MBSR 프로그램이 진행되는 센터를 처음 방문할 때 MBSR이 탈중심화의 원리와 실제적 측면에서 많은 부분을 가르쳐주고 있으며 우울증 재발 위험을 감소시킬 수 있는 편리한 수단이 될 것이라고 확신할 정도로 탈중심화를 치유원리의 핵심으로 보고 있다(Segal, Z. V., 외 2002 p.50).

12) Steven C. Hayes, p.54. 생각과 자아에 대한 인지치유의 치료는 다음의 두 문장으로 요약될 수 있다: ① '생각이 사실이 아니다'(Thoughts are not facts), ② '나는 나의 생각이 아니다'(I am not my thoughts)'.

의도적으로 한 발짝 뒤로 물러서서 즉각 반응하지 않고 문제를 온정을 가지며 바라보는 태도는 알아차림 명상의 여실지견(如實智見)과 상응한다. 대상을 있는 그대로 지켜본다는 것은 대상과 일정한 거리를 유지하며 대상에 매몰되지 않는다는 것이다. 대상에 함몰되지 않고 거리를 두는 자세는 앞서 살펴본 알아차림 명상의 관찰 대상에 대한 일정한 심리적 거리를 유지하고 관찰하는 자세와 상응한다.

2) 사고에 대한 새로운 태도: 허용하고 내버려두기

알아차림 명상에 근거한 치유프로그램은 사고의 내용을 변화시키거나 통제하려는 치유방법에 한계를 느끼게 되고, 사고의 내용보다는 그러한 사고에 대한 개인의 태도가 심리치유에서 더 근본적인 초점이라는 데 동의하고 있다. 즉, 알아차림 명상에 근거한 치유프로그램은 논박이나 반박으로 내담자의 부정적인 사고를 변화시키는 것보다 내담자 스스로 자신의 사고에 대해 이전과는 다른 방식으로 관계하는 방식을 배우도록 하는 것이 더욱 근본적인 치유라고 강조하고 있다. 이러한 수용의 태도는 내담자에게 정서장애를 앓고 있는 마음의 양태에 익숙하게 하고 이러한 마음의 양태와 새로운 관계를 형성하도록 한다.

내담자는 생각(thoughts)을 마음에서 일어나는 사건으로 보는 시각을 배운다. 인지치유에서와 달리 생각들은 논박되거나 수정되거나 대체되지 아니하고 보다 열린 자세로 수용된다. 알아차림 명상에 근거한 치유프로그램은 자신의 일상적인 행동과 함께 내적 경험들—느낌, 감정, 생각 등—을 수용적인 태도로 주의를 기울여 관찰하도록 가르친다. 자신에게 일어나는 사적인 경험을 관찰하되, 또한 관찰한 것을 제거하거나 변화시키려는 시도를 삼가면서, 관찰된 모든 현상에 대한 친근한 호기심, 관심 그리고 수용의 태도를 지니도록 한다.

불쾌한 경험과 능숙하게 관계를 맺는 방식 중 한 가지는 경험을 있는 그대로 내버려 두며 단지 자각하는 것이다. '내버려 두기(letting be)' 방식은 어려운 감정 상태를 수용하는 데 있어서 핵심이 되는 태도이다. 이런 태도는 생각이나 감정에 대해 자동적으로 반응하는 것과는 대조적이다. 경험을 있는 그대로 수용한다는 것은 다른 상태로 만들기 위해 노력하는 것이 아니라 그대로 두는 것을 의미한다. 당면한 문제를 다르게 바꿔 보려는 시도를 포기하는 것이 이완하기 위한 가장 쉬운 방법으로 판명되었다(Segal, Z. V., 외 2002 pp.225-226).

대상에 대해 부드럽게 호기심을 갖는 것도 수용의 한 측면이다. 대상을 수용한다는 것은 대상을 마주 보고 이름을 붙이고, 함께 하는 것을 의미한다. 신체에서 느껴지는 혐오감을 수용하는 것은, 즉 내려놓는 것은 반추적인 생각에서 벗어나게 해준다. 신체내지 신체 감각에 주의를 두는 것은 반추적인 생각에 사로잡히는 것을 피할 수 있도록 해 준다(Segal, Z. V., 외 2002 p.227-228).

허용은 존재 양식에서 가능하다. 행동양식에서는 목표를 설정하고 목표성취의 결과를 예상하고 목표성취를 쉽게 만드는 방법을 고안한다. 결국 활동 양식은 흔히 마음을 지나간 과거나 다가올 미래로 향하게 하고, 현재하고 있는 경험을 실제 '여기에' 존재하지 못하게 만든다. 반면 존재 양식에서 마음은 '아무것도 할 필요가 없고, 어떤 곳에도 갈 필요가 없다.' 따라서 순간순간의 경험을 관찰하는 것에만 전념하면서 현재에 충분히 머물게 해 주며 일어나는 것은 무엇이든지 인식할 수 있게 해준다.

활동 양식이 현재, 미래, 과거에 대해 생각하면서 이것들을 서로 연결시키는 것이라면, 존재 양식은 현재를 직접적으로, 즉각적으로 그리고 친밀하게 경험한다는 특징을 갖는다. 수용을 통해서 자연스럽게 현재에 주의를 되돌릴 수 있다(Segal, Z. V., 외 2002 pp.73-74). 사람들은 보통 무엇인가를 수용한다고 말할 때 자신이 원하는 또는 받아들일 수 있는 결과를 수용한다고 이해하면 활동 양식으로 빠지기 쉽다. 수용을 긍정적 결과와 연결하면, 긍정적 결과를 얻기 위해 노력하게 된다.

마음에서 반복해서 일어나는 생각, 감정, 감각에 의도적으로 부드럽고 온화한 주의를 두는 것이 수용의 첫 번째 단계이다. 두 번째 단계는 주의의 대상이 되는 생각, 감정, 감각에 대하여 어떻게 대응할지를 아는 것이다. 보통 사람들은 일어난 생각, 감정, 감각에 대하여 반사적(反射的) 방식(reactive way)이나 비수용적(非受容的, non-accepting) 태도를 보인다. 대상이 좋은 것으로 판단하고 나면 그것을 붙잡아 두려 하고 반대로 좋지 않은 것이라고 여겨지면 배척한다. 이렇게 즉각적인 집착이나 배척을 하지 아니하고 대상을 있는 그대로 존재하도록 허용하는 것이다. 비록 불쾌한 대상일지라도, 그 대상을 변화시키거나 교정시키려 하지 말고, 있는 그대로의 대상 그 자체를 인정하는 것이 수용이다. 수용은 포기(resignation)가 아니다.

수용은 치유에 있어 필수적인 첫걸음으로 문제를 충분히 지각하도록 하여주고 그러고 나서 적절하다면 능숙한 방식으로 대응(respond)하는 것이다. 무릎 반사처럼 기계적으로 반응하는(react) 것이 아니다(Segal, Z. V., 외 2002 p.240). 기계적으로 대상에 반응하지 않는 수용의 자세는 앞서 살펴본 알아차림 명상의 관찰 대상에 대해 인위적인 조작을 하지 않는 것과 일치한다.

3) 활동양식(doing mode)에서 존재양식(being mode)으로의 전환

알아차림 명상에 근거한 치유프로그램은 두 가지 마음의 상태, 즉 활동양식(doing mode)과 존재양식(being mode)을 상정하고 있다. 이 두 마음은 서로 배타적인 것이어서 서로 양립할 수 없다. 따라서 알아차림(mindfulness)을 통해 바람직한 마음의 상태를 유지해야 한다고 가르치고 있다. 활동양식(doing mode)은 마음이 원치 않는 어떤 일들이 발생하는 것을 보고 제거하려고 했을 때 시작된다. 현재 상태와 희망상태의 불일치를 감지했을 때 마음은 활동양식에 들어가게 된다. 이러한 불일치 상태에서는 자동적으로 부정적인 감정이 일어나고, 불일치를 줄이기 위한 습관적인 마음 패턴이 가동된다. 만약 불일치를 해소할 수 있는 활동이 즉각적으로 나오고 취한 행동이 성공적이라면 마음은 활동양식에서 벗어난다. 그러나 취해야 할 행동이 분명하지 않거나 즉각적으로 실행될 수 없다면, 마음은 불일치를 줄이는 방법을 반추하게 된다. 이러한 항동양식은 불일치가 줄어들 때까지 계속될 것이다(Segal, Z. V., 외 2002 p.71).

마음이 부정적인 사고를 계속하는 이유는 마음은 실질적으로 가장 바라는 목표를 달성하도록 동기화되어 있다고 설명한다. 마음의 목표는 불쾌한 마음 상태 자체를 막거나 약화하는 것이라고 볼 수 있다. 그러나 사실상 목표를 달성하기 위해서 사용된 마음의 전략들은 매우 비효율적이며 의도한 것과는 완전히 반대로 작용한다. 지난 일과 관련하여 마음이 계속 생각을 되풀이하기 때문에 더 속상할 수 있다. 걱정을 떨쳐버리려고 했던 것이 오히려 빠져나오려고 애쓰고 있는 바로 그 구렁텅이 안으로 점점 저 깊숙이 빠져들게 만든다(Segal, Z. V., 외 2002 p.68).

알아차림 명상에 근거한 치유프로그램은 이렇게 부정적인 사고를 지속하는 과정을 '불일치 모니터(discrepancy monitor)'로 설명한다. 현재의 정서 상태, 과거 부정적인 사건, 그리고 상황이 바뀌지 않을 때 야기될 수 있는 모든 문제를 반추하면서 몰두한다. 반추의 핵심에는 소위 '불일치 모니터(discrepancy monitor)' 라고 부르는 것이 있어 마음이 희망하는 상태와 현재 상태를 지속해서 비교하고 평가하는 과정이 있다. 이러한 불일치 모니터가 가동되기 시작하면 현재 상태와 바람직한 상태 간에 불일치를 찾게 된다. 불일치가 감지되면, 불일치를 감소시키려는 노력이 동기화되기도 하지만 부정적인 기분이 증폭되기도 한다. 이처럼 희망상태와 현재 상태 사이의 불일치를 끊임없이 생각하면서 문제를 해결하려고 시도하게 되면 결국 자신이 빠져나오려고 하는 상태 안으로 스스로를 가두게 될 뿐이다(Segal, Z. V., 외 2002 p.68).

우울증 재발의 시기에 다시 활성화되는 부정적인 생각 패턴은 '활동양식'으로 볼 수 있다. 현재 상태와 소망하는 상태 사이의 불일치가 발생하게 되는 순간, 활동양식이 활성화된다. 재발과 관련된 과정을 살펴보면, 활동양식은 원하지 않는 감정을 다루는 가장 능숙한 반응이 아니라는 것이며, 우울증에 취약한 사람들에게서는 오히려 불쾌한 감정을 유발하고 유지할 수 있다는 것이다(Segal, Z. V., 외 2002 p.72). 존재 양식(being mode)은 활동양식과 달리 목표 지향적이지 않다. 존재 양식은 특정한 목표를 성취하기 위해 동기화되지는 않는다. 목표를 성취하기 위해 어떻게 하고 있는지를 지속해서 모니터하고 평가할 필요가 없다. 아울러 불일치를 줄이거나 해소하려는 활동이 필요 없다는 것이다. 존재 양식에서 초점을 두는 것은 즉각적으로 바꾸려는 압박감을 느끼지 않고, 있는 그대로 '수용(accepting)' 하고 '허용(allowing)' 하는 것이다(Segal, Z. V., 외 2002 p.73).

존재양식에서는 불쾌한 감정을 제거하고, 기쁜 감정을 붙잡아 두기 위해 자동적인 행동이 활성화되지 않는다. 존재양식은 불쾌한 상태를 좋아지게 하거나 벗어나려고 습관적인 정신적 혹은 신체적 행동을 유발하지 않고 불편한 감정 상태를 견디어 낼 수 있는 능력을 포함한다. 끝으로 존재 양식은 자유로운 느낌, 신선함 그리고 새로운 방식으로 경험하도록 해준다. 존재양식은 매 순간 나타나는 독특한 패턴의 풍부함과 복잡성에 반응하게 해 준다. 이와 대조적으로 활동양식에서는 주로 목표 상태와 관련하여 지금 어떤 상태에 있는지의 관점에서 일차원적으로 분석하다 보니, 다차원적인 현재 경험의 특징이 감소한다(Segal, Z. V., 외 2002 p.74).

알아차림 명상은 매 순간 마음의 상태를 더 잘 인식하고, 유용하지 못한 마음 활동양식에서 벗어나 존재양식으로 들어가는 기술을 사람들에게 가르치는 것이다. 존재양식은 현재에 머무는 것이 핵심이다. 이런 태도는 알아차림 명상의 특성 중 하나인 현재 중심과 직결되어 있다.

4) **초인지적**(超認知的) **통찰**(meta-cognitive insight)

우울증을 경험한 내담자들은 다시 재발할 우려에 노출되어 있으며, 재발 원인은 반복되는 생각(ruminative thinking)으로, 부정적인 생각, 기억, 신념에 초점을 맞추며 자기를 비판하고 심판한다는 것이다. 따라서 자동으로 반추되는 생각을 제거하기 위해선 알아차림 명상 수행이 고용되어 일종의 '대안적인 정보처리 모습(alternative information processing configuration)' 즉 새로운 '인지모드(cognitive mode)'를 확립하는 것이 치유의 핵심이다. 이런 새로운 인지모드를 초인지 통찰(meta-cognitive insight)라고 부른다.

존 티스데일(John D. Teasdale)은 초인지적 지식(meta-cognitive knowledge)과 초인지적 통찰(meta-cognitive insight)를 구분한다. 전자는 사실적인 지식인데 비해 후자는 경험적인 지식이다. 예를 들면 사람은 모두 언젠가 죽는다는 사실을 객관적으로 아는 것은 초인지적 지식이라고 한다면 초인지적 통찰은 순간순간 인생이 무상하여 죽는다는 것을 체험적으로 아는 것이다. 전자는 단지 고립된 하나의 지식에 불과하다면 후자는 자신의 삶의 방식과 세계관에 심오한 변화를 불러오는 것이다. 생각은 사실이 아니라는 것에 대하여 생각한다면 그것은 단지 하나의 지식으로 초인지적 지식이지만 생각을 하나의 마음에서 일어나는 현상으로 체험하는 것은 초인지적 통찰이다.[13]

알아차림 명상에 근거한 인지치유(MBCT)는 인지과정을 둘로 나눈다: 개념적인 인지과정(conceptual processing)과 감각적인 인지과정(sensory-perceptual processing). 이 두 과정은 서로 배타적인 관계에 있기 때문에 동시에 공존할 수 없다. 알아차림(mindfulness)은 개념적인 인지과정에서 감각적인 인지과정으로 전환하여 머물게 해준다(Mark Williams and Danielle, pp.376-377). 인지적 접근과 알아차림 명상의 접근 사이의 공통적인 부분은 재발 경

13) Teasdale, J.D., 1999, pp.146-7. 불교의 세 가지 지혜와 비대하면 초인지적인 지식은 문소성지(聞所成智), 사소성지(思所成智)에 해당하고 초인지적인 통찰은 수소성지(修所成智)에 해당한다.

고 신호를 미리 알아차리고, 부정적인 사고로부터 주의를 분산시켜 정서 장애를 야기하는 사고와 감정의 사이클에서 벗어난다는 것이다(Segal, Z.V., 외 2002 p.48).

우울증 내담자들은 우울증의 에피소드가 진행되는 동안에는 생각이 사실 또는 진실이라고 믿으려는 경향이 강하다. 부정적인 자동적 사고가 진실 또는 실재의 반영이라고 믿기 때문이다. 생각은 단지 생각일 뿐 사실이 아니라는 것을 체험적으로 이해하는 메타-인지적 통찰(meta-cognitive insight)은 앞서 살펴본 탈중심화와 직접 연관되어 있다. 알아차림 명상에 근거한 치유프로그램에서는 부정적으로 왜곡된 사고를 합리적으로 교정하는 것보다는 사고라는 것이 단순히 의식의 영역에서 벌어지는 정신적 사건이라는 것을 경험하도록 한다. 이러한 생각과의 동일시에서 벗어나게 하는 탈동일시(dis-identification)를 우울증 재발을 방지하는 치유 요인으로 가정한다.

알아차림 명상에 근거한 치유프로그램의 창안자들은 명상을 통해 좀 더 넓은 관점을 가지고 마음속에 떠오르는 정신적 내용과의 관계로부터 주의를 돌려 그러한 생각들을 관찰하도록 해 준다. “생각은 단지 생각일 뿐이고 그 생각들은 ‘당신 자신도’ 그리고 ‘실재’ 도 아니라는 것을 알게 되면 얼마나 자유로운지, 놀라울 뿐이다 --- 중략 --- 당신의 생각을 단순히 생각으로 인식하는 단순한 행위야말로 가끔 그러한 생각들이 만들어내는 왜곡된 현실로부터 당신을 자유롭게 만들어 주며, 당신의 삶을 더 명확하게 볼 수 있게 해 주고, 더 잘 다룰 수 있다는 느낌이 들게 해 줄 것이다.”(Segal, Z. V., 외 2002 pp.69-70).

세 가지 사실을 깊이 이해하는 것이 매우 긴요하다. 첫째 모든 생각은 단지 정신적 사건이다. 둘째 생각은 사실이 아니다. 셋째 '나(I)'는 '나의 생각(my thoughts)'이 아니다. 생각은 감정을 유발하므로 우울증의 근본원인인 부정적인 생각이 자리 잡고 있다. 우울증 치유를 위해선 우울증을 일으키는 생각과 거리를 두고 생각을 있는 그대로 놓아두면서 하나의 정신적 현상으로 파악하게 되면 부정적인 생각에서 벗어날 수 있다(Segal, Z. V., 외 2002 p.262).

생각은 단지 생각일 뿐이고 생각이 자기 자신도 아니고, 그리고 실재(reality)도 아니라는 것을 이해할 수 있게 되면 해탈감을 느낄 수 있다. 생각을 실제로 존재하는 실체로 여기고 그것을 나 자신과 연관하여 관계 지우면, 그리고 생각은 진실이라고 간주하게 되면 생각의 영향에서 벗어나지 못하게 된다. 생각에 종속되어 생각의 노예가 된다. 어떤 특정한 생각이 일어날 때 한 걸음 물러나서 그 생각의 본성을 깊이 자각하게 되면, 그 생각에서 벗어나게 된다. 그 생각이 해로운 것이라고 자각한다면 그 생각대로 행동하지 않을 수 있다.

생각을 단지 생각으로 볼 수 있는 초인지적 통찰은 알아차림 명상의 목적인 무상(無常)의 증득과 연결되어 있다. 무상의 자각은 무아의 자각으로 이어지기 때문이다. 생각이 순간순간 생멸하는 현상일 것을 인지하게 되면 생각을 자기와 동일시하지 않게 된다. 자기동일시를 하지 않는 것이 무아(無我)의 가르침에 부합한다.

* * *

알아차림 명상에 근거한 치유프로그램의 궁극적인 목표는 내담자들에게 더 깊은 수준에서 이해의 변화가 일어나서 부정적 감정을 발생하게 하는 생각과 신체감각과의 관계가 근본적으로 변화될 수 있도록 도와주는 것이다. 전통적 불교와 알아차림 명상에 근거한 치유프로그램은 인간의 고통의 문제에 대하여 인지적인 접근 방식을 공통으로 취하고 있다. 인간의 정서문제는 인지 왜곡에서 기인한다고 진단하고 있다. 알아차림 명상에 근거한 치유프로그램은 왜곡된 사고를 직접적으로 바로잡는 것보다 알아차림 명상, 즉 사념처(四念處)를 통해 우울증을 다시 일으키는 사고를 다스린다.

사념처 수행의 요지는 주의의 확립을 통해 탐욕 등 번뇌를 제거하고 진리(法)를 통찰하고 궁극적으로는 아라한의 지혜를 얻는 것인데 비해 알아차림 명상에 근거한 치유프로그램에서의 명상의 목적은 심신의 안정을 도모하는 심신 치유에 두고 있다. 이런 목표의 차이에도 불구하고 본서에선 심신치유라는 측면에서 공통적인 또는 유사한 부분을 논의하였다. 사념처 수행에서 사티(sati)의 네 가지 특성을 분석하였다. 첫째 사티는 현재 중심인 것이다. 둘째 사티는 관찰 대상에 대하여 있는 그대로 거리를 두며 객관적으로 관찰한다는 것이다. 셋째 사티는 관찰 대상에 대하여 변화하려고 하거나 간섭하지 않는다는 것이다. 넷째 사티의 목적은 관찰 대상이 무상(無常)하다는 것을 체득하는 것이다.

본서에선 알아차림 명상에 근거한 치유프로그램의 치유원리를 네 가지로 논의하였다: ① 탈중심화(decentering), ② 사고에 대한 새로운 태도

즉 허용하고 내버려두기, ③ 활동양식(doing mode)에서 존재양식(being mode)으로의 전환, ④ 초인지적 통찰(meta-cognitive insight). 알아차림 명상의 네 가지 특성을 알아차림 명상에 근거한 치유프로그램의 네 가지 치유원리에 대응하면 다음과 같다. 알아차림 명상에 근거한 치유프로그램의 탈중심화(decentering)는 사티의 둘째 특성에 상응하며; 알아차림 명상에 근거한 치유프로그램의 수용은 사티의 셋째 특성에 상응하며; 알아차림 명상에 근거한 치유프로그램의 존재 모드(being mode)는 사티의 첫 번째 특성에 상응하며; 알아차림 명상에 근거한 치유프로그램의 초인지적 통찰(meta-cognitive therapy)은 사티의 네 번째 특성에 상응한다.

Ⅲ. MBSR(Mindfulness-Based Stress Reduction, 명상에 기반한 스트레스 완화)의 개발과 불교의 영향

미국 매사추세츠 대학 의료원 행동의학과의 존 카밧진(Jon Kabat-Zinn) 교수는 1970년대에 '명상에 기반을 둔 스트레스 완화(Mindfulness-Based Stress Reduction : MBSR)' 프로그램을 개발하였고, 2000년 이후 MBSR은 미국의 주요 의료기관 200곳 이상에 관련 클리닉이 개설되었을 정도로 스트레스와 관련된 질병치유에 널리 사용되고 있다. 전통적으로 종교 수행법이었던 불교 명상을 이용하여 명상치유 프로그램을 개발한 것이다. 존 카밧진은 1979년 처음으로 불교 명상을 이용한 명상치유프로그램인 MBSR을 개발하고 의료현장에서 활용하기 시작하였다. 카밧진은 mindfulness(알아차림)라는 용어를 사용하여 다른 명상법과 구분한다. 불교 명상은 크게 두 종류 즉 사마타(samathā)와 비파사나(vipassanā)로 나뉘는데 알아차림(mindfulness)은 후자에 속한다.

본장에선 MBSR의 개발 배경과 그 성공 요인을 살펴보면 무엇보다도 불교가 핵심적 요소라는 것을 밝히고자 한다. 아더 스틸(Arther Still)은 카밧진의 MBSR의 성공적인 흥행의 배경에는 두 가지 주요 요인이 있었다고 분석하고 있다. 첫 번째 요인은 인본주의적인 심리치유이며 두 번째는 불교 사상과 수행이라고 보고 있다(Dryden, W. & Still, A. p.3). 카밧진의 명상치유프로그램은 불교의 직접적인 영향을 받은 것이지 인본주의 심리학의 영향을 받은 것은 결코 아니다. 카밧진은 1960년대 중반부터 불교와 교류가 있었기 때문에 불교의 영향을 입은 것이다. 카밧진이 인본주의 심리학(humanistic psychology)의 영향을 직접 받은 것은 아니고 오히려 증거를 중시하는 과학적인 심리학자나 심리치유사들에게 영향을 준 것은 명확하다.[1]

MBSR이 현재 이렇게 광범위하게 활용되고 있는 성공 요인을 1970년대 말 개발될 당시의 문화적, 정치적, 심리학적, 의학적 제반 상황에서 살펴볼 필요가 있다. MBSR의 탄생에는 다양한 측면에서 다양한 요인이 제시될 수 있다. 본서에선 MBSR의 개발과 그 배경 및 성공 원인을 불교적인 시각에서 찾아보고자 한다. MBSR의 개발 배경을 불교적인 시각에서 집중적으로 다루고자 한다. 이러한 작업은 MBSR과 불교의 상관관계를 더욱 분명하게 밝혀 줄 것이다. 동시에 MBSR에 내재한 치유원리를 불교적인 시각에서 찾아내는데 일조할 것이다. MBSR을 개발한 카밧진의 불교관을 그 당시의 미국의 문화적 정치적 종교적 상황과 관련하여 살피는 연구가 우선 필요하다.

1) 인본주의 심리학의 수용 및 성장의 접근법에 이미 익숙한 심리학자와 심리치유사들은 카밧진의 명상 치유프로그램을 쉽게 받아들이고 동조할 수 있었다. 이러한 측면에서 MBSR의 형성과 발전에 인본주의 심리학 전통의 간접적인 영향을 인정할 수 있다.

1. MBSR 프로그램의 개발 배경과 불교의 영향

1) 존 카밧진의 불교 수행

MBSR은 1979년 미국 매사추세츠 주립대학 의과대학의 카밧진이 개발한 심신치유 프로그램이다. 카밧진은 각종 스트레스로 인한 만성질환(慢性疾患)을 치유하기 위해 불교의 명상을 의료에 적용하여 MBSR을 개발하여 임상에 활용하고 있다. 만성질환(chronic diseases)은 오래 지속되거나 차도가 늦은 건강 상태나 질병을 말한다. 만성질환은 습관이 되다시피 하여 쉽게 고쳐지지 아니한다. 병이 급하거나 심하지도 아니하여, 급성질환(急性疾患 acute disease)과 달리 환자가 병원을 빨리 가려고 하지 않는다. 심장병, 뇌졸중, 관절염, 만성호흡기병, 암, 비만 등이 만성질환에 속한다.

MBSR 프로그램의 등장 배경에 관한 다각적인 연구가 필요하지만 먼저 프로그램을 개발한 카밧진의 불교관을 살펴보는 것이 순서일 것이다. 카밧진은 1944년 화가인 어머니와 과학자인 아버지 사이에 태어났다. 카밧진은 어머니의 인문학적인 소양과 아버지의 과학적인 훈육을 태어나면서부터 자연스럽게 접하게 된다. 초등학교에서 시작된 학교 교육에서도 인문학적인 정신과 자연과학적 방법론에 깊은 관심을 유지하였다(Gazella, K. p.22). 매사추세츠 공과대학교(Massachusetts Institute of Technology, MIT)에서 분자생물학을 전공하고 있을 때, 인간 의식의 본성 또는 인간의 본성에 관하여 학제간 접근 방식에 관심이 많았다. 신경계와 관련된 질문들을 ---어떻게 의식이 일어나며, 어떻게 보며, 어떻게 들으며, 어떻게 아는지---분자생물학적인 관점에서 다루고자 하였다(Gazella, K., p.23)

카밧진은 1960년대 중반 대학 시절의 학문적인, 문화적인 분위기에 고무되었다. 20세기 후반 미국에서 반문화(反文化, counter culture) 운동이 확산됨에 따라 불교를 사상의 원천으로 여겨지면서 불교를 배우려는 분위기가 형성되었다. 당시 미국의 젊은이들은 기독교 교회에서는 기대할 수 없던 것을 불교에서 모색하였다. "그들은 불교에서 '평화', '자연' 혹은 '반문명', '모성' 혹은 '여성'의 이미지들로 상징되는 새로운 문화와 삶의 양식을 발견하였다. 기독교로 대표되던 기성 문화의 '규범적 도덕' 대신에 그들은 '내면적 자유'를 추구했으며, 불교의 '해탈'과 '열반'의 이상을 통해 이를 실현하려 하였다.

카밧진은 대학 및 대학원 시절 다양한 지적 전통에 관심을 두게 되었다. 필립 카플로(Phillip Kaplau)의 선(禪, Zen)에 관한 강의는 카밧진에게 지대한 영향을 주었다. 필립 카플로는 Three Pillars of Zen(선의 세 기둥)을 저술하여 미국인에게 선불교를 대중적으로 알렸다. 개인적인 일차적 경험, 내적 경험, 마음의 침묵을 중시하는 선(Zen)의 가르침에 카밧진은 매료되었다.[2] 카밧진은 한국인 선사 숭산(1927-2004)스님 밑에서 선불교를 배우게 되었다.[3] 카밧진은 선불교에만 매료된 것이 아니라, 남방불교 전통의 비파사나 명상도 수행하였다. 미국에서 비파사나를 체계적으로 가르치는 Insight Meditation Society(통찰명상회)에서 비파사나 명상 지도자와 교

---

2) David Jacobs Gordon, p.30. Philip Kapleau(1912-2004)는 Three Pillars of Zen(New York: Anchor Books, 2000)을 저술하여 미국인에게 선불교를 대중적으로 알렸다.

3) Streiteld, R.(1991). "Mindful medicine" Kwan Um School of Zen. Visited November 2008 http://www.kwanumzen.com/primarypoint/v08n2-1991-summer-jonkabatzinn-mindfulmedicine.html. 검색일자: 2023.6.6. 카밧진의 결혼식을 숭산스님이 이끌 정도로 숭산 스님과 카밧진은 친밀한 사제관계였다는 것을 알 수 있다(『불교와 문화』, 대한불교진흥원 발간 2010. 9 p.45).

류하면서 명상 수행을 깊이 하였다.

결국, 카밧진에게 끼친 불교의 영향은 두 가지로 나누어 살펴볼 수 있다. 첫 번째는 대승불교의 영향이다. 선불교 계통의 관음종에서 1973년 숭산 스님의 지도를 받기 시작하였다(Richard Gilpin, p.24). 숭산 스님은 1972년 미국에서 포교를 시작하여 관음종을 설립하고 32개 나라에 130개가 넘는 포교센터를 세웠다. 『오직 모를 뿐』(Only Don't Know)이라는 책을 발간하여, '모른다는 것'은 숭산 스님의 대표적인 법어가 되었다. 카밧진도 자신의 저서에서 숭산 스님의 '오직 모를 뿐'에 관하여 이야기하고 있다(Kabat-Zinn 2005 pp.494-5).

카밧진은 그의 저서에서 수즈키 로쉬(Suzuki Roshi) 선사(禪師)를 언급하고 있다(Kabat-Zinn 1990 p.xxv). 수즈키 로쉬는 1958년 미국에 와서 조동종(曹洞宗)의 선(禪)을 가르치기 시작하였다.[4] 그는 조동종의 선을 지관타좌(只管打坐, just sitting)로 가르쳤다. 지관타좌란 '오직 앉아 있을 뿐'이라는 의미이다. 화두를 참구하는 간화선과 달리 묵묵히 본성을 관조하는 것을 중심으로 하는 묵조선에서 중요시되는 개념이다.[5]

---

4) 일본의 조동종의 종조(宗祖)인 도겐(道元: 1200~1253)은 1227년 송나라에 들어가 중국 조동종의 선승인 장옹여정(長翁如淨)의 열반묘심(涅槃妙心)을 계승하였다. 그는 1229년 귀국하여 일본에 조동종을 전파하였다. 도겐은 묵조선을 수양하고 마음이 곧 부처라고 제창하였다. 조동종의 신도는 대부분이 하위층 농민들이었다. https://ko.wikipedia.org/wiki/%EC%A1%B0%EB%8F%99%EC%A2%85. 검색일자: 2023.11.31.

5) 지관(只管)은 전일(專一) 또는 일도(一途)를 의미하며, 타(打)는 강조의 말이고, 좌(坐)는 좌선(坐禪)을 의미한다. 오직 성성적적(惺惺寂寂)한 마음으로 여여(如如)하게 좌선만 하면 된다는 것이다

"묵조는 본래 깨달아 있음을 자각하고 좌선으로 합일하고자 하는 형태에서 다름을 보이고 있다. 다시 말해 묵조에서의 선수행이란 부처를 이루기 위한 수행이 아니라 좌선행 그 자체가 그대로 부처, 좌선 그대로가 깨달음이라는 것이며, 따라서 묵조의 좌선은 깨달음을 얻기 위한 수단이 아니라 좌선 그 자체가 완결된 깨달음의 상징으로 표현되고 있다."(불교신문, 2002.12.2.)

호흡을 편안하게 관찰하면서 심판없이 생각과 감정의 상태를 지켜볼 것을 가르쳤다(릭 펄즈, pp.362-371). 최근엔 티베트 불교의 수행법도 초키 니마 린포체(Chokyi Nyima Rinpoche)와 소크니 린포체(Tsoknyi Rinpoche)의 지도 하에 수행하였다(Richard Gilpin, p.24).

둘째, 카밧진은 상좌부 불교의 영향을 많이 받고 있다. 고엔카(S. N. Goenka)의 제자 로버트 호버(Robert Hover)의 지도 하에 1973년 비파사나 수행을 하기 시작하였다(Richard Gilpin, p.24). 고엔카(S. N. Goenka, 1924-2013)는 미얀마에서 태어나 사업가로 활동하다가 31세에 우바킨(U Ba Khin: 1899-1971)을 만나 비파사나 수행을 시작했다. 우바킨을 이어받아 주로 인도에 거주하면서 비파사나를 지도하였다. 현재 전 세계에 걸쳐 비파사나 수행센터들이 있어 일 년 내내 다양한 코스들이 활기 있게 진행되고 있는데 특히 많은 서구인의 참여가 주목된다. 고엔카는 호흡에 대한 주시 명상(入出息念) 수행과 감각에 대한 주시 명상(受念處) 수행을 중심으로 가르친다(일중 pp.110-142).

1974년부터 조셉 골드스타인(Joseph Goldstein)과 잭 콘필드(Jack Kornfield)의 지도로 집중적으로 비파사나 명상을 하기 시작하였다. 카밧진은 이 두

명상 수행자들과 긴밀한 유대 관계를 지속적으로 가지며 통찰명상회의 다른 명상 지도자들(예를 들면, Sharon Salzberg, Christopher Titmuss, Christina Feldman)과도 함께 명상을 광범위하게 수행하였다. 통찰명상회의 명상 지도자와 수행자는 마하시(Mahasi) 비파사나 수행법에 많은 영향을 받고 있었다.

카밧진은 마하시(Mahasi) 선사의 제자 냐나포나카(Nyanaponika, 1901-1994)) 스님의 저서 The Heart of Buddhist Meditation(불교 명상의 핵심)을 정독하였다(Richard Gilpin,p.24). 냐나포나카(Nyanaponika) 스님은 1954년 미얀마에서 개최된 제6차 결집을 위해 1951년 미얀마 정부의 초청을 받아 미얀마에서 준비 작업을 하였다. 이때 냐나포나카 스님은 마하시 스님의 지도로 비파사나 명상을 수행하게 되며, 그 결과 이루어진 저서가 The Heart of Buddhist Meditation(불교명상의 핵심)이다.[6] 사념처(四念處) 수행을 중심으로 불교 수행을 정리한 유명한 저술로 고전이 되어 널리 알려져 있다.

마하시 사야도(Mahasi Sayadaw, 1904-1982)는 비파사나 명상을 출가자는 물론이고 재가자에게도 널리 보급한 인물이다. 19세기 후반까지 미얀마 불교에서 명상이란 수행승들에게 국한된 일이었지만, 미얀마의 초대 수상 우 누(U Nu, 1907-1995) 지원과 더불어 마하시 사야도의 비파사나 수행법은 미얀마뿐만 아니라 인근 동남아시아 불교국과 미국까지 전해지게 되었다. 다른 현대 비파사나 수행과 비교하면, 마하시 수행법의 특징은 복부의 움직임을 주시하는 것과 행선(行禪)이다.

---

6) 냐나포니카는 독일인으로 스리랑카에서 남방상좌부 승려로 출가하였다. Buddhist Publication Society를 창설하여 많은 불교 서적을 발간하였다. 그의 저서 The Heart of Buddhist Meditation(London, Rider, 1962)는 한글로 번역되어 출간되어 있다:『불교 선수행의 핵심』송위지 옮김, 서울: 시공사, 1999.

특히 호흡할 때 동반되는 복부의 움직임을 관찰하여 사대(四大) 중 풍계(風界, vāyo-dhātu)를 통찰하는 수행은 마하시 수행법의 가장 눈에 띄는 점이다. 걷는 동작과 거기에 부수되는 감각을 주시하는 행선이 마하시 수행법에서 강조되는 것도 특징적이다. 이처럼 움직임의 요소인 풍대(風大)를 관찰의 주요 대상으로 하면서, 몸과 마음에서 일어나는 모든 현상을 관찰하는 것이 마하시 비파사나 수행법이다.

조셉 골드스타인(Joseph Goldstein)과 잭 콘필드(Jack Kornfield)은 Insight Meditation Society(통찰명상회)를 만들어 미국인에게 동남아시아 상좌부의 비파사나 명상을 체계적으로 보급하기 시작하였다. 위에서 카밧진이 접한 비파사나 명상법은 조셉 골드스타인과 잭 콘필드를 위시한 '통찰명상회' 소속의 명상 지도자들의 것임을 언급하였다. 지금까지도 카밧진은 통찰명상회와 긴밀한 유대 관계를 지속하고 있다.

조셉 골드스타인과 잭 콘필드는 비슷한 구도 여정을 공유하고 있다. 이 둘은 평화봉사단의 일원으로 각기 동남아시아에 파견되었고 그곳에서 상좌부 불교를 집중적으로 공부하였다. 조셉 골드스타인은 인도의 보드가야에서 무닌드라(Munindra)라는 인도 수행자의 지도로 비파사나 수행을 집중적으로 하였고, 무닌드라는 마하시 사야도로부터 비파사나를 배웠다. 잭 콘필드는 태국에서 숲속 전통의 수도승인 아잔차(Ajahn Cha)로부터 비파사나를 배우며 승려 생활을 하였다.[7] 아잔차 수행법은 예비수행과 본 수행으로 구분되며, 예비수행으로 부정관, 자비관, 시신관,

---

7) 아잔차(1918-1992) 스님은 숲속 전통(Forest Tradition)의 위대한 스승인 아잔 문(Ajahn Mun)을 스승으로 하여 비파사나 명상을 배웠고 Jack Kornfield를 위시한 여러 서구인 제자드을 지도하였다. 두타행과 엄격한 계율 준수를 요구하고 있다.

염불(念佛)을, 본수행으로 호흡 주시명상과 경행을 수련한다. 아잔차는 염불수행과 호흡주시명상과 경행을 연계시켜 염불 비파사나를 지도하였다(아짠차 pp.198-9).

조셉 골드스타인과 잭 콘필드는 미국으로 돌아와 비파사나를 미국인에게 가르치기 시작하였고 통찰명상회를 공동으로 설립하였다(릭 펄즈 pp.511-5). 통찰명상회는 전통적인 승가의 운영체제와 유사하다. 비파사나 명상 전문가들의 협력체로, 특정 인물이 중심이 되어있지 않다. 비파사나에 여러 계열이 있지만, 그들은 모두 사념처(四念處) 수행에 근거하고 있으므로 서로 협력할 수 있었다.

어떤 계열은 네 가지 대상을 모두 수행하지만, 어떤 계열은 하나 아니면 두 가지 대상을 집중적으로 수행하고 있다. 그러나 그 수행의 근본은 사념처에 모두 포섭되어 있다. 주시 대상은 다를 수 있지만, 무상(無常), 고(苦), 무아(無我)를 통찰한다는 궁극 목표를 공유하고 있다. 상좌부 불교의 고승들---무닌드라(Munindra), 마하시 사야도, 아잔차---이 수행단체를 방문하여 비파사나 명상을 이끌었다(릭 펄즈, p.515-517).

카밧진은 자신의 불교 수행은 근본적으로 대승불교의 선(禪)과 초기불교 전통의 비파사나 수행의 융합으로 보고 있다. "나의 기본 수행은 항상, 호흡, 몸, 마음의 주시 명상에 기초하고 있으며, 크리슈나무르티(Krishnamurti)가 말한 'choiceless awareness'(선택없는 알아차림)과 선(禪) 수행에서 말하는 지관타좌(只管打坐)에 통한다."(Richard Gilpin, p.24). 초기불교의 비파사나 수행과 대승불교의 선 수행을 통합하는 카밧진의 견해는 그가 정독한 냐나포니카(Nyanaponika) 스님의 저서에도 보인다.

"극동의 대승불교 학파 중에서 무엇보다도 중국의 선과 일본의 선(Zen)이 념처(念處, Satipaṭṭhāna)의 정신에 가장 가깝다. 방법과 목표, 기본적인 철학적인 개념의 차이에도 불구하고, 념처(念處, Satipaṭṭhāna)와의 연결 고리는 긴밀하고 강하다. 이러한 연결 고리가 거의 강조되거나 주목받지 못하는 것은 유감이다. 예를 들면, 실재(자신의 마음을 포함해서)와의 직접적인 대면, 일상생활과 명상 수행의 융합, 관찰과 내성(內省)을 통해서 개념적 사고의 초월, 지금 여기(the Here and Now)의 강조 등은 공통 사항이다."(Nyanaponika, p.14)

선(禪) 수행자는 상좌부의 념처(念處, Satipaṭṭhāna) 수행에서 도움을 받을 수 있다고 냐나포니카(Nyanaponika)는 추정하고 있다. 선과 비파사나 수행이 함께 조화롭게 갈 수 있다는 카밧진의 견해는 더 나아가 크리슈나무르티(Krishnamurti)의 사상까지 융합시키게 된다. 선 수행은 대승불교에 속하며 비파사나 수행은 상좌부 또는 초기불교에 속한다. 초기불교의 비파사나든 대승불교의 선이든 불교라는 울타리 안에 있지만, 크리슈나무르티를 명확하게 불교에 포함할 수 있을까 하는 의문이 생길 수밖에 없다.

크리슈나무르티는 공개적으로 결코 불교를 옹호하거나 자기 자신이 불교도(Buddhist)라고 공개석상에서 공표한 적이 없다. 전통과 권위, 도그마와 기성종교의 신념체계에 맹종하기를 철저히 거부하고 홀로 '길 없는 나라(a pathless land)'를 향해 끝까지 걸었다. 불교를 위시해 어떠한 종류의 기성종교에 의존하기를 거부하였다. 어떤 학자는 크리슈나무르티의 가르침과 상카라(Sankara)의 아드바이타 베단타(Advaita Vedanta) 의 철학과 유사하다고 보고 있다(Renée Weber 1987). 그렇지만 크리슈나무르티의 가르침과 불교의 유사성을 쉽게 찾아볼 수 있다.

크리슈나무르티를 불교와 연관하여 이해하려는 시도가 있었다. 크리슈나무르티의 가르침은 선불교와 유사하다고 파악한 연구가 있으며(Roch Bouchard pp.91-100), 대승불교의 공(空)사상이나 『대승기신론(大乘起信論)』의 사상과 비교한 논문도 있다.[8] 초기불교와 크리슈나무르티의 가르침을 비교한 연구도 다수 존재하고 있다.[9] 물론 크리슈나무르티의 가르침과 불교의 유사성을 논의하는 시도를 부정적으로 보는 견해도 존재하고 있다(P. M. Rao, pp.117-122). 카밧진은 크리슈나무르티의 가르침을 불교와 모순되지 않고 동류(同類)로 보고 있다.

크리슈나무르티의 '선택 없는 주시'란 수행자는 명상 중에 일어나는 다양한 현상들에 대해 상대적 가치나 중요성으로 분별하여 판단하지 않고 오직 일어나는 대로 주시하는 것이다. 올더스 헉슬리(Aldous Huxley)는 크리슈나무르티의 저서의 서문에서 'choiceless awareness(비선택적 알아차림)'에 대해 언급하며 부연하고 있다. "심판이 있는 곳에, 비교와 비판이 있는 곳에선, 열린 마음이 부재하다. 상징과 조직 체계의 독재자에게서 벗어나 있지 않다. 과거와 환경에서 벗어나 있지 않다."(Krishnamurti, pp.16-17). 올더스 헉슬리는 크리슈나무르티의 'choiceless awareness'를 경계적(警戒的) 수동(alert passivity)로 바꾸어 사용하고 있다. 대상에 대하여 경계하면서 수용한다는 의미이다. 즉 경계란 깨어있는 상태, 생각 등 대상

8) Hillary Rodrigues, pp.45-60. 한 추측에 의하면 크리슈나무르티는 대승기신론을 읽었고 그 사상에 정통했었다.

9) "The Krishnamurti Connection and Buddhism," http://www.buddhanet.net/khrisna.htm. 검색일자: 2023.11.27.

에 매몰되어 있지 않은 상태를 의미하고 수동성이란 비판하거나 비난하지 않고 있는 그대로를 수용적으로 관찰하는 상태를 가리킨다.

선불교의 지관타좌(只管打坐) 즉 '오직 앉아 있을 뿐' 은 일체의 다른 생각이나 다른 행위 없이 다만 좌선에 몰두하는 것을 의미한다. 『정법안장(正法眼藏)』의 저자이며 일본 조동종의 개조인 도원(道元, 1200-1253) 선사는 지관타좌를 강조하며 오직 일념으로 아무런 잡념 없이 좌선하는 것이 신심탈락(身心脫落)의 자세라고 하였다. 바로 지금 여기에서의 한 가지 행위에 전념함을 뜻한다.

좌선 자체가 붓다의 경계이므로, 좌불(坐佛) 즉 좌선하는 붓다는 다시 작불(作佛)을 하지 않는다는 것이다. 좌선은 깨달음을 위한 수단이 아니고, 좌선 그 자체가 붓다로서의 완성된 행위이다. 수행 그 자체가 깨달음이라고 하는 것이다. 지관타좌의 특색은 명백히 '몸의 정좌'라는 점에 있다. 도원은 몸과 마음이 동시에 깨닫는다고 하여 몸의 중요성을 부각하였다. 도원은 지관타좌를 통해 지금 여기에서 행하고 있는 일상사가 모두 붓다의 행위로 보며 수단으로 보지 않는다(최현민, pp.213-217). 마음에 기반한 관념적인 분별을 거부하고 대신 직접 경험할 수 있는 정좌, 일상사를 소중히 여긴 점은 카밧진에게 영향을 주었다.

MBSR이 대승불교의 선 수행과 초기불교의 비파사나 수행, 그리고 크리슈나무르티의 명상관이 결합하여 있다는 것을 살펴보았다. 이러한 종합주의적인 성격은 카밧진이 지속해서 관계를 맺어온 통찰명상회의 영향이라고 보인다. 통찰명상회는 이른바 대표적인 비파사나 상가(vipassana sanhga)이다. 비파사나 명상을 주로 수행하는 일단의 수행자 모임을 비피사나 상가라고 명명한다(Andrew Rawlinson, pp.586-596).

비파사나 상가는 서구식으로, 선생이 토대가 되며, 재가자 중심이다. 조셉 골드스타인과 잭 콘필드 등에 의해 1960년대, 1970년대 시작된 것으로 비파사나 상가의 뿌리는 미얀마의 비파사나 스승들, 특히 마하시 사야도에 있다.[10] 비파사나 상가의 스승들은 서로 다른 불교 전통의 스승으로부터 다양하게 배우는 경향이 있으며, 제자들에게도 개방적인 태도를 장려하였다. 다양한 불교 전통을 수행하면 한 전통에만 고착되어 다른 전통을 무시하거나 폄하하는 일을 막을 수 있다. 개방적이고 유연한 태도는 극단적인 견해나 협소한 종파주의에서 벗어나게 해준다. "비파사나 상가 그 자체는 대체로 자생적이며 국제적이며, 개방적이고 상좌부 불교의 본질에 관하여, 불교 전통 그 자체 또는 그 너머에 관하여도 도전적인 질문을 할 준비가 되어있다."(Andrew Rawlinson, p.595).

비파사나 상가는 계율 중심의 상좌부 불교와 달리 내적 자각 상태를 더 중시한다(Andrew Rawlinson, p.121). 비파사나 상가의 개방성이 카밧진에게 영향을 주어 대승불교의 선(禪) 수행도, 크리슈나무르티의 가르침도 포용하게 된 것이다.

2) 카밧진의 불교 명상 수행과 MBSR의 고안

카밧진은 임상심리학이나 실험심리학을 학문적으로 전공하지 않았다. 그의 명상 접근은 본질에서 불교에 영향을 받은 것이다. 이런 점에서

---

10) Richard Gilpin, p.25. 비파사나 상가에 영향을 준 수행자로는 대체로 네 그룹으로 정리할 수 있다: 1) Ledi Sayadaw, U Ba Khin, S.N. Goenka(버어마 수행자들) 2) U Narada/Mingun Sayadaw, Mahasi Sayadaw(버어마 수행자들), 3) Ajahn Mun, Ajahn Chah(태국의 비파사나 수행자들), 4) Buddhadāsa(태국 수행자). Andrew Rawlinson, p.593.

카밧진과 MBSR은 주류 생의학(biomedical) 학계에서 아웃사이더였다. 그렇지만 그의 과학적이고 의학적인 사고방식, 의학 주류계의 정치적 흐름에 대한 지식을 가지고 카밧진은 명상을 병원 현장에 성공적으로 도입할 수 있었다. MBSR은 불교의 가르침을 통하여 개발되고 완성된 것임이 틀림없다. 달리 표현하면 불교를 접하지 않고서는 MBSR을 만들 수 없다는 것이다. 이런 점은 카밧진도 인정하고 있다. 그러나 카밧진은 불교 전문 용어를 불교 전통 방식대로 사용하는 것을 피하고 있다.[11]

카밧진은 MBSR을 '고통을 완화하는 수련승(修練乘, a training vehicle)'으로 정의하고 있다(Kabat-Zinn, 2003 p.148). 이런 정의는 본질에서 법(dharma)에 대한 정의와 상관되어 있다. 카밧진이 사용하는 승(乘, vehicle)이라는 글자는 불교 전문용어로 대승(大乘, a great vehicle)이라는 용어를 상기시키다. 카밧진은 서구 문화 양식에서 불교의 법(法, dharma)을 가능하면 서구인에게 맞는 언어로, 방식으로, 형태로, 물론 법을 훼손시키거나 왜곡시키지 않으면서 서구인(특별히 미국인)에게 이해될 수 있도록 노력하였다(Richard Gilpin, p.23).

이런 노력은 종합주의(syncretism) 성격을 띠게 되었다. 불교 수행과 직접 관련이 없는 하타 요가(hatha yoga)가 MBSR 프로그램에 도입된 것도 이런 종합주의 경향으로 설명이 될 수 있다. 카밧진는 비록 하타 요가가 불교 고유의 수행법은 아니지만, 불교와 양립 가능하다고 보고 있다. 카밧진은 모든 주요 명상 수행법---요가, 명상, 기공, 태극권---은 본질에서

11) Richard Gilpin, p.23. 이런 경향은 비단 카밧진에게만 나타나는 것은 아니고 서구의 다른 명상치유 전문가에게도 보인다.

알아차림 명상(mindfulness)로 보고 있다(Kabat-Zinn, 1994 p.5).

카밧진의 mindfulness에 직접적인 영향을 준 것은 불교의 수행법인 사티(sati)에서 비롯되었다. 라이스 데이빗(Rhys Davids)는 사티를 양심(良心, conscience)으로 번역한 하디(Hardy)를 비판하고, 아울러 고걸리(Gogerly)의 meditation 번역어도 비판하고, 자기-평정(self-possession)으로 번역하였다.[12] 라이스 데이빗는 사티(sati)를 다음과 같이 설명하고 있다. "마음의 활동, 마음의 지속적인 현존(現存), 마음의 깨어있음으로 부주의(不注意)나 자기-망각과 정반대이다."(Rhys Davids, T. W. p.58). 라이스 데이빗은 결국 팔리어 사티(sati)에 대한 번역어로 mindfulness로 정하게 된다.

나나비라 장노(Nanavira Thera)는 sati(mindfulness)와 sampajanna(awareness)를 구분하여 다음과 같이 정의하고 있다. "mindfulness가 일반적인 의미로 마음이 모아진 상태, 즉 여기저기 흩어진 두뇌 상태가 아니다. 한편 sampajanna(awareness)는 좀 더 정확하게 '자신을 지속적으로 관찰하는 것을 의미하며, 자신의 행동(사고, 감정) 등을 알아차리지 못하고 지나치는 것을 허락하지 않는다"(Nanavira Thera p.155). 나나비라 장노의 mindfulness에 대한 정의는 엘렌 랑거(Ellen Langer)의 정의와 유사하며, 그리고 카밧진의 정의와도 유사하다. 실천적인 측면에서 영역 mindfulness에는 sati의 의미와 sampajanna의 의미가 혼재되어 사용되고 있다. 한역 불교 경전에서 사티는 정념(正念)으로, sampajanna는 정지(正知)로 번역되어 있다.

---

12) 영어 사전에 의거해 보면 self-possession은 자신의 능력에 대한 신뢰(confidence in one's own powers)나 어떠한 스트레스 하에서도 평정과 침착한 마음 상태(calmness and composure, especially when under stress)를 의미한다.

냐나포니카 장노는 사티(sati)를 mindfulness로 번역하고 'bare attention'(순수주의)로 영역하고. sampajanna를 'clear comprehension'(명확한 포괄적 이해)로 번역하였다. 그렇지만 실수(實修) 장면에선 mindfulness에 순수주의(bare attention, sati)와 명확한 이해(clear comprehension, sampajana)가 함께 융합되어 둘을 구분하여 사용하지 않는다. 이러한 사정은 현재 미얀마의 비파사나 수행과도 일치한다. 이러한 사용법은 카밧진에게도 그대로 적용된다.

불교 경전에서 사용된 사티(sati)의 의미가 온전하게 그대로 명상심리치유프로그램에 적용되었다고 보기 어렵다. 그리고 라이스 데이빗과 같은 불교학자에 의해 정의된 사티가 심리치유 프로그램에 그대로 적용된 것도 아니다. 오히려 mindfulness를 인지적 작용으로 정의한다는 점에서 카밧진의 mindfulness은 엘렌 랑거의 mindfulness와 유사하다(Dryden, W. & Still, A. p.20).

카밧진은 상좌부 불교의 서로 다른 요소들을 융합하여 불교 전문용어에 익숙하지 않은 일반인을 위해 최상의 접근법, 즉 MBSR을 고안하였다고 밝히고 있다. 카밧진에 의하면 MBSR은 대부분 비파사나 수행으로 선(禪)의 태도가 가미되어 있다. 여기서 비파사나란 조셉 골드스타인과 잭 콘필드이 가르친 비파사나 수행법을 의미한다. 그리고 선(禪)의 태도란 일본식 선보다는 중국식 또는 한국식 선(禪)을 의미하며, 불성(佛性)을 이야기할 때, 선의 가르침을 활용한다는 것이다(Richard Gilpin, p.6).

카밧진은 MBSR을 개발하기 이전에 이미 선불교를 접하고 배웠고 캠브리지 선센터(Cambridge Zen Center)를 개창한 초기 구성원이었다. 선불교의 선사들로부터 선을 배우고 있을 땐 카밧진은 불교를 의학과 접목하려고 시도하지 않았었다. 불교를 의학과 접목한 것은 비파사나 명상을 본격적으로 접하게 되면서이다.

결국, 카밧진의 MBSR에 직접적으로 가장 큰 영향을 준 것은 상좌부의 비파사나 명상으로 통찰명상회(Insight Meditation Society)의 명상 지도자이다. 1979년 통찰명상회에서 크리스토퍼 팃뮤스(Christopher Titmuss)와 크리스티나 펠드만(Christina Feldman)이 이끄는 명상수련회에서 MBSR을 계획하였다고 고백하고 있다. "법(dharma)을 훼손시키거나 왜곡하지 않고 세속화시키지 않으면서 동시에 문화적으로 그리고 전통에 구속된 체계에 갇혀 있지 않게 하면서 어떻게 법을 일반 대중에게 전할 수 있을까?"(Kabat-Zinn, Jon, 2000 p.227). MBSR의 개발엔 붓다의 법 즉 심신의 평화를 가져오는 가르침을 어떻게 효율적으로 일반인에게 전할 수 있을 것이냐는 카밧진의 열정적인 질문 속에서 잉태된 것임을 알 수 있다.

카밧진은 불교를 종교나 철학으로 보는 것에 대하여 부정적이다. 신앙체계로서의 불교도 부정하고 단순히 이론체계로서의 불교도 부정하고 있다. 카밧진은 불교를 명상을 통해 마음을 개발하여 고통에서 벗어나게 해주는 것으로 정의하고 있다. 불교는 "주의 깊은 주시(注視)를 통해 마음과 가슴의 다양한 측면을 체계적으로 훈련하고 개발하는 것을 목표로 하는 매우 정교화된 실수(實修)에 근거하여, 마음의 본성, 감정, 고통과 그 잠재적 해결을 일관되게 현상학적으로 설명한다."(J. Kabat-Zinn, 2003 p.145).

카밧진은 인간이 불가피하게 경험하게 되는 스트레스 즉 고통에 대해 분명하게 자각하고 있다. "스트레스는 삶의 부분이고, 인간 존재의 부분이며, 인간 조건 그 자체에 내재되어 있다."(J. Kabat-Zinn, 1990 p.30). 카밧진의 이런 정의는 고통과 그 해결을 집중적으로 가르친 붓다의 사성제(四聖諦) 교리를 연상시키다. 사성제 중 특히 고성제(苦聖諦)는 모든 중생이 고통에 직면해 있다는 가르침이다. 카밧진은 스트레스와 불교의 고에 대해 이렇게 이야기하고 있다. "나는 영어의 스트레스(stress)와 이 사회에서 의미하는 일반적인 의미에서의 스트레스와 불교적인 개념인 dukkha(苦)를 연결시키고 싶다."(Rapaport, A., 외 p.481). 현대인의 스트레스를 고(苦, dukkha)로 이해하고 있다.

카밧진은 MBSR의 각종 명상 수행법이 불교에서 온 것이 사실이라고 분명히 그 기원을 밝히고 있지만 MBSR은 불교 일부가 아니라 독창적이라고 주장하고 있다(Dryden, W. & Still, A. p.6). 카밧진의 이런 태도는 불교라는 종교의 색채에서 벗어나게 해 준다. MBCT(Mindfulness-Based Cognitive Therapy, 명상에 기초한 인지치유)의 공동개발자 중 한 사람인 티스데일(Teasdale)은 카밧진의 능력을 극찬하고 있다. "카밧진은 불교 명상의 핵심을 뽑아내어 보통의 미국인을 도울 수 있는, 접근 가능한 효과적인 방법을 만들어 놓았다."(Segal, Z. V., 외 2002 p.44).

2. 사념처(四念處) 수행과 MBSR 프로그램

MBSR은 8주 명상 프로그램으로 공식적인 주시 명상 수행과 비공식적인 주시 명상 수행으로 나누어진다. 본 장에선 MBSR 프로그램에 보이는 불교 명상의 요소를 분석하고자 한다. 앞서 우리는 카밧진의

MBSR이 3가지 커다란 요소-선불교의 선(禪) 수행, 상좌부(上座部, Theravada)의 비파사나 수행, 크리슈나무르티(Krishnamurti)의 영향을 입은 것임을 살펴보았다. 3가지 요소 중 비파사나 수행이 중심이 되어 있다는 것을 지적하였다. 본 장에선 3가지 요소 중 사념처 수행과 관련하여 MBSR의 각종 명상법을 비교하고자 한다. MBSR 프로그램의 구성과 내용을 살펴보기 전에 먼저 Satipaṭṭhāna-Suttanta(念處經)에 나타나 있는 수행을 간략히 살펴보기로 한다.

1) 사념처(四念處, satipaṭṭhāna) 수행의 분석

사념처는 네 가지 대상 즉 몸(身), 느낌(受), 마음(心), 법(法)에 대한 주시(注視) 명상이다. 념처(念處)를 염(念)이 미치는 장소, 영역(領域), 대상으로 파악하고, 염을 주의하여 지켜본다는 의미로 주시로 이해하면 사념처란 "네 가지 영역에 대한 주시"라고 정의할 수 있다. 수행의 관점에서 주시의 의미를 부각하기 위해 '주시 명상'이라고 부를 수 있을 것이다.

Satipaṭṭhāna-Suttanta는 몸(身)·느낌(受)·마음(心)·법(法)의 4가지에 대하여 주시 명상을 내용으로 한다.[13] 경전은 크게 3부분(도입부, 본문, 종결문)으로 나누어 볼 수 있다. 먼저 Satipaṭṭhāna-Suttanta의 도입부(Majjhima Nikāya, vol.I, 55쪽 28째 줄-56쪽 10째 줄)에는 경전이 설해지는 장소와 사념처

---

13) 사념처 수행을 온전히 담고 있는 경전은 중부(Majjhima) 니카야(Nikāya)의 *SatipaṭṭhānaSutta*와 장부 니카야의 MahāSatipaṭṭhāna-Suttanta이다. 전자는 후자에 비해 '법에 대한 주시(法念處)'의 사성제(四聖諦)'에 해당하는 부분이 간략하게 언급되고 있다. *SatipaṭṭhānaSutta*와 대조적으로 MahāSatipaṭṭhāna-Suttanta에서 사성제가 자세하게 설명되고 있다는 사실은 후에 부가되었을 가능성이 높다. 사성제 중 도성제의 8정도에서 정념을 사념처로 정의함에 따라 사념처경 내부에 다시 사념처가 나와 중복이 되어 부자연스럽다. *SatipaṭṭhānaSutta*(念處經)엔 이런 부자연스러운 부분이 없기 때문에 본서에선 Satipaṭṭhāna-Suttanta을 주요 테스트로 사용하고자 한다.

수행의 전반적인 의의가 기술되어 있다. 경전의 종결부(Majjhima Nikāya, vol.1, 62쪽 34째 줄-63쪽 24째 줄)에는 사념처 수행의 기간과 성취 가능한 두 가지 도과(道果)가 명시되어 있다.

본문에선 사념처 수행의 구체적인 내용과 방법이 제시되어 있다. 본격적인 수행의 과정에 관한 언급으로서는, '몸에 대한 주시(身念處, 56쪽 11째 줄-59쪽 10째 줄)', '느낌에 대한 주시(受念處, 59쪽 11째 줄-59쪽 28째 줄)', '마음에 대한 주시(心念處, 59쪽 29째 줄-60쪽 6째 줄)', '법에 대한 주시(法念處, 60쪽 7째 줄-62쪽 33째 줄) 등이 차례대로 설명되어 있다.

'몸에 대한 주시(身念處)'의 경우, 9가지의 독립된 세부 항목들이 별도의 것으로 설정되어 설명되고 있다.

① 들숨과 날숨에 대한 주시 ② 행주좌와에 대한 주시 ③ 행주좌와를 제외한 몸의 움직임에 대한 주시 ④ 몸을 구성하는 32가지의 요소에 대한 주시 ⑤ 몸을 구성하는 4가지 요소(四大)에 대한 주시 ⑥ 시체에 대한 주시 ⑦ 죽은 시체를 짐승들이 쪼아먹는 모습에 대한 주시 ⑧ 해골에 살과 피와 힘줄이 뒤엉켜 있는 모습에 대한 주시 ⑨ 해골에 피와 힘줄이 뒤엉켜 있는 모습에 대한 주시 ⑩ 해골에 힘줄만 남아 붙어 있는 모습에 대한 주시 ⑪ 해골과 뼈가 흩어져 있는 모습에 대한 주시 ⑫ 해골이 하얗게 바랜 모습에 대한 관찰 ⑬ 해골이 뼈 무더기로 변한 모습에 대한 주시 ⑭ 뼈가 삭아 티끌로 변한 모습에 대한 주시.

느낌에 대한 주시(受念處)에는 9가지로 나누어져 설명되고 있다.

① 즐거운 느낌에 대한 주시 ② 괴로운 느낌에 대한 주시 ③ 즐겁지

도 괴롭지도 않은 느낌에 대한 주시 ④ 육체적인 즐거운 느낌에 대한 주시 ⑤ 정신적인 즐거운 느낌에 대한 주시 ⑥ 육체적인 괴로운 느낌에 대한 주시 ⑦ 정신적인 괴로운 느낌에 대한 주시 ⑧ 육체적으로 즐겁지도 괴롭지도 않은 느낌에 대한 주시 ⑨정신적으로 즐겁지도 괴롭지도 않은 느낌에 대한 주시.

마음에 대한 주시(心念處)는 16가지 마음 상태에 대한 주시이다.

① 탐욕이 있음(sarāga)에 대한 주시 ② 탐욕이 없음(vītarāga)에 대한 주시 ③ 성냄이 있음(sadosa)에 대한 주시 ④ 성냄이 없음(vītadosa)에 대한 주시 ⑤ 어리석음이 있음(samoha)에 대한 주시 ⑥ 어리석음이 없음(vītamoha)에 대한 주시 ⑦ 위축된 마음(saṅkhitta)에 대한 주시 ⑧ 산란한 마음(vikkhitta)에 대한 주시 ⑨ 넓은 마음이 있음(mahaggata)에 대한 주시 ⑩ 넓은 마음이 없음(amahaggata)에 대한 주시 ⑪ 우월한 마음(sauttara)이 있음에 대한 주시 ⑫ 우월한 마음이 없음(anuttara)에 대한 주시 ⑬ 집중된 마음이 있음(samāhita)에 대한 주시 ⑭ 집중되지 않은 마음(asamāhita)에 대한 주시 ⑮ 해탈한 마음이 있음(vimutta)에 대한 주시 ⑯ 해탈한 마음이 없음(avimutta)에 대한 주시.

법에 대한 주시(法念處)는 5가지로 세분되어 있다.

① 5가지 장애(五蓋)에 대한 주시 ② 5가지 집착된 무더기(五取蘊)에 대한 주시 ③ 여섯 장소(六入處)에 대한 주시 ④ 깨달음의 일곱 요소(七覺支)에 대한 주시 ⑤ 4가지 거룩한 진리(四聖諦)에 대한 주시.

Satipaṭṭhāna-Suttanta의 양적인 측면에서 그 비중을 살펴보면 신념처가 다수의 지면을 차지하고 있다. 몸에 대한 주시(身念處)가 4쪽에 걸쳐 111줄이어서, 느낌에 대한 주시(受念處, 18줄), '마음에 대한 주시(心念處, 15줄)', '법에 대한 주시(法念處, 101줄)보다 훨씬 많다. 적어도 양적인 측면에서 볼 때 신념처가 기본이 되는 수행이라고 해석될 수 있다.

이상 신(身)·수(受)·심(心)·법(法)에 대한 주시의 목적은 무상(無常, anicca)의 진리를 통찰하는데 있다. 즉 발생하는 법(samudayadhammā), 소멸하는 법(vayadhammā), 발생하고 소멸하는 법(samudayavayadhammā) 등을 지속적으로 주시하여(dhammānupassī) 무상을 통찰하고, 어느 것에도 애착하지 않는 해탈의 경지에 도달하는 것이 사념처 수행의 궁극 목표이다(Majjhima Nikāya I p.56).

2) MBSR 프로그램의 분석

MBSR 프로그램은 주시 명상 수련에 바탕을 둔 것으로 8주 동안 주당 한 회기씩, 회기마다 2시간 30분 또는 3시간 정도 진행되는 명상 프로그램이다. 제6주째는 종일 진행되는 주시 수련회기가 포함된다. 매일 집에서 45분간 주시에 관한 훈련을 하도록 권장된다. 수련은 공식적 수련과 비공식적 수련으로 나뉘는데 공식수련은 매일 일정한 시간을 공식적으로 할애하여 명상 지시문이 담긴 CD를 들으면서 따라 한다. 공식수련에는 바디 스캔(Body Scan), 정좌명상(正坐冥想), 하타요가(Hatha Yoga) 수련이 중심을 이루고, 비공식 수련은 일상생활 속에서 비공식적으로 할 수 있는 수련 내용으로 건포도 먹기 명상, 걷기 명상, 호흡명상, 자애(慈愛) 명상, 일상생활 속에서의 주시 명상 등이 있다.

8주 프로그램인 MBSR의 수련 내용은 다음과 같다(Kabat-Zinn,1990 pp.140-146; p.434).

	MBSR 프로그램의 주요 내용
1주-2주	45분간의 바디 스캔(body scan); 좌선시 호흡명상 10분
3주-4주	바디 스캔과 하타요가 번갈아 하기, 3주 숙제: 하루에 한 가지씩 즐거운 일을 알아차리고 기록하기, 4주 숙제: 하루에 한 가지씩 불쾌한 일을 알아차리고 기록하기
5주-6주	좌선시 호흡명상, 신체 감각 관찰, 소리, 생각, 감정 알아차리기, 또는 그냥 앉아있기, 행선 시작, 좌선과 요가 매일 번갈아 하기
7주	안내 명상 테잎없이 좌선, 요가, 바디 스캔을 섞어서 수행하기
8주	다시 안내 명상 테잎 사용하기. 좌선, 요가, 바디 스캔 중 자신에게 가장 잘 맞는 수행방법 선택하여 수행하기

8주간 9번 공식적인 모임을 하게 된다. 매주 8번 모임은 약 2시간 30분에서 3시간가량 진행되며 나머지 한번 모임은 온종일 진행된다. 그리고 집에서 해야 하는 숙제는 매회기 모임에서 주어진다.

MBSR의 주요 명상 수행법을 간략히 살펴보자. 바디 스캔은 공식적 주시 명상중 제일 먼저 행해지는 수련이다. 눈을 감은 채 등을 바닥에 대고 편안히 눕는다. 눈을 부드럽게 감는다. 들숨과 날숨에 따라 배의 팽창과 수축을 느낀다. 머리에서 발끝까지 온 몸의 감각을 느낀다(Kabat-Zinn, 1990 pp.92-93).

건포도 먹기 주시 명상은 처음 MBSR에 참가한 수행자들이 자기소개를 끝낸 직후 바로 시작하는 명상이다. 건포도 알들을 과거에는 한 번도 보지 않았던 것처럼 흥미와 호기심을 갖고 관찰하도록 한다. 건포도 알을 손가락으로 만져 촉감을 느끼기도 하고, 포도알의 색상과 외면을 관찰한다. 입안에 넣고 천천히 씹어서 건포도의 실제적인 맛을 경험한다. 삼키고 싶을 때, 삼키려는 충동을 주시한다(Kabat-Zinn, 1990 pp.27-28).

정좌 주시 명상은 다섯 단계를 거쳐 진행된다. 정좌 명상의 첫 번째 단계에서 수련자는 천천히 호흡하면서 콧구멍에서 일어나는 감각과 하복부의 팽창과 수축에 주시한다. 두 번째 단계에서는 코의 호흡 주시와 배의 주시를 확장하여 온몸 전체를 주시한다. 세 번째 단계에서는 주변 환경 속에서 발생하는 소리에 주의한다. 네 번째 단계에서는 자신의 내부에서 생겨나는 생각을 주시한다. 정좌 명상의 마지막 다섯 번째 단계에서 수련자는 자신의 의식세계에 자연스럽게 떠오르는 것이 무엇이든(신체감각, 생각, 감정, 소리, 냄새, 탐욕 등) 선택하지 말고 주시한다(Kabat-Zinn, 1990 pp.72-74).

하타 요가 주시 명상은 스트레칭 그리고 특정 자세의 유지와 같은 동작을 하는 동안 신체의 동작, 균형 그리고 감각 등에 대해 세세하게 주시를 키워나가는 것이다. 하타요가 주시는 하나하나의 동작을 하면서 그 동작을 주시하는 것이다. 방법은 다음과 같이 요약된다. 편안히 누워서 호흡의 흐름을 주시하고 들숨과 날숨에 따라 배의 팽창과 수축을 느낀다. 머리에서 발가락까지 몸 전체를 느낀다. 다양한 요가 자세를 취한다. 특정 요가 자세를 할 때마다 몸의 감각을 느낀다. 특정 요가 자세를 할 때 무리하게 해선 안 된다. 몸의 한계를 인정하고 수용한다. 배나 가슴이 수축할 때, 날숨을 하고 배나 가슴이 팽창할 때 들숨을 한다. 이완의 범위를 넘어설 정도로 무리한 자세를 취하지 않는다(Kabat-Zinn, 1990 pp 103f).

걷기 주시 명상은 걷는 동안의 신체 동작 및 그에 부수되는 감각을 주시하는 것이다. 주시 명상할 장소와 시간을 정한다. 걷기와 관련된 동작들 중 특정 동작에 주의를 둔다. 예를 들면 왼쪽 발에 주의를 두면 걷는 동안 왼쪽 발만 주시한다. 주시명상이 잘 진행될 수 있도록 처음엔

걷는 동작을 느리게 하다(Kabat-Zinn, 1990 p.116).

세수할 때, 청소할 때, 밥을 먹을 때, 전화할 때 또는 쇼핑을 할 때와 같은 일 생활 중에서 주시 명상을 응용할 수 있다. 매 순간순간 주시하는 능력을 키워나가는 것은 바로 즐거움 속에서 일에 집중할 수 있는 능력을 키워갈 수 있을 뿐 아니라 힘들고 어려운 상황을 잘 알아차리고 잘 다루어 나갈 수 있는 능력 또한 함양할 수 있다.

3) MBSR프로그램의 불교명상

카밧진은 mindfulness를 다음과 같이 정의하고 있다. "주시 명상의 핵심은 자신이 어떤 동작을 하는 동안 그 동작을 주시하는 데 있다."(Kabat-Zinn, 1990 p.28). 카밧진은 주시 명상의 7가지 마음가짐 태도를 견지하는 것을 강조한다. 첫째, 심판하지 않는다. 둘째, 인내심을 갖는다. 셋째, 초심을 유지한다. 넷째, 믿음을 가진다. 다섯째, 지나치게 애쓰지 않는다. 여섯째, 수용한다. 일곱째, 내려놓는다(Kabat-Zinn, 1990 pp.33-40).

MBSR의 바디 스캔, 정좌 주시 명상, 하타 요가 주시 명상과 같은 공식 명상과 걷기 주시 명상, 호흡 주시 명상, 건포도 먹기 주시 명상과 같은 비공식 명상은 모두 사념처 수행에 근거하고 있다. 하타 요가 주시 명상을 제외한 MBSR의 모든 주시 명상은 쉽게 Satipaṭṭhāna-Suttanta에서 그 근거를 찾아볼 수 있다. 머리에서 발까지 모든 신체 부위를 주시하는 바디 스캔은 사념처 수행 중 수념처(受念處)에 상응한다.[14]

14) body scan은 Goenka vipassana 전통에서 영향을 입은 것임을 카밧진은 밝히고 있다. http://www.bemindful.org/kabatzinnart.htm. 검색일자: 2024.3.5.

건포도 먹기 주시 명상은 Satipaṭṭhāna-Suttanta에서 먹는 동작을 관찰하는 수행에 근거하고 있다. "먹을 때, 마실 때, 음식을 씹을 때, 맛볼 때, 온전한 주시로 그렇게 한다."[15] 먹는 음식 중 현대 미국인에게 가장 쉽게 구할 수 있는 건포도를 선택한 것 일뿐이다. 어떤 특정 음식을 먹는 것이 중요한 것이 아니라 먹는 행위를 주시하는 것이 중요하다.

MBSR의 정좌 주시 명상, 걷기 주시 명상도 재론할 필요도 모두 경전에서 그 출처를 찾을 수 있다.

> "걷을 때, 비구는 '내가 걷고 있다'는 것을 주시한다. 서 있을 때, 비구는 '내가 서 있다'는 것을 주시한다. 앉아 있을 때, 비구는 '내가 앉아 있다'는 것을 주시한다. 누워 있을 때, 비구는 '내가 누워 있다'는 것을 주시한다.' '앞으로 걸어가거나 되돌아올 때, 온전한 주시로 그렇게 한다. 앞을 보거나 뒤돌아볼 때, 온전한 주시로 그렇게 한다. 팔을 굽히거나 펼 때, 온전한 주시로 그렇게 한다. 가사 옷을 입거나 외투 가사 옷과 발우를 지닐 때, 온전한 주시로 그렇게 한다. 걷을 때, 서 있을 때, 앉아 있을 때, 잠잘 때, 일어날 때, 온전한 주시로 그렇게 한다. 말할 때, 침묵하고 있을 때, 온전한 주시로 그렇게 한다."[16]

---

15) Majjhima Nikāya I p.57. "asite pīte khāyite sāyite sampajānakārī hoti."

16) Majjhima Nikāya I p.57. "Bhikkhave bhikkhu Gacchanto vā 'Gacchāmī' ti pajānāti. Ṭhito vā'Ṭhito'mhī' ti pajānāti. Nisinno vā Nisinno'mhī' ti pajānāti. Sayāno vā 'Sayāno'mhī' ti pajānāti. Yathā yathā vā panassa kāyo paṇihito hoti tathā tathā naṃ pajānāti. Puna ca paraṃ bhikkhave bhikkhu abhikkante paṭikkante sampajāna-kārī hoti. Ālokite vilokite sampajāna-kārī hoti. Sammiñjite pasārite sampajāna-kārī hoti. Saṇghāṭi-patta-cīvara-dhāraṇe sampajāna-kārī hoti. asite pīte khāyite sāyite sampajānakārī hoti, uccārapassāvakamme sampajānakārī hoti, gate ṭhite nisinne sutte jāgarite bhāsite tuṇhībhāve sampajānakārī hoti."

경전에선 간략히 언급하고 자세한 세부적인 방법에 관해 설명하고 있는 데 비해 MBSR에선 아주 자세하게 설명하고 있는 점이 다를 뿐이다.

앞서 언급한 것처럼 경전에선 정좌, 걷기, 먹기에 관한 주시 명상이 간략히 언급되는 데 비해, 모든 수행의 근간이 되는 호흡 주시 명상은 다음과 같이 자세하게 설명되어 있다.

> "비구들이여, 그러면 비구가 몸에 관련하여 몸을 관찰하며 머문다는 것은 어떠한 의미인가? 비구들이여, 여기에 비구가 있어, 숲속에 가거나, 나무 아래에 가거나, 빈방에 가서 가부좌하고, 몸을 바로 세우고, 면전에 념(念, sati)를 확립하고서 앉는다. 그는 주의하며 [숨을] 들이시고, 주의하며 내쉰다. 길게 들이쉴 때에는 '길게 들이신다'고 지각하고(pajānāti), 길게 내쉴 때에는 '길게 내쉰다'고 지각한다. 짧게 들이쉴 때에는 '짧게 들이신다'고 지각하고, 짧게 내쉴 때에는 '짧게 내쉰다'고 지각한다. '온몸을 느끼면서 들이시겠다'라고 익히고(sikkhati), '온몸을 느끼면서 내쉬겠노라' 고 익힌다. '육체적 현상(身行, kāyasaṅkhāra)을 가라앉히면서 들이쉬겠다'라고 익히고, '육체적 현상을 가라앉히면서 내쉬겠다'라고 익힌다." [17]

17) Majjhima Nikāya I, p.56. "Kathañ ca bhikkhave bhikkhu kāye kāy'ānupassī viharati? Idha, bhikkhave, bhikkhu arañña-gato vā rukkha-mūla-gato vā suññ-ā-gāra-gato vā nisīdati pallaṇkaṃn ābhujitvā ujuṃ kāyaṃ paṇidhāya parimukhaṃ satiṃ upaṭṭha-petvā. So sato va assasati, sato passasati. Dīghaṃ vā assasanto 'Dīghaṃ assasāmī' ti pajānāti. Dīghaṃ vā passasanto 'Dīghaṃ passasāmī' ti pajānāti. Rassaṃ vā assasanto 'Rassaṃ assasāmī' ti pajānāti. Rassaṃ vā passasanto 'Rassaṃ passasāmī' ti pajānāti. 'Sabba-kāya-paṭisaṃvedī assasissāmī' ti sikkhati. 'Sabba-kāya-paṭisaṃvedī passasissāmī' ti sikkhati. 'Passambh ayaṃ kāya-saṇkhāraṃ assasissāmī' ti sikkhati. 'Passambhayaṃ kāya-saṇkhāraṃ passasissāmī' ti sikkhati."

MBSR 프로그램의 호흡 주시 명상은 두 단계로 이루어져 있다.

첫 번째 단계를 요약하면 다음과 같다. 편안한 자세로 눕거나 앉는다. 앉는 경우 등을 곧게 하고 어깨를 편안하게 내려놓는다. 편안하게 느껴진다면 눈을 감는다. 배에 주의를 두고 배가 들숨과 함께 팽창하고 날숨과 함께 수축하는 것을 느낀다. 지속적으로 호흡에 주의를 두며 들숨과 날숨이 지속하는 동안 함께 한다. 주의가 호흡에서 벗어날 때마다 주의를 호흡에 다시 둔다. 일주일간 원하든 원하지 않든 편안한 시간에 적어도 15분씩 호흡 주시 명상을 한다.

두 번째 단계는 다음과 같이 요약될 수 있다. 하루 중 몇 번씩 호흡을 주시한다. 배가 팽창하고 수축하는 것을 한두 번 주시한다. 이때 심판하지 않고 생각과 느낌을 주시한다. 동시에 세상을 보는 방식이나 자신에 대한 느낌에 어떤 변화가 있는지 알아차린다(Kabat-Zinn, 1990 p.50).

첫 번째 단계와 두 번째 단계의 차이는 첫 번째 단계에선 호흡 자체에만 주시하는 것인데 비해 두 번째 단계에선 생각과 느낌을 함께 주시한다는 것이다. 첫 번째 단계를 바탕으로 하여 두 번째 단계에 나아가는 것이다. 사념처 수행과 비교하면 첫 번째 단계는 신념처에 해당하고 두 번째 단계는 수념처와 법념처에 해당한다. Satipaṭṭhāna-Suttanta(念處經) 자체에선 배의 팽창과 수축에 관한 내용을 찾아볼 수 없다. 대신 호흡과 관련하여 배의 팽창과 수축을 관찰하는 수행법은 마하시(Mahasi) 스님의 비파사나 수행법에 영향을 받았으리라고 생각된다.[18] 카밧진이 통찰명

18) 마하시 비파사나 수행에서 배의 팽창과 수축을 주시하는 것은 호흡 관찰이 아니라 사대 중 풍대(風大) 관찰이라고 주장하지만 적어도 외형적으로 호흡 주시 명상과 직결된 것은 사실이다.

상회(Insight Meditation Society)의 명상 지도자의 영향을 받았고 통찰명상회는 다시 마하시(Mahasi) 수행법을 따르고 있으므로 이러한 추측은 합리적이라고 할 수 있다.

하타 요가(Hatha yoga)는 탄트리즘(Tantrism)을 그 사상적 배경으로 삼는다. 탄트리즘은 인간의 육신을 부정적으로 보지 않는다. "초월적 존재인 신이 인간 내부에 있다는 것은 인간의 몸에 대한 재평가라고 할 수 있다. 일반 종교에서는 더럽거나 고통의 원인으로 보는 인간의 몸을 탄트리즘에서는 신이 거주하는 사원 또는 해탈을 위한 도구로 본 것이다."(이태영, p.27). 탄트리즘에 사상적 기반을 둔 하타 요가는 육체를 소중히 여기고 심신의 건강을 위한 섭생을 중요시한다.

육체에 중점을 두어 체위법(體位法)과 호흡법을 수행의 중심으로 삼는 하타 요가는 신체의 만성적인 병증을 치유하는 데에 효과가 나타남으로 현대에는 요가가 대체의학으로 확산하고 있다(이태영, pp.30-35). 하타 요가의 의료적 효과는 카밧진의 주목을 끌 만한 것이다.

하타 요가는 불교에서 직접 기인한 것이 아니다. 하타 요가 그 자체는 그 기원에 있어 힌두교 요가 전통으로 알려져 있는데 문헌상 하타 요가의 최초 기원은 불교에 근거하고 있다.[19] MBSR의 하타 요가는 불교적 명상이라고 할 수 있다. 특정 요가 동작 하나하나를 정확하게 하는 데 있는 것이 아니라 동작을 취할 때 그 동작을 주시한다. MBSR의 하타 요

19) 하타 요가 스타일의 일부 기술은 힌두교 산스크리트 서사시와 불교의 팔리어 경전까지 거슬러 올라갈 수 있다. 지금까지 발견된 하타 요가를 설명하는 가장 오래된 텍스트는 11세기 탄트라 불교에서 나온 아므리타시디(Amṛtasiddhi)이다. 하타라는 용어를 사용하는 가장 오래된 텍스트도 금강승 불교의 것이다. 힌두 하타 요가 텍스트는 11세기 이후부터 나타난다. https://en.wikipedia.org/wiki/Hatha_yoga. 검색일자: 2024.3.13.

가는 인도 전통의 요가에 불교 명상이 가미된 것이다. 주시 명상은 어떤 동작을 하느냐가 중요한 것이 아니라 지금 행하고 있는 동작을 주시하는 것이 중요하다. 이러한 맥락에서 MBSR의 하타요가는 불교적인 명상이 아니라고 할 수 없다. 주시 명상에선 특정 동작을 정확하게 하는 것이 아니라 그 동작을 주시하는 것이 중요한 것이므로 MBSR의 하타요가도 신념처(身念處)에 배속시킬 수 있다.

MBSR의 명상법이 Satipaṭṭhāna-Suttanta의 각종 수행법을 모두 도입한 것은 아니다. 5개(蓋), 5취온(五取蘊), 6입처(六入處), 7각지(七覺支), 사성제를 대상으로 하는 법념처(法念處)는 MBSR에선 직접 찾아보기 어렵다. 신념처 중 부정관(不淨觀), 4대 요소, 32 몸 구성 요소 등은 역시 MBSR에선 보이지 않는다. 수념처와 심념처는 MBSR에서 쉽게 찾아볼 수 있다. 요컨대 MBSR은 걷기, 먹기, 정좌, 호흡 등 신념처 중 동작 중심의 명상 수행에 기초를 두면서 느낌, 사고, 감정을 관찰하는 수념처와 심념처로 이루어진 것으로 요약될 수 있다.

MBSR은 의료적 성격이 강하기 때문에, 내담자들에게 당장 시급한 스트레스와 그로 인한 고통 완화에 초점이 맞추기 때문에, 불교 경전에서 제시하는 체계와 목적이 다를 수밖에 없다. 불교 고유의 주시 명상의 궁극적인 목표는 마음의 해탈, 즉 열반에 있지만 MBSR이 표방하는 목표는 스트레스와 그로 인한 고통의 완화에 있다. MBSR은 불교의 선정 수행 목적에서 볼 때 심신의 질병 치유라는 낮은 단계에 머물고 있다고 할 수 있다.

* * *

시대적으로 기존의 기독교 중심의 서구문화에 대한 반발로 형성된 반문화(counter culture) 운동 세대에 속하는 카밧진은 대학 시절에 이미 불교에 관심을 두어 공부하였다. 동북아시아의 선(禪) 수행과 동남아시아의 비파사나 명상을 두루 수행하였다. 특히 통찰명상회(Insight Meditation Society)의 명상 지도자와 함께 수행하면서 MBSR을 고안하고 MBSR의 중심에 주시 명상을 두게 된다.

MBSR의 각종 명상법은 모두 Satipaṭṭhāna-Suttanta에 근거하고 있다고 파악하였다. MBSR의 공식적인 명상과 비공식적인 명상 방법은 Satipaṭṭhāna-Suttanta의 명상 수행법과 전적으로 동일하지 않지만 그 원리는 같다. 차이 나는 부분은 현대 미국인에게 적합한 명상 수행법을 개발하는 데에서 기인한다. 정좌 명상, 호흡 주시 명상, 바디 스캔, 걷기 주시 명상, 일상생활 속에서의 주시 명상은 모두 Satipaṭṭhāna-Suttanta에서 찾아볼 수 있지만 하타 요가(Hatha Yoga)는 그렇지 않다. 하타 요가는 인도의 요가 전통으로 알려져 있다. 따라서 불교 경전에선 하타 요가의 자세는 언급되어 있지않다. 그러나 MBSR의 하타 요가는 비불교적이거나 반불교적인 것은 아니라는 것을 살펴보았다.

두통약은 흑인이든 백인이든 인종에 상관없이, 기독교인이든 무슬림이든 종교 신앙과 상관없이 두통으로 고통받고 있는 내담자에겐 유효한 것이다. 같은 식으로 MBSR은 보편적인 것으로 특정 종교 신앙인에게만 유효한 것은 아니다. 주시 명상은 인생을 바라보는 인생관이며, 세상을 바라보는 세계관이며, 자신을 바라보는 자아관이다. MBSR를 구성하고 있는 다양한 명상법은 붓다의 법처럼 보편적이다.

MBSR이 성공적으로 의료계에 정착하여 발전할 수 있었던 것은 무엇보다도 불교 명상이 지닌 치유 능력 때문이다. 불교 명상이 갖추고 있는 치유적인 효과를 발견하고 현대인에게 맞게끔 치유프로그램을 만든 카밧진의 업적을 간과할 수 없다. 카밧진의 MBSR은 불교에 대한 그의 해박한 학식과 깊은 수행에서 나온 것임에 재론할 여지가 없다.

지면의 부족으로 본서에서 충분히 다루지 못한 부분은 두 가지이다. 첫째 MBSR의 개발 당시의 정치적, 사회문화적, 의료적인 요인 등에 대한 충분한 논의가 이루어지지 않았다. 단지 카밧진이 불교에 접하게 된 경위를 반문화(反文化) 운동과 연결하는 것으로 만족하였다. 둘째 MBSR의 명상법과 Satipaṭṭhāna-Suttanta의 수행을 자세히 비교하지 못한 점이다. MBSR의 다양한 명상 방법은 현대 서구인에게 맞게끔 개발되었기 때문에 Satipaṭṭhāna-Suttanta의 수행 방법과 같지 않다. 비록 본질적인 내용에 있어 동일하지만 그 차이 또한 분명히 할 필요가 있다.

IV. MBSR(Mindfulness-Based Stress Reduction)의 치유 효과와 그 교학적 원리

카밧진이 개발한 MBSR은 미국 의료학계에서 주된 흐름을 형성하였고 임상심리학계에서도 지대한 영향을 주어 MBCT(Mindfulness-Based Cognitive Therapy, 주시 명상에 기초한 인지치유) 등 불교 명상을 이용한 심신치유 프로그램을 개발하게 하는 데 모태가 되고 있다. 이러한 MBSR의 성공은 1979년 개발될 당시엔 예상하기 힘들었다. 본서에선 MBSR의 개발 배경에 불교가 끼친 영향을 살펴보았다. 다양한 측면에서 MBSR의 개발에 미친 영향을 검토할 수 있겠지만 가장 중요한 요소는 불교라고 해야 할 것이다.

의료계와 임상심리학계에서 발표되고 발간된 불교 명상과 관련된 논문 및 저서가 2010년 350여 편에 이를 정도로 중심적인 치유법으로 자리 잡고 있다(Mark G. Williams & Jon Kabat-Zinn, p.2). 뉴욕 주립 대학의 존 윌리엄스(John C. Williams, M.S.)와 캘리포니아 대학의 빙함톤 리디아 지로스카(Binghamton Lidia Zylowska, M.D.)가 함께 1975년에서 2009년 3월까지 발표된 알아차림 명상 관련 논문을 정리한 것을 보면 주로 MBSR의 효능에 관한 연구가 다수라는 것을 알 수 있다.[1]

1) Mindfulness Bibliography Mindful Awareness Research Center, UCLA Semel Institute http://marc.ucla.edu/body.cfm?id=38&oTopID=38에서 이용 가능.

서구의 여러 학자들이 불교 명상이 심신치유 및 질병 예방에 효과적이라는 연구 논문을 발표하고 있다. 명상은 면역계의 강화 등으로 신체의 여러 질병을 개선할 뿐만 아니라 불안, 우울, 적개심, 공포감, 대인민감성 같은 부정적 감정을 낮추고, 자기통제력, 수용감, 영성, 공감과 같은 긍정적 감정은 증가시킴으로써 삶의 질을 높인다는 연구 결과가 급증하고 있는 것을 알 수 있다.

MBSR를 직접 다루고 있는 것을 살펴보면 학생 특히 대학생을 상대로 한 연구와 한국형 K-MBSR에 관한 연구가 다수 차지하며 대체로 스트레스 분야가 중심이다.[2] 김정호의 논문(2010)은 심리학자로서 심리학적인 측면에서 알아차림 명상의 치유 효과에 집중되어 있는데 비해, 구체적으로 알아차림 명상이 생리학적으로 어떤 메커니즘을 보이는지에 관한 이론적 연구는 진행하지 않고 있다.

장현갑(2007) 역시 심리학자로서 명상의 치유 가능성에 관한 연구를 진행하였다. 장현갑은 카밧진의 저서도 번역할 정도로 명상의 치유 효능에 집중적인 관심을 보인다. MBSR의 치유 효능에 관한 국내 논문은 모두 심리학계나 의료계에 종사하고 있는 학자나 전문의들이 발표된 것으로 불교학계에서 연구 발표한 논문은 찾아 보기 어렵다. 본서에선 불교의 입장에 MBSR의 치유 기제를 살펴보고자 한다. 해외에서도 불교적인 시각에서 MBSR을 다루는 논문이 존재하고 있지만, 그 치유 기제에 관한 불교학적인 연구는 보이지 않는다.

---

2) 김설환, 손정락(2010) ; 육영숙(2010); 김수지 안상섭(2009). 안희영(2008)은 교육과 관련하여 명상의 기제를 다루고 있다.

카밧진은 다수의 저서와 논문을 통하여 불교 명상과 그 의료적 효과를 서술하고 있다. 미국 대학병원 수준의 주요 의료기관에서 보완의학으로 채택된 명상 치유서인 카밧진(1990)의 Full Catastrophe Living(재앙으로 가득찬 삶)[3]를 중심으로 카밧진의 MBSR을 살펴보고 이 저서 후 발간된 그의 논문과 저서를 참고한다. 아울러 MBSR에 대한 다른 학자들의 논문이나 저서도 참고한다.

1. 행동의학(behavioral medicine)과 불교 명상

MBSR은 행동의학(behavioral medicine)에 그 이론적 기반을 두고 있다. 행동의학은 마음과 몸의 근본적 통일을 인정한다. 마음과 몸이 별개로 존재하는 것이 아니라 서로 연계되어 있다는 견해를 그 근본으로 삼는다. 이러한 견해에 바탕을 두어 카밧진은 전체성(wholeness)과 상호연계성(interconnectedness)을 인정하고 있다. 몸, 마음, 행동의 상호연관성을 보면서 건강과 질병 문제를 전체적으로 다루고자 하는 것이다. 행동의학은 생각 패턴과 감정이 건강과 질병에 큰 영향을 준다는 것을 전제한다. 몸과 마음의 긴밀한 상호 연계성을 인정하고 있다(J. Kabat-Zinn, 1990 p.150; pp.196-7).

행동의학은 전적으로 의사가 내담자의 병을 고쳐주는 기술자가 아

---

3) 국내에선 다음과 같이 두 권으로 번역되었다. 장현갑·김교현·김정호(2011), 『마음챙김 명상과 자기치유』, 서울 :학지사.

니라 조력자에 불과하다고 주장한다. 내담자 자신이 적극적으로 자신의 건강과 질병에 책임을 진다. 자동차 정비 기술자가 고장 난 차를 고치듯이 의사가 내담자의 병을 고치는 것이 아니라는 견해가 행동의학의 기본 입장이다. 내담자 자신에게 내재해 있는 치유의 힘이 작용할 수 있도록 의사가 돕는 것이고, 치유의 주체는 내담자 자신에게 있다. 따라서 행동의학에선 내담자가 수동적인 위치에 있는 것이 아니라 주동적인 역할을 하게 된다. 내담자의 참여가 적극적으로 권장된다(J. Kabat-Zinn, 1990 pp.196-7).

행동의학은 1977년 예일대학(Yale University)에서 공식적으로 학회가 열리면서 형성되기 시작하였다. 행동의학의 성립에 이바지한 5가지 요소는 다음과 같다: ① 행동수정(behavior modification)/행동분석(behavioral analysis)의 성공과 그 영향[4] ② 바이오피드백(biofeedback)의 성공과 그 영향 ③ 만성질환의 대두 ④ 질병 치유 비용의 증대. 4가지 중에서 ① ② ③은 행동의학의 성립에 직접적인 영향을 끼친 것으로 보인다.[5]

기존의 기계론적인 의학은 특정 질병 즉 천연두 등 전염성 질병에 대해 효과적으로 치유할 수 있었지만, 암과 같은 만성질환에 대해선 효율적이지 못하였다. 이러한 전통의학의 한계에 자각하면서 행동의학이 대두된 것이다. 마음과 몸의 상관성을 중시하는 행동의학은 각종 만성

---

4) 행동 의학은 많은 건강 문제가 본질적으로 의학적이라기보다 주로 행동적인 것으로 간주한다. 예를 들어, 흡연, 좌식 생활 방식, 알코올 사용 장애 및 기타 물질 사용 장애는 모두 현대 사회에서 주요 사망 원인이다. 행동 의학은 의학적 모델 대신 생물심리사회적 질병 모델을 사용한다. 검색일자: 2024.1.10.

5) Richard C. Kennerly, "The Formation of the Field and its Roots in Medical Mind Body Dualism". 검색일자: 2024.1.10.

질환을 다루는데 있어 바이오피드백과 같이 심신요법을 활용하고 질병과 건강에 있어 마음의 역할을 중요시하게 된 것이다.

행동의학은 멀리 그 기원을 찾아가면 히포크라테스(Hippocrates)의 통합적 치유 방식에 연유한다. 행동의학은 건강과 질병에 있어 육체적 환경, 사회적 환경, 인지(cognition), 행동, 생물학의 상호 작용을 고려한다. 기원전 5세기에 활동하였던 히포크라테스는 건강과 질병에 미치는 사회적 환경을 중시하였고 질병의 진단이나 치유에 있어 신화적이거나 초신비적인 설명 대신에 생물학적인 이해와 심리학적인 이해를 중시하였다(칼 사이몬트, pp.18-20). 행동의학은 의학적 모델 대신 질병의 생물심리사회적 모델(biopsychosocial model)을 사용한다. 이 모델은 질병의 발생과 관련하여 생물학적 원인만 다루는 생의학(生醫學, bio-medicine)과 달리 생물학적, 심리적, 사회적 요소를 통합하여 다룬다.

전통적인 서구의학에서는 마음과 몸을 완전히 별개의 것으로 보고 몸의 질병 제거에만 초점을 맞추고 있다. 마음과 몸을 구분하여 전혀 다른 존재로 보는 서구의 전통 의학에 비하면 근자에 대두된 서양의 행동의학은 심신통합을 제시하고 있다는 점에서 '패러다임 변화(paradigm shift)라고 할 만하다(J. Kabat-Zinn, 1990 p.151). 생물학적 요인뿐만 아니라 심리적 요소도 다루고 있다는 점에서 행동의학을 심신의학이라고 볼 수 있을 것이다.

과학적 연구를 통하여 꾸준히 그 효과가 인증되고 있는 심신요법을 소개하면, 긴장이완요법(relaxation techniques), 명상(meditation), 인지행동치유(cognitive behavioral therapy), 최면(hypnosis), 심상유도(guided imagery), 바이오피드백(biofeedback), 신경언어프로그램밍(Neuro Linguistic Programming), 스트레스 관리(Stress Management), 호흡 운동(Breathing Exercises), 요가(Yoga), 태극권(Taichi),

미술치유(art therapy), 음악치유(music therapy) 등이 있으며[6], 신념(belief), 정신교육접근(psychoeducational approaches)도 심신의학 영역에 포함된다(Astin JA., 외 pp.131-147). 이상의 치유방식은 기존의 약물 또는 수술 중심에서 벗어나 마음의 상태를 변화시켜서 질병을 치유하고자 하는 심신요법이다.[7]

1970년대에 들어 외래 내담자의 70-80%가 스트레스 관련 내담자라는 사실이 알려지고, 스트레스를 줄이려는 의료계에서 명상에 관심을 두게 되었다(장현갑, 2000 p.196). 카밧진은 스트레스 치유에서 명상을 이용하는 것은 우연적인 것이 아니라 필수적인 것이며 통합적인 것이며 스트레스를 이완하는 방법 중에서 명상 치유법은 가장 핵심적인 것이며 중심적인 것으로 다른 치유법을 통합한다고 불교 명상의 중요성을 역설하고 있다(J. Kabat-Zinn, 1990 p.163).

카밧진 이전에 1967년 허버트 벤슨(Herbert Benson)은 초월명상(Transcendental Meditation) 수행자 36명을 대상으로 명상의 효과를 연구한 결과, 명상 전후에 혈압, 심박수, 체온 등 생리현상의 변화가 뚜렷함을 밝혀냈다. 벤슨은 서양에서 심신의학의 개척자로 종교 명상이 건강에 지대한 영향을 끼친다는 것을 과학적으로 밝혔다. 그는 명상의 효과를 이완반응(relaxation response)이라는 용어로 설명하였다(장현갑, 2010 pp.58-59). 벤슨이 이용한 명상은 불교 명상이 아니라 만트라(mantra)가 주된 초월명상이었다.

---

6) 미국의 보완대체의학(Complementary and Alternative Medicine, CAM)에 의한 분류이다(이성재, p.76).

7) 요가나 태극권은 몸의 행위를 통해 마음을 이완시켜 질병을 다스리기 때문에 심신의학(mind-body medicine)이라고 하기보다 신심의학(body-mind medicine)이라고 할 수 있다.

불교 명상을 이용한 MBSR은 단지 미국 의료계에서 활용되는데 한정되지 않고 심리학계에도 지대한 영향을 끼쳤다. 존 카밧진의 MBSR은 인지행동치유(Cognitive Behavior Therapy)의 제3물결의 형성을 가져왔다. MBSR의 직간접 영향 아래에서 MBCT(Mindfulness-Based Cognitive Therapy, 명상에 기초한 인지치유), DBT(Dialectical Behaviour Therapy, 변증법적 행동치유), ACT(Acceptance and Commitment Therapy, 수용과 전념 치유) 등이 속속 개발되고 있다. 불교의 명상을 활용한 심신치유 프로그램의 개발은 일시적인 유행이 아니라 계속 발전하리라고 예상된다. 불교의 명상 효과가 전문학자들에 의해 과학적으로 입증되고 있기에 수술과 약물 중심의 의료계에 보완 의료 프로그램으로 확고하게 자리매김하고 있다.

카밧진은 명상(mindfulness)을 다음과 같이 정의하고 있다. "명상의 핵심은 자신이 어떤 동작을 하는 동안 그 동작을 알아차리는 데 있다."(J. Kabat-Zinn, 1990 p.28). 카밧진에 의하면 명상이란 마음을 개발하여 고통에서 벗어나게 해주는 것이다. 명상을 통해 마음의 다양한 측면을 체계적으로 훈련하고 개발하여, 마음의 본성, 감정, 고통과 그 잠재적 해결을 일관되게 추구한다(J. Kabat-Zinn, 2003 p.145). 카밧진은 알아차림 명상의 7가지 마음가짐 태도를 강조한다. 첫째, 판단하지 않는다. 둘째, 인내심을 갖는다. 셋째, 초심을 유지한다. 넷째, 믿음을 가진다. 다섯째, 지나치게 애쓰지 않는다. 여섯째, 수용한다. 일곱째, 내려놓는다(J. Kabat-Zinn,, 1990 pp.33-40).

MBSR의 명상은 Satipaṭṭhāna-Suttanta에서 그 근거를 찾아볼 수 있다. Satipaṭṭhāna-Suttanta는 몸(身)·느낌(受)·마음(心)·법(法)의 4가지에 대

하여 명상하는 내용으로 구성되어 있다.[8] 영어의 mindfulness는 팔리어 사티(sati)에 대한 번역어이므로 mindfulness가 불교의 사념처경에 근거하고 있다. 카밧진은 MBSR의 각종 명상 수행법이 불교에서 온 것이라고 그 기원을 밝히고 있다(Dryden, W. & Still, A p.6).

명상을 이용하여 스트레스를 줄이고 관리하려는 MBSR 프로그램에는 다양한 명상 기법이 존재하고 있다. 명상은 공식적 수련과 비공식적 수련으로 나뉘는데 공식수련은 매일 일정한 시간을 공식적으로 할애하여 명상 지시문이 담긴 CD를 들으면서 명상한다. 공식수련에는 바디 스캔(Body Scan), 정좌 명상, 하타 요가(Hatha Yoga) 수련이 중심을 이루고, 비공식 수련은 일상생활 속에서 비공식적으로 할 수 있는 수련 내용으로 건포도 먹기 명상, 걷기 명상, 호흡명상, 자애(慈愛, loving-kindness) 명상, 일상생활 속에서의 명상 등이 있다. 이들 명상의 핵심은 자신의 심신 상태에 주의(注意)하고 지켜봄으로써 자아관, 인생관, 세계관의 변화를 도모하려는 것이다. MBSR의 명상은 다분히 인지적(cognitive)이라고 할 수 있다. 정신과 육체에 대한 견해, 나와 주위 세계를 어떻게 보느냐 하는 견해는 질병의 치유방식에도 큰 영향을 끼친다.

인간의 마음이 얼마나 빨리 습관적으로 그리고 무의식적으로 특정한 방식으로 움직이고 있다는 것을 알아차리고, 얼마나 쉽게 사물과 자신에 대한 견해가 과거에 획득한 선입견, 신념, 종교, 등에 의해 형성되었는가를 알아차리는 것이 알아차림 명상이다. 자신의 내부를 들여다보면 어떤 부정적인 생각과 감정이 건강에 해로운 영향을 주는지 알 수 있

8) 몸(身)·느낌(受)·마음(心)·법(法) 사념처 수행을 온전히 담고 있는 경전은 중부(Majjhima) 니카야(Nikāya)의 *SatipaṭṭhānaSutta*와 장부 니카야의 MahāSatipaṭṭhāna-Suttanta이다.

으며, 부정한 생각과 감정에서 벗어날 수 있게 된다. 건강에 유익한 생각과 감정, 반대로 건강에 해로운 생각과 감정을 알아차리고, 유익하지 못한 생각을 하지 못하도록 해 주는 것이 알아차림 명상이다. 대상을 있는 그대로 좀 더 정확하게 보려면, 그리고 사물에 내재한 전체성과 연결성을 이해하려면 사고의 과정을 알아차려야 한다.

심신이원론에 입각한 기계론적인 의학에 대항하여 행동의학은 심신의 상호관계를 전제하고 있다. 불교에서도 마음과 육체는 별개로 서로 상관없이 존재하는 것이 아니라, 마치 맹인과 절름발이가 서로 협력하여 길을 가듯이 마음과 육체가 상호 의존적이라고 보고 있다(Visudhimagga XVIII pp.32 ff.). 마음을 훈련시키는 것이 명상이다. 행동의학은 내담자의 적극적인 참여를 중시하는 것과 마찬가지로 불교 명상에서도 개개인의 직접적인 수련이 요청된다.

2. 전체성(wholeness)과 무아(無我)

1) 전체성(wholeness)

카밧진은 MBSR의 철학적 치유 기제로 세계관의 근본 변화를 주장한다. 진정한 치유가 일어나기 위해선 내담자의 그릇된 사고방식이 수정되어야 한다고 역설한다. 즉 자신과 세계를 전체성과 연결성의 두 관점에서 바로 볼 수 있어야 치유가 일어난다고 밝히고 있다.

"요컨대 치유(healing)는 치료(curing)가 아니라 견해(見解)의 변화이다. 당신에게 내재해 있는 전체성을 아는 것과 동시에 다른 모든 존재와 연결되어 있다는 사실을 아는 것을 동반한다. 무엇보다도 자기 자신 내부의 평화를 느낄 수 있다."(J. Kabat-Zinn, 1990 p.184)

명상을 통해 자신의 전체성, 그리고 타자와의 연계성을 인지하게 되면 내적 평화를 느낄 수 있고, 이것은 곧 병의 증상을 줄이고 건강과 웰빙(well-being)으로 나아가게 된다. 먼저 카밧진이 말하는 전체성이 무엇을 의미하는지 살펴보자. 전체란 하나의 몸을 의미한다. 대개 사람들은 개개인이 분리되어 개별적으로 존재한다고 본다. 바다의 파도는 바다의 한 모습으로 바다와 구분되어 있지 않다. 그런데도 우리가 각자 다른 존재(사람)와 분리되어 있다고 생각하고 사는 것은 무지, 착각, 망상에 기인한 것이다. 생각은 있는 그대로 보지 못하게 한다(J. Kabat-Zinn, 1990 p.154). 여기서 생각이란 자아의식(self-consciousness)으로, 자신과 남을 분리하고 경쟁적으로 보는 분열의식(分裂意識)이다.

전체성은 생명체의 본성상 가장 기본적인 속성이다. 우리가 과거의 경험과 고통에서 생긴 상처를 얼마나 지니고 있든, 우리에게 내재해 있는 전체성은 여전히 여기에 있다. 단지 과거에 해놓은 일이나 하지 않은 일에 대한 무기력한 노예도 아니고 현재 고통에 직면해서 무기력한 것도 아니다. 우리는 우리에게 내재해 있는 전체성과 언제든지 연결될 수 있다. 왜냐하면, 전체성은 항상 존재하고 있기 때문이다. 명상을 통해서 전체성과 연결되어 상처를 극복하고 고립, 파편, 그리고 고통을 넘어 완전성에 연결될 수 있다.

자신의 육체적인 상실을 수용하고 진단의 의미를 파악하고 나서 그 전체성을 경험할 수 있다. 팔이 잘려나가거나 신체 일부를 손상당해도 죽을병에 걸리더라도 그 사람은 여전히 본질에서 전체(whole)이다.[9] 전체는 이런 측면에서 보면 개인의 육체 또는 육체의 상태와 상관없이 존재하고 있다.

치유(healing)는 치료(curing)와 달리 질병에 대한 새로운 태도를 지닌다. 심지어 암에 걸리더라도 치유는 일어날 수 있다. 당신의 존재가 온전하다는 것을 자각하는 것에서 치유가 일어난다. 나는 온전한 존재---비록 병에 걸리더라도---라는 사실을 자각하면 질병에 걸려 있든 그렇지 않든 중요하지 않게 된다(J. Kabat-Zinn, 1990 p.173).

호흡에 주의를 두고, 바디 스캔(body scan)을 하는 주요한 이유는 우리 자신의 전체성을 엿볼 수 있게 해 주기 때문이다. 전체성을 감지하는 것은 치유와 지혜의 원천이 된다(J. Kabat-Zinn, 1990 p.162). 알아차림 명상은 전체성을 직접 경험하는 것이다. "완전성을 경험할 때 모든 존재와 하나됨을 느끼게 되며, 모든 존재와 하나됨을 느끼면 우리 자신의 전체성을 경험하게 된다."(J. Kabat-Zinn, 1994 p.226). 나 자신이 다른 존재와 고립되어 존재한다는 착각에서 벗어나게 하는 것이 명상이다.

명상을 통해 직접적으로 전체성을 경험하게 되면 있는 그대로의 대상과 바른 관계를 형성하며, 깊은 이해와 더불어 자애심을 증장(增長)하며, 고통과 절망감이 줄어들게 된다. 로저 왈쉬(Roger Walsh)는 이런 명상을 의식 훈련(consciousness discipline)이라고 한다. 우리에게 내재해 있는 전

---

9) J. Kabat-Zinn,(1990), 앞의 책, p.161. 전체(whole)가 완벽(perfect)한 것인지 아니면 불변인 것인지 또는 영원히 존재하는 것인지에 대한 명확한 논의는 찾아보기 어렵다. 만약에 이러한 속성을 논의하게 되는 순간 추상적인 종교 교리의 영역이나 검증될 수 없는 형이상학의 영역에 들어가게 된다. 그래서 스트레스로 인한 질병 치유에 집중하고 있는 존 카밧진은 이런 속성을 논의하지 않고 있다고 보인다.

체성을 자각하지 못하게 하는 인지 왜곡을 명상을 통해 자유롭게 하는 것이다(J. Kabat-Zinn, 1990 p.164).

영어의 'health'(건강)라는 말은 whole(전체)이란 의미이다. 전체(whole)는 시스템이나 조직을 구성하고 있는 모든 부분의 상호 연계이며 통합이며 온전함이다. 전체성은 본성적으로 항상 존재하는 것이다(J. Kabat-Zinn, 1990 p.162). 전체성(wholeness)이란 용어는 'healing', 'meditation', 'medicine'이라는 말에서도 그 의미가 깃들어 있다. meditation과 medicine은 라틴어 mederi(cure)에서 왔으며 mederi는 그 이전의 인도·유럽어인 'measure'(측정하다)에서 온 말이다. 모든 존재는 자기 고유의 '바른 내적 측정(right inward measure)'을 가지고 있다.[10] medicine은 바른 내적 측정을 회복하는 수단이다. 상처나 질병에 의해 바른 내적 측정이 방해받을 때 meditation(명상)은 주의 깊고 비심판적인 자기관찰을 통해 자신의 바른 내적 측정을 직접 자각하는 과정이다. 카밧진은 이런 바른 내적 측정을 wholeness(전체성)이라고 부르고 있다(J. Kabat-Zinn, 1990 p.163).

자아의식은 분리의식이며 문제의 근원이다. 모든 존재와 자신은 서로 별개의 존재로 분리되어 있다는 분리의식은 '나'의 문제를 만들고 고착시킨다. 무아(無我)의 자각이 이루어질 때, 전체성을 자각할 때 문제는 개선되거나 향상된다(J. Kabat-Zinn, 1990 p.165), 아인쉬타인(Einstein)은 전체

---

10) 바른 내적 측정(right inward measure)은 의학적으로 보면 항상성(恒常性, homeostasis 혹은 homoeostasis)과 관련해 이해할 수 있다. 항상성은 신체 내부 환경을 안정적이고 일정하게 유지하려는 특성을 말한다. "신체의 여러 조절 작용이 생리학적으로 정상수준을 유지하는 동안 인체의 모든 세포는 정상적으로 움직이면서 항상성이 유지된다. 그러나 인체의 조절 기관들 중에서 한두 가지가 조절 기능에 이상이 생기면 항상성이 방해를 받게 된다. 그 정도가 심하지 않으면 증상이나 질병으로 나타나고 자주 반복되거나 심하면 죽음을 초래하기도 한다." 검색일자: 2024.3.5.

성에 대해서 이렇게 밝히고 있다.

> "인간은 우주라고 불리는 전체의 한 부분으로 시간과 공간에 제한되어 있다. 자기자신, 자신의 생각과 감정은 다른 사람과 분리되어 있는 것으로 경험한다. 일종의 의식의 시각적 착각이다. 이런 착각은 우리에게 일종의 감옥이며 우리를 자신의 개인적 탐욕에 가두어 버리고, 자신에게 아주 가까운 몇몇 사람에게만 사랑을 제한한다."(J. Kabat-Zinn, 1990 p.165).

아인쉬타인의 견해에 의하면 전체성은 분리성보다 더 본질적이다. 대양과 파도의 관계는 마치 우주와 한 개인의 관계와 같다. 파도는 대양과 분리된 별개의 존재가 아니라 대양의 한 모습이며, 넓게 보면 대양이다. 마찬가지로 인간도 우주의 한 부분이지만 달리 보면 우주 전체와 분리될 수 없는 전체이다(J. Kabat-Zinn, 1990 p.165).

전체성을 보지 못한 채 우리는 생명의 한 부분만 보게 된다. 이러한 좁은 견해는 '나'의 인생, '나'의 문제, '나'의 고통 등 '나'를 강조하며 다른 존재와 전혀 별개로 여기게 되는 것이다. 마치 특정 파도에만 초점을 맞추고 다른 파도나 바다 전체를 보지 못하는 것과 같다. 나의 본질은 다른 사람의 본질과 분리되어 존재하지 않고, 특이(特異, unique)하지도 않다. 그런데도 사람들은 변함없는 견고한 '나'가 있다고 착각한다. 이러한 자아의식은 실상 감옥에 불과하다. 우리가 해야 할 일은 우리 자신을 이런 감옥에서 벗어나는 것이다. 모든 살아 있는 생명체를 보듬을 수 있는 자비의 원을 넓힘으로써 감옥에서 벗어날 수 있다고 아인쉬타인은 말하고 있다(J. Kabat-Zinn, 1990 pp.165f).

명상을 통해 전체성을 경험하면 무엇을 추구하려는 탐욕이 사라진다. 명상은 존재방식(a way of being)이다. 치유를 위한 기술(technique)이 아니다. 치유(healing)는 현존에 머물 때 현존의 삶을 살게 될 때 저절로 일어난다. 개개인이 모두 완결된 존재인데 더 이상 무엇이 되려고 탐욕 자체가 무의미하다. 단지 우리가 해야 할 것은 존재의 영역으로 들어가는 것이다. 여기 존재의 영역에서 본질적으로 치유가 일어난다(J. Kabat-Zinn, 1990 p.171; 1994 p.227). 명상은 특정한 목적을 성취하기 위한 수단으로서가 아니라 존재 방식으로 실천하게 될 때, 치유가 이루어질 수 있다. 무엇인가가 일어나기를 바라는 탐욕을 버리고, 있는 그대로 수용하면 내적 평화를 이루고 이것은 곧 건강과 지혜의 토대를 구축하게 된다(J. Kabat-Zinn, 1990 p.179).

명상의 핵심은 무위(無爲, non-doing)이다. 그러므로 무엇인가를 성취하려고 하는 목적 지향적인 태도는 명상이 아니다. 설령 치유를 목적으로 명상을 한다면, 명상의 기본적인 자질 즉 '내버려 두기'(letting go)나 수용(acceptance)을 악화시키거나 왜곡시킨다. 내버려 두기나 수용과 같은 자질은 치유의 기본토대가 되는 전체성을 경험하게 하는데, 치유라는 목적을 의식하면서 하는 명상은 오히려 내버려 두기나 수용을 방해하여 치유가 일어나지 못하게 한다. 치유를 위해 명상을 시작하더라도 명상하고 있을 땐 목적의식이 배제되어야 한다(J. Kabat-Zinn, 1990 p.177).

만성질환이나 스트레스 관련 질병은 내담자가 전체성을 경험할 때, 자기 자신의 존재 영역에 연결될 때, 치유가 이루어진다. 자신이 앓고 있는 질병보다 자신의 존재가 더 크다는 것을 자각하게 되고 질병에 대해 새로운 태도를 지닐 수 있게 된다. 명상은 질병을 쫓아내는 것이 아니다. 현재 건강하든 질병에 걸려 있든 누구도 자기 자신이 얼마나 오래 살 수 있을지 모른다. 생명은 순간순간 펼쳐진다. "명상의 치유력은 가능한 온전하게 매 순간을 사는 것에 놓여있다."(J. Kabat-Zinn, 1990 p.173).

2) 무아(無我)

불교의 근본 사상인 무아(無我)는 보통 사람들이 지닌 자아의식(自我意識)이 허구임을 보여준다. 그릇된 자아관념은 모든 고통의 근본 원인이라고 붓다는 가르치고 있다. 고통의 발생 근저에는 나와 남을 심리적으로 분리하는 자아의식이 뿌리 깊게 박혀 있다. 나와 남을 분리하는 곳에는, 언제나 대립과 갈등이 도사리고 있다. 남과의 비교를 통해서 우리는 우월의식과 열등의식을 일으키고, 즐거움과 고통의 악순환을 되풀이한다.

무아의 가르침에 의하면 자아라는 생각은 가상된 것, 거짓된 믿음으로 실재와는 거리가 멀다. 아견(我見)은 아(我)와 아소(我所, 나의 것)라는 분별의식과 이기적인 탐욕, 집착, 증오, 악의, 교만, 이기주의 그리고 다른 더러운 생각들과 문제들을 만들어낸다. 즉 자아에 대한 그릇된 견해는 개인적인 갈등에서부터 국가 간의 전쟁에 이르기까지 모든 문제의 근원이다. 요컨대 이러한 그릇된 견해에 세상의 모든 죄악의 근원이 놓여있다(Rahula Walpola p.51).

자아가 존재한다고 보는 아견(我見)은 오취온(五取蘊)에서 비롯된다. 자아의 실체(實體, substance)를 믿는 사람들은 모두 오취온에서 자아를 헤아리고 있다.

> "만약 모든 사문·바라문들이 아(我)가 있다고 본다면, 그것은 모두 오수음(五受陰)에서 아(我)를 헤아린 것이다. 색이 아(我)라고 여기든지, 색과

서로 다르다고 보든지, 아(我)가 색에 속해 있다든지, 아(我)가 색에 속해 있다든지, 색이 아(我)에 속해 있다고 본다."[11]

범부는 색(色), 수(受), 상(想), 행(行), 식(識)의 오온에 대하여 자신과 동일시하거나 자신의 일부 또는 전부로 여기고 있다. 오온에 대하여 집착이 있기에 '아(我)가 존재한다' 라고 하는 아견(我見)이 발생한다. "색에 대하여 집착하기 때문에 내가 존재한다는 생각이 일어난다."[12]

고통을 야기하는 아견이 구체적으로 나타난 번뇌작용을 아만(我慢)과 탐욕으로 나누어 살펴보자. 아견의 분리의식이 인간관계 속에서 역기능적으로 나타나는 것이 아만이다. 한역어 아만에 해당하는 팔리어(pāli)는 asmimāna(아스미마나)이다. asmimāna는 복합어로서 asmiti('나'는 존재한다)와 māna(생각한다)가 결합하여 만들어진 복합어로서 '나는 다른 사람보다 우월하다'라고 생각하는 것을 의미한다. '내가 뛰어나다'라는 아만은 오온을 동일시하고, 오온을 실재하는 실체(實體)로 집착하는 것에서 기인한 것이다(Genjun H. Sasaki, p.53).

마나(māna)의 어근은 'man'으로, 그 의미는 '상상하다', '생각하다' '(어떤 생각을) 품다'를 뜻한다. 그런데, 어떻게 mana가 중국 역경가들에 의해 만(慢)으로 번역된 것일까? '나'가 존재한다는 생각은 타인과 구분된 분리의식이다. asmimāna는 타인과 분리된 '나'가 있다는 자아의식이다. 만(慢)의 기본적인 뜻은 자신에 대한 우월감과 열등의식을 의미한다. 우

11) 『대정장』 II p.11中. "若諸沙門婆羅門見有我者 一切皆於此五受陰見我 諸沙門婆羅門見色是我色異我我在色色在我."

12) Saṃyutta Nikāya III p.105. "Rūpam upādāya asmiti hoti."

월감과 열등의식은 다른 사람과 자신을 비교할 때나 다른 사람과 관련하여 자신을 생각할 때 일어난다(Genjun H. Sasaki, p.52).

타자와의 비교를 통해 열등감이나 우월감을 느낀다. "내가 최고로 뛰어나다. 라고 말하고, 나는 다른 사람과 비등하다 라고 말한다."[13] 자신보다 나은 사람에 대해서는 질투나 시기의 마음을 일으키고 자기보다 못한 사람에게는 경멸하거나 거짓 동정을 통해 자신의 자만심을 즐긴다. 남과의 비교를 통해서 아만의 틀은 우월감과 열등감을 느끼면서 고정화되어 간다. 열등감을 줄이고 우월감을 즐기려는 경향이 탐욕이다.

고통의 원인인 탐욕은 '아(我)가 존재한다고 생각'하는 아견에서 비롯된다. "탐욕은 자신의 중심에 무명에서 발생한 거짓된 자아 관념을 하고 있다."(Rahula, p.30). 자아라는 실체가 존재한다고 믿게 되면 이젠 만들어진 가아(假我)가 주도권을 쥐고 모든 사고와 감정에 관여한다. 자아는 탐욕을 통하여 자신의 실재성과 정체성을 확대하려고 한다.

탐욕은 절대로 만족하지 않고 끊임없이 한 대상에서 또 다른 대상으로 옮아간다. 욕망의 끝없는 움직임 속에는 달성을 위한 긴장과 갈등이 놓여 있다. 쾌락을 주는 것은 추구하려 하고 그렇지 않은 것은 피하려고 한다. 이러한 탐욕의 운동은 자기 모순적이어서 결국 고통으로 변하고 만다. 사성제(四聖諦) 중 집성제(集聖諦)는 고통의 근본 원인이 탐욕에 있음을 간명하게 보여준다. "바로 이 갈애(渴愛)가 다시 태어나게 한다. 탐욕을 지난 채 여기저기서 새로운 쾌락을 추구한다. 즉 욕애(欲愛 kā-

---

13) 『대정장』 II p.16中. "言我最勝.言我相似."

ma-taṇhā), 유애(有愛 bhava-taṇhā), 비유애(非有愛, bhava-taṇhā)가 있다."[14] 십이연기(十二緣起)에서도 갈애는 중요한 역할을 하고 있다. 십이지 중 제8지에 위치하여 전후의 수(受)와 취(取)를 연결해 주고 있다. 취를 통하여 미래에 태어날 발판을 형성한다.

무아의 참뜻은 통속적인 '나'[我]라는 존재의 부정이 아니라 '나'라는 개체의 독립적 실체가 있다는 거짓 인식을 부정하는 것이다. '나'는 '나' 아닌 무수한 타자들과의 관계 속에서 비로소 존재하는 연기(緣起)의 산물이다. '나'라는 독특한 실체를 고집할 것이 아니라 나를 구성하는 그 '나' 아닌 것들과의 관계성을 바로 깨닫는 것이 무아의 가르침이다.

내 몸을 구성하고 있는 지수화풍(地水火風)의 사대는 자연에서 온 것이며 다시 자연으로 돌아간다. 나는 내가 아닌 타자들이 인연(因緣)을 매개로 잠시 모여 있는 오온(五蘊)일 뿐이다. 이처럼 모든 존재는 독자적 실체가 없고 관계성 속에서만 존재하기 때문에 무아(無我)이다. 모든 존재는 수많은 인연으로 존재하는데 '나'라는 존재도 바로 그 인연의 산물이다.

다시 말해 무아는 나와 타자와의 관계성을 확인하는 것이며, '내가 너와 완전히 다른 존재가 아니다'라는 자타불이(自他不二)를 확인하는 것이다. 무아의 가르침은 '나'라는 아상(我相)의 울타리를 벗어나게 하며, 협소한 자기인식을 벗어버리고 우주적이고 총체적인 관점에서 나를 자각하는 것이다. 그래서 무아설은 분리된 '나'에 대한 생각에서 벗어나 모든 존재와의 관계에서 '나'를 보는 것이다.

---

14) Digha Nikaya II p.308. "Yāyaṃ taṇhā ponobbhavikā nandīrāgasahagatā tatratatrābhinandinī, seyyathidaṃ, kāmataṇhā bhavataṇhā vibhavataṇhā."

존 카밧진이 말하는 치유란 자기중심적인 사고에서 벗어나 전체를 조망할 때 가능하다. 자기중심적인 사고는 자신을 다른 존재와 완전히 분리되어 고립되어 존재하는 것으로 여기는 것이다. 이러한 협소한 사고는 자신을 감옥에 가두어 다른 존재와 교류 없이 살게 만들어 버린다. 자신의 사고가 만들어 놓은 감옥에서 벗어나게 하는 어떤 일을 하면 그 일은 본질에서 치유적이다. 전체성의 시각에서 본다는 것은 세상의 어떤 것도 고립되어 발생하는 것이 아니며 문제는 전체 시스템의 맥락에서 비추어져야 한다는 것이다. 붓다의 무아설도 자타불이를 알게 해주는 데 있다.

3. 연결성(connectedness)과 연기(緣起)

1) 연결성(connectedness)

존재의 속성인 전체성의 개념은 자연적으로 연결성을 동반하고 있다. 개개성(箇箇性, individuality)과 분리성(分離性, separateness) 뿐만 아니라 완전성(完全性, fullness)과 연계성(連繫性, connectedness)을 보게 되면 새로운 차원에서 대상(사물이나 세상)을 볼 수 있게 된다. 이런 경험은 자유 즉 해탈감이며 협소한 자기중심적인 틀에서 벗어나게 된다. 이런 사고의 전환에서 치유가 일어난다(J. Kabat-Zinn, 1990 p.154).

인간의 건강한 삶이 유지되는 것은 감각기관, 근육, 신경, 세포, 기관, 기관 시스템이 언제나 통합적으로 작동하기 때문이다. 육체는 하나의 세포에서 파생되어 수 십조개의 세포로 몸의 균형과 질서를 스스로 유지하고 있는 것은 서로 연결되어 있기 때문이다. 세포 분자생물학에서부터 모든 기관과 더 큰 체계의 기능에 이르기까지 몸은 생물학 정보 흐름에 의해 규제된다. 정보 흐름은 서로 다른 몸의 부분을 연결시키고 있다. 연결성(connectedness)은 육체적인 통합과 건강을 위해 긴요하다. 마찬가지로 심리적으로 사회적으로도 연결성은 중요하다(J. Kabat-Zinn, 1990 pp.155-156).

가이아(Gaia) 이론처럼 상호연계성(inter-connectedness)의 그물은 개개인의 심리적인 자아를 초월한다. 개인적인 차원에선 한 개인이 전체(whole)이지만 더 큰 체계에선 보면 한 부분이다. 한 존재는 수 많은 다른 존재와 연결되어 있다. 내가 먹고 있는 사과엔 수많은 존재의 손길이 포함되어 있다. 상호연결성은 존재의 한 특징이다(J. Kabat-Zinn, 1990 p.157).

심리신경면역학(心理神經免疫學, psychoneuroimmunology, PNI)은 두뇌와 면역계의 상호연계성을 바로 보여준다. 질병의 발병이나 치유가 생각, 감정 등에 의해 크게 영향을 받는다는 것이다. 시험 기간에 있는 학생들을 조사해 보면 자연살해세포(natural killer cell)의 활동이 줄어드는데 이것은 PNI의 작동을 잘 보여준다. 스트레스, 고립감, 외로움 등은 면역 기능을 저하한다. 명상은 면역 기능을 향상시키고 질병에 저항하며 건강을 유지하게 시킨다(J. Kabat-Zinn, 1990 p.174).

> "신경계를 통하여 인체의 모든 장기가 연결되어 전기적 신호를 주고 받거나 내분비계를 통하여 호르몬이 상호 영향을 주고 있으며, 마음이 뇌신경계, 면역계와 내분비계와 다양한 수용체로 연결되어 있다. 생각과 감정은 중추신경과 말초신경으로 이루어진 신경계와 몸의 모든 부위에

분포되어 있는 혈관을 통한 순환계와 내분비 물질 등의 다양한 화학물질을 통하여 몸의 세포들은 여러 종류의 수용체를 통하여 뇌에서 보내는 메시지를 받아들이고 반응한다. 이와 같이 정신-신경-내분비-면역계 등을 통하여 생각과 몸은 서로 연결되며 상호 영향력을 미친다."(진영수, p.88).

마음이 육체와 연결되어 있으므로 마음이 신체의 질환에 중대한 영향을 주는 사실은 위약효과(placebo effect)로 설명할 수도 있다. 최면도 마음이 육체의 질병 치유에 작용하고 있다는 것을 보여준다. 벤슨(Benson)의 이완반응(Relaxation Response)은 기도와 명상이 건강에 미치는 영향을 과학적으로 보여주었다. 1960년대 말 1970년대 바이오피드백(biofeedback)은 명상이나 요가를 통해 몸의 반응을 제어할 수 있다는 것을 보여주었다. 커즌스(Cousins)의 웃음 치유(laughter therapy)도 질병 치유에 있어 마음의 중요성을 보여준다(J. Kabat-Zinn, 1990 p.193).

마음과 육체는 연결되기 때문에 생각은 건강에 영향을 크게 미친다. 낙관적인 사람과 비관적인 사고의 사람은 건강에 있어 큰 차이를 보여주고 있다. 반두라(Bandura)는 자기효능(self-efficacy)을 건강의 척도로 삼았다. 자기효능은 자신의 인생에서 일어나는 특정한 사건을 제어할 수 있다는 자신의 능력에 대한 신뢰이다. 자기효능은 건강의 지표가 된다. 즉 자기효능이 높을수록 건강이 증진된다. 무슨 일이든 자신이 할 수 있다는 자신감은 건강 증진에서도 긍정적으로 작용한다.

바디 스캔(body scan)을 통해 심신이 이완되면 성취감 또는 성공감을 느끼게 되고 이러한 성취감은 자신이 원할 때 이완할 수 있는 능력을 신퇴하게 된다.[15] 안토노브스키(Antonovsky)는 격심한 스트레스에서 생존한 사람을 연구하였다. 이들은 자신과 세계에 대해 일관성(sense of coherence)을 가지고 있다. 포괄성(comprehensibility), 관리성(manageability), 의미성(meaningfulness)은 일관성을 구성하고 있다. 나찌(Nazi) 집단 수용소에서 살아남은 사람은 내외적 경험을 전체적으로 이해하고 요구사항을 관리할 수 있고, 요구사항을 의미 있는 도전으로 보며 전념한다(J. Kabat-Zinn, 1990 p.204). 이상의 연구는 사고의 유형, 즉 인지적 요소가 건강에 지대한 영향을 미친다는 사실을 보여주고 있다.

마음이 육체와 연결되어 있으므로 감정과 건강의 상관관계가 성립한다는 연구가 있다. 암에 잘 걸리는 사람들은 자신의 감정을 숨기거나 타인 지향적이며, 소외감을 느끼며, 사랑을 받지 못한다고 느끼며, 그리고 사랑받을 자격이 없다고 생각한다. 어릴 적에 친밀감을 느끼지 못하면 성인이 돼서 건강문제를 겪는 경우가 더 많다는 연구 결과도 있다. 암에서 살아남은 사람은 자신에 대한 사랑, 타인의 사랑을 받아들이는 마음 자세가 돋보였다(J. Kabat-Zinn, 1990 p.205).

감정이 질병을 유발한다는 연구가 다수 존재한다. 감정(예를 들면 분노)을 억압하거나 반대로 감정을 폭발시키는 여성은 그렇지 않은 여성에 비해 유방암에 걸릴 위험이 더 크다는 연구도 있다. 감정을 표현하지 못하는 폐암 환자 중 상당수가 사망한데 비해 감정을 적절히 표현한 사람

---

15) J. Kabat-Zinn, 1990, p.201. 코바사(Kobasa)는 건강한 사람의 성격 유형을 psychological hardiness(심리학적인 견고성)이라고 불렀다. 스트레스에 강한 사람의 성격적 특징은 제어(control), 전념(commitment), 도전(challenge)이다. 환경에 영향을 줄 수 있고 제어할 수 있다는 심리학적 견고성은 반두라(Bandura)의 자기효능의 개념과 유사하다(J. Kabat-Zinn, 1990 p.202).

은 그렇지 못한 사람보다 연간 사망률에 있어 4.5배 높았다. 분노를 억압하거나 극단적으로 표출하는 사람은 고혈압에 잘 걸린다(J. Kabat-Zinn, 1990 pp.207-210). 성격을 크게 두 가지 A형과 B형으로 나누어 살펴보면 A형 성격은 조급하고, 적대적이며, 참을성이 없고 공격적이다. 반면에 B형 성격은 A형 성격과 대조적이다. A형 성격의 소유자가 B형의 사람보다 심장병(heart disease)에 2배 또는 4배 더 잘 걸린다(J. Kabat-Zinn, 1990 p.211).

태생적으로 인간은 연결성과 일체성을 경험한다. 사람은 부모를 통해서 이 세상에 태어난다. 태아는 탯줄에 의해 어머니와 연결되어 있다. 배꼽은 이런 연결성의 표식이다. 출생하면서 바로 독립할 수 없으므로 어머니 등 주위 사람의 돌봄을 받아야만 한다. 성장하면서 부모에게서 독립하면서 자아의식을 형성하고 개체의식을 지니지만 여전히 심리적으로 안정감을 느끼고 건강하기 위해선 부모와의 연계성이 유지되어야 한다. 이러한 연결성을 유지하는 것은 사랑이다. 사랑 그 자체는 상대에게 표현돼야 한다. 사랑을 제대로 표현할 수 있기 위해선 자신의 실제 감정을 알아차려야 하고, 주의 깊게 관찰할 수 있어야 하며, 비심판적이어야 하며, 인내심이 더 있어야 하며 수용적이어야 한다. 사랑으로 자녀와 부모가 연결되도록 돕는 명상이 자애(慈愛, loving-kindness) 명상이다(J. Kabat-Zinn, 1990 p.223).

게리 슈와르츠(Gary Schwartz)는 질병의 궁극적인 원인은 연결이 되어 있지 않은 비연결성(dis-connectedness)으로 보고 있으며, 반대로 건강은 연결성으로 보고 있다. 생체 시스템은 자기조절(self-regulation)을 통해 내적 균형, 조화, 질서를 유지한다. 자기조절엔 두 가지 중요한 과정, 즉 기능의 안정성(stability)과 새로운 환경에 대한 적응성(adaptability)이 있다. 자기

조절이 잘 진행되기 위해선 시스템의 개개 부분이 유기적으로 서로 정보가 교환되어야 한다. 각 부분에서 보내진 정보는 시스템 전체의 관점에서 사용돼야 한다. 이런 연결성이 잘 이루어지면 건강하며 그렇지 않으면 질병이다(J. Kabat-Zinn, 1990 p.227).

만약 자기 자신과 접촉하고 있지 않다면, 다른 사람과의 연결도 장기적으로 불만족스럽게 된다. 자기 자신과 더 접촉할수록, 다른 사람과의 관계도 더 깊어지고 긴밀해진다(J. Kabat-Zinn, 1990 p.222). 자신 내분에서의 연결성은 주위 사람 사이에서의 연결성, 그리고 세상과의 연결성은 자기 조절력과 치유력을 결정짓는다. 이런 연결성은 대상에 적절한 주의, 즉 명상을 통하여 이루어진다(J. Kabat-Zinn, 1990 p.228; 1994 p.215). 명상을 통해 연결성을 경험하면, 소속감을 느끼며, 내적으로 다른 존재의 일부라는 느낌이 들게 되며, 평온을 느끼게 되어 건강이 증진된다(J. Kabat-Zinn, 1994 p.226).

2) **연기**(緣起)

불교의 연기설은 사물 또는 현상의 상관관계를 보여주는 것으로 그 가르침은 심오하고 방대하여, 그 적용 범위도 또한 다양하다. 그러므로 여러 가지 의미로 해석되고 응용될 수 있다. 인간 외부에 존재하는 물리적인 세계에도 적용될 수도 있고 인간 내부의 심리적인 현상을 다루고 있기도 하다. 붓다 당시 붓다의 연기설에 대조되는 사상으로서 문제 삼을 수 있는 것은 삼종의 외도(外道)의 견해 즉, 존우론(尊佑論), 숙작인론(宿作因論), 무인무연론(無因無緣論)이다. 존우론(Issaramimmāna-hetu-vāda)은 모든 것이 자재신(自在神)의 화작(化作)에 의거한다는 사상이다. 숙작인론(Pubbekatahetu-vāda)은 인간이 감수하는 고(苦)·락(樂)·비고비락(非苦非樂)은 모두 과거에 행한 행위의 결과라고 본다. 무인무연론(Ahetu-apaccaya-vāda)은 길흉화복은 일정한 원인이나 이유에 의해 일어나는 것이 아니고 완전히 우연한 기회에 의해 일어나는 일시적인 것에 지나지 않는다고 주장한다. 붓다는 이상 이론들은 인간의 자유의지와 노력을 부정한다는 점에서 사견(邪見)이라고 비판한다(『대정장』 I p.435中). 대신 붓다는 연기를 가르치고 있다.

겉으로 보기에는 한 사물이 다른 사물과 연관 없이 개별적으로 존재하는 것처럼 여겨지지만 사실은 서로서로 인과관계로 얽혀 있다고 가르치는 것이 연기이다. 연기에 해당하는 팔리어(Pali), 'Paticca-sam-uppāda'는, 연하여(paticca), 함께(sam), 일어남(uppāda)으로 분석된다. 부언하면, 갑을 원인 또는 조건으로 하여, (결과인) 을이 생기 또는 성립한다는 의미이다. 따라서 이 연기라는 말 속에는 이미 인과의 관념이 내포되어 있음을 알 수 있다. 일반적으로 연기공식이라고 알려진 다음의 내용은 연기설의 근원으로 볼 수 있다. 십이지연기가 설해지기 직전에 거의 대개 다음과 같은 연기의 공식이 먼저 시설된다.

① 첫 번째 유형(『대정장』, 2권 p.67上).

- 차유고피유(此有故彼有) 차무고피무(此無故彼無): 이것이 있으므로 저것이 있다. 이것이 없으므로 저것이 없다.
- 차기고피기(此起故彼起) 차멸고피멸(此滅故彼滅): 이것이 일어나므로 저것이 일어난다. 이것이 사라지므로 저것이 사라진다.

② 두 번째 유형(『대정장』, 1권 p.562下).

- 약유차즉유피(若有此則有彼), 약무차즉무피(若無此則無彼): 이것이 있으면 즉 저것이 있다. 이것이 없으면 저것이 없다.
- 약생차즉생피(若生此則生彼), 약멸차즉멸피(若滅此則滅彼): 이것이 일어나면 즉 저것이 일어난다. 이것이 멸하면 저것이 멸한다.

첫째 유형은 차(此)와 피(彼)가 시간적 선후 관계로 이해할 수 있는데 비해 두 번째 유형은 무시간적, 논리적 관계로 해석할 수 있다. 이상의 연기 공식에서 우리는 두 가지 사항을 고찰할 수 있다. 첫째, 모든 사물의 동시성과 상호의존성을 찾아볼 수 있다. 즉, 제법은 연기하여 독립적으로 자존(自存)하지 않는다. 서로 연결되어 영향을 주고받으면서 다른 존재와 일시적으로 구별된다. 이러한 상호상관성의 관계는 십이지 연기에서 '식(識)과 명색(名色)'의 관계에서 뚜렷이 나타난다.

둘째 유형은 차(此)와 피(彼)는 상호의존의 관계는 아니고 차는 조건을 부여하는 입장이고, 피는 조건 지워지는 입장이다. 이 조건 부여의 관계는 일방적이고, 가역적인 것은 아니다. 상호의존성이든 일방성이든 모두 차와 피의 연결성, 즉 상호 연결되어 존재하고 소멸한다는 것을 보여주고 있다.

모든 존재는 그것을 형성시키는 원인과 조건에 의해서만 그리고 상호관계에 의해서만 존재하기도 하고 소멸하기도 한다는 것이다. 존재하는 것은 타(他)와의 관계없이 고립된 것이 아니며, 모든 존재는 시간적으로나 공간적으로 상호 관련되어 있다. 경전에선 이렇게 연기의 상관성을 비유하고 있다.

"비유하면 세 개의 갈대를 빈 땅에 세울 때 서로서로 의지해야 서는 것과 같은 이치입니다. 만일 그 하나를 빼버리면 둘도 서지 못하고, 만일 둘을 다 빼버리면 하나도 또한 서지 못하게 되니, 서로서로 의지해야 서게 되는 것입니다."[16]

연기의 상관성(相關性)은 나의 존재근거는 '나' 아닌 다른 존재이다. 따라서 너와 나를 분리적, 대립적, 투쟁적 존재로 인식하지 않는다. 상의성이라는 개념에서 특히 주목하여야 할 것은 세 개의 갈대가 서로 의지함으로써 비로소 서 있을 수 있게 된다. 상호의존의 관계는 생명체에서 가장 극명하게 나타난다고 생각된다. 심장, 혈관 등이 모여 순환기관을 이루고 다시 뇌신경기관, 순환기관, 호흡기관, 소화기관 등이 모여 개체 생명을 이루는 경우는 좋은 보기의 하나가 될 것이다.

관련 모든 요소가 화합하여 하나를 이루는 인연이 성립함으로써 '나'라는 신체와 명칭과 관념이 생겨난다. 그리고 그렇게 성립된 개체 생명은 다시 그들 사이의 상호의존이라는 인연에 의해서만 생명현상을 유지할 수 있으니, 개체 생명이 없는 생체기관을 생각할 수 없듯이 전체 생명이 없는 개체 생명 또한 생각할 수 없을 것이다(양형진, p.57; p.93).

모든 사물이 자성(自性)을 가지고 있지 않아서 그 스스로 존재할 수 없다면, 세계 안에 존재하는 모든 것은 반드시 다른 존재의 도움이 필요하다. 무한히 중첩되는 연기의 생명의 그물망이 펼쳐져 있는 이 세계를

16) 『잡아함경』(『대정장』 II p.81中). "譬如三蘆立於空地 展轉相依 而得竪立 若去其一 二亦不立 若去其二 一亦不立 展轉相依 而得竪立".

화엄경에서는 화장세계라고 부른다. 무진한 연기의 망이 펼쳐져 있으므로 해서 서로가 서로에게 빛과 생명을 준다는 것은 그 세계의 모든 존재가 자성이 없이 공(空)하여 연기의 관계가 성립된다는 것을 또한 의미한다. 화엄경에서는 인다라망(因陀羅網)에 비유하여 설명하고 있는데, 소위 일즉다다즉일(一卽多多卽一)로 표현되고 있는 사상이다.[17]

치유와 질병의 발병은 우리 몸에서 항상 일어나고 있는 것이며, 몸과 마음에 주의를 두며 연결성과 수용성을 유지할 때 건강이 유지된다. 바디 스캔(body scan) 등 알아차림 명상을 하게 되면 몸과 연결되게 된다. 몸의 상태에 대해 더 자세히 알게 되고 몸이 보내는 신호를 더 정확하게 이해하며, 몸이 스스로 자기 조절할 수 있도록 도울 수 있다(J. Kabat-Zinn, 1990 p.230).

생각과 감정도 마찬가지이다. 건강에 유익하지 못한 생각과 감정을 알아차리고 벗어난다. 분열의식인 자아의식에서 벗어나 연결성의 입장에서 바라볼 때 어떠한 장애도 효과적으로 대할 수 있다. 현상적으로 보면 개개의 사물들이 서로 아무런 관련도 없는 것 같이 보이지만 사실은 서로 상관관계에 놓여 있다고 가르치는 것이 연기설이다. 네가 있으니 내가 있는 것인 만큼 자타(自他)의 불이(不二)를 깨달아 머무름이 없는 자비를 실천할 것을 가르치는 것이 바로 연기설이다.

자아라는 생각은 타자(他者)를 이미 전제하고 있는 분리의식이다. "나"는 어디까지나 "나"일뿐이고 타자와는 전혀 별개의 존재로 여기는

---

17) Thich Nhat Hanh(2005 p.88)은 'ineterbeing'이라는 용어를 만들어 한 존재에 다른 모든 존재가 관여하고 있음을 설명하고 있다.

것이다. 다른 사람과의 비교나 경쟁으로 인해, 언제나 긴장과 갈등에 놓이게 된다. 한편 한 개인의 의식 속에서도 분열은 작용하고 있다. 자아의 분리의식을 더욱 굳건히 할수록 다른 사람들과 단절되어 고립은 더욱 깊어지게 된다. 이러한 그릇된 자아 관념을 부정한 것이 무아의 가르침이다. 자타불이(自他不二)를 설하는 무아는 카밧진이 말하는 전체성과 상통한다.

연기란 모든 것은 원인과 조건이 있어서 생겨나고 원인과 조건이 없어지면 소멸한다는 것이다. 모든 존재는 서로서로 의지하고 관계를 맺으므로 서 존재할 수 있고, 그 관계가 깨어질 때, 그 존재도 사라지게 된다. 서로는 서로에게 원인이 되기도 하고 조건이 되기도 하면서 함께 존재하게 되는 것이다. 즉 모든 존재는 전적으로 서로 관계 속에서 존재하고 있다. 모든 존재의 상관성을 주장하는 연기는 존 카밧진이 말하는 연결성과 맥이 맞닿아 있다.

* * *

MBSR의 심신치유의 효과의 이론적 배경을 다루면서 카밧진의 이론적인 기반을 살펴보았다. 카밧진은 건강과 질병에 관련하여 새로운 시각 즉 행동의학을 그 방법론적인 이론 토대로 먼저 제시하고 있으며, MBSR의 치유기제로 제시한 전체성과 연결성을 논의하고 있다. 본서에선 전체성과 연결성을 MBSR의 치유의 배경 기제로 보고 아울러 전체성과 연결성을 불교의 핵심 교리인 무아와 연기의 가르침과 연관 지어 살펴보았다.

17세기의 데카르트의 심신이원론의 영향으로 몸과 마음의 전체성을 몸과 마음의 두 개의 별개의 존재로 분리하여 보게 되었다. 그 결과 서양의 의학은 마음을 제외하고 오로지 육체에만 집중하게 되어 그 한계를 지닌다. 기계론적인 심신이원론과 대조적으로 행동의학은 심리적인 요소와 사회적 관계도 질병의 원인으로 보고 있다. 스트레스를 지속적으로 받는 사람들에게서 고혈압이나 심장병, 둥의 심혈관계 질환이 증가한다거나 우울증이 심장질환이나 뇌졸중 등이 몇 배 이상 증가한다는 것은 잘 알려진 사실이다. MBSR의 개발과 그 성공은 바로 이러한 심신상호 작용, 특히 스트레스라는 마음의 상태가 질병을 가져오므로 스트레스를 줄여 치유를 이룰 수 있다는 전제에 기초하고 있다.

치유(healing)는 무엇보다도 심오한 견해 즉 세계관(view)의 변화를 동반한다. 이런 인지적(認知的) 변화는 자신의 전체성을 만남으로써 이루어지며 명상에 의해 촉매 된다. 전체성과 연결성의 관점에서 우리 자신과 우리의 문제를 보게 된다는 것은 지금까지 자기 자신을 분리된 별개의 고립된 존재로 보았던 것에서 벗어난다. 이런 세계관의 변화는 세상에서 좀 더 큰 균형감각과 내적 안정으로 행동할 수 있는 능력을 동반한다(J. Kabat-Zinn, 1990 p.169). MBSR은 참여자들에게 자신 내부에 존재하는 전체성과 상호연계성의 기본 구조를 발견하게 한다. 몸에 대한 주의는 이러한 구조를 자각하게 하는 시발점이 될 수 있다. 우리는 서로 분리되어 있고 파편에 불과하다는 사고 대신에 우리는 서로 연결되어 있으며 전체라는 사고를 할 수 있도록 해 주는 것이 알아차림 명상(mindfulness)이다.

V. MBCT(Mindfulness-Based Cognitive Therapy, 명상에 기반한 인지치유)의 치유 효과와 그 교학적 원리

알아차림에 근거한 인지치유(Mindfulness-Based Cognitive Therapy, MBCT)는 아론 벡(Aaron Beck)의 인지치유(Cognitive Therapy)와 존 카밧진(Jon Kabat-Zinn)의 MBSR(Mindfulness-Based Stress Reduction, 알아차림 명상에 근거한 스트레스 감소) 프로그램을 결합한 치유프로그램이다. 영국의 티스데일(Teasdale)은 1990년대 중반부터 알아차림 명상을 우울증 치유에 적용해 오다가 2002년에 그의 동료인 시걸(Segal), 윌리엄스(Williams)와 함께 우울증의 재발 방지를 위해서 MBCT를 개발하였다.

MBCT는 우울증의 재발률 감소에 있어서 효과적인 치유방식으로 평가되고 있다. 아론 벡의 인지치유의 치유원리와 치유방법은 핵심적인 부분에서 불교와 유사한 내용을 담고 있으며, MBSR도 불교의 명상을 도입하고 있으므로 인지치유와 MBSR를 통합한 MBCT에도 자연히 불교적인 요소가 근본 토대를 이루고 있다. 불교적인 관점에서 MBCT의 치유원리를 살피는 것은 여러 가지 측면에서 의미있는 작업이라고 할 수 있다.

MBCT의 한 축을 구성하고 있는 인지치유를 불교적인 관점에서 살펴보면 자연히 MBCT의 치유체계를 불교적인 시각에서 설명할 수 있을 것이다. 아론 벡은 2005년엔 달라이 라마(Dalai Lama)를 직접 만나 불교와 인지치유의 유사성에 대해 의견을 교환하기도 하였고 자신의 연구소 인지치유와 연구를 위한 벡연구소(Beck Institute for Cognitive Therapy and Research) 홈 페이지에 불교와 인지치유에 관한 글을 게재하고 있다(본서 p.196 참조). MBCT의 또 하나의 주요한 구성 요소는 MBSR에 근거하고 있다. MBSR은 초기불교의 알아차림 명상을 담고 있어 MBCT도 알아차림 명상을 적극적으로 활용하고 있다. MBCT는 기존의 인지치유의 우울증 치유 방식에 새로운 요소, 즉 불교의 알아차림 명상을 도입하였다.

국내외에 발표된 MBCT 관련 논문을 살펴보면 대부분 MBCT의 효과에 관한 것이 다수이다. 최근엔 MBCT의 효과가 어떻게 가능한가에 대한 효과기제나 원리에 관한 연구가 국외에선 시도되고 있다. 윌렴 큐케너(Willem Kuykena) 등은 MBCT의 효과는 자기-사랑(self-compassion)과 알아차림(mindfulness)에 있다고 보고 있다. MBCT에서의 불교 명상, 즉 알아차림 명상은 우울증적 생각과 감정을 알아차리고 수용(acceptance)하게 하고 자기-사랑을 개발하여 우울증에서 벗어나게 한다. 이러한 명상의 성질에서 볼 때 알아차림 명상(mindfulness)은 우울증을 일으키는 생각과 감정을 적대적으로 대하지 않고 친절, 연민, 평정심으로 대하게 된다(Willem Kuykena, 외 p.1106). 왓킨스(Watkins) 등은 탈중심화(脫中心化, decentering)가 MBCT의 치유 기제라고 주장하고 있다(Watkins, E., 외 pp.455-475). 티스데일(Teasdale, J. D.) 등은 상위인지 지각(上位認知知覺, meta-cognitive awareness)이 MBCT 치유 효과의 기제라고 설명하고 있다(Teasdale, J. D., 외 2002 pp.275-287).

본서에선 MBCT의 치유 원리를 초기불교의 사념처(四念處) 수행 즉 알아차림 명상과 관련하여 논의하고자 한다. 불교와 연관하여 외형적으로 드러나는 가장 뚜렷한 MBCT의 특성은 알아차림 명상이다. MBCT

는 사고와 감정의 바른 관계를 다루려는 마음의 과학인 점에서 마음 다스리는 것을 중시하는 붓다의 가르침과 상통한다. MBCT에 내재해 있는 불교의 명상적인 요소를 불교 문헌에 근거하고 분석하여 MBCT의 치유원리와 그 특징을 이해하고자 한다. MBCT의 치유기제로 논의되고 있는 상위인지 지각(meta-cognitive awareness)과 탈중심화(decentering)를 불교적인 관점에서 다루어 보고자 한다. 물론 상위인지 지각과 탈중심화는 불교의 알아차림 명상(mindfulness)과 직접적이고 불가분의 관계에 있지만, 본서에선 상위인지 지각과 탈중심화를 다른 불교적인 교리와 수행법을 살펴보고자 한다.

1. MBCT 프로그램의 개괄적 분석

1) MBCT의 태동과 그 배경

MBCT의 태동은 1989년 옥스퍼드에서 개최된 세계 인지행동학회(World Congress of Cognitive Therapy)에서 비롯된다. 마크 윌리엄(Mark William)은 만성적이고 반복적으로 재발하는 우울증에 대한 논문을 발표하였고, 진델 시걸(Zindel Segal)은 생활 스트레스와 재발간의 상호작용에 관한 논문을 발표하였고, 존 티스데일(John Teasdale)은 인지와 정서가 어떻게 서로 연관되는가에 관한 논문을 발표하였다. 이들 셋 창안자들은 우울증 재발에 관한 공동연구를 하게 되면서 결국 초기불교의 명상을 접하게 된다. 불교의 명상을 이용하여 DBT(Dialectical Behaviour Therapy, 변증법적 행동치유)를 개발한 리네한(Linehan)을 통하여 존 카밧진(Jon Kabat-Zinn)의 MBSR을 소개받게 된다. MBSR 프로그램에 집적 참여하면서 MBSR을 집중적으로 연구하여 MBCT를 개발하게 된다(Segal, Z.V., 외 2002 p.4; p.39).

MBCT는 제3의 인지행동치유로 여겨지고 있다. 제3의 인지행동치유의 특징은 불교의 명상 수행법을 도입하여 활용하는 것이다. 불교의 알아차림 명상과 인지치유를 결합한 심리치유법이 다양하게 개발되고 있는데 이런 경향이 일시적인 유행이 아니라 인지행동치유의 새로운 제 3 동향을 형성할 정도로 폭넓은 관심을 받고 있다(김정호, 2004b pp.27-44). 2003년에 열린 AABT(Association for Advancement of Behavior Therapy)의 제37차 학술대회에서는 포시쓰(J. Forsyth)가 인지행동치유의 발전과정을 세 단계의 세대로 구분하였다. 인지행동치유의 첫 번째 흐름은 조작적 조건화 원리와 관련된 기법을 특징으로 하는 행동치유이며, 두 번째 흐름은 1970년대 정서의 인지매개이론에 기초하여 출현한 인지치유이며 세 번째 흐름은 불교 명상을 도입한 리네한(Linehan)의 변증법적 행동치유(DBT: Dialectical Behavior Therapy), Teasdale의 알아차림 명상에 기초한 인지치유(MBCT), 그리고 하예스(Hayes)의 수용-전념치유(ACT: Acceptance and Commitment Therapy) 등이 대표적이다(문현미, 2005 17(1), pp.15-33).

전통적인 인지치유는 사고의 오류가 괴로움의 원인이라고 보고, 잘못된 사고, 신념이나 불합리한 인지를 바로 고쳐주고자 한다. 인지치유에서는, 정서적인 문제를 해결하는 데 중요한 것은 부정적 자동적인 사고를 정확히 찾아내고, 이를 현실적으로 평가해 교정하려고 한다. 그리고 체계적이고 효과적인 훈련과 노력을 통해, 현실적이고 합리적인 생각을 선택하는 것이 바로 인지치유의 치유 원칙이다. 인지치유는 자신의 내면에서 감정과 행동을 좌우하는 자동적 사고를 고쳐나가는 것을 치유의 핵심으로 삼는다(Beck. A. T., 외 1979). 그러나 MBCT에서는 생각을 없애거나 억누르지 않고 수용하는 점에서 인지치유와 다르다.

인지치유는 우울증 치유에 일대 혁명을 불러일으켰다. 부정적인 생각들을 '잡아내서' 직접 써서 정리해 보고 거기 쓰인 내용을 뒷받침해 주는 증거나 반대되는 증거들을 모아 부정적인 생각을 반박하는 것이다. 인지치유는 주로 우울증 관련 사고와 역기능적 태도를 바꿔주는 것, 즉 우울증을 일으키는 사고 내용을 바꾸어 주는 효과를 가진다고 인식되고 있었다. 그러나 우울증의 재발을 방지하거나 치유하는 데 효과적이라는 임상 연구는 존재하지 않았다(Segal, Z.V., 외 2002 p.39). 인지치유는 분명히 사고 내용을 바꾸는 것을 강조하고 있지만, 이러한 치유가 성공적이라면 내담자의 부정적인 사고와 감정과의 관계를 바꾸는 것 역시 가능하다는 것을 MBCT의 창안자들은 추정하게 된다.

우울증의 재발을 낮추는 요인은 인지치유를 받은 사람이 '탈중심화'의 태도를 배우기 때문이라고 MBCT는 주장한다. 애초 예상했던 '역기능적 사고의 감소' 때문이 아니었다. 역기능적 사고의 수준은 인지치유를 받은 사람이나 그렇지 않은 사람이나 비슷했다. 전통적인 인지치유와는 달리 부정적인 자동적 사고에 대해 더욱 합리적인 사고를 개발하는 것과 같은 사고를 바꾸도록 하는 시도를 하지 않는다. 대신, 사고에 대한 탈중심적인 접근(de-centered approach)을 강조한다. 탈중심화가 일어나지 않는다면, 내담자들은 부정적인 생각을 입증하는 혹은 반대하는 증거들을 늘어놓으면서 그들의 생각이 사실인지 아닌지 논쟁하게 되고 반추적 사고패턴에 갇히는 위험에 빠지게 될 것이다. 어떤 생각은 비합리적 신념과 합리적 신념으로 범주화시키는 것이 어렵다. 모든 생각을 합리적인 것과 비합리적인 것으로 분명하게 나눌 수 있는 것은 아니다. 이런 중립적인 제3의 생각은 인지치유에서 제외될 수밖에 없다. 그러나 MBCT는 모든 사고를 그 관찰의 대상으로 삼고 있으므로 인지치유보다 더 광범위하고 철저하다.

2) MBCT 프로그램의 분석

MBCT는 집단 치유프로그램으로 대략 12명의 내담자가 일주일에 한 번씩 함께 모여 각 회기 당 2시간 수업과정으로 전체 8주에 걸쳐 진행된다. MBCT의 학습 내용의 핵심은 우울증의 재발을 야기하는 생각과, 그 생각을 야기하는 기분(mood)을 호흡명상 등 알아차림 명상을 통하여 재발을 효과적으로 방지하는 것이다. MBCT는 전체 8회기로 구성되어 있는데 2단계로 나눌 수 있다.

첫 번째 단계인 제1회기에서 제4회기까지는 주의(注意, attention) 두는 방법을 배우는 데에 초점을 둔다. 우선 참가자들은 우리가 일상생활에서 얼마나 적게 주의를 기울이고 사는지 자각하게 된다. 자신의 마음이 얼마나 빨리 이곳저곳으로 옮겨 다니는지 알게 된다. 둘째, 참가자들은 마음이 방황하는 것을 주의하고 나서 다시 하나의 대상에 주의를 되돌리는 방법에 대해 배우게 된다. 우선 신체의 부분들에 주목하는 것을 배우게 되고, 그러고 나서 호흡에 주목하는 것을 배우게 된다. 세 번째로, 참가자들은 마음이 돌아다니면서 어떻게 부정적인 생각과 감정을 발생하게 되는지를 배우게 된다.

두 번째 단계인 5-8회기에선 기분 변화(mood shifts)를 다루게 된다. 부정적인 생각과 감정이 떠오를 때마다 특별한 전략을 사용하여 즉각적으로 대응하기 전에 있는 그대로 거기에 있게끔 허용하는 것을 학습한다. 참가자들은 생각과 감정을 충분히 주의 관찰하는 법을 배운다. 그리고 생각과 감정을 인식하고 나서 몇 분 동안 호흡에 주의를 집중한 다음 몸 전체로 확장한다. 호흡에 대한 주의는 불쾌한 생각과 감정을 해소시켜 준다. 그러고 나서 가장 적합한 대책을 선택한다. 마지막으로 참가자들은 우울증이 재발할 때, 나타나는 자신만의 독특한 징후를 더 잘 알아차리게 되고 이러한 일이 일어날 때 어떻게 대체해야 할 것인가에 관한 구체적인 행동 계획을 개발하게 된다(Segal, Z.V., 외 2002 p.87).

각 회기로 별로 이루어지는 교육과정을 간략히 살펴보면 다음과 같다.

제1회기에선 무엇보다도 자동조종(automatic pilot)에 빠지는 경향이 있다는 것을 자각하고 거기서 빠져나와 순간순간을 더 잘 자각할 방법을 배운다. 건포도 먹기 명상과 '바디 스캔'(body scan)을 이용하여 신체를 향해 의도적으로 주의의 초점을 옮기는 연습을 수행한다(Segal, Z.V., 외 2002 p.99-123).

제2회기의 목표는 사람들이 당면하는 문제들을 다룰 수 있도록 다양한 방법을 습득하게 하는 데 있다. 바디 스캔을 통해 활동양식(mode of doing)에서 존재양식(mode of being)으로 옮겨갈 수 있도록 배운다. 바디 스캔 연습은 매 순간에 일어난 일에 대해 어떠한 변화도 시도하지 않으면서 단순히 사물이 존재하는 방식을 있는 그대로 관찰하게 해준다(Segal, Z.V., 외 2002 pp.126-156).

제3회기에선 호흡명상을 집중적으로 다룬다. 호흡을 닻으로 해서 마음을 집중하고 차분하게 유지하는 한편 어떤 경험이든 간에 경험에 더욱 개방적인 태도를 지니도록 한다. 3분 호흡하기는 공식 명상을 일상 생활에 옮기는 데 중요한 매체가 된다. 아울러 걷기 명상은 신체감각을 더욱 잘 자각하기 위한 명상으로 일상적인 걷기 활동을 활용하는 것이다(Segal, Z. V., 외 2002 pp.157-185).

제4회기의 목표는 즐거움을 추구하고 불쾌함을 피하고자 하는 경향성에 직면해서 현재에 머무는 방법을 학습하는 것이다. 어떤 불쾌한 경험과 함께 현재에 머무는 것이 우울증 재발을 막는 좋은 방법이다. 마음은 무언가에 집착하려고 하거나 피하려고 할 때 가장 산만해진다. 명상은 다른 태도를 제공함으로써 현재에 머물 방법을 제시한다. 보다 넓은 조망을 갖게 하고 경험에 대해 다른 방식으로 관계를 맺도록 도와준다(Segal, Z.V., 외 2002 pp.189-217).

제5회기의 학습 내용은 허용(allowing) 또는 내버려 두기(letting be)이다. 생각이나 감정에 대하여 새로운 방식으로 관계를 맺는 것은 경험을 심판하거나 다른 것으로 만들려고 애쓰지 않고 있는 그대로 '허용하는' 것을 의미한다. 더 나아가 생각, 감정, 감각을 '미소지으면서' 만나는 자세를 배운다(Segal, Z.V., 외 2002 pp.218-243).

제6회기의 핵심목표는 내담자들이 자신의 생각을 진실이라고 확고히 믿는 정도를 완화하는 방법을 모색하도록 도와주고, 생각을 단순히 생각으로만 볼 수 있도록 학습시키는 데 있다. 내담자가 자신의 생각이 단지 생각에 불과하다는 것을 알게 되면 자유로움을 느낄 수 있다(Segal, Z.V., 외 2002 pp.244-268).

제7회기에선 우울증이 재발할 때 대처할 방법을 배운다. 첫 번째는 잠시 호흡명상하는 것이고 그다음에 무엇을 할지 결정한다. 환자마다 독특한 우울증 재발 경고 신호를 가지고 있다. 환자들은 그 신호에 어떻게 응답하는 것이 좋은지를 계획한다. 우울증의 재발과 관련된 자동적 사고가 일어날 때 능숙하게 대응할 방법이 있다. 이런 방법들을 다루어 자신에게 맞는 방법을 찾아 모든 감정과 생각 그리고 감각을 있는 그대로 바라보는 것이다(Segal, Z.V., 외 2002 pp.269-289).

마지막 회기에서는 환자들에게 지금까지 배운 것을 되돌아보게 하는 시간을 갖도록 한다. 마지막 회기를 공식 수행인 바디 스캔부터 시작한다. 이전 회기에서 이루어졌던 학습과 실습을 되돌아보고 전체 프로그램 동안 자신이 경험했던 것을 회상하는 시간을 갖도록 한다. 비록 공식적인 8회기의 프로그램은 완료되었지만 이젠 일상생활에서 학습한 것을 수련하도록 준비시킨다(Segal, Z.V., 외 2002 pp.291-307).

2. 반추(反芻)와 불교의 망상(papañca)

1) 반추(rumination)

우울증 발생 및 재발의 주요원인은 부정적인 생각의 반추(rumination)에 기인한다. 반추는 지나간 사건이나 자신의 모습을 부정적으로 반복해서 생각하는 사고 작용이다. 우울증 내담자는 반추가 습관화되어 스스로 벗어날 수 없는 상태에 빠지게 된다(Segal, Z.V., 외 2002 p.36). 반추는 환자에게 끊임없이 과거로 돌아가서 과거에 집착하고 후회하고 현재 상황에 불만족하고 자신을 부정적으로 보게 만든다. 자신과 자신의 문제에 골몰하고 특정 문제를 반복해서 생각하는 반추는 불안감, 자기비하,

무력감, 자살 생각을 만들게 된다. 반추가 전형적인 우울증을 일으키는 것이다(Nolen-Hoeksema, S., 외 2008 pp. 400-424).

티스데일(Teasdale)은 기분(mood)이 생각에 미치는 효과에 주목하였다. 우울 기분을 실험적으로 유도하면 자신에게 일어났던 긍정적 사건은 덜 회상하고 부정적인 사건을 더 많이 회상하는 기억편향 효과가 나타났다. 이런 현상을 설명하기 위해 티스데일(Teasdale)은 '차별적 활성화 가설(differential activation hypothesis, DAH)'을 제안하였다. 초기 우울증을 경험하고 있는 동안 특정 형태의 심리과정이 확립되어, 우울 기분과 부정적인 사고 사이에 연합이 형성된다. 그 결과 우울 기분이 나타나게 되면 부정적인 사고를 다시 활성화한다(Teasdale, J. D. 1983 pp.3-25). 우울증에서 회복된 사람들은 우울 기분에 의해 활성화되는 사고패턴이 재활성화되어 다시 우울증에 걸리게 된다. 우울 기분은 이전에 연합되었던 부정적인 사고를 활성화시키고 곧 반추가 진행되어 우울증을 재발시킨다.

놀런-혹스마(Nolen-Hoeksema)와 그의 동료들은 우울 기분에 어떻게 반응하는가는 이후의 우울의 지속과 악화에 영향을 준다는 이론을 제안했다. 우울증에 대한 반응 양식으로 반추적 반응양식(ruminative response mode)과 주의전환 반응양식(distractive response mode)으로 나눈다. 반추적 반응양식은 우울한 기분이 들 때, 자신의 우울 증상과 그러한 증상의 의미와 결과에 반복적으로 사고하는 양식이며, 주의전환 반응양식은 우울 증상과 무관한 것에 주의를 돌리는 것이다.

외부 사건으로 주의를 돌리는 주의전환 반응과 달리 개인 내부의 기분과 증상에 주의초점을 두는 반추적 반응양식이 우울 기분을 증대시키고 유지시키는 데 중요한 역할을 한다. 우울한 사람은 반추적 반응을 통해 개인의 부정적 정서 상태에 주의를 두게 되며, 점점 부정적으로 편향된 사고를 하게 되어 우울이 유지되고 악화한다(Nolen-Hoeksema, S. 1991 pp.569-582). 반추 반응을 보인 집단에서 더 지속적이고 강렬한 우울 기분을 유발하였다. 반추의 진행 기간이 길면 길수록 우울증의 기간도 길어진다(Nolen-Hoeksema, S., 외 1993 pp.20-28).

반추의 핵심에는 '불일치 모니터(discrepancy monitor)' 가 있다. 자신이 원하는 상태와 현재 상태 사이의 불일치를 끊임없이 생각하면서 문제를 해결하려고 시도하는 것이다. 그러나 이는 결국 자신이 빠져나오려고 하는 상태 안으로 스스로를 가두게 된다. 자신 혹은 문제가 되는 상황의 부정적인 측면을 반복적으로 생각하게 함으로써 우울증을 해결하기보다 오히려 지속시키게 되는 것이다(Segal, Z.V., 외 2002 p.68). 결국, 초기 우울증에서 회복된 내담자에게 우울 기분으로 인하여 재활성화된 부정적 사고패턴이 나타나게 되면, 반추가 점차 증가하고 우울증이 재발하여 지속한다.

'불일치 모니터'는 우울증 재발의 원인이 되는 반추를 진행하게 하는 원동력이 되는 것으로 활동(活動) 모드(doing mode)와 연관되어 있다. 티스데일(Teasdale)에 의하면 마음에는 존재(存在) 모드(being mode)와 활동모드(doing mode)라는 두 가지 모드(mode)가 있다. 활동모드는 목표 지향적이고, 현재 상태와 이상적 상태의 차이를 줄이려는 동기 지향적 모드이다. 활동모드는 자신과 자신의 문제에 대해 생각하며 정서 문제를 다루고 이해하기 위해 목적 지향적인 전략을 생각한다. 따라서 생각의 내용도 현재의 경험보다 과거와 미래와 관련되어 있다. 이 마음 상태에서는 현실과 이상의 불일치를 해소하지 못해 불일치 모니터가 계속 작동한다.

활동모드와는 대조적으로 존재모드는 목표 지향적이지 않고 현실과 이상의 불일치한 상태의 해결을 추구하지도 않는다. 존재모드에서는 변화보다는 수용(acceptance)과 허용(allowance)에 중점을 둔다. 존재모드에서 마음은 활동 안정과 휴식을 취하게 되지만, 활동모드에 들어가 있는 사람은 자신의 원하지 않는 사고와 감정을 변화시키려고 하다가 반추에 빠지게 된다. 우울증 재발은 활동모드에서 진행되고 지속하는 것이다(Segal, Z.V., 외 2002 pp. 70-75).

2) **망상**(papañca)

불교에서도 사고의 본성과 그 위험을 분명히 가르치고 있다. 붓다는 불선한(akusala) 사고(vitakka)가 고통의 근원이라고 가르치고 있다. 붓다는 탐(貪)·진(瞋)·치(痴)라는 의업(意業)은 구업(口業)이나 신업(身業)보다 더 근본적인 것으로 파악하고 있다. 붓다는 욕심의 생각[欲念], 성냄의 생각[恚念], 해침의 생각[害念]은 불선법(不善法)의 근본 원인으로 자신에게도 타인에게도 유해한 결과를 초래하며 지혜를 소멸시켜 열반을 성취하지 못하게 한다고 가르치고 있다. 자기통제를 벗어난 생각은 쉽게 자신이나 타인에게 해를 끼치는 방향으로 나아가게 된다. 이런 해로운 생각을 붓다는 고통의 근본으로 보았다.

붓다는 사람의 마음은 마치 잠시도 쉬지 않는 원숭이와 같아 끊임없이 움직이고 있다고 마음의 본성을 지적하고 있다. 일부 보통 사람도 네 가지 대원소로 이루어진 이 몸에 대해 혐오감을 느낄 수 있으며, 이것에 대한 집착을 버리고 해탈할 수 있다. 그 이유는 이 몸에서 성장과 쇠퇴가 보이기 때문이다. 그러나 '마음(心)'이나 '정신' 그리고 '의식'에 대해서는 무지한 세속인이 혐오감을 느끼거나 집착을 버리고 해탈할 수 없다. 이는 오랫동안 '이것은 내 것, 내가 이것이다, 이것이 나의 자아다' 라고 생각해왔기 때문이다. 따라서 무지한 세속인이 네 가지 대원소로 이루어진 이 몸을 자아로 삼는 것이 마음을 자아로 삼는 것보다 더 나을 것이다. 그 이유는 이 몸은 수년 동안 지속될 수 있지만, 마음은 낮과 밤에 따라 계속해서 생성되고 소멸되기 때문이다. 마음은 마치 숲 속에서 나뭇가지를 잡았다가 놓고 다른 가지를 잡는 원숭이와 같이 시시각각 변화하기 때문이다(Saṃyutta Nikāya II p.94).

마음이 잠시도 가만히 있지 못하는 이유는 탐·진·치 삼독에 의해 움직이기 때문이다. 즐거움을 가져오고 괴로움을 멀리하려는 마음은 중단없이 탐욕을 충족시키기 위해, 그리고 괴로운 대상에 대한 미움으로 마음은 분주하게 움직일 수밖에 없다. 탐욕과 증오의 해악을 모르는 우치(愚癡)가 존재하는 한, 마음은 항상 외부로 향해 움직이며 동요한다.

마두핀디카숫타(*MadhupiṇḍikaSutta*)에선 사고의 발생과정에 관하여 그리고 사고가 어떻게 심리적인 고통을 발생시키는지, 어떻게 하면 고통을 일으키는 왜곡된 사고에서 벗어날 수 있는지 자세히 설명하고 있다. 사고의 발생과정 중 가장 핵심적인 부분은 망상(papañca)이다. 망상(妄想)의 일차적인 의미는 개념적 확산(conceptual proliferation)으로 사고가 끊임없이 연속적으로 전개되는 운동 양상을 의미한다(Nanananda p.118). 빅쿠 보디(Bhikkhu Bodhi)는 심리적 확산(mental proliferation)으로 번역하고 있다. 마두핀디카숫타에서 문제 삼고 있는 것은 관념적으로 마음에서 여러 가지 망상과 상상을 일으켜 순수한 감각 데이터를 왜곡시키는 정신적인 작용과정을 파판차라고 보고 있으므로 '심리적 확산'으로 번역하는 것이 타당하다고 설명하고 있다(Bhikkhu Ñāṇamoli and Bhikkhu Bodhi 1995 p.1204, fn 229).

"인지과정은 대체로 해석의 과정이다. 마음이 대상을 개념화하지 않고 아주 짧은 시간이지만 지각한다. 그리고 나서 대상의 초기 인상을 포착한 직후 즉시 마음은 관념화 과정을 진행한다. 대상을 자기 자신에 맞게끔 해석하고, 자기 자신의 범주와 가정의 입장에서 이해될 수 있도록 개념화 과정을 시작한다. 개념화 과정을 위해 마음은 먼저 개념들을 설정하고 상호 뒷받침하는 개념들을 결합하여 구조물을 만든다. 이 구조물들을 다시 엮어서 복합적인 해석의 체계를 만든다. 이렇게 되면 결국 처음의 직접 경험은 관념화의 과정에 짓밟히게 되고, 제시된 대상은 구름에 가려진 달처럼 관념과 견해라는 두터운 막을 통해 흐릿하게 보이게 된다."(Bhikkhu Bodhi 2006 p.71)

경전에선 범부의 망상 과정을 다음과 같이 설명하고 있다.

"안(眼)과 색(色)을 인연하여 안식(眼識)이 일어난다. 이 세 개의 화합이 촉(觸)이다. 촉을 인연으로 하여 수(受)가 있다. 자신이 느낀 것을 자신이 지각한다(sañjānāti). 자신이 지각한 것을 자신이 사유한다(vitakketi). 자신이 사유한 것을 자신이 망상한다(papañceti). 자신이 망상한 것에 의존하여 일어난 망상(妄想, papañca)·상(想, saññā).·수(數, saṅkhā)는 과거 현재 미래의 색과 관련하여, 안식과 관련하여 그 사람을 괴롭힌다."[1]

1) Majjhima Nikāya I p.112. "Cakkhuñcāvuso paṭicca rūpe ca uppajjati cakkhuviññāṇaṃ. Tiṇṇaṃ saṅgati phasso. Phassapaccayā vedanā. Yaṃ vedeti, taṃ sañjānāti. Yaṃ sañjānāti taṃ vitakketi. Yaṃ vitakketi taṃ papañceti. Yaṃ papañceti tato nidānaṃ purisaṃ papañcasaññāsaṅkhā samudācaranti atītānāgatapaccuppannesu cakkhuviññeyyesu rūpesu."

인식은 촉(觸)에 의해서 비롯된다. 근(根)·경(境)·식(識)이 화합할 때 "좋다", "싫다", "좋지도 싫지도 않다"라는 세 가지 느낌 중의 하나가 발생한다. 느낌(受)에 의존하여 '상(相)'이 형성되는데 이는 마음에서 심상(心想, metal image)을 형성하게 된 것을 지칭한다. 지각한다(sañjānāti)는 것은 심적 이미지가 형성되어 나타난 단계이다. 사유한다(vitakketi)는 것은 심상에 의존하여 추론적인 사고가 진행되는 것을 의미한다. 소위 관념적으로 생각하는 단계가 여기서부터 시작된다. 마음에 형성된 심상에 대하여 사색하면서 점차 개념적으로 확장해 나간다. 이렇게 사고가 확장되는 것이 망상(papañca)이다. 망상에 이르게 되면 생각의 노예가 되어 생각에 따라 구속되어 고통을 당하게 된다. 관념 강박증에 시달리는 내담자를 예로 들 수 있다.

자신이 만들어 낸 허상에 의해 그 자신이 피해를 보게 된다. 과거, 현재, 미래에 대해 생각하면 후회하거나 걱정하거나 불안해하면서 고통에 빠지게 된다. 문제의 핵심은 특정 견해에 자아의식을 투영하여 그것을 진실이라고 집착하는 데 있다. 이런 식으로 특정 견해 또는 관념을 붙들고 집착하게 되면 그 관념이 중심이 되어 자신의 세력을 강화하고 상반되는 관념이나 생각은 무시하게 된다. 이렇게 특정 생각이 고착화되면 독재자가 되어 인지 과정이 왜곡되어 그릇된 사고가 심신을 괴롭히게 되는 것이다.

망상 중 가장 근본이 되는 것이 자아(自我)에 대한 그릇된 견해 즉 아견(我見)이다. 상윳타 니카야(Saṃyutta Nikāya)의 한 경전에선 망상의 구체적인 예로 자아와 관련하여 설명하고 있다. 자아와 관련하여 9가지 망상이 나열되고 있다.

① '나는 존재하고 있다'는 망상(asmīti papañcitam).

② '이것이 나이다'는 망상(ayam aham asmīti papañcitam).

③ '나는 장차 무엇이 될 것이다'는 망상(bhavissan ti papañcitam).

④ '나는 장차 무엇이 되지 않을 것이다' 라는 망상(na bhavissan ti papañcitam).

⑤ '나는 몸을 지니게 될 것이다' 라는 망상(rūpī bhavissan ti papañcitam).

⑥ '나는 몸을 지니지 않게 될 것이다' 라는 망상(arūpī bhavissan ti papañcitam).

⑦ '나는 지각(知覺)을 지니게 될 것이다' 라는 망상(saññī bhavissan ti papañcitam).

⑧ '나는 지각(知覺)을 지니지 않게 될 것이다' 라는 망상(asaññī bhavissan ti papañcitam).

⑨ '나는 지각(知覺)을 지니게 되는 것도 지각을 지니지 않게 되는 것도 아닐 것이다'라는 망상(nevasaññīāsaññī bhavissan ti papañcitam).[2]

①은 나 자신이 다른 존재와 분리되어 존재한다는 자아의식(self-consciousness)이다. ②는 어떤 대상을 '나'라고 자아 동일시하고 있는 상태를 보여준다. ③에서 ⑨까지는 미래에 나 자신이 어떠할 것이라고 망상하는 것이다.

2) Saṃyutta Nikāya IV p.203. 주석서(Saratthappakasini II p.721) 에는 망상을 세 가지로 분류하고 있다: 갈애의 망상(taṇha papañca), 아만(我慢)의 만상(māna papañca), 견해의 망상(diṭṭhi papañca).

‘나’라는 망상은 남과 다른 별개의 독립된 자아가 내부 어딘가에 상주(常住)하면서 주재(主宰)하고 있다고 여기는 그릇된 사견으로 다른 존재와 자기자신을 분리하여 생각한다. 이러한 자아 분리의식은 총체적인 관계를 보지 못하게 하고 경쟁과 대립의 갈등 속에 머물게 한다. 내가 존재한다는 아견(我見)은 자아를 오취온(五取蘊)과 동일시하거나 관련지어 생각하는 대표적인 사견이다. 해탈에 방해가 되는 모든 번뇌의 행위는 궁극적으로는 그릇된 자아 집착에서 기인한다.

일상생활에서 보통 사람은 ‘자아’라는 고정불변의 주체자(agent)가 있어서 모든 사고와 감정을 담당하고 행동한다고 느낀다. 이런 뿌리 깊은 자의식은 자신과 자신을 둘러싼 세계를 분리함으로써 자기를 더욱 고립화시키고, 투쟁과 갈등의 삶을 영위하게 한다. 자아가 독립해서 존재한다고 보는 아견은 오취온에서 자아를 헤아리고 있다.

> “만약 모든 사문·바라문들이 자아(自我)가 있다고 본다면, 그것은 모두 오수음(五受陰)에서 자아를 헤아린 것이다. 색(色)이 자아라고 여기든지, 색과 서로 다르다고 보든지, 자아가 색에 속해 있다든지, 자아가 색에 속해 있다든지, 색이 자아에 속해 있다고 본다.”[3]

보통 사람은 오온에 대해 그릇된 아견과 아소견을 일으킨다. “어리석은 범부는 색에 대해서 색(色)이 아(我)이다. 색과 아는 다르다. 색과

---

3) 『잡아함경』(『대정장』 II p.11中). “若諸沙門婆羅門見有我者 一切皆於此五受陰見我 諸沙門婆羅門見色是我色異我我在色色在我.”

아는 서로 포섭한다고 헤아린다. 색을 아(我), 아소(我所)로 보고 취(取)한다."[4] 자기 동일시로서의 취(取)는 "나" 또는 "나의 것"이라는 생각과 연계되어 있다. 오온에 대하여 취가 있게 되면 오온을 자기 자신 또는 나의 것으로 여기게 되는 것이다.

오온을 '나'라고 여기는 집착은 결국 오온에 의해 해를 입게 된다. 경전에서는 오온에 대한 집착의 위험을 이렇게 비유하고 있다. 부유한 장자의 집에 원한을 품은 사람이 거짓으로 그 집의 하인이 되어 부지런히 일하여 신임을 받게 된다. 늘 마음속으로 장자를 해치려고 하던 하인은 장자가 방심할 때 해치게 된다. 마찬가지로 범부는 늘 오취온에 대해서 항상하고 안온하고 병이 없으며 아(我), 아소(我所)라는 생각을 품고 오취온을 아끼고 보호한다. 그러나 끝내는 오취온은 가짜 하인과 같이 장자를 해치지만 장자는 가짜 하인에게 해를 입으면서도 지각하지 못하게 된다(『대정장』 II p.30下).

반추가 주로 과거에 일어난 일을 대상으로 부정적인 사고를 반복하는 것인데 비해 망상은 과거·현재·미래를 대상으로 삼기 때문에 그 범위 대상이 훨씬 더 광범위하다. 반추가 부정적인 느낌 즉 우울한 기분에 주로 초점이 맞추어져 있는 데 비해 망상은 즐거운 느낌, 괴로운 느낌, 중립적인 느낌과도 연관되어 있다.

4) 『잡아함경』(『대정장』 II p.10下). "見色是我我所而取 取已 彼色若變若異".

3. 상위인지 지각(meta-cognitive awareness)과 탈중심화(decentering)

1) 상위인지 지각(meta-cognitive awareness)

MBCT의 창안자들은 상위인지지각(上位認知知覺, meta-cognitive awareness)과 탈중심화(脫中心化, decentering)를 치유 기제로 설명하고 있다. 상위인지 지각과 탈중심화는 불가분의 관계에 있으며 사실상 동일한 대상을 지칭하는 전문 용어이다. 상위인지지각부터 살펴보자. MBCT 창안자들은 상위인지 지각(meta-cognitive awareness)을 다음과 같이 정의하고 있다. "상위인지 지각은 부정적인 생각과 느낌이 발생하는 대로 경험하는 방식을 말한다. 특히 상위인지 지각은, 예를 들면, 생각이 자신의 일부이거나 진실의 직접적 반영이라고 보기보다는 단지 생각(정신적 사건)으로 경험되는 정도를 말한다."(Teasdale, J. D., 외 2002 p.277).

상위인지 지각은 부정적 생각이나 느낌에 동조하거나 매몰되지 않고 일정한 거리를 두고 그것들을 있는 그대로 바라봄으로써, 부정적 생각.감정이 자기(self)의 본질이라거나 진실이라고 보지 않고 마음속에 떠올랐다가 사라지는 일시적 현상으로 경험하는 것이다. 상위인지 지각은 인지의 내용(content)이 아닌 정보처리 과정(information process)을 다루고 있다. 상위인지 지각은 내적.외적 자극에 대한 부정적인 생각이나 느낌을 적대적으로 여기고 제거하는 것이 아니라 그러한 감정이나 생각이 일어나는 것을 허용하되, 이러한 감정이나 생각에 대한 접근 태도와 처리 방식을 변화시킴으로써 심리적 문제를 해소하려는 것이다.

상위인지 지각(meta-cognitive awareness)의 동의어인 상위인지 통찰(meta-cognitive insight)은 "생각(thoughts)을 생각으로 경험하는 것, 즉 생각이 실재의 직접적이 반영이라기보다 마음에서 일어난 사건(events)으로 경험하는 것이다."(Teasdale, J. D., 외 2002 p.286). 상위인지 통찰은 생각의 내용 자체보다는 생각과의 관계에 중점을 둔다. 생각의 본성을 본다는 것은 생각은 단지 생각일 뿐이고 반드시 진실로 믿어져야 할 사실이라고 믿을 필요는 없다. 이렇게 사고를 하나의 정신적인 현상으로 항상 진실인 것은 아니라는 것을 통찰하게 되면 다시는 생각에 의해 구속당하지 않게 되어 자유롭게 될 수 있다. "상위인지 지각은 부정적인 사고와 감정을 마음속에서 일어나는 하나의 정신적인 사건으로 경험할 수 있는 능력을 말한다. 마음에서 일어나는 사고와 감정을 자신의 일부로 여기지 않는 인지 능력을 말한다."(Herbert, 외 p.62).

무어(Moore) 등은 상위인지 지각을 측정할 수 있는 도구, 즉 "상위인지 지각 및 대처 척도(Meta-cognitive Awareness and Coping in Autobiographical Memory, MACAM)를 개발하였다.[5] MACAM 척도는 상위인지지각을 측정하는 항목과 대처능력을 측정하는 항목으로 구성되어 있는데, 상위인지 지각을 측정하는 항목을 살펴보면 상위인지 지각의 개념을 더 구체적으로 파악할 수 있다.

---

5) Moore, R. G., Hayhurst, H., & Teasdale, J. D.(1996). 국내에선 김성민(2004 pp.63-64)이 번안한 뒤 국내 상황에 맞게 일부 수정하였다.

-1점	부정적 생각과 감정에 대한 구별 불가
	생각과 감정들로부터 거리를 두지 못하거나 더 넓은 관점을 가지지 못한다. 예) 나는 나쁜 감정에 사로잡혀 무척 혼란스러웠다.
-2점	서로 다른 부정적 생각과 감정들에 대한 구별
	서로 다른 부정적 생각들과 그것들에 연관된 서로 다른 생각을 할 수 있다. 단일하지만 분명하게 묘사된 감정이 그러한 구별의 증거로서 받아들여진다.
-3점	상황으로부터 자기와 자신의 반응들을 어느 정도 구별
	이 단계에선 상황을 분리해서 볼 줄 아는 통찰이 시작하는 첫 번째 지점이다. 실제 외부 상황과는 맞지 않는 생각과 감정들이 있다고 지각하기 시작한다. 그래서 자신의 감정이나 관점들의 적절성에 의문을 가질 수 있다.
-4점	생각과 감정들로부터 자기를 구별
	이 단계에선 한걸음 뒤로 물러서서 좀 더 넓은 관점에서 자신의 생각과 감정을 볼 수 있다. 우울로부터 떨어지거나 우울을 알아채거나 무엇이 일어나고 있는지를 볼 수 있다. 자신들의 생각과 감정들을 개인적 특성에 연결해 볼 수도 있다.
-5점	생각과 감정들로부터의 지속적이고 강도 높은 거리두기
	4점에서의 지각수준이 좀 더 빠르고 분명하게 도달하거나 혹은 도달된 후에 계속해서 유지된다.

상위인지 지각 및 대처 척도(MACAM)의 상위인지지각 측도는 부정적 생각과 느낌에 동조하거나 매몰되지 않고 일정한 거리를 두고 볼 수 있는 능력을 측정한다. 우울을 일으키는 부정적인 느낌이나 사고에 매몰되어 동조하지 않고 있는 그대로 지켜봄으로써 반추 작용을 진행하지 않게 된다. 부정적 생각과 감정을 자기(self)가 아닌 지나가는 정신적 사건으로 보는 인지 세트를 측정한다. 부정적 생각이나 느낌에 맹목적으로 추종하지 않고 객관적으로 관찰하는 능력인 상위인지 지각은 생각과 느낌에 종속 또는 구속되는 것에서 벗어나게 해준다.

2) 탈중심화(decentering)

상위인지 지각과 매우 유사한 개념으로 탈중심화(decentering)가 MBCT의 치유기제로 논의되고 있다. MBCT 개발자들은 MBSR(Mindfulness Based Stress Reduction) 프로그램을 접하면서 탈중심화를 치유원리의 핵심으로 보았다(Segal, Z.V., 외 2002 p.50). 탈중심화의 중요성은 MBCT 이전의 인지치유(cognitive therapy) 논의에서도 인식됐으나 치유적 변화의 제1 기제라기보다는 생각의 내용을 변화시키려는 목표를 위한 수단으로써 인식됐다. 그러나 MBCT에서는 탈중심화가 치유적 변화에 핵심적인 역할을 한다고 본다.[6] MBCT 이전엔 생각에만 국한되었지만, MBCT에서는 생각뿐만 아니라 느낌, 그리고 신체감각도 탈중심화의 대상이 된다(Segal, Z.V., 외 2002 p.58).

탈중심화란 자신을 생각으로부터 분리하는 것, 거리를 두는 것(distancing)을 의미한다. 탈중심화(decentering), 즉 거리두기는 내담자에게 자신의 부정적인 사고가 사실이 아니라 단순한 신념에 불과하다는 것을 배우도록 해 준다(Robert D. Zettle p.19). 거리두기는 내담자에게 우울증을 일으키는 생각으로부터 떼어내서 거리를 두게 하는 것이다. 거리두기는 대상을 회피하거나, 무시하거나 사라지기를 바라는 것이 아니며 또한 억압하거나 제거하려고 하는 것이 아니다. 오히려 MBCT에선 대상을 환영하거나 허용하는 것으로 대상에 대한 열린 태도를 견지하는 것이다. 인지치유에 의하면 탈중심화는 부정적인 생각에 대한 적대적인 태도를 의미하지만 MBCT에선 탈중심화는 우호적 알아차림(friendly awareness)을 의

6) MBCT 이전에 탈중심화의 중요성을 강조한 학자가 전혀 없는 것은 아니었다(Ingram, 외 1986 pp.259--281).

미한다(Segal, Z.V., 외 2002 p.58).

탈중심화란 생각과 느낌을 좀 더 넓은 관점에서 바라보는 것으로 반드시 진실이라고 보기보다는 생각은 생각이 단지 생각일 뿐이라고 보는 것을 의미한다. "탈중심화는 자신의 생각과 느낌을 마음에서 일어나는 일시적인, 객관적인 사건으로 관찰할 수 있는 능력이다."(Fresco, D. M., p.453). 탈중심화는 현재 순간에 일어나는 마음의 현상을 즉각적이고 명확하게 관찰하여, 자기 자신과 동일시하거나 있는 그대로의 현실이라고 생각하고 있던 것이 실은 마음에서 일어났다가 사라지는 정신적인 활동에 불과하다는 것을 아는 것이다.

탈중심화는 현재 마음속에 일어나는 사고와 느낌에 대하여 간섭하거나 개입하지 않고 있는 그대로 수용하는 것이다. "탈중심화는 사고와 느낌에 대하여 현재 중심이면서 비심판적인 태도로 수용하는 능력을 말한다."(Fresco, D. M., p.448). 일상적으로 불쾌한 경험에 대하여 기계적으로 회피하려거나 제거하려고 한다. 이러한 변화나 교정 대신에 그 경험을 있는 그대로 온전하게 경험하는 것이 수용이며 이것이 곧 탈중심화의 주요 측면이 된다.

탈중심화는 자기동일시(自己同一視)에서 벗어나는 것이다. 탈중심화가 즉각적인 자기 경험을 한발 물러서서 봄으로써 '현실'과 '자기가 해석한 현실' 간의 차이를 보고 그 경험을 구성하는 과정에 자기 자신이 개입하고 있음을 관찰하는 과정이다. 이러한 측면에서 탈중심화는 우울증을 일으키는 생각과 느낌을 자기 자신과 동일시(personal identification)하지 않고보다 넓은 시야에서 생각과 느낌을 관찰하는 것이다(Eisendrath, S., 외 p.364 Frewen 외 pp.758-774). 탈중심화는 자기중심적인 관점에서 벗어나는 것을 의미한다. 부정적인 생각이나 느낌을 자신(self)의 것으로 여기는 대신 마음에서 일어났다가 사라지는 정신 현상으로 보는 것이다.

우울증 환자는 자신의 경험에 대하여 편견을 지니고 있다. 자기중심적인(egocentric) 관점에서, 즉 자신의 주관적인 입장에서 자신의 경험을 해석한다. 타인의 관점에서 바꾸어 볼 수 없으므로 다른 사람과의 사회생활에 어려움을 겪게 된다(Sidley, G. L., 외 pp.195-202). 부정적 생각과 감정을 자기(self)와 동일시하지 않고 거리를 둘 수 있는 능력인 탈중심화는 자기중심적인 관점에서 벗어나게 한다.

탈중심화의 정도를 측정하는 척도를 구성하는 항목을 살펴보면 탈중심화 개념을 더 명확히 할 수 있다(김빛나 p.60; Fresco, D.M., 외 pp.234-246).

① 나는 내 자신을 있는 그대로 잘 받아들일 수 있는 편이다.
② 스트레스를 받는 상황에서도 나는 서두르지 않고 여유 있게 생각할 수 있다.
③ 어려움을 겪더라도 그것을 지나치게 감정적으로 받아들이지 않고 객관적으로 보는 편이다.
④ 나는 나의 생각과 감정으로부터 내 자신을 분리하여 생각할 수 있다.
⑤ 나는 어려운 일들에 대해서 서두르지 않고 시간을 두고 대응할 수 있다.
⑥ 나는 내 자신을 너그럽게 대할 수 있다.
⑦ 나는 불쾌한 감정에 빠져들지 않으면서 그러한 감정을 관찰할 수 있다.

⑧ 나는 내 주변과 내 마음속에서 어떤 일이 일어나고 있는지 잘 알아차리는 편이다.

⑨ 내 생각이 바로 내 자신은 아니라는 것을 잘 알고 있다.

⑩ 나의 몸에서 경험되는 느낌을 전체적으로 잘 지각하는 편이다.

⑪ 나는 내가 경험하는 일들을 더 넓은 관점에서 보려고 한다.

항목 ③ ④ ⑥ ⑦ ⑧ ⑨ ⑩ ⑪는 직접적으로 탈중심화를 보여주는 것이며 특히 항목 ④ ⑨는 탈중심화의 핵심 내용이다. ①은 수용 능력을, ② ⑤는 상황에 대한 적절한 대응을 할 수 있는 능력을 말한다. 탈중심화 척도는 상위인지 지각 및 대처 척도(MACAM)에 비해 생각과 감정이나 자신이 아니라는 항목이 두드러진다. MACAM에선 생각과 감정을 자신과 구분하는 것이 측정되었던 것에 비해 탈중심화 척도는 생각과 감정이 '나(self)'가 아니라는 지각이 더 명료하게 측정되고 있다.

탈중심화는 자신의 내적 경험에서 한걸음 벗어나, 그 경험의 변화를 도모하는 과정이다. 이 과정은 사건과 사건에 대한 반응 사이의 간격을 만들어 준다. 자신과 자신의 반응을 관찰할 수 있는 능력을 배양함으로써 실재(reality)와 상상된 실재를 구분하게 된다(Safran, J. D., 외 p.117). MBCT에서는 사고의 내용을 문제 삼지 않고 사고, 느낌, 신체감각 등을 객관적으로 알아차리는 연습을 통해 '나는 사고가 아니다'라는 통찰을 중시한다. 탈중심화를 통해서 우울증 내담자는 자신의 반추에서 벗어나게 되고 결국에는 우울증 증상이 경감하거나 치유된다고 보는 것이 MBCT의 입장이다.

탈중심화는 생각 혹은 감정 등의 정신적인 활동에 사로잡히거나 정신적 활동을 자기와 동일시하는 것을 막아준다. 탈중심화의 관점에서 현재 순간에 일어나는 현상은 절대적이지도 않으며 부동적(不動的)일 수도 없으며 불변일 수도 없다(Safran, J. D., 외 p.117). 생각과 느낌은 순간순간 조건에 의존하여 일어나고 사라지는 현상으로 가변적이다. 무상(無常)한 생각과 느낌은 결국 일정불변의 자아로 여겨질 수 없다. 그리고 탈중심화는 순간순간의 자기 경험에 대해 어디에도 치우치지 않는 관찰자와 같은 태도를 채택할 수 있도록 도와주며, 궁극적으로 수행자는 과거 경험에 뿌리를 두고 있는 기계적인 반응(reaction)에서 벗어나서 그 상황에 적절하게 반응(response)할 수 있게 해준다.

탈중심화는 티스데일(Teasdale)이 제시한 존재모드(being mode)와 상응한다(Fresco, D. M., 외 p.448). 활동모드에서 불일치 모니터의 작동으로 반추가 일어나지만 존재모드에선 반추가 동기화되지 않는 것은 탈중심화가 이루어졌기 때문이다. 부정적인 생각이 떠오를 때 탈중심화를 통해 그 내용과 거리를 두고 관찰하게 되면, 부정적인 생각과 감정에 대한 관점이 변화될 수 있다. 즉 생각을 진실이라고 생각하거나 자신의 한 측면으로 받아들이기보다 지금 이 순간 일어나는 현상으로 볼 수 있게 된다. 즉 탈중심화를 통해 생각을 단순히 생각으로 보고 인지적 여유를 가지게 됨으로써, 반추(rumination)로 인해 부정적인 사고 패턴에 갇히고 우울함에 빠지는 위험을 감소시킬 수 있다.

이상에서 살펴보았듯이 상위인지 지각과 탈중심화가 명료하게 구분되고 있지 않다. 국내외 논문이나 저서를 살펴보아도 상위인지각과 탈중심화를 집중적으로 비교하여 논의한 것은 찾을 수 없다. 굳이 구분해 본다면 탈중심화라는 말이 생각이나 감정을 거리를 두고 자기 자신으로 여기는 것에서 벗어나는 것이라면 상위인지 지각이라는 말은 부정적 생각, 감정을 산만한 심판없이 관찰할 수 있는 능력을 의미한다.

4. 무아(無我)의 통찰: 여실정관(如實正觀)

상위인지 지각과 탈중심화에 상응하는 불교 전문 용어는 다수가 존재한다. 물론 다수가 존재하지만 그 의미하는 바는 대동소이하다. 표현상 약간의 차이가 있을 뿐이지 본질적으로 전달하고자 하는 바는 동일하다. 먼저 한역 경전을 살펴보자.

색(色) 등 오온이 무아임을 바르게 관찰하는 것이 여실정관(如實正觀)이라고 밝히고 있다.

> "존재하는 모든 색(色)은 과거에 속한 것이건 미래에 속한 것이건 현재에 속한 것이건, 안에 있는 것이건 밖에 있는 것이건, 거칠건 미세하건, 아름답건 추하건, 멀리 있는 것이건 가까이 있는 것이건, 그 모든 색은 나도 아니며, 나와 다른 것도 아니며, 나와 나 아닌 것이 함께 있는 것도 아니다'. 이것을 사실 그대로 바르게 관찰하는 것[如實正觀]이라 한다. 수(受)·상(想)·행(行)도 마찬가지이다."[7]

---

7) 『잡아함경』(『대정장』 II p.21中). "所有諸色 若過去若未來若現在 若內若外 若麤若細 若好若醜 若遠若近 彼一切皆非我不異我不相在 是名如實正觀. 受想行識亦復如是" 다른 경전에선 여실정관이라는 말 대신에 여시관찰(如是觀察), 평등정관(平等正觀), 여실지견(如實知見)이라는 용어가 동의어로 사용되고 있다(『대정장』 II p.7下).

색(色)이 무상, 고, 무아임을 있는 그대로 아는 것(如實知)을 정관(正觀)이라고 정의하고 있다. "색은 무상이다. 무상은 곧 고이다. 고는 곧 비아(非我)이다. 비아(非我)인 것은, 저 일체는 나도 아니고, 나와 다른 것도 아니고, 나와 나 아닌 것이 함께 있는 것도 아니다. 여실히 아는 것(如實知)을 정관(正觀)이라고 한다."[8] 오취온이 무아이고 무아소(無我所)임을 여실히 아는 것이 여실관찰이라고 밝히고 있다. "다문의 성제자는 오수음(五受陰)에 대해서 비아(非我)이고 비아소(非我所)를 여실하게 관찰한다(如實觀察)"[9].

여실정관(如實正觀), 여실관찰(如實觀察), 여실지(如實知), 정관(正觀), 진실정관(眞實正觀), 진실관(眞實觀) 등은 모두 동의어로 색(色)등 오온이 무상(無常)·고(苦)·무아(無我)임을 통찰하는 것을 의미한다. 여실정관에 상응하는 팔리어는 yathābhūtañāṇadassana(如實知見)이다. yathābhūta는 여실, 즉 있는 그대로라는 의미이고, ñāṇa는 안다(知)는 의미이고, dassana는 본다(見)는 의미이다. 결국 yathābhūtañāṇadassana는 대상을 있는 그대로 주관적이거나 개념적인 가치 판단 없이 통찰한다는 의미이다. 여실지견은 어떠한 의견이나 견해를 갖지 않고, 있는 그대로의 사실을 여실히 관찰하는 것이다. 여실지견은 오온 등 유위법이 무상, 고, 무아임을 통찰하는 것이다. 어떠한 상상이나 선입견 없이 오온 등을 살펴보면, 거기에는 자아(self)가 있지 않음을 아는 것이 여실지견이다.

전체 수행의 과정에서 여실지견의 위치를 살펴보면 삼매가 성취된 이후에 이루어지는 것으로, 여실지견이 나타나면 심신에 대한 탐착이

---

8) 『잡아함경』(『대정장』 II p.21下). "色是無常 無常則苦 苦則非我 非我者 彼一切非我不異我不相在 如實知 是名正觀."

9) 『잡아함경』(『대정장』 II p.7下). "多聞聖弟子於此五受陰 非我非我所 如實觀察."

사라지게 된다. 감각기능을 단속하는 자에게 계행(戒行)이 구족되고, 계행을 구족한 자에게 바른 삼매가 구족되고, 바른 삼매를 구족한 자에게 여실지견은 구족된다. 여실지견을 구족한 자에게 탐착이 사라지고, 탐착이 사라진 자에게 해탈지견이 구족된다(AN IV p.336).

빅쿠 보디(Bhikkhu Bodhi)는 여실지견을 비파사나를 성취하기 위한 조건으로 이해하고 있다. 삼매를 통하여 번뇌를 억압할 수 있고 마음이 고요해져 지나친 사고 작용이 더 이상 진행되지 않는다. 망상이 정지된 상태에서 여실지견이 가능하게 되는 것이다. 삼매에선 여전히 번뇌가 밑바닥에 숨어 있어 완전히 제거된 것이 아니므로 여실지견과 비파사나가 수행이 필요하다.[10] 여실지견의 발생이 선정에서 가능하다는 것은 언어를 매개로 진행되는 일상적인 사유가 멈출 때 대상에 대한 여실지견이 현현한다는 것이다.

정견(正見)이 여실지견의 동의어임을 말하는 경전이 있다. "여실히 아는 것이 곧 정견이다."[11] 색 등 오온이 무상임을 통찰하는 것이 정견이라고 정의하고 있다(Saṃyutta Nikāya III p.51). 안근(眼根) 등 감각기관이 무상이라고 관찰하는 것이 정견이라고 밝히고 있다.

> "마땅히 눈은 무상이라고 관찰해야 한다. 이것을 정견이라고 부른다. 바르게 관찰하기 때문에 싫어하는 마음이 생기고, 싫어하는 마음이 생기기

---

10) Bhikkhu Bodhi,(1980 p.39). Bhikkhu Bodhi는 *UpanisaSutta*(Saṃyutta Nikāya II p.29)을 번역하고 주석하면서 여실지견과 비파사나를 구분하고 있지만 *UpanisaSutta* 자체 내에선 비파사나라는 말은 등장하지 않는다.

11) 『잡아함경』(『대정장』 II p.198下). "如實知者 是則正見".

때문에 기쁨과 탐욕을 떠나며, 기쁨과 탐욕을 떠나기 때문에 마음이 바르게 해탈하였다고 나는 말한다. 이와 같이 귀·코·혀·몸·마음에 대해서 기쁨과 탐욕을 떠나면, 기쁨과 탐욕을 떠나기 때문에 비구들이여, 마음이 바르게 해탈하였다고 나는 말한다."[12]

정견을 갖춘 성자는 자아에 대해 어떠한 견해도 가지고 있지 아니하다고 정견의 의미를 붓다는 밝히고 있다.

"카차나(Kaccana)여! 세상 사람들은 대부분 몰두, 애착, 그리고 집착에 의해 족쇄 채워져 있다. 그러나 정견을 갖춘 자는 몰두, 애착, 정신적인 견지, 집착, 수면(隨眠)에 의해 몰두하거나 애착하지 않는다. 그는 '나의 자아'에 대해 어떠한 견해도 가지지 않는다. 일어난 것은 단지 고(苦)가 일어난 것이고, 사라진 것은 고가 사라진 것이라는 사실에 대해 어떠한 의문이나 혼란이 없다. 이것에 관한 그의 지혜는 다른 사람에게 의존하지 않는다. 이런 식으로, 카차나여, 정견이 있다."[13]

모든 망상을 종식 시키고 있는 사실을 사실 그대로 여실히 바라보

---

12) 『잡아함경』(『대장장』 II p.49中). "當正觀察眼無常 如是觀者 是名正見 正觀故生厭 生厭故離喜離貪 離喜貪故 我說心正解脫 如是耳鼻舌身意. 離喜離貪 離喜貪故 比丘 我說心正解脫." cf Saṃyutta Nikāya IV p.142.

13) Saṃyutta Nikāya II p.17. "Upāyupādānābhinivesavinibandho khvāyam Kaccāyana loko yebhuyyena tañcāyam upāyupadānāms cetaso adhiṭṭhānam abhinivesanusayam na upeṭi na upadiyati na-dhiṭṭhāti attā na me ti. Dukkham eva uppajjamānam uppajjati dukkham nirujjhamanam nirujjhatīti na kankhati na vicikicchati aparapaccaya ñāṇam evassa ettha hoti. Ettavata kho Kaccāna sammadiṭṭhi hoti. cf 『잡아함경』(『대정장』 II p.66下).

는 것이 정견이다. 과거의 부분적인 경험과 지식에 의해 형성된 선입견이나 고정관념을 가지고 사실을 보는 것이 아니라, 직접 사실을 꿰뚫어 보는 것이 정견이다. 극단적인 견해에서 벗어난 성자는 어떤 견해도 형성하지 않고, 선호하는 것도 드러내지 않으며, 최고의 순수함을 주장하지도 않는다. 욕망의 매듭을 풀어버린 그는 더 이상 세상에 있는 것에 대한 갈망을 가지지 않는다(Suttanipata no 801). 따라서 모든 분별과 견해에서 벗어난 성자는 과거세에 아(我)가 존재했는지에 대해 미래세에 자아가 존재할 것인 지에 대해 사색하지 않는다. 아견에 사로잡혀 있는 범부들이 허망하게 분별 망상하는 것이다(『대정장』 II p.84中).

정념(正念, samma sati)은 항상 주의를 태만하지 않고, 망각하지 않는 것이다. 동시에 정념은 한결같이 마음을 주시(注視)하는 것이다. 깨어있는 마음과 평상심을 늘 유지함으로써 얻어지는 바른 주의작용이다. 정념은 마음이 평온한 상태에서 '주의하고 관찰'하는 것이다. 여기서 주의를 기울인다는 것은 자신의 몸과 마음 상태를 현재 순간순간 주의 깊게 관찰하는 것이다.

정념의 대표적인 수행법인 사념처(四念處)는 몸[身], 느낌[受], 마음[心], 생각[法] 등 네 가지가 무상(無常)·고(苦)·무아(無我)라는 것을 항상 기억하고 잊지 않는 것을 의미한다. 몸에 대한 정념은 존재의 물질적 측면과 관련된 것이고, 나머지 세 가지는 주로 마음의 측면과 관련된 것이다. 이렇게 4가지 대상을 잊지 아니하고 관찰하면 대상의 본성을 파악하게 된다. 즉 무상·고·무아를 통찰하여 항상 기억하고 잊지 않는다.

사념처에서의 정념은 생각의 개입없이 현재 대상을 있는 그대로 직접 관찰하는 것이다.

"정념은 순수한 주의(bare attention)의 수준에서 지금 이 순간 우리의 안팎에서 일어나는 것들을 초연하게 관찰하는 것이다. 정념은 마음을 현재에, 열린 채로, 고요히, 또렷이 깨어있게 유지하면서, 지금 일어나고 있는 일을 관찰하는 것이다. 모든 판단과 해석은 중지되어야 하며 어떤 일이 일어나든 일어나는 그대로를 단지 주시만 한다. 만약 판단이나 해석이 일어나면 단지 등록하고 버려야 한다. 파도 타기 선수가 바다의 파도를 타듯이 사건의 변화를 탄다. 정념의 모든 과정은 산만한 생각의 파도에 미끄러지지 않고, 휩쓸려 떠내려가지 않고, 현재에 되돌아오는 것이고, 지금 여기에 머무는 것이다."(Bhikkhu Bodhi 2006 p.70)

사념처 수행에서 sati(念)는 과거의 일을 기억하거나 회상하는 것이 아니라 현재 순간 일어나는 것에 대한 지속적 알아차림이다. 사티(sati)의 기본적인 의미는 현재 현상에 대한 주의 깊은 관찰이지 지나간 일을 되뇌는 것이 아니다(Analayo 2004 p.47). 사념처 수행의 가장 큰 특징은 현상을 있는 그대로 보는 것이지 현상을 변화시키는 데 있지 않다. 정념의 대상 즉 몸[身], 느낌[受], 마음[心], 생각[法] 에 대해 결코 기계적으로 개입하거나 간섭하지 않는다. 불편한 현상을 접하게 되면 반사적으로 거부 반응을 일으키며 회피하거나 거부하려는 자동적인 반사 반응을 보이지만 정념은 관찰 대상에 대한 어떤 비판도 비난도 하지 않는다. 관찰자의 관점에서 '좋다', '나쁘다'라는 기계적인 반사 행동이나 심판 없이 대상을 있는 그대로 관찰한다. 대상이 무엇이든-불쾌한 것이든 유쾌한 것이든- 그 대상을 변화하려고 하거나 유지하려고 하지 않고 대상의 생성과 소멸을 정확하게 관찰하는 것이다.

정념의 역할은 인식의 과정에 관념이 개입하지 않도록 한다. 정념은 대상에 대한 직접적인 경험을 가능하게 한다. 정념은 대상을 지각할 때 대상이 개념이라는 칠감으로 칠해지고 해석으로 덧칠되기 이전에 대상의 원래 모습을 드러나게 한다. 정념은 무엇을 하는 것이라기보다는 해왔던 것을 되돌리는 것이다. 즉, 생각하지 않기, 판단하지 않기, 연상하지 않기, 계획하지 않기, 상상하지 않기, 바라지 않기 등이다(Bhikkhu Bodhi 2006 p.72).

사념처 수행은 관찰 대상이 무상(無常)하다는 지각(知覺)을 생성하는 데 그 일차적인 목적을 두고 있다. 몸[身], 느낌[受], 마음[心], 생각[法]이 무상하다는 철저한 정념이 일어나게 되면 네 가지 대상에 대한 집착에서 벗어나게 된다. 세상에 대한 애착과 불만족으로부터 자유롭게 된다. 사념처 수행을 통한 무상 지각을 성취한 자는 다음과 같이 묘사되고 있다. "어느 것에도 의존하지 않으며, 세상의 어느 것에도 집착하지 않는다."[14] 사념처 수행에서 무상에 대한 지각은 3단계로 구성되어 있다. 현상의 생성에 대한 지각, 현상의 소멸에 대한 지각, 현상의 생성과 소멸에 대한 지각은 심신에 대한 애착을 제거해 준다.

법념처 수행에는 오온에 대한 관찰이 들어 있다. 오온의 일어남과 사라짐을 관찰한다(Dīgha Nikāya II p.301). 오온을 집착하여 '나' 또는 '나의 것'이라는 아견(我見)을 일으킨다. 이러한 아견의 제거를 위해서 오온이 무상하다는 것을 통찰하는 것이 필요하다. 무상한 것은 결코 지속적인 만족을 가져오지 못하며 결국 '나', '나의 것'이라고 여겨질 수 없다. 사

14) Majjhima Nikāya I p.57. "anissito ca viharati, na ca kiñci loke upādiyati."

념처 수행은 무상에 대한 지각을 이루고 무아에 대한 통찰을 완결하는 것이다.

비파사나(vipassanā)는 vi와 passanā 두 단어의 복합어로서 vi는 분석을 의미하는 접두사이고 passana는 본다, 통찰한다, 이해한다의 의미이다. 비파사나는 현상의 본질을 통찰하는 지혜로, 즉, 현상의 무상(無常, anicca), 고(苦, dukkha), 무아(無我, anatta)를 직접 통찰한다는 것이다. 신심(身心)의 근본 속성이 무상·고·무아라고 지혜를 이용하여 통찰하는 것이다. 이러한 지혜 통찰은 자연히 대상에 대한 집착에서 벗어나게 해 준다. 비파사나의 수행 목적은 물리적이든 정신적이든 모든 현상이 무상·고·무아임을 있는 그대로 통찰하여 집착에서 벗어나는 데 있다.

사마타(samatha) 수행 때문에 탐욕이 제거되고 비파사나(vipassanā) 수행에 의해 지혜가 개발된다. 탐욕의 소멸로 마음이 해탈하고, 무지의 소멸로 인해 지혜에 의한 해탈이 있게 된다(AN I p.61). 사마타를 마음(citta)과 마음의 해탈(心解脫, ceto-vimutti) 즉 삼매[定, samādhi]와 연결짓고, 비파사나를 통찰지(paññā)와 통찰지를 통한 해탈(혜해탈, paññā-vimutti)과 연결짓고 있다. "여기서 사마타는 심해탈의 조건이 되며, 비파사나는 혜해탈의 조건이 된다."(Bhikkhu Bodhi 2012 p.1626 fn 251). 비파사나가 '증상(增上) 지혜'를 발현시키는 수행이라고 밝히는 경전을 인용할 수 있다. 'cetosamatha(마음의 사마타)'와 'adhipaññadhammavipassana'(증상 지혜 즉 법의 통찰)'라는 표현에서 보듯이 사마타는 마음의 적정(寂靜) 개발을 뜻하고 비파사나는 지혜를 의미한다(AN II p.92). adhipaññadhammavipassana에 대해서 주석서는 유위제법(有爲諸法), 즉 오온을 통찰하는 지혜로 주석하고 있다. "유위제법, 즉 오온이 무상(無常)·고(苦)·무아(無我)임을 여실히 아는 것이 비파사나이다."(Bhikkhu Bodhi 2012 p.1696 fn 787).

비파사나(vipassanā)는 존재의 본성을 깊고도 포괄적으로 들여다보는 것으로 왜곡의 장막을 걷어내고 직접 대상을 근원적 존재양식 차원에서 들여다볼 수 있게 해준다. 보통 우리는 우리 자신의 경험에 함몰되고 그 경험을 자신과 연관을 짓기 때문에 그 경험을 있는 그대로 이해하지 못한다. 이런 맹목적인 경험 때문에 쾌락, 자아에 대한 무지가 일어난다. 인식적 왜곡 가운데 자아라는 미망이 가장 깊게 자리 잡고 있으며, 또한 가장 집요하다. 즉, 우리 존재의 내부에 진실로 영원불변한 '자아'가 실존하고 있다고 망상한다.

우리는 자아의 관점에서 세상을 바라보기 때문에 모든 것을 '나[我]' 와 '나 아님[非我]', '내 것인 것'과 '내 것 아닌 것'으로 양분하게 된다. 그리고 양분법에 사로잡혀서 결국 고통을 피할 수 없게 된다. 우리가 모든 번뇌와 고로부터 자유로워지려면 그것들을 지탱하고 있는 자아의 망상을 무아의 지혜로 제거해야 한다. 이것이 바로 비파사나 지혜의 목표이다(Bhikkhu Bodhi 2006 p.100).

비파사나는 오온이 조건에 의해 형성된 유위법(有爲法)으로 무상(無常)·고(苦)·무아(無我)임을 직접 통찰하는 것이다(Bhikkhu Bodhi 2006 p.104). 비파사나 통찰은 개념적 사유를 통한 이해와는 다른 차원이다. "비파사나 통찰은 단순한 지적 이해 이해의 결과가 아니라 자신의 몸과 마음의 과정을 직접적인 명상 관찰을 통하여 얻어진다."(Nyanatiloka, Bhikkhu 1980 p.364). 보다 높은 수준의 인지 즉 직접적 '직관(直觀)' 의 차원에 이르렀을 때 비로소 이해될 수 있으며, 그때 무상·고·무아는 심리적 사실로서 실제적 체험으로 생생하게 경험하게 된다.

대상을 있는 그대로 알고 본다는 것은 그 대상의 본성을 직접 알고 보는 것을 말한다. 대상의 고유 성질을 개념적으로 알고 본다는 것이 아니라 고유 성질 그 자체를 통찰하는 것이 비파사나이다. 현상 그 자체는 영원불변하는 어떤 자성을 가진 것이 아니라 조건에 의해 발생하고 소멸하는 유위법임을 통찰하는 것이 비파사나이다.

* * *

MBCT는 우울증 재발에 대해 다음과 같이 가정한다. 첫째. 우울 기분이 야기되면 이전에 연합된 부정적인 사고 패턴이 자동으로 활성화된다. 둘째, 활성화된 부정적인 사고는 반추로 진행된다. 셋째, 부정적인 생각의 반추는 더욱 심각한 우울증을 재발시킨다. 따라서 재발 방지를 위해서는 내담자들이 우울 기분이 있을 때 반추가 일어나지 않도록 해야 한다. 재발 방지의 핵심은 불쾌한 기분 상태나 잠재적 재발상황에 반추를 제어하는 것이다.

반추에 상당하는 불교 용어는 망상(papañca)이다. 대체로 우리는 대상을 있는 그대로 보지 못하고 대상에 대해 망상 즉 관념적 사고를 지속하면서 심신을 괴롭힌다. 반추가 주로 과거 경험을 중심으로 자기 자신을 부정적으로 반복 사고하는 것인데 비해 망상은 과거를 포함하여 현재 미래에 관련하여 부정적인 사고를 하는 것이므로 그 범위가 더 넓다.

MBCT는 우울증 재발의 원인으로 여겨지고 있는 반추를 제어하기 위한 원리가 상위인지 지각 또는 탈중심화로 보았고 그 구체적인 방법으로 불교 명상을 도입하였다. 상위인지 지각과 탈중심화는 불교 관점에서 볼 때 여실지견, 정념, 정견, 비파사나 수행과 유사하다. 모두 생각과 느낌을 거리를 두어 객관적으로 있는 그대로 관찰하면 나(self)가 아니라는 통찰에 이르게 되고 이러한 통찰로 인해 생각과 느낌에서 자유롭게 될 수 있다는 공통점이 있다.

상위인지지각과 탈중심화는 인지의 내용 즉 생각과 감정을 한발 떨어져서 있는 그대로 관찰함으로써 고통을 일으키는 생각과 감정이 결국 변화하고 사라지는 무상(無常)한 것이라는 체험을 하게 한다. 부정적 생각과 감정을 억압하고 회피하는 것이 아니라 한발 물러서서 있는 그대로 관찰하는 태도를 가진다면 그런 부정적 생각과 감정이 불변하거나 영속적인 자기의 본질이거나 객관적 사실이라기보다 오히려 마음에서 만들어진 순간적 현상임을 알게 된다. 이렇게 된다면 생각과 감정 등 정신현상을 왜곡하지 않고 있는 그대로 이해하게 되어 생각과 감정에 구속되지 않고 자유롭게 된다.

망상과 같은 개념 작용이 중지될 때 대상을 있는 그대로 이해할 수 있다. 개념 중지와 관련된 불교 교리와 수행으로 여실지견, 정견, 정념, 비파사나 등을 살펴보았다. 언어 표현상 달리하고 있지만, 그 기본 내용은 대동소이하다. 언어를 매개로 한 개념적인 사고 작용이 정지되고 대상을 있는 그대로 통찰하는 것이다. 대상 즉 오온을 생멸하는 것(無常)으로 알고, 생멸하는 것이기에 고(苦)일 수밖에 없는 것으로 알며, 그러기에 어떤 불변하는 실체가 없는 것(無我)으로 아는 것이다.

형성된 것이 무상→고→무아임을 직접 보아 확인하는 것이다. 이런 통찰은 선정에서 나오는 것이며 인격적인 변화를 불러온다. 대상에 대한 통찰은 그 대상에 대한 집착을 끊게 하는 계기를 마련하게 되는 것이다. 일찍이 집착의 대상에 대하여 싫어하는 마음이 생김으로써 다시는 그 대상에 대해 구속되지 아니하고 자유롭게 된다. 어떠한 긍정적인 변화도 가져오지 못하는 지식과는 다르다.

상위인지 지각과 탈중심화가 생각과 느낌에 대해서 나(self)가 아니라는 점이 강조되고 있는 데 비해 무아의 통찰에 관한 여실지견 등은 유위법, 즉 오온이 무상, 고, 무아임을 가르치면서 육신도 무아임을 가르치고 있다는 점에서 불교 수행법이 더 광범위하고 철저하다는 것을 알 수 있다. 불교에서 육신이 무아임을 먼저 가리키고 있는데 비해 탈중심화나 상위인지지각은 육신에 대해 주의를 크게 두지 않는다. 여실지견 등의 직접적인 효과는 대상에 대하여 염증(厭症)을 내게 하고 탐착을 제거하는 데 비해 상위인지 지각과 탈중심화의 효능은 반추의 방지이다. 염증 발생과 탐욕의 제거라는 심리적 효능은 정서(emotion)적 측면이 주목되고 반면에 반추 방지는 인지적 측면에서 설명될 수 있다.

VI. 자기 자비(self-compassion)와 MBCT(Mindfulness-Based Cognitive Therapy)

MBCT가 다양한 장애에 대하여 긍정적인 효과를 보여 준다는 연구가 증가함에 따라 그 효과에 대한 치유적 기제 및 과정에 관한 연구가 발표되고 있다. 아론 벡(Aaron Beck)의 인지치유(Cognitive Therapy)에서는 우울을 야기하는 역기능적 신념을 교정하고 변화시키는 것이 치유의 핵심으로 보았다. 반면에 MBCT의 치유 핵심은 우울 재발을 유발하는 부정적인 생각과 감정 및 느낌에 대한 태도나 관점을 근본적으로 변화시키는 것이라고 할 수 있다. MBCT에서는 우울 관련 경험과의 대응 관계 변화를 유지하기 위한 방안으로 불교의 알아차림 명상(mindfulness)을 도입하여 활용한 것이다. 알아차림 명상은 결국 MBCT의 핵심기술로 자리 잡고 있다.

메이슨(Mason) 등은 MBCT의 치유적 과정에 관한 연구를 수행하였다. 이 연구에서는 7명의 참여자를 대상으로 MBCT 참여자들의 경험에 대한 공통점과 차이점을 밝히고 그 과정 이면에 내포되어 있는 이론을 도출하였다. MBCT에서 알아차림 명상이 핵심적 치유 과정으로 나타났고 수용적 태도와 사회적 지지가 경험되는 것으로 나타났다. 이 연구는 MBCT의 치유 핵심 요소가 알아차림 명상이며 그 특성으로 수용적 태도와 사회적 지지의 중요성을 밝히고 있다(Mason and Hargreaves 2001, pp.197-212).

본서에선 MBCT에서 알아차림의 어떠한 기능이 우울증 재발 방지라는 효과를 가져오는 원리를 불교의 자비 사상에서 찾아보고자 한다. MBCT의 치유기제와 관련하여 탈중심화(decentering)나 상위인지 지각(meta-cognitive awareness)이 주요한 치유원리라고 제시되고 있다.[1] 한편 자기-자비(self-compassion)가 주요한 치유 기제라고 주장하는 연구 논문도 나오고 있다. 큐컨(Kuyken) 등은 MBCT의 효과와 우울 증상의 재발 방지용 항우울제를 비교하였다. MBCT 참가 후 15개월이 지난 뒤 추수검사에서 알아차림과 자기 자비의 증가는 MBCT와 우울증상의 사이를 중재하는 것으로 밝혀졌다. MBCT가 인지적 반사 반응 즉 슬픈 기분에 대하여 반사적 반응과 우울증상 사이의 연결고리를 약화시킨다. 증가된 자기 자비는 그 연결 고리를 중재하는 것으로 보고하고 있다(Kuyken, W., 외 2010, pp.1105-1112).[2]

우울증 내담자에게서 자기 비난, 낮은 자존감 등이 공통으로 발견되어 주요 우울의 핵심 요인으로 여겨진다는 연구에 비추어보면 자기-사랑 즉 자기 자비가 우울증의 재발 방지에 중요 공헌 인자로 볼 수 있을 것이다. 서구에서 MBCT의 치유 기제로 자기 자비를 제시하는 연구의 경우 대부분 실험을 통한 연구이다. 한국에서는 아직 자기 자비와 관

---

1) 탈중심화(decentering)나 상위인지 지각(meta-cognitive awareness)은 내적인 경험 즉 생각, 감정, 느낌을 실재의 반영이 아닌 마음 속에서 일어나는 일시적 사건이라고 관찰하는 것으로 이것은 반추에 대처하는 MBCT의 핵심적인 치유적 요소이다. 상위인지지각에 관한 논의는 다음 논문을 참조하시오. Teasdale, J. D., 외 2002, pp.275-287. 탈중심화에 대한 자세한 논의는 다음 서적을 참고하시오. Segal, Z. V., 외 2002 pp.50ff.

2) MBSR의 치유기제로 자기 자비를 제안하는 연구도 있다. Shapiro 등은 MBSR에 참여한 건강관리 전문인들에게 유의미하게 자기 자비가 증가하고 스트레스를 줄였다는 연구결과를 발표하였다(Shapiro, S., 외 2005, pp.164-176).

련한 연구가 서구 학계와 비교하면 미비한 수준이다. 국내에선 2011년 이후 몇몇 연구가 발표되고 있는데 대부분 심리학계에서 이루어지고 있다.[3] 불교학계에서 자비의 치유 효과에 관한 연구나 치유 원리에 관한 연구 논문은 아직 보이지 않는다. 본서에선 불교의 자비 사상에 근거하여 MBCT의 치유 원리를 고찰하고자 한다.

1. 자기-비난과 우울증

1) 아론 벡(Aaron T Beck)의 인지삼제

우울중 내담자는 부정적이고 비관적인 인생관과 세계관을 지니고 있다. 아론 벡(Aaron T Beck)은 1960년대에 체계적인 임상적 관찰과 실험적 검증으로 우울증의 인지모형을 발전시켰다. 그는 우울증에 취약한 사람들에게서 세 가지 특징적인 사고의 패턴, 즉 인지삼제(cognitive triad)를 발견하였다. 우울증 내담자의 인지 삼제란 ① 자기 자신을 부정적으로 보며, ② 자기 자신을 둘러싼 세상도 자신을 괴롭히는 대상으로 인식하고, ③ 미래도 비관적으로 생각하는 인지적 왜곡을 말한다.

인지삼제의 첫 번째는 자기 자신에 대한 부정적 견해이다. 자기 자신은 결점이 많고 부적절하며 아무 가치도 없는 존재로 생각한다. 자기를 부정적으로 바라보는 사람들은 불유쾌한 경험을 자신의 심리적, 윤리

3) 심리학계에서 정서 문제와 관련된 자기 자비의 효과에 관한 연구가 다수를 차지하고 있다. 최근에 자기 자비를 다룬 박사 학위 논문이 나왔다(고은정, 2014).

적, 신체적 결함 때문으로 보아 자신을 바람직하지 못하고 쓸모없는 존재라고 믿게 되고 결과적으로 자신에게는 행복과 만족을 얻는 데 필수적이라고 생각되는 능력이나 자질들이 없다고 믿는다. 따라서 자신은 거부, 멸시, 그리고 상실의 운명을 받아들여야 마땅한 존재라고 생각한다.

인지삼제의 두 번째는 세계에 대한 부정적인 견해로, 자신의 경험을 부정적으로 해석하는 경향으로 이루어진다. 세상은 삶의 목표 달성을 방해하는 극복 불가능한 장애물로 가득 차 있으며 자신에게 과도한 요구를 가해오는 존재로 이해된다. 그들에게 있어서 세상은 거부, 멸시, 상실로 가득 차 있다. 따라서 세상과의 상호작용은 결국 패배와 박탈로 귀결될 것이라고 오해한다. 마지막으로 인지삼제의 세 번째 요소는 미래에 대한 부정적 견해이다. 자신의 장래는 암담하고 통제할 수 없다고 보며, 현재의 고통과 어려움은 앞으로도 계속 지속될 것이라고 예상한다. 조만간 착수하게 될 어떤 과제를 떠올릴 때도 실패를 먼저 예상하게 되는 부정적인 인지를 하고 있다(Aaron T. Beck, 2005 pp.26-28).

인지삼제 중에서 가장 핵심적인 위치를 차지하는 요소는 바로 자신에 대한 부정적인 견해이다. 자신에 대한 부정적인 견해는 부정적인 자기개념에서 기인한다. 자기 자신에 대한 부정적인 생각이 밑바탕이 되고 여기에 세상에 대해서, 그리고 미래에 대해서 부정적인 사고 틀을 형성하게 된다. 자신의 주위에 있는 사람, 환경에 대해서 부정적인 견해와 태도를 보일지라도, 미래에 대하여 부정적으로 예상할지라도 자신을 진정으로 사랑해 주는 사람이 있거나 자신이 사랑하는 대상이 있다면 어떠한 어려움도 맞이할 자세를 지니게 될 것이다. 진정으로 자신이 사랑하고 받고 있다는 느낌이 굳게 자리 잡으면 자기 자신의 부족한 부분에 대하여 관대해지고, 나아가 주위 사람, 주위 세상, 미래의 삶에도 비관적인 편견에서 벗어 날 수 있을 것이다.

자기 자신에 대한 부정적인 생각은 다양하게 있을 수 있겠지만 아론 벡은 핵심신념(core beliefs)으로 정리하였다. 핵심신념은 가장 근원적인 수준의 믿음으로 모든 영역에 영향을 미치고 경직되어 있으며 지나치게 일반화되어 있다(Judith S. Beck, p.27). 아론 벡은 핵심신념으로 두 가지로 범주화하고 있다: 무능하다는 핵심신념과 사랑받을 수 없다는 핵심신념. 무능함의 핵심신념으로 몇 가지 예를 들면 다음과 같다: 나는 무력하다, 나는 힘이 없다, 나는 약하다, 나는 쉽게 상처받는다, 나는 부족함이 많다, 나는 쓸모없는 사람이다, 나는 재주가 없다, 나는 결함이 있다. 사랑받을 수 없다는 핵심신념에는 다음과 같은 부정적인 생각이 있다: 나는 사랑받을 수 없다, 나는 호감을 주지 못한다, 나는 매력적이지 못하다, 나는 나쁜 사람이다, 나는 관심 받지 못한다, 나는 버림받게 되어 있다, 나는 외로울 수밖에 없다. 나는 결함이 있어 다른 사람들이 나를 사랑하지 않을 것이다, 나는 거절당하게 되어있다(Judith S. Beck, 1999 p.186).

두 가지 핵심신념은 자기 자신에 대하여 부정적인 평가를 내리고 있어 자아 존중감이 매우 낮다는 것을 알 수 있다. 자기에 대한 부정적인 견해를 많이 가지고 있을수록 자아 존중감 역시 낮아진다. 두 가지 핵심신념 중에서 어느 것이 더 문제가 될 수 있을 것인지를 물으면 사랑받지 못한다는 신념일 것이다. 자신이 무능하다고 생각하고 있을지라도 주위에 진정으로 사랑을 나누고 있는 대상이 있다면 비관적인 삶을 살지 않을 것이다.

우울증 내담자는 과도한 자기비판을 보인다. 자신과 관련해서 도덕적인 가치판단을 하며 스스로 죄가 있다고 단정한다(Aaron T. Beck, 2005 p.122). 우울증 내담자들은 자신에게 있는 수치스러운 결함을 심리적 장애의 근원으로 보는 경향이 강하다. 우울증이 심한 내담자는 극단적으로 자기 비난을 한다. 자기비난이 부적응이라는 말을 들은 우울증 내담자는 '자신을 비난한다'고 자신을 비난하기 시작한다(Aaron T. Beck, 2005 pp.221-222).

우울의 근본 원인이 되는 인지 왜곡을 인지삼제로 나누었는데 그 중에서도 자기 자신에 대한 왜곡된 생각이 우울의 근본 병인이 되고 있다. 자기 자신에 대한 부정적 생각은 두 가지 핵심신념으로 나눌 수 있는데 그중에서도 사랑과 관련된 왜곡된 신념이 두 중요하다고 추정할 수 있다. 어릴 적에 부모의 애정을 받으면서 성장한 아이들은 자기 자신에 대한 긍정적인 평가를 하고 주위 사람들을 우호적으로 본다. 반면에 부모의 애정을 제대로 받지 못한 아이들은 자신에 대한 평가가 낮으며 주위 사람을 위협적인 존재로 여기게 된다. 어린 시절에 부모로부터 비난과 욕설을 많이 받은 아이는 자동적으로 자기-비판적인 성향을 형성하게 된다. 이렇게 형성된 자기비판은 우울증과 불안을 일으키게 된다 (Sachs-Ericsson, N., 외 pp.71-78).

우울증 환자는 문제 상황에서 자기 자신을 비난하고 자기 자신을 처벌하려는 자학 반응 양식을 취하게 된다. 자기비판의 발생 원인이 무엇이냐는 질문에 다양한 논의가 있을 수 있지만, 그 근본 요인은 자기 자신을 위로하거나 돌보는 관용이 부재한 것임이 틀림없다(Gilbert, P. & Procter, S. 2006 p.357). 자기 자신을 자학하고 해치려는 경계선 성격 장애자를 위한 변증법적 행동치유(Dialectical Behaviour Therapy DBT)는 자기 자신을 위로하고 사랑하는 방법을 집중적으로 가르친다. 자기-사랑을 배양하도록 하는 것이다.

2) MBCT에서의 반추(rumination)

우울증의 재발은 반추로 촉발된다고 MBCT는 보고 있다. 반추는 부정적인 생각을 반복하는 행위이다. 자기 자신은 부적절하며, 무가치하며, 비난받아 마땅한 존재라고 생각하고, 이런 부정적인 생각을 진실이라고 우울증 내담자는 생각한다. 우울한 기분에 있을 때 어떤 부정적 사건에 의해 촉발되는 생각은 반추로 진행되어 우울증 재발을 일으킨다. 즉 우울증 재발에 취약한 사람들은 일상적인 생활에서 겪을 수 있는 사소한 부정적 감정을 경험할 때 그 감정의 원인에 대해서 반복적으로 생각하는 반추 반응양식으로 쉽게 빠져들게 된다. 우울한 기분에 대한 반추 반응양식이 우울을 심화시켜 재발하게 한다(Segal, Z.V., 외 2002 p.33-37).

반추는 우울증과 관련하여 많은 논의가 이루어져 왔다. 최근에 반추의 긍정적인 측면이 있다는 연구가 나오면서 반추를 세분하기도 한다. 반추(rumination)엔 두 가지 양식이 있다. 첫째 brooding(반추)은 부정적인 반응 양식인데 비해 둘째 reflection(반성)은 긍정적인 반응양식이다. brooding(반추)은 자기 비판적인 반응양식이다. 반추와 회피는 공통으로 현재의 문제를 직시하지 못하게 만든다. 반추는 회피의 한 형태로 볼 수도 있다. 문제가 되는 대상을 직면하지 않고 외형적으로만 생각을 되풀이하는 것이다(Krieger, T., 외 2013 p.503). 회피(avoidance)는 원래 걱정 장애(anxiety disorder)와 관련하여 연구된 주제였으나 최근에 우울증과 관련하여 활발하게 연구되고 있다.

우울증 환자는 예상되는 혐오 자극에 더 민감하게 반응하고 그 자극으로부터 주의를 떼어내지 못하는 경향이 높다. 한편 혐오적 자극을 회피하려는 경향도 우울증 내담자에게서 쉽게 찾아볼 수 있다. 일시적으로 회피는 안도를 줄 수 있을는지 모르지만, 궁극적인 해결책은 되지 못한다. 당면 문제를 파악하여 해결하지 못한 채 외면한다고 문제가 해결되는 것은 결코 아니기 때문이다. 회피는 문제를 더 복잡하게 만들어 버릴 수도 있다. 회피는 우울증 내담자에게서 흔히 보이는 반응양식이다(Krieger, T., Altenstein, 외 p.502).

우울증의 원인으로 여겨지는 반추의 핵심 내용으로 수치심과 열등감이 제안되고 있다(Cheung, M .S. P., 외 pp.1143-1153). 자기 비난의 일종인 수치심과 타인과의 비교를 통한 열등의식은 반추의 핵심 내용으로 파악된 연구이다. 수치심은 자기비하와 상관관계가 있다. 자신에 대한 수치는 일종의 자기비판이다. 자기 자신을 수치스럽게 여기는 것은 자기 비난의 한 형태이다. 자기 자신에 대한 수치심은 자기 자신에 대한 낮은 평가로 결국 자아 존중감에 대한 도전으로 나아가게 된다.

자신에 대한 수치심을 피하려고 또는 수치심에 압도되어 자살하는 예도 흔히 볼 수 있다. 외적 수치심은 다른 사람이 자기자신을 경멸적으로 나 적대적으로 보고 있다는 생각에 근거하고 있는 데 비해, 내적 수치심은 스스로 자기 자신을 흠이 많고 부적합한 나쁜 존재로 여기는 것에 기인하고 있다. 내적 수치의 주요 요소는 자기평가 절하와 자기비판이다(Gilbert, P. & Procter, S. 2006 pp.353-4). 열등감은 타인과 비교하여 자신을 낮게 평가하므로 자아존중감이 낮아지게 된다. 수치심과 열등감은 결국 자기비하로 이어지고 이런 자기비하에 대하여 반추가 진행되고 결국 우울증을 일으킨다.

자기-비판은 우울증 발생의 선행 인자로 보고되고 있다(Murphy, J. M., 외 pp.13-21). 병적인 자기비판은 생각의 내용에 연계되어 있을 뿐만 아니라 자기 자신을 향한 분노 그리고 경멸이 내재해 있다(Whelton, W. J., 외 pp.1583-1595). 우울을 일으키는 기분(mood)은 자기-비판을 촉발시켜 우울증 재발에 이르게 한다. 우울한 기분과 우울증 재발 사이엔 자기-비판이 중재 되고 있다(Teasdale, J. D., & Cox, S.G. pp.1311-1316). 자기-비판은 두 가지 주요 측면이 있다. 첫째 자기 자신을 향한 적대감, 경멸, 자기혐오의 과정이 있다. 둘째, 자기 자신을 향한 온정, 위로, 사랑을 만들 수 있는 능력이 부재하다(Gilbert, P. & Procter, S. p.355).

자기 자비가 낮은 사람일수록 반추하는 경향이 높다(Neff, K. D., & Vonk, R. 2009, pp.23-50). 자기 자비가 증가하면 반추와 우울 증상이 줄어든다. 자기 자비가 부족한 사람은 인지적으로 회피하는 경향이 높다(Neff, K. D., 외 2007 pp.139-154). 반추는 우울증을 발생시키는데 자기 자비는 반추를 줄여 우울 증상을 약화하는 것이다. 우울증을 경험하지 않은 사람보다 우울증 내담자는 낮은 자기 자비를 보인다. 우울증 내담자는 자기-친절, 공동체 의식, 알아차림이 낮은 데 비해 자기-비판, 고립감, 과잉 동일시가 높다. 자기 자비는 반추와 회피와 부적으로 연관되어 있다. 자기 자비가 높은 사람일수록 어려운 환경에 처하여서도 자기 자비가 낮은 사람보다도 더 긍정적으로 문제를 해결하고 더 쉽게 회복할 수 있다(Krieger, T., 외 2013 p.502).

비난은 분노의 한 표현 양식이다. 누군가를 비난하는 이면에는 상대에 대한 분노가 담겨 있다. 우울 내담자의 자기 비난은 결국 자기 자신에게 가해지는 분노라고 할 수 있다. 우울과 분노는 서로 다른 감정처럼 보이지만 서로 밀접한 상관관계가 있다. 때로는 우울해서 분노가 생기기도 하고 분노로 인해 우울해지기도 한다. 분노와 우울증의 밀접한 상관관계는 자살 시도자에게서 뚜렷이 나타났다. 스타인(Stein) 등은 자살을 시도한 사람을 대상으로 여러 가지 부정적인 감정이 존재하는 것을 확인하였다. 특히 분노와 우울증이 자살을 시도하였던 사람들에게서 높은 수준으로 측정되었다(Stein, D., 외 1998 pp.488-494).

보어저스(Boergers) 등도 역시 청소년 자살 시도자에게서 높은 수준의 우울증과 분노를 발견하였다. 높은 수준의 분노와 공격성향이 우울증과 상호작용하고 있다고 결론짓고 있다(Boergers, 외 1998, pp.1287-1293). 스퍼버그(Sperberg) 등은 내향적인 분노(anger-in)나 외향적인 분노(anger-out)가 우울증과 관련이 있다고 밝히고 있다(Sperberg 와 Stabb 1998, pp.223-238).

자존감 조절의 실패로 인한 우울증은 대상이 죽거나 상처 입을 때, 또는 대상에 의해 방치되거나 대상에게 실망할 때 발생하기 쉽다. 대상의 상실로 인해 발생하는 우울 감정 안에는 자존감의 감소나 자기-비난이 포함되어 있다. 프로이트는 애도반응과 우울증을 구분하였다. 애도반응의 경우 이성적으로 안정된 자존감을 유지하고 있지만, 우울증의 경우 심각한 자존감의 손상을 느끼며 자기비난과 죄책감이 동반된다고 주장하였다. 자기 비난을 하게 되는 이유는 외부를 향했던 분노가 자기 내면으로 향했기 때문이며 이는 내담자 자신과 상실된 대상이 동일시되었기 때문으로 생각하였다(민성길, pp.258~259).

우울증 환자의 자기 비난은 본래 사랑하던 대상에 대한 분노에서 연유해 나온 것이며 그 대상자에게 향했던 분노가 자기 자신에게 전향된 것이라고 해석하였다. 정신분석에 의하면 우울증은 평소 경험하는 분노가 외부로 표출되지 못하고 자신에게로 향할 때 나타난다. 아울러 자존감이 낮거나 자기 비하를 하는 사람들이 우울증에 걸린다. 분노가 외부로 표현된 심리 장애가 의부증, 의처증 등으로 내 탓이 아니고 남의 탓을 한다. 이와 반대로 분노가 내부로 향하게 되면 우울증을 야기하는데, 자기가 처한 현실에 대하여 좌절감을 느끼고, 자기 열등감과 자기 비하 및 자기 체념적인 경향이 많다(황원준, 2009 p.49).

자존감의 상실이 우울을 일으킬 수 있다. 자신이나 자기 자신이 중요하게 여기는 대상의 기대를 충족시키지 못하거나 그 대상이 자신을 존중하지 않는다는 것을 느끼게 되면 우울증이 발생한다는 것이다. 우울에 취약한 사람은 매사에 자기 자신에 대해 높은 기준을 제시하며 자신이 이러한 기준에 미치지 못하게 되면 자존감에 손상을 입거나 죄책감에 시달릴 가능성이 크다. 또한, 이러한 사람들은 상대방에 대한 기대치가 높아 자신은 할 만큼 하는데 상대방은 자신만큼 해주지 못한다고 느끼며 상처를 입을 가능성도 크다. 이처럼 손실된 자아 존중감으로 인해서 자기비하하게 되고 이것이 우울증으로 발전하게 된다(한혜율 2004). 우울한 사람은 극히 약한 자존감을 보인다. 즉 자기는 무능력하고 열등하며 언제나 적절하게 행동하지 못한다고 생각하는 경향이 강하다. 우울증 내담자들은 일이 잘못되거나 실패할 경우 이를 자기 책임으로 돌리고 죄책감에 사로잡힌다.

2. 자비와 MBCT의 명상

1) 자비와 자비명상의 이익

자비는 불교 윤리의 근간을 이루는 실천 요목이다. 자비라는 말은 중생의 행복을 바라는 자(慈, mettā)와 중생이 고통에서 벗어나기를 바라는 비(悲, karuṇā)가 결합된 복합어이다. 인도불교에선 mettā와 karuṇā가 구분되어 사용되었지만 한자 불교문화권에선 자비라는 하나의 단어로 사용됐다. 자(慈)와 비(悲)가 결국 중생에 대한 사랑이라고 정의한다면 굳이 구분해서 엄격하게 사용해야 할 필요는 없을 것이다.[4]

본질적으로 자비는 사랑이 넘치는 이타적 태도로, 모든 중생이 고통에서 벗어나 행복하기를 바라는 마음이다. 어머니가 하나밖에 없는 자식을 사랑하는 마음을 모든 중생에게 확장하여 일체 중생을 사랑하는 마음이 자비이다. "마치 어머니가 목숨을 걸고 외아들을 보호하듯이 모든 중생에 대해서 무량한 마음(사랑)을 일으켜야 한다".[5] 마치 어머니가 자식을 사랑하듯, 자비는 아낌없이 주는 사랑으로 어떠한 대가를 기대하지 않는 사랑이다.

자비 수행은 삼독 중 분노를 대치하는 수행으로 권장되고 있다(Visuddhimagga IX 14). 자신과 타인에 대한 사랑의 마음을 증장(增長)시킴으로써, 자신과 다른 존재들을 너그럽게 수용하며, 분노에서 벗어나게 한

---

4) 최근 국내에선 mettā를 자애로 번역하고, karuna를 연민, 동정 등으로 번역하여 사용하기도 한다. 본서에선 이러한 구분하지 않고 사랑이라는 의미로 이해하고 자비라고 표시하겠다. 영어권에선 대체로 mettā를 loving-kindness로, karuṇā를 compassion으로 번역하여 사용한다.

5) Suttanipāta. no 149. "mātā yathā niyaṃ puttaṃ āyusā ekaputtam anurakkhe, evam pi sabbabhūtesū mānasam bhāvaye aparimānaṃ".

다. "라훌라여! 자애(mettā) 명상을 닦아라. 라훌라여! 자애 명상을 닦으면 무릇 성냄이 소멸한다. 라훌라여! 공감(karuṇā) 명상을 닦아라. 라훌라여! 연민 명상을 닦으면 무릇 적의가 소멸한다."[6] 분노는 어떤 대상을 향하여 적개심이나 악의를 품고 있다. 자비명상을 통해 악의(vyāpādo)와 적의(vihesāsā)를 제거할 수 있다.

붓다고사(Buddhaghosa)는 외부의 대상에 대한 분노를 다스리기 이전에 자기 자신에 대한 사랑을 통하여 분노를 다스리라고 그 순서를 제시하고 있다. 자비 수행의 순서는 다음과 같다: ① 나 자신 → ② 존경하는 스승 → ③ 좋아하는 사람 → ④ 무관한 사람 → ⑤ 원한 맺힌 사람. 한편 이성(異性)이나 죽은 자에 대해선 자비 명상을 하지 말라고 권고하고 있다(Visuddhimagga IV 1-13). 자비 수행을 통하여 스스로 상처가 치유되면 타인을 사랑할 수 있는 마음이 생길 것이다. 타인을 위한 자비는 분노를 녹여 줄 것이다. 자비 명상을 하는 사람이라면 당연히 분노와 악의를 품고 다른 사람에게 해를 끼치려고 하지 않는다. 자신을 포함하여 일체 중생에 대한 자비 명상은 분노, 적의, 증오 등 폭력적인 감정과 함께 공존할 수 없다.

자비는 사무량심(四無量心) 중 첫째와 둘째를 이룬다. 자신을 포함한 일체 중생에 향하는 사랑이 자비이다.

"마음은 자애[慈]를 구족하여 맺힘도 원한도 없으며, 성냄도 다툼도 없

---

6) Majjhima Nikāya. I. p.424. "mettaṃ Rāula bhāvanaṃ bhāehi, mettaṃ hi te Rāula bhāvanaṃ bhāvayato yo vyāpādo so pahīyissati. karuṇaṃ Rāula bhāvanaṃ bhāehi, karuṇaṃ hi te Rāula bhāvanaṃ bhāvayato yā vihesā sāpahīyissati."

다. 지극히 넓고 지극히 크며, 한량없이 잘 닦아 일체 세간을 두루 채우고 성취하여 노닌다. --- 중략 --- 슬픈 마음[悲心], 기쁜 마음[喜心], 평정한 마음[捨心]을 함께 갖추면, 맺힘도 원한도 없으며, 성냄[恚]도, 다툼[諍]도 없다. 지극히 넓고 지극히 크며 한량없이 잘 닦아 일체 세상을 두루 채우고 성취하여 노닌다."[7]

자비는 사무량심의 두 가지 기본 요소로 일체 중생에 대하여 미움도 다툼도 없는 사랑의 마음이다. 자기 자신도 당연히 중생이므로 일체 중생에 속하게 된다. 자기 자신에 대하여도 미움도 시비도 없이 사랑하는 마음을 가득 채우게 된다.

자비심을 일체 중생에게 적용하는 수행을 하게 되면 11가지 이익이 있다고 경전에서 밝히고 있다.

① 편안히 잠든다.
② 상쾌하게 깨어난다.
③ 악몽을 꾸지 않는다.
④ 사람들의 사랑을 받는다.
⑤ 천신과 동물이 사랑한다.
⑥ 천신들이 보호해 준다.
⑦ 불이나 독, 무기의 해를 입지 않는다.

---

7) 『중아함경』(『大正藏』 1, p.438a). "心與慈俱，無結無怨，無恚無諍，極廣甚大，無量善修，遍滿一切世間成就遊, --- 중략 --- 如是，悲，喜，心與捨俱，無結無怨，無恚無諍，極廣甚大，無量善修，遍滿一切世間成就遊."

⑧ 얼굴에서 빛이 난다.

⑨ 마음이 평온하다.

⑩ 임종 시에도 마음이 흐트러지지 않는다.

⑪ 죽어서 천상의 세계에 태어난다(Aṅguttara Nikāya v p.342).

이상의 11가지 이익을 우울증 치유와 관련하여 살펴보자.

① ② ③은 수면과 관련된 것으로, 삶의 3분의 1이 수면 시간인 것을 생각하면 하루 평균 8시간 정도 평온하게 지낼 수 있다는 말이다. 특히 불면증에 시달리는 사람들에게 긴요한 처방약이 아닐 수 없다. 대표적인 우울 증세 중의 하나가 수면장애이다. 따라서 자비 명상은 우울 내담자의 수면 장애를 해결할 수 있다.

④ ⑤ ⑥은 다른 생명으로부터 사랑과 보호를 받는다는 것을 보여준다. 다른 사람이 자신을 사랑할 때 그 사람을 우리는 미워하지 않는다. 대개 남이 먼저 사랑해 주기를 바라며 자신이 먼저 사랑하지 않으려고 한다. 남을 미워하면 결국 그의 미움을 받게 된다. 동물에게도 역시 똑같이 적용된다. 붓다의 법을 보호하는 신들은 항상 불법(佛法)을 수행하는 자를 돕는다. 우울 내담자의 주요 원인이 자기 자신이 사랑받지 못하고 있다는 왜곡된 신념을 지니고 있다고 살펴보았다.

⑦은 자애 명상을 수행하면 할수록 자신을 지켜주는 방어벽이 굳건하게 형성되어 전염병이나 외침의 재난을 당하지 않게 된다. 우울 내담자는 세상에 대한 부정적인 견해를 지니고 있다. 세상이 자기 자신을 괴롭히기 위한 재앙으로 가득 차 있다고 생각하고 있기 때문에 자비 수행을 통하여 세상에 대하여 비판적인 태도를 개선할 수 있다.

⑧ ⑨는 사랑하는 사람의 표정은 밝고 맑다. 마음이 사랑의 빛으로 가득 찼기 때문이다. 사랑하는 사람은 건강한 모습을 지니고 있는데 비해 우울한 사람은 무기력하고 안정되어 있지 못하다.

⑩ ⑪은 죽을 때 마음이 편안하며 천신의 안내를 받아 천상에 태어난다. 인지삼제에 의하면 우울에 취약한 사람은 미래의 삶에 대해서 부정적인 견해를 지니고 있다. 자비 수행은 앞으로 닥쳐올 일에 대해서 미리 지나치게 걱정하지 않고 준비할 수 있도록 해준다.

자비 명상은 일체 중생에 대한 사랑은 자기 자신을 사랑하는 것에서부터 시작한다. 자신을 제대로 사랑하지 못하는 사람이 다른 사람을 바르게 사랑하기란 힘든 일이다. 자기 자신에 대한 증오와 분노가 지나치면 우울증과 같은 각종 정신질환에 걸리며 심지어는 자살까지 가는 예도 있다.

2) 알아차림과 자비의 상관관계

길버트(Gilbert)는 자비에 대해 이렇게 정의하고 있다. "자기 자신과 다른 사람의 고통에 대하여 비방어적(non-defensive)으로 그리고 비심판적인(non-judgmental) 방식으로 열려 있는 것이다."(Gilbert, P., 2005b p.1). 자비를 특별히 자기 자신에게 적용한 것이 자기 자비(self-compassion)이다. 자기 자비는 다양하게 정의되고 활용될 수 있겠지만 그 근본은 불교에서 유래한 것이며 불교의 자비에 벗어나지 않고 있다고 보인다. 자기 자비는 자기 자신의 웰빙(well-being)에 대한 진정한 관심, 자신의 고통에 대한 동정적이고 관용적인 태도, 고통의 원인에 대한 깊은 이해를 그 본성으로 하고 있다. 아울러 비심판적인 태도를 견지하고 자기 자신에 대한 온정을 유지한다. 반면에 자기비판은 자신에 대한 분노와 경멸로 자기 자신을 해치려는 행위이고 자기 자신에게 복수하는 행위이다. 이러한 자기비판은 낮은 기분(mood)을 형성 유지하고 이러한 저하된 기분은 우울증을 일으킨다(Gilbert, P. & Procter, S. 2006 p.359).

알아차림 명상과 자비명상에는 3가지 차이를 구분할 수 있다. 첫째 알아차림 명상은 어떠한 경험도-즐거운 것이든, 괴로운 것이든, 중립적인 것이든- 알아차림의 대상으로 삼고 있지만 자비 명상은 고통의 감정을 그 주된 대상으로 삼는다. 둘째 알아차림 명상은 명상자 자신의 경험 그 자체를 대상으로 삼지만, 자비 명상은 자기 자신이나 다른 사람을 대상으로 하고 있다. 셋째 자비가 알아차림보다 더 활동적이다. 알아차림은 주로 자신의 경험에 대하여 주의를 두고 관찰하는 것인데 비해 자비는 사랑의 감정을 자기 자신이나 타인에게 보내는 실천적인 행위와 연결되어 있다. 무엇보다도 알아차림은 인지적인 측면이 강하고 자비는 감정적인 측면이 강하다고 할 수 있다. 알아차림은 인지적인 관찰이 요구되므로 인지능력이나 관찰능력이 떨어지는 사람에겐 적절하지 않을 수 있지만, 자비는 사랑의 감정을 나누는 것이기 때문에 알아차림만큼 인지적인 능력이나 깊은 통찰을 요구하지 않는다.

알아차림은 자비의 주요 기초가 되거나 요소로 파악할 수 있다. 왜냐하면 자비는 고통의 경험에 대한 개방성, 알아차림(mindfulness), 그리고 수용의 분위기에서 형성되기 때문이다(Gilbert, P., 2010 pp.113-123). 사피로(Shapiro) 등은 자비는 알아차림의 한 자질로 보고 있다(Shapiro, S. L., 외 2000 pp.252-272). 반면에 비숍(Bishop) 등은 자비는 알아차림 명상의 결과로 보고 있다(Bishop, S. R., 외 2004, pp.230-241). 이상의 논의에서 발견할 수 있는 사실은 알아차림과 자비가 매우 밀접한 상관관계를 지니고 있다는 것이다. 알아차림 명상에서의 변화는 자기 자비에서의 변화를 가져왔다(Birnie, K., pp.359-371). 알아차림의 수행으로 변화가 야기된 뇌의 특정 부위가 돌봄, 사랑, 공감을 관장하는 뇌 부위와 같았다.[8]

알아차림 수행의 질적 연구를 진행한 연구에 근거하여 보면 알아차림이 자비를 향상한다(Kristeller, J. L., 외 2005 pp.391-408). 알아차림은 자기 자비가 뿌리내리는데 필요한 토양이다. 자기 자비가 성장하기 위해선 반드시 알아차림이 먼저 선행 조건으로 실천되어야 한다. 네프(Neff)는 자신의 내적인 경험을 알아차리는 것이 자신에 대한 자비심을 키우는데 주요한 선행 단계로 보고 있다. 이론적으로 자비심은 공감의 정서적 요소로부터 다른 사람의 고통을 관찰하게 될 때, 그리고 이타적인 행위로 그 고통을 완화하려고 바랄 때 자연스럽게 일어난다. "먼저 자기 자신에 대해 자비심을 일으키기 위해서는 자신이 고통받고 있다는 것을 인정할 필요가 있다."(Neff, K. D. 2011, p.4). 여기에서 네프(Neff)는 알아차림이 자기 자비의 선행 단계임을 주장하고 있다.

현재 순간의 고통을 있는 그대로 저항 없이 온전히 수용하고 한편 따스한 포옹으로 그 고통을 감싸 안아준다. 알아차림과 자비가 결합한 것을 다음과 같이 말할 수 있을 것이다. 알아차림과 자기자비는 상호협력적인 관계에 있다. 알아차림이 제대로 진행되기 위해서는 관찰 대상에 대한 저항이 없어야 한다. 저항을 없애기 위해선 자비가 필요하다. 자

8) Cahn, B. R., 외 2006, pp.180-211; Tirch, D. D. 2010, pp,113-123. 알아차림은 일종의 상위 인지이면서 주의조절로 최근 진화한 전전두엽의 영역에 속해 있다. 반면에 자비는 더 오래된 뇌 영역에 속하는 것으로 포유류의 출현과 관련이 있다(Goetz, J. L., 외 pp.351-374).

비는 자신의 고통을 온전히 알아차리고 느낄 수 있도록 정서적인 안전장치를 마련해 준다. 알아차림 명상은 비피사나 명상에 속하며 자비 명상은 사마타 명상에 속한다. 이 비파사나와 사마타의 관계는 겸수(兼修)로 표현되듯이 상보적인 관계에 있다.

3) 자기 자비에서 본 MBCT의 알아차림

네프(Neff)가 정의한 자기 자비(self-compassion)는 고통에 처했거나 자신의 부적절함을 지각하게 되었을 때 자신을 혹독하게 비난하는 대신 자신에 대해 돌봄과 자비의 감정을 갖는 것을 말한다. Neff(2003)에 따르면 자기 자비란 세 가지 요소로 구성되어 있다: 자기 친절(self-kindness), 공통적 인간성(common humanity), 알아차림(mindfulness).

첫째, 자기 자신에 대한 친절(self-kindness)은 자기 자신을 비난하기보다는 이해와 사랑으로 대할 수 있는 자질이다. 자기에 대한 친절한 관점을 유지하면서 고통이나 자신의 실수나 실패의 순간에도 비난하지 않고 자신에게 친절할 수 있는 것을 말한다.

둘째, 전반적으로 인류가 공유하고 있는 공통적 인간성(common humanity)에 대한 견해를 가지는 것이다. 고통이나 실패는 때때로 인간이 경험하는 것으로 피할 수 없다는 것을 상기하는 것이다. 자신의 실패로 고립감이나 소외감을 느끼기보다는 모든 인간은 때때로 실패할 수 있다는 사실을 인정하는 것이다. 자신의 경험을 자신만이 겪는 것으로 생각하여 다른 사람으로부터 분리되어 있다고 생각하거나 고립되어 있다고 생각하지 않는 것이다. 오히려 자신의 고통을 다른 사람의 경험과 별개로 보는 것이 아니라 인간의 공통된 경험의 일부로 바라보아 다른 사람들과의 유대감을 느끼는 것이다.

셋째, 현재 경험을 평정한 마음으로 알아차리는 것(mindfulness)이다. 자신의 경험을 지나치게 자기 자신과 동일시하지 않는 것이다. 자기 연민에 빠지지 않고 고통스러운 생각과 감정을 회피하기보다는 직면하는 능력을 말한다. 부정적이고 고통스러운 감정과 생각에 압도되어 과도하게 동일시(over-identification)하지 않고 균형 있는 관점을 견지하여 감정과 생각을 직면할 수 있다(Neff 2003 pp.224-5).

자기 자비는 최근 연구되기 시작하여 여러 가지 임상적 치유 효과가 있다고 밝혀지고 있다. 대부분 우울증의 완화에 자기 자비가 효율적이라는 실험 결과를 내놓고 있다. 자기 자비 레벨이 높은 사람일수록 우울 증세가 낮은 것으로 연구되었다. 벨기에의 루벵대학 신입생 347명을 대상으로 자기 자비와 우울 증상의 상관관계를 5개월에 걸쳐 연구한 결과 자기 자비가 높은 학생일수록 우울 증상이 적었다(Raes, F. 2011, pp.33-36). Mindful Self Compassion(MSC, 알아차린 자기 자비) 프로그램에 참여한 52세 이혼남의 경험이 보고되고 있다. 이 이혼남은 MSC 프로그램 참여 전에 만성피로, 두통, 불안, 근육 긴장, 낮은 리비도(libido) 등의 질병으로 9년간 병원치유를 하였다. 프로그램 참여 직전 21년간 경영하던 사업의 실패로 자살사고를 빈번하게 하였는데, 프로그램에 참여하면서 항우울제 분량을 줄일 수 있었다. 수면 문제도 개선되었고 낙관적인 태도를 보이게 되었으며 자살사고도 거의 하지 않게 되었다(Germer, C. K., & Neff, K. D. 2013 pp.860-867).

자기 자비가 높을수록 삶의 만족, 정서적 지능, 사회적 연대감, 목표 지점이 등이 높고, 반대로 우울 증상, 불안, 반추, 수치심, 자아-비판, 실패에 대한 두려움, 탈진(burnout) 등은 낮다(Barnard, L. K., 외, pp.289-303). 자기 자비와 우울증의 부적 상관관계(負的相關關係)를 밝힌 연구도 다수 존재하고 있다(MacBeth, A., 외 pp.545-552). 자기 자비의 어떤 요소가 우울 증상의 경감에 있는 지에 관한 연구도 있다. 자기 자비의 요소 중 공통적인 인간성(common humanity)이 강할수록 우울 증세가 약해진다는 연구가 있다(Barnard, L. K., & Curry, J. F. 2011 pp.289-303). 우울증 환자를 대상으로 자기 자비를 이용한 치유프로그램이 효과가 있다는 임상적 연구도 있다.

실험실에서 행하여진 연구에 의하면 짧은 자비명상에도 불구하고 낯선 사람에 대한 긍정적인 정서와 연결되어 있다는 느낌이 향상된다는 결과가 보고 되고 있다(Hutcherson, C. A. 외 2008 pp.720-724.). 자비명상은 긍정적인 증서를 증가시키고, 이렇게 증가된 긍정적인 정서는 개인적인 건강 자원과 웰빙을 증가시킨다. 개인적인 건강 자원이란 알아차림, 자기수용, 다른 사람과의 긍정적인 관계 등을 말하는데 이런 건강 자원은 삶의 만족도를 향상시키고, 우울증을 약화시킨다(Fredrickson, B. L., 외 2008 pp.1045-1062). 이후에 이루어진 추수검사에 의하면 15개월이 지난 뒤에도 지속되었다(Cohn, M., & Fredrickson, B. 2010 pp.355-366.).

알아차림에 대한 대표적인 연구자의 정의를 보면 비판하지 않는 태도가 알아차림의 핵심요소임을 알 수 있다. 알아차림(mindfulness) 명상을 의료계에 처음으로 정착시킨 카밧진(Kabat-Zinn)은 알아차림을 의도적으로 현재 이 순간 비심판적으로 주의를 기울이는 것으로 정의하였다(Kabat-Zinn 1991 p.4). 여기서 주목해야 할 부분이 비심판적으로(non-judgementally)라는 말이다. 비심판적인 태도는 반사적으로 자신의 기존 가치 기준에 따라 경험을 평가하지 않는 것을 의미한다. 존 카밧진은 알아차림의

7가지 요소를 열거하고 있다: 심판하지 않기(non-judging). 인내심(patience), 초발심(beginner's mind), 신뢰(trust), 지나치게 애쓰지 않기(non-striving), 수용(acceptance), 내려놓기(letting go). 7가지 요소 중 비난과 책임을 묻는 심판하지 않기, 현재 모습을 받아들이는 수용, 기계적으로 반응하지 하지 않는 인내, 자신에 대한 신뢰는 자기 자비와 연결될 수 있다(Jon Kabat-Zinn, 1991 pp.31-40).

내면에서 일어난 현상을 기계적으로 평가하거나 주로 자신을 비판하면서 스스로에게 고통을 안겨다 주지 않는 것이다. 알아차림의 비심판적인 태도는 자기비판을 감소시키고 자기 이해를 증가시켜서 자기 수용을 증가시킨다. 자신을 있는 그대로 수용하는 것은 자신이 겪는 어떤 경험이든 억압하거나 회피하기보다는 균형 있는 자각을 유지하는 데 도움이 된다. 알아차림의 비심판적 태도는 내적인 경험을 평가하지 않고 있는 그대로 관찰하게 함으로써 수용성을 향상한다.

비솝(Bishop)에 의하면 알아차림에는 두 가지 요소가 있다. 첫째 심리적인 과정으로 주의를 조절하여 현재 경험에 집중하고 걱정이나 반추에서 벗어나게 해준다. 둘째 태도로 일어나는 경험에 대해 열린 자세, 호기심, 수용의 자세가 알아차림에 들어가 있다(Bishop, S. R., 외 2004, pp.230-241). 알아차림은 현재 경험에 주의를 두고 유지함으로써 과거에 대한 반추나 미래에 대한 불안에서 빠져나오게 한다. 이렇게 현재 경험에 주의를 두는 과정 내에는 개방성, 호기심, 수용의 태도가 내재하고 있다는 것이다.

수용은 비심판적인 태도와 직접 연결된 것으로 심리치유의 핵심으로 보고 있다. 수용이란 저항이나 방어 없이 내면의 경험들을 있는 그대로 온전히 경험하는 것을 뜻한다. 하예스(Hayes)는 심리적 수용을 이용하여 수용 및 전념치유(Acceptance and Commitment Therapy, ACT)를 개발하였다. ACT에서는 부정적이고 고통스런 경험을 회피하지 않고 그것을 기꺼이 경험하게 하려고 알아차림 명상의 수용을 주요한 치유적 요소로 활용한다.

수용은 회피하거나 저항하지 않는다는 것을 의미한다. 회피는 대상이 싫기에 대면하지 않으려는 기계적인 반응이고, 저항은 대상을 있는 그대로 받아들이지 못하고 변화시키려는 것을 의미한다. 분노와 같은 불쾌한 감정을 회피하거나 변화하려 하지 않고 있는 그대로 수용하는 것이 알아차림의 한 특징이다. 이러한 수용의 태도에는 당연히 대상에 대한 비판이나 비난이 함축되어서는 안된다. 진정한 수용은 비난을 허락하지 않는다. 불쾌한 경험에 대해서 자기 자신을 비난하거나 남을 탓하게 되면 불쾌한 경험 그 자체는 있는 그대로 수용되지 못하고 2차적인 비난에 의해 다시 새로운 불쾌한 감정이 일어나게 된다. 이러한 악순환이 반추가 되어 우울증이 재발하게 되는 것이다.

인지치유(Cognitive Therapy)에선 인지 왜곡을 교정하고 변화시키는데 초점이 있지만 MBCT에선 수용이 강조된다. 수용은 존재하는 무엇을 변화시키기보다는 이해하며, 관찰하는 것이라고 할 수 있다. 대상을 변화시키려 하기보다는 바라보고 이해하고자 한다. 고통과 고통스러운 감정과 관련하여 일어나는 현상과 반응에 더 이상 회피하거나 저항하지 않고 오히려 받아들이고 인정하는 것이 수용의 자세이다. 알아차림의 수용은 반사적인 반응을 감소시킬 수 있다. 정서적 도전 상황에서 즉각적인 반응에 빠지지 않고 불쾌한 자극에 휘말리지 않고 평정심을 쉽게 회복시켜 준다는 것을 의미한다.

수용과 유사한 개념으로 알아차림의 한 특질로 공감이 있다. MBCT

(Mindfulness-Based Cognitive Therapy)의 개발자 중 한 사람인 마크 윌리엄스는 공감에 대하여 다음과 같이 말하고 있다.

> "우리는 종종 자기 생각이나 느낌에는 잘 공감하지 않는다. 대신 그것을 나약함의 표지로 치부하며 억압하려고 한다. 무시보다는 경청과 이해가 필요하다. 왜 그런 생각이나 느낌이 생겨나는지에 대한 우리 자신의 공감이 요한 것이다. 이는 울음을 그치지 않는 아기를 돌보는 일과 비슷하다. 할 수 있는 모든 조치를 취해도 계속 아기가 울 때는, 그저 따뜻한 연민의 마음으로 아기를 품에 안는 수밖에 없다."(마크 윌리엄스, 대니 펜맨, 2013, p.254).

알아차림의 수용은 고립감이나 분리감을 감소시키고 상호 연결감을 증가시키는데 기여한다. 자신에 대한 수용은 자아의식을 약화해 상호 연결감을 증가시키며 역으로 고통이나 개인적 실패는 다른 사람들도 공유하고 있다는 것을 깨닫는다. 알아차림 명상 수행은 자기중심적인 관심사를 초월하여 자기 자신을 전체 인류의 한 부분으로 이해하게 만든다(Kristeller, J. L., & Johnson, T. 2005, pp.391-408). 고통은 모든 사람에게 일어난다는 것을 자각하는 것은 자신의 경험을 더 큰 관점에 놓게 한다.

자기 수용은 다른 사람의 입장에 설 수 있는 능력으로 이끌어준다. 이러한 자기 수용 개발은 타인이 자신과 분리되어 있으며 구분된다는 견해에서 서로 연결되어 있다는 이해를 하게끔 해준다(Christopher K. Germer, 외 pp.83-84). 자기-수용은 자기에 대한 사랑 즉 자기 자비와 직결되어 있다. 자기 자비로운 사람은 개인적인 스트레스를 덜 느끼며 타인의 고통에 더 수용적이다. 아울러 자기 자비는 용서의 레벨을 증가시키며 자신의 단점이나 타인의 실수를 용서하고 이해하는 정도가 향상된다(Neff, K. D., Pommier, E. 2013 pp.160-176).

* * *

우울증에 대한 여러 가지 이론들이 있지만, 우울증의 근본 원인으로 지목되는 것은 자신과 관련된 신념 특히 자기 자신에 대한 부정적인 신념이다. 우울증 내담자는 자기 자신을 매우 부정적으로 그리고 비판적으로 본다. 자기 존중감이 없고, 자기 자신에 대한 부적인 신념이 자리를 잡고 있다. 자기 자신에게 관대하지 못하고 비판적인 자기-비하가 우울의 중심에 놓여있다. 여기서 우울과 같은 정서장애의 치유에 자기-비하를 대치할 수 있는 자기 자비의 중요성을 알 수 있다. 최근에 '자비 중심 치유'(Compassion Focused Therapy)를 개발한 길버트(Gilbert 2010)나 알아차린 자기 자비(Mindful self-compassion)을 개발한 네프(Neff, 2003)의 공헌을 인지할 수 있다. 자기자비의 증진이 우울에 대한 치유적 효과에 긴요한 요소임을 이론적으로 그리고 실험적으로 확인할 수 있다.

자기 자비(self-compassion)는 알아차림 명상과 마찬가지로 불교에서 핵심적인 요소이며 불교의 중요한 개념인 '자비'에서 유래한다. 자기 자비의 주요 특징은 자기비판이 없다는 것이다. 자기비판은 우울의 주요 요인으로 파악되고 있다. 자기 자비의 증가와 더불어 반추가 줄어든다. 반추의 감소는 곧 우울 증상의 완화로 이어진다. 자기 자비는 혐오적인 방식으로 부정적인 감정을 내는 것이 아니다. 자기 자비는 부정적인 감정을 긍정적인 감정으로 폭력적으로 대치하는 것이 아니라 부정적인 감정을 수용하게 한다(Neff, K. D., & Dahm, K. A. 2013 p.9).

MBCT는 우울의 원인 반추를 방지하기 위해서 탈중심화를 촉진해 주는 알아차림 명상을 활용한다. 알아차림 명상에는 자비 정신이 내재해 있다는 것을 논구하였다. 비판하지 않고 현재 순간에 알아차림함으로써 역기능적인 반추 충동에서 벗어나 생각과 감정을 거리를 두고 볼 수 있는 능력, 즉 탈중심화를 MBCT의 치유기제로 보고 있다. 알아차림을 통한 탈중심화에는 자기 자신에 대한 관대, 즉 자기 자비가 내재하여 있다고 보아야 한다. 자기 자비는 자신의 안녕(well-being)을 바라는 것이므로 부드럽고 인내심 있게 격려되어 자신을 혹독하게 비판하지 않는다. 자신을 혹독하게 채찍질하는 것은 오히려 문제만 더 심각하게 만들 뿐이다. 자기 자비는 수용의 한 요소로 자기-비난의 두려움 없이 자신을 명확하게 보는 것을 가능하게 해준다. 문제를 보다 정확하게 인식하고 개정할 수 있도록 해준다.

자기 자비는 자기 평가적 상황에서의 불안에 대한 완충 효과를 보이며 부정적인 경험에 직면했을 때보다 더 적응적인 혹은 유연한 반응을 보인다. 자기 자비 수준이 높은 사람의 경우 부정적 사건에 대해 부정적 정서 경험이 낮으며 부정적 사건에 대한 책임을 보다 기꺼이 수용하려는 자세를 보인다. 그러나 자기 자비 수준이 낮은 사람은 불쾌한 사건을 더 오랫동안 지속해서 반추하는 경향이 높다. 자기 자비를 증진시키는 명상 집단은 자기에 대한 긍정성이 더 높아졌으며 타인에 대한 긍정적 정서 역시 상승한다. 우울증 재발의 방지를 위해 고안된 MBCT의 치유기제에는 불교의 자비 사상이 내재해 있다는 것을 알 수 있다.

참고 문헌

1. 불교 원전자료 및 번역

1) 경전

『념경(念經)』(『대정장』 I)

『념처경(念處經)』(『대정장』 I)

『밀환유경(蜜丸喩經)』(『대정장』 I)

『불반니원경』(『대정장』 I)

『법구경』(『대정장』 IV)

『사의지경(四意止經)』(『대정장』 II)

『잡아함경』(『대정장』 II)

『중아함경』(『대정장』 II)

『증상심경(增上心經)』(『대정장』 II)

『증일아함경』(『대정장』 II)

Aṅguttara Nikāya

Dīgha Nikāya

Dhammapada

MadhupiṇḍikaSutta

MahāSatipaṭṭhāna-Suttanta(Dīgha Nikāya. 12)

Majjhima Nikāya

Samyutta Nikāya

Satipaṭṭhāna-Suttanta(Majjhima Nikāya. 10)

Suttanipāta

Visudhimagga

VitakkasaṇṭhānaSutta

＊＊＊ 대정장은 大正新修大藏經의 약자임.

＊＊＊ 팔리어 문헌은 Pali Text Society에서 간행한 것임.

2) 영어 번역

Vasubandhu(1988), *Abhidharmakośabhāsyam*, Louis de La Valle Poussin, English tranaslation Vol. 1, by Leo M. Pruden.

Bhikkhu Bodhi(2012), *The Numerical Discourses of the Buddha: A Complete Translation of the Anguttara Nikaya*, Wisdom Publications.

Bhikku Bodhi(2003), *The Connected Discourses of the Buddha: A Translation of the Samyutta Nikaya*, Wisdom Publications; 2nd edition.

Bhikkhu Bodhi(1980), *Transcendental Dependent Arising: A Translation and Exposition of the UpanisaSutta*, Colombo: Buddhist Publication Society.

Bhikkhu Ñāṇamoli and Bhikkhu Bodhi(1995), *The Middle Length Discourses of the Buddha*, Boston: Wisdom Publications.

Rhys Davids(1995), *The Dialogue of the Buddha*, Pali Text Society.

Rhys Davids, T. W.(2001), *The questions of King Milinda I*, London: Curzon.

Walshe Maurice(1987), *The Long Discourse of the Buddha*, Boston: Wisdom Publication.

2. 국내 논문 및 저역서[著譯書]

고은정(2014), 『자기자비와 자존감이 부정적 생활사건 경험시 정서에 미치는 영향』, 고려대학교 대학원, 박사학위 논문.

권석만(1998), 「Beck의 인지치료」, 청소년대화의광장(편), 『청소년의 인지상담』, 청소년대화의 광장.

김명권(2006), 「자아초월 상담학이란 무엇인가?」, 『웰빙라이프』 4월호 서울: 정신세계원.

김빛나(2008), 『탈중심화가 내부초점적 반응양식과 우울증상에 미치는 영향』, 서울대학교 석사학위논문.

김성민(2004), 『우울과 상위 인지지각과의 관계』, 가톨릭대학교 일반대학원 석사학위 논문.

김설환, 손정락(2010), 「한국형 마음챙김 스트레스 감소(K-MBSR)에 기반을 둔 인지치료 프로그램이 대학생의 우울, 자살생각 및 충동성에 미치는 효과」, 한국심리학회지 『임상』 15(3).

김수지, 안상섭(2009), 「한국형 마음 챙김 명상에 기반한 스트레스 감소 프로그램이 만성통증에 미치는 효과」, 한국심리학회지 『사회문제』 15(3).

김정호(2004a), 「마음챙김이란 무엇인가: 마음챙김의 임상적 및 일상적 적용을 위한 제언」, 한국심리학회지 『건강』 9(2), 511-538.

김정호(2004b), 「마음챙김명상의 유형과 인지행동치료적 함의」, 『한국인지행동치료학회지』 4(2).

김정호(2001), 「체계적 마음챙김을 통한 스트레스관리: 정서 마음챙김을 중심으로」, 한국심리학회지 『건강』 6, 23-58.

김정호(2002), 「비합리적 인지책략과 스트레스」, 한국심리학회지 『건강』 7, 287-315.

김희수(2005), 『인지행동 치료를 적용한 진로 상담의 효과 연구』, 서울: 한국학술정보.

릭 필즈(2009), 『이야기 미국불교사』, 한창호 역, 운주사.

마르틴 우르반(2008), 『사람들은 왜 무엇이든 믿고 싶어할까?』, 김현정 옮김, 서울: 도솔.
마크 윌리엄스, 대니 펜맨(2013), 『8주, 나를 비우는 시간』, 안희영, 이재석 번역, 서울: 불광출판사.
문현미(2005), 「인지행동치료의 제 3 동향」, 한국심리학회지 『상담 및 심리치료』 17(1).
민성길(1995), 『최신정신의학』, 서울: 일문각.
박경애(1997), 『인지·정서·행동치료』 서울: 학지사.
박혜주, 김진구, 정상택(2006), 「REBT상담을 통한 청소년시기 조정선수의 경쟁관련 인지정서행동 변화」, 『한국스포츠심리학회지』, Vol. 17 No.4.
석암문도회(2012), 『석암스님 범망경 강설 』, 불광출판사.
성승연(2006), 『상담장면에서의 탈동일시 현상』, 가톨릭대학원 박사학위 논문.
쉐리 반 디크(2013), 『마음챙김과 감정치유』, 김태항 역, 하모니.
아짠차(2004), 『위빠사나, 있는 그대로 보는 지혜』, 김열권 번역, 천안: 호두마을.
안도오 사무(2009), 『명상의 정신의학』, 김재성 번역, 민족사.
안도오 사무(2010), 『심리치료와 불교』, 인경, 이필원 옮김. 불광출판사.
아론 벡(2002), 『사랑만으로는 살 수 없다』, 제석봉 옮김, 서울: 학지사.
아싸지올리(2003), 『정신통합: 원리와 기법에 대한 편람』, 김민예숙 옮김, 춘해대학 출판부.
아싸지올리(2007), 『정신통합의 실제』, 임용자·김옥경 공역, 서울: 하나의학사.
아싸지올리(1995), 『의지의 작용』, 김현수·오치선 공역, 서울: 금강출판사.
안희영(2008), 「Mindfulness and Its Mechanism for Transformative Education」, 『한국교육논단』 제7권 2호.
양형진(2000), 『산하대지가 참빛이다: 과학으로 보는 불교의 중심사상』, 서울: 장경각.

엘리스, 알버트(1999), 『화가 날 때 읽는 책: 화를 내지 않고 사는 방법』, 홍경자·김선남 편역, 서울: 학지사.

육영숙(2010), 「마음챙김 명상(MBSR)이 체육전공 여대생의 알아차림 수준, 스트레스 증상 및 심리적 안녕감에 미치는 영향」, 『한국체육과학회지』 제19권 제4호.

이기홍(2013), 「아싸지올리의 정신통합이론」, 『대동철학』 제62집.

이만홍·강현숙(2000), 『정신치료와 영적탐구』, 서울: 하나의학사.

이우경·조선미·황태연 공역(2006), 『마음챙김 명상에 기초한 인지치료 우울증 재발 방지를 위한 새로운 치료법』, 서울:학지사.

이장호(2006), 『상담심리학』, 서울: 박영사.

이장호(1984), 「상담·심리치료에서의 인지적 접근」, 『심리학의 연구문제』 No. 1.

이태영(2005), 『하타요가』, 서울: 도서출판 여래.

일중(2002), 「고엔카 수행법과 大念處經」, 『대념처경의 수행이론과 실제』, 서울: 근본불교 수행도량(홍원사).

임명금, 고윤순, 허남순(2010), 「REBT 집단상담이 비만여중생의 체중조절신념, 자아존중감, 대인관계에 미치는 효과」, 『청소년복지연구』 Vol. 12 No.1.

장현갑(2010), 「심신의학에 있어서 이론적 논점」, 『한국명상치유학회지』 Vol 1.

장현갑(2004), 「스트레스 관련 질병치료에 대한 명상의 적용」, 『건강』. No 2.

장현갑(2000), 「스트레스와 명상」, 『새로운 의학, 새로운 삶』, 전세일 외, 서울: 창작과 비평사.

존 카밧진(1999), 『마음챙김명상과 자기치유』, 장현갑 외 번역, 학지사.

전명수(2007), 「뉴에이지 운동의 문학사회학적 연구」, 『원불교사상과 종교문화』 Vol. 37.

조옥경(2009), 「관찰하는 자기(observing self)에 관한 고찰」, 『요가학 연구』 창간호, 한국요가학회.

존 M.콜리(2003), 『인도인의 길』, 허우성 역, 소명출판.
진영수(2010), 「통합의학에서 본 심신의학」, *Hanyang Medical Reviews* Vol. 30 No. 2,
최현민, 「도원의 불성관과 수증관」, 『종교연구』 제54집.
파스칼(2003), 『팡세』, 이환 번역, 민음사.
칼빈 에스 홀(1992), 『프로이트 심리학의 기본 이론』, 함희준 역, 서울: 배재서관.
칼 사이몬트(2000), 『마음의 의학』, 박희준 옮김, 서울: 정신세계사.
한승호(1971), 「프로이드와 프롬의 종교 이해」, 『기독교사상』 Vol. 15.
허버트 벤슨, 윌리엄 프록터(2003), 『과학명상법』, 장현갑 외 번역, 학지사.
포퍼(2002), 『추측과 논박』, 이한구 옮김, 민음사.
황원준(2009), 『우울증 치유 완전정복』, 서울: 중앙생활사.
한혜율(2004), 「여성우울증의 이해와 치유에 관한 연구」, 광운대학교, 석사학위논문.
Albert Ellis and Catharine MacLaren(2007), 『합리적 정서행동치료』, 서수견 김윤희 공역, 학지사.
Aaron T. Beck(1997), 『우울증의 인지치료』, 원호택 외 공역, 서울: 학지사.
Benson, H(2006), 『마음으로 몸을 다스려라』, 정경호 번역, 동도원 .
Gerald Corey(2003), 「심리상담과 치료의 이론과 실제」, 조현춘, 조현재 역, 서울 : 시그마프레스.
Judith S. Beck(1997), 『인지치료』, 최영희, 이정흠 공역, 서울: 하나의학사.
Marjorie E. Weishaar(2007), 『아론 벡』, 권석만 번역, 서울: 학지사.
Matthew Mckay C, Wood Jeffrey Brantley(2013), 『알아차림 명상에 기반한 변증법적 행동치료 DBT 워크북』, 이영순, 장금주 번역, 명상상담연구원.
Russ Harris(2014), 『수용전념치료』, 김동구·송향주 역, 연세대학교 대학출판문화원.

3. 국외 문헌

1) 불교 문헌

Analayo(2004), *Satipatthana: The Direct Path to Realization*, Windhorse Publications.

Bhikkhu Bodhi(2006), *The Noble Eightfold Path: Way to the End of Suffering,* Pariyatti Publishing.

Bhikkhu Sujato(2012), *A History of Mindfulness*, Santipada.

Biswadeb Mukherjee(1996), "A Pre-Buddhist Meditation System and its Early Modifications by Gotama the Bodhisattva(Ⅱ)", *Chung-Hwa Buddhist Journal,* No.6.

Genjun H. Sasaki(1986), *Linguistic Approach to Buddhist Thought*, Delhi, Motilal Banarsidass.

Goenka, S. N.(1991), "Buddha's Path is to Experience Reality" in *Sayagyi U Ba Khin Journal*, India, Igatpuri: VRI, pp.109-13.

Hillary Rodrigues(1996), "Movement in Emptiness: Assessing Jiddu Krishnamurti's Life and His Teachings on Religion", in *Religious Studies and Theology* 15, nos. 2-3.

Nanavira Thera(1987), *Clearing the path: Writings of Nanavira Thera*(1960 - 1965), Colombo: Path Press.

Nyanatiloka, Bhikkhu(1980), *Buddhist dictionary : manual of Buddhist terms & doctrines Kandy*: Buddhist Publication Society.

Ñāṇananda(1986), *Concept and Reality in Early Buddhist Thought*, Kandy: Buddhist Publication.

Rahula Walpola(1967), *What the Buddha Taught*, London: Gordon Fraser.

Rapaport, A., Aiken, B., & Hotchkiss, B., *Buddhism in America, Rutland, VT, Charles E. Tuttle*: 1998, 481.

Robert Powell(1971), "Zen and Liberation according to Krishnamurti," in *The Mind of J. Krishnamurti*, ed. Luis S. R. Vas, Bombay: Jaico Publishing House.

Roch Bouchard(1984), "Krishnamurti Zen", *'Revue de l', 'Universitééd', Ottawa* 54, pp.91-100.

Sayadaw U Silananda, "How to deal with distracting thoughts", http://www.tbsa.org/articles/pdf/Removal Of DistractingThoughts.pdf.

Soma Thera(1981), *The Way of Mindfulness*, Kandy: Buddhist Publication.

Soma Thera(1971), *The Removal of Distracting Thoughts*, Buddhist Publication Society.

Nhat Hanh, Thich(2006), *Transformation and Healing: Sutra on the Four Establishments of Mindfulness*. California: Parallax Press.

Thich Nhat Hanh(2005), *Being Peace Berkeley*: Parallex Press.

中村元(1981),『自我と無我』, 京都: 平樂社書店.

2) 명상 및 심리 관련 문헌

Andrew Rawlinson(1997), *The Book of Enlightened Masters: Western Teachers in Eastern Traditions*, Chicago and La Salle(Illinois): Open Court.

Antony M. M. & Stein M. B.(eds)(2009), *Oxford handbook of anxiety and related disorder*, New York: Oxford University Press.

Albert Ellis(2000), "Can rational emotive behavior therapy(REBT) be effectively used with people who have devout beliefs in God and religion?", *Professional Psychology: Research and Practice*, 31(1), Feb.

Albert Ellis(1994), *Reason and Emotion in Psychotherapy : A Comprehensive Method of Treating Human Disturbances*, Revised and Updated.

Albert Ellis(1980), *Case Against Religion: A Psychotherapists View and the Case Against Religiosity*.

Alice Calaprice(2005), *The New Quotable Einstein*, Princeton University Press.

Assagioli(2010), *Act of Will*, The Synthesis Center Inc.

Astin J. A.(2003), Shapiro SL, Eisenberg DM, Forys KL. Mind/body medicine: state of the science, implications for practice. *Journal of American Board Family Practice,* 16: pp.131-47.

Baer, R. A.(2003), 'Mindfulness Training as a Clinical Intervention: A Conceptual and Empirical Review'. *Clinical Psychology: Science and Practice*, vol.10, no. 2.

Baer, R. A., Fischer, S., & Huss, D. B.(2005), Mindfulness-based cognitive therapy applied to binge eating: A case study, *Cognitive and Behavioral Practice*, 12(3) pp.351-358.

Bardacke N(2006), Mindfulness-Based Childbirth and Parenting Education Program, Available at http: www.mindfulbirthing.org.

Barnard, L. K., & Curry, J. F.(2011), Self-compassion: Conceptualizations, correlates, and interventions, *Review of General Psychology*, 15 pp.289-303.

Barnhofer, T., Duggan, D., Crane, C., Hepburn, S., Fennell, S.J.V., & Williams, J.M.G.(2007), Effects of meditation on frontal ∝-asymmetry in previously suicidal individuals, *Neuroreport,* 7(18), pp.709-712.

Beck A.T.(1976), *Cognitive Therapy and Emotional Disorders*, New York: International University Press.

Beck.A.T., RushJ.(1979), Shaw.B., & Emery, G., *Cognitive therapy of depression*, New York: Guilford Rress.

Beck, A. T.(1993), "Cognitive therapy: Past, present, and future", *Journal of Consulting and Clinical Psychology*, 61(2), pp.194-198.

Beck.A.T., Rush. J., Shaw. B., & Emery. G.(1979), *Cognitive therapy of depression*, New York: Guilford Rress.

Beck, A. T.(1964), "Thinking and depression: Theory and therapy", *Archives of General Psychiatry*, 10, pp.561-57.

Beck, A. T.(1970), "Cognitive therapy: Nature and relation to behavior therapy", *Behavior Therapy*, 1(2), pp.184-200.

Beck, A. T.(1971), "Cognition, Affect, and Psychopathology", *Archives of General Psychiatry*, 24, pp.495-500.

Beck, A. T.(1964), "Thinking and depression: Theory and therapy", *Archives of General Psychiatry*, 10.

Beitel, M; Cecero JJ & Ferrer E(2005), "Psychological mindedness and awareness of self and others", *Journal of Clinical Psychology* 61(6), pp.739–50.

Birnie, K., Speca, M., Carlson, L. E.(2010), Exploring self-compassion and empathy in the context of Mindfulness-based Stress Reduction(MBSR). *Stress and Health*, 26, pp.359-371.

Bishop, S. R., Lau, M., Shapiro, S., Carlson, L., Anderson, N. D., Carmody, J., et al.(2004), Mindfulness: a proposed operational definition. *Clinical Psychology: Science and Practice*, 11, pp.230–-241.

Boergers, J., Spirito, A., & Donaldson, D.(1998), Reasons for adolescent suicide attempts: Associations with psychological functioning. *Journal of the American Academy of Child and Adolescent Psychiatry*, 37, pp.1287–1293.

Brown & Ryan(2003), "The benefits of being present: Mindfulness and its role in psychological well-being". *Journal of Personality and Social Psychology.*

Buchheld, Grossman, Walach(2001), "Measuring mindfulness in Insight Meditation and Meditation-based psychotherapy", *Journal for Meditation and Meditation Research.*

Burns, D.(1980), *Feeling Good*, New York: New American Library.

Cahn, B. R., & Polich, J.(2006), Meditation states and traits: EEG, ERP, and neuroimaging studies, Psychological Bulletin, 132, pp.180–211.

Cameron Stauth, MD Dharma Singh Khalsa MD(Author), Meditation As Medicine: Activate the Power of Your Natural Healing Force 2002 Atria Books.

Carlson, L., Speca, M., Patel, K., & Goodey, E.(2004), Mindfulness-based stress reduction in relation to quality of life, mood, symptoms of stress and levels of cortisol, dehydroepiandrosterone sulfate(DHEAS) and melatonin in breast and prostate cancer outpatients. *Psychoneuroendocrinology*, 29(4), pp.448-474.

Cheung, M.S.P., Gilbert, P., & Irons, C.(2004), An exploration of shame, social rank and rumination in relation to depression. *Personality and Individual Differences*, 36, pp.1143- 1153.

Chris Mace(2007), *Mindfulness and Mental Health: Therapy, Theory and Science*, Routledge.

Christopher K. Germer, Ronald D. Siegel, Paul R. Fulton(2005), *Mindfulness and Psychotherapy*, The Guilford Press, New York.

Cohn, M., & Fredrickson, B.(2010), In search of durable positive psychology interventions: Predictors and consequences of long-term positive behaviour change. *The Journal of Positive Psychology*, 1, pp.355-366.

Davis, J., Fleming, M., Bonus, K., & Baker, T.(2007), A pilot study on mindfulness based stress reduction for smokers. *BMC Complementary and Alternative Medicine*, 7, 2.

David Jacobs Gordon 2009, A Critical History of Mindfulness-Based Psychology. Wesleyan University.

Diffily, A. Father and Child: Tim Beck and his uncommon common sense, *Penn.*

Dryden, W. & Still, A.(2006), "Historical Aspects of Mindfulness and Self-Acceptance in Psychotherapy." *Journal of Rational-Emotive & Cognitive-Behavior Therapy.*

Edelman, D., Oddone, E. Z., Liebowitz, R. S., Yancy, W. S., Jr., Olsen, M. K., Jeffreys, A. S., et al.(2006), A multidimensional integrative medicine intervention to improve cardiovascular risk.

Eisendrath, S., Chartier, M., & McLane, M.(2011), "Adapting mindfulness-based cognitive therapy for treatment-resistant depression," Cognitive and Behavioral Practice 18.

Ellen Langer, J.(1991), *Mindfulness: Choice and control in everyday life*, London: Harvill.

Ellis, A.(1990), "The biological basis of human irrationality." In W. Dryden(Ed.), *The essential Albert Ellis: Seminal writings in psychotherapy*, New York: Springer Publishing Company, Inc.(Original work published 1976).

Ellis, A. & Harper, R.A.(1975/1987), *A New Guide to Rational Living California*: Wilshire Book Company.

Elizabeth Maxwell(1992), "Self as Phoenix: A Comparison of Assagioli's and Dabrowski's Developmental Theories." Advanced Developmental Journal 4.

Fabrizio Didonna(2008), *Clinical Handbook of Mindfulness,* Springer.

Finucane, A. & Mercer, S.W.(2006), An exploratory mixed methods study of the acceptability and effectiveness of mindfulness-based cognitive therapy for patients with active depression and anxiety in primary care. *BMC Psychiatry*, 6, 1-14.

Fredrickson, B. L., Cohn, M. A., Coffey, K. A., Pek, J., & Finkel, S. M.(2008), Open hearts build lives: positive emotions, induced through loving-kindness meditation, build consequential personal Mindfulness resources. *Journal of Personality and Social Psychology*, 95, pp.1045-1062.

Fresco, D. M., Segal, Z. V., Buis, T., & Kennedy, S.(2007), "Relationship of post treatment decentering and cognitive reactivity following an emotion evocation challenge to relapse of major depressive disorder," *Journal of Consulting and Clinical Psychology*, 75.

Fresco, D.M., Moore, M.T., van Dulmen, M.H.M., et al.(2007), "Initial psychometric properties of the Experiences Questionnaire: validation of a self-report measure of decentering," *Behavior Therapy*, 38.

Frewen, P., Evans, E. M., Maraj, N., Dozois, D. J. A., & Partridge, K.(2008), "Letting go: Mindfulness and negative automatic thinking," *Cognitive Therapy & Research*, 32.

Gazella, K.(2005), "Bringing mindfulness to medicine: An interview with Jon Kabat-Zinn." *Advances in Mind-Body Medicine*, 21(2).

Germer, Christopher K., Siegel, Ronald D.(2005), *Mindfulness And Psychotherapy*, New York: Guilford Publication.

Germer, C. K., & Neff, K. D.(2013), Self-compassion in clinical practice, *Journal Of Clinical Psychology*, 69(8), pp.860-867.

Germer[2009] Mindfulness and Compassion in Western Psychotherapy, Seoul: Korean Association of Buddhism and Psychotherapy, November 21 한국불교심리치료학회 가을학술대회 발표자료; 크리스토퍼 거머, 서양 심리치료에서 마음챙김과 연민, 『불교평론』 42호, 2010.

Gilbert, P.(2010), *Compassion focused therapy*, London: Routledge: Harbinger.

Gilbert, P., & Tirch, D.(2009), Emotional memory, mindfulness and compassion. In F. Didonna(Ed.), *Clinical handbook of mindfulness*. New York: Springer.

Gilbert, P. & Procter, S.(2006), Compassionate mind training for people with high shame and self-criticism: Overview and pilot study of a group therapy approach. *Clinical Psychology & Psychotherapy*, 13.

Goetz, JL, D Keltner, E Simon-Thomas(2010), Compassion: An evolutionary analysis and empirical review, *Psychological Bulletin* 136(3).

Gregg, J. A., Callaghan, G. M., Hayes, S. C., & Glenn-Lawson, J. L.(2007), Improving diabetes self-management through acceptance, mindfulness, and values: A randomized controlled trial, *Journal of Consulting and Clinical Psychology*, 75(2), pp.336-343.

Grossman, P., Tiefenthaler-Gilmer, U., Raysz, A., & Kesper, U.(2007), Mindfulness training as an intervention for fibromyalgia: Evidence of postintervention and 3-year follow-up benefits in well-being. *Psychotherapy and Psychosomatics*, 76(4), pp.226-233.

Hayes, S.C., Strosahl, K.D., & Wilson, K.G.(1999), Acceptance and commitment therapy: An experiential approach to behaviour change. New York: Guilford Press.

Herbert, James D., and Evan M. Forman.(2011), *Acceptance and Mindfulness in Cognitive Behavior Therapy: Understanding and Applying New Theories*, Hoboken: John Wiley & Sons.

Hollon, S. D., & Beck, A. T.(2008), "Cognitive therapy of depression," In P. C. Kendall & S. D. Barlow(Eds.), *Cognitive-behavioral Intervention: Theory, Research, and Procedures*, New York: Academic Press

Hoppes, K.(2006), The application of mindfulness-based cognitive interventions in the treatment of co-occurring addictive and mood disorders. CNS Spectrum, 11, pp.829-851.

Hutcherson, C. A., Seppala, E.M., & Gross, J. J.(2008), Loving-kindness meditation increases social connectedness, *Emotion* 8, pp.720-724.

Ingram, R. E., & Hollon, S. D.(1986), "Cognitive therapy for depression from an information processing perspective," In R. E. Ingram(Ed.), *Information processing approaches to clinical psychology*, San Diego, CA: Academic Press.

James W. Carson, Kimberly M. Carson, Karen M. Gil, Donald H. Baucom(2004), "Mindfulness-Based Relationship Enhancement", *Behavior Therapy* Vol. 35, Issue 3, Summer, pp.471-494.

Judith S. Beck(1995), *Cognitive Therapy: Basics and Beyond*, The Guilford Press

Jeffrey E. Young, Marjorie E. Weishaar, Janet S. Klosko(2003), *Schema Therapy: A Practitioner's Guide*, The Guilford Press.

Kabat-Zinn J.(2006), *Mindfulness for Beginners: Explore the Infinite Potential that Lies Within This Very Moment*, Sounds True.

Kabat-Zinn(2005), *Guided Mindfulness Meditation: A Complete Guided Mindfulness Meditation Program*, Sounds True.

Kabat-Zinn(2003), "Mindfulness-Based Interventions in Context: Past, Present, and Future" *Clinical Psychology: Science and Practice* Vol 10 No 2.

J. Kabat-Zinn,(2003), "Mindfulness-based intervention in context: past, present, and future." *American Psychological Association* 12.

J. Kabat-Zinn, Wheeler, E., Light, T., Skillings, A., Scharf, M. J., Cropey, T. G., et al.(2003), Part II: Influence of a mindfulness meditation-based stress reduction intervention on rates of skin clearing in patients with moderate to severe psoriasis undergoing phototherapy(UVB) and photochemo-therapy(PUVA), *Constructivism in the HumanSciences*, 8(2), pp.85-106.

Kabat-Zinn, Jon(2000), "Indra's Net at Work: The Mainstreaming of Dharma Practice in Society," in *The Psychology of Awakening: Buddhism, Science, and Our Day-to-Day Lives* ed. by Watson, Gay, Batchelor, Stephen; Claxton, Guy. York Beach; Weiser

J. Kabat-Zinn,(1994), *Wherever you go, there you are: Mindfulness meditation in everyday life*, New York: Hyperion.

J. Kabat-Zinn,(1990), *Full Catastrophe Living: Using the Wisdom of Your Body and Mind to Face Stress, Pain, and Illness*, New York, Delacorte.

Keller MB, Lavori PW, Mueller TI, Endicott J, Coryell W, Hirschfeld RMA, Shea T.(1992) "Time to recovery, chronicity and levels of psychopathology in major depression: A 5-year prospective follow-up of 431 subjects", *Archives of General Psychiatry* 49.

Kenny, M. A., & Williams, J. M. G.(2007), Treatment-resistant depressed patients show a good response to mindfulness-based cognitive therapy, *Behaviour Research and Therapy*, 45, pp.617-625.

Krieger, T., Altenstein, D., Baettig, I., Doerig, N., & Holtforth, M.(2013), Self-compassion in depression: Associations with depressive symptoms, rumination, and avoidance in depressed outpatients. *Behavior Therapy*, 44(3).

Krishnamurti, J., *The First And Last Freedom*, London: Gollancz 1988.

Kingston, J., Chadwick, P., Meron, D., & Skinner, T. C.(2007), A pilot randomized control trial investigating the effect of mindfulness practice on pain tolerance, psychological well- being, and physiological activity, *Journal of psychosomatic research*, 62(3), pp.297-300.

Kristeller JL1, Hallett CB. An Exploratory Study of a Meditation-based Intervention for Binge Eating Disorder. *Journal of Health Psychology*, 1999 May; 4(3): pp.357-63.

Kristeller, J. L., & Johnson, T.(2005), Cultivating loving kindness: A two-stage model of the effects of meditation on empathy, compassion, and altruism, *Journal of Religion and Science*, 40(2), pp.391-408.

Kuyken, W., Watkins, E., Holden, E., White, K., Taylor, R. S., Byford, S., et al.(2010), How does mindfulness-based cognitive therapy work? *Behavior Research and Therapy*, 48, pp.1105-1112.

Kuyken W., Byford S., Taylor R. S., Watkins E, Holden E, White K, Barrett B, Byng R, Evans A, Mullan E, Teasdale JD.(2008), Mindfulness-based cognitive therapy to prevent relapse in recurrent depression, *Journal of Consulting and Clinical Psychology*, 76, pp.966-78.

Larissa G. Duncan and Nancy Bardacke, Mindfulness-Based Childbirth and Parenting Education: Promoting Family Mindfulness During the Perinatal Period, *Journal of Child and Family Studies*, 2010 Apr; 19(2): pp.190–202.

Leong, Frederick T. L.(Editor)(2008), *Encyclopedia of Counseling* vol. 2, Sage Publications(CA).

Lewis L. Judd, MD.(1997), "The Clinical Course of Unipolar Major Depressive Disorders" *Archives of General Psychiatry*, 54(11).

Linehan MM, Armstrong HE, Suarez A, Allrfton D, Heard H.(1991), "Cognitive behavioral treatment of chronically parasuicidal borderline patients" *Archives of General Psychiatry* 48.

Ma, S. H., & Teasdale, J. D.(2004), "Mindfulness-based cognitive therapy for depression: Replication and exploration of differential relapse prevention effects" *Journal of Consulting and Clinical Psychology*, 72.

MacBeth, A., & Gumley, A.(2012), Exploring compassion: A meta-analysis of the association between self-compassion and psychopathology, *Clinical Psychology Review*, pp.545-552.

Manicavasgar, V., Parker, G., Perich, T.(2011), Mindfulness-Based Cognitive Therapy Vs. Cognitive Behaviour Therapy as a Treatment for Non-Melancholic Depression, *Journal of Affective Disorders*, 130(1-2), pp.138-144.

Mark D. Stauffer(2011), *Mindfulness in counseling and psychotherapy : a literature review and quantitative investigation of mindfulness competencies*, ProQuest, UMI Dissertation Publishing.

Mark Williams and Danielle(2006), "Mindfulness-based cognitive therapy and Embodied Cognition" in *Horizons in Buddhist Psychology* edited by Maurits G.T. Kwee, Kenneth J. Gergen and Fusako Koshikawa, A Taos Institute Publication.

Mark G. Williams & Jon Kabat-Zinn(2011), "Mindfulness: diverse perspectives on its meaning, origins, and multiple applications at the intersection of science and dharma" *Contemporary Buddhism* vol 12, May.

Mary Lutyens(1983), *Krishnamurti: The Years of Fulfilment*, London: John Murray.

Mason, O. M., & Hargreaves, I.(2001), A qualitative study of mindfulness-based cognitive therapy for depression, *British Journal of Medical Psychology*, 74, pp.197-212.

Miklowitz, D. Alatiq, Y., Goodwin, G., Geddes, J., Dimidjian, S., Hauser, M., & Williams, M(2009), A pilot study of Mindfulness-based cognitive therapy for bipolar disorder, *International Journal of Cognitive Therapy*, 4, pp.373-382.

Moore, R. G., Hayhurst, H., & Teasdale, J. D.(1996), "Measure of awareness and coping in autobiographical memory: instructions for administering and coding", Unpublished manuscript, Department of Psychiatry, University of Cambridge.

Moosaviani, N. Moradi A., Sarkarati, A. H.(2012), "the Effects of Mindfulness Based Cognitive Therapy on Obesity and It's Psychologic Consequences", *European Psychiatry*, Volume 27.

Morone, N., Greco, C., & Weiner, D.(2008), Mindfulness meditation for the treatment of chronic low back pain in older adults: a randomized controlled pilot study, *Pain*, 134(3), pp.310-319.

Murphy, J. M., Nierenberg, A. A., Monson, R. R., Laird, N. M., Sobol, A. M., & Leighton, A. H.(2002), Self disparagement as a feature and forerunner of depression: Findings from the findings from the Stirling County Study, *Comprehensive Psychiatry*, 43, pp.13-21.

Nielsen, Stevan Lars & Ellis, Albert.(1994), "A discussion with Albert Ellis: Reason, emotion and religion," *Journal of Psychology and Christianity*, 13(4).

Neff, K. D., & Dahm, K. A.(2013), Self-Compassion: What it is, what it does, and how it relates to mindfulness in M. Robinson, B. Meier & B. Ostafin(Eds.) *Mindfulness and Self-Regulation*, New York: Springer.

Neff, K. D.(2011), Self-compassion, self-esteem, and well-being, *Social and Personality Compass*, 5, pp.1-12.

Neff, K. D., & Vonk, R.(2009), Self-compassion versus global self-esteem: Two different ways of relating to oneself, *Journal of Personality*, 77, pp.23-50.

Neff, K. D., Kirkpatrick, K. L., & Rude, S. S.(2007), Self-compassion and adaptive psychological functioning, *Journal of Research in Personality* 41, no. 1.

Neff, K. D.(2003), The development and validation of a scale to measure self-compassion, *Self and Identity*, 2.

Nolen-Hoeksema, S., Wisco, B. E., & Lyubomirsky, S.(2008), "Thinking rumination", *Perspectives on Psychological Science* 3.

Nolen-Hoeksema, Susan; Morrow, Jannay; Fredrickson, Barbara L.(1993), "Response styles and the duration of episodes of depressed mood," *Journal of Abnormal Psychology*, Vol. 102(1).

Nolen-Hoeksema, S.(1991), "Responses to depression and their effects on the duration of depressive episodes," *Journal of Abnormal Psychology*, 100(4).

Paykel ES, Ramana R, Cooper Z, Hayhurst H, Kerr J, Barocka A.(1995), "Residual symptoms after partial remission: an important outcome in depression," *Psychological Medicine*, Nov; 25(6).

Raes, F.(2011), The effect of self-compassion on the development of depression symptoms in a non-clinical sample, *Mindfulness*, 2, pp.33-36.

Randye Semple, Jennifer Lee(2010), *Mindfulness-Based Cognitive Therapy for Anxious Children: A Manual for Treating Childhood Anxiety*, New Harbinger Pubns Inc.

Ree, M.J., & Craigie, M.A.(2007), Outcomes following mindfulness-based cognitive therapy in a heterogeneous sample of adult outpatients. *Behaviour Change*, 24, pp.70-86.

Philipp M. Keune, Vladimir Bostanov, Boris Kotchoubey, Martin Hautzinger(2010), The effect of mindfulness-based cognitive therapy on frontal ∝ -asymmetry in recurrently depressed patients, International Journal of Psychophysiology, Volume 77, Issue 3.

Piet, J., Hougaard, E.(2011), The Effect of Mindfulness-Based Cognitive Therapy for Prevention of Relapse in Recurrent Major Depressive Disorder: a Systematic Review and Meta-Analysis, *Clinical Psychology Review*, 31(6), pp.1032-1040.

Renée Weber(1987), *Dialogues with Sages and Scientists: The Search for Unity*, London: Routledge & Kegan Paul.

Richard Gilpin(2006), *The use of Theravada Budddhist practices and perspectives in Mindfulness-Based Cognitive Therapy*, University of Sunderland MA dissertation.

Robert D. Zettle(2007), *ACT for Depression; A Clinician's Guide to Using Acceptance and Commitment Therapy in Treating Depression,* New Harbinger Pubns Inc.

Ruth A. Baer, Sarah Fischer, Debra B. Huss(2005), Mindfulness-based cognitive therapy applied to binge eating: A case study, *Cognitive and Behavioral Practice*, Volume 12, Issue 3, Summer 2005, pp.351-358.

Sachs-Ericsson, N., Verona, E., Joiner, T., & Preacher, J.K.(2006), Parental verbal abuse and the mediating role of self-criticism in adult internalizing disorders, *Journal of Affective Disorders*, 93, pp.71-78.

Safran, J. D., & Segal, Z. V.(1990), *Interpersonal process in cognitive therapy*, New York: Basic Books.

Segal, Z. V., Williams, J. M. G., & Teasdale, J. D.(2002), *Mindfulness-based cognitive therapy for depression: A new approach to preventing relapse*, New York: Guilford Press.

Segal, Z. V., Gemar, M., & Williams, S.(1999), "Differential cognitive response to a mood challenge following successful cognitive therapy or pharmacotherapy for unipolar depression," *Journal of Abnormal Psychology*, 108, pp.3-10.

Shahar, B., Carlin, E. R., Engle, D. E., Hegde, J., Szepsenwol, O., & Arkowitz, H.(2012), A pilot investigation of emotion-focused two-chair dialogue intervention for self criticism, *Clinical Psychology and Psychotherapy*, 19, pp.496-507.

Shapiro, S. L., Astin, J. A., Bishop, S.R., & Cordova, M.(2005), Mindfulness-based stress reduction for health care professionals: Results from a randomized trial, *International Journal of Stress Management*, 12(2), pp.164-176.

Shapiro, S. L., & Schwartz, G. E.(2000), The role of intention in self regulation: toward intentional systemic mindfulness, In M. Bockaerts, P. R. Pintrich, & M. Zeidner(Eds.), *Handbook of self-regulation*, pp.252-272, San Diego, CA: Academic.

Shapiro, S. L., Carlson, L. E., Astin, J.A., & Freedman, B.(2006), Mechanisms of mindfulness, *Journal of Clinical Psychology*, 62, pp.373-386.

Sibinga, E., Stewart, M., Magyari, T., Welsh, C., Hutton, N., & Ellen, J.(2008), Mindfulness-based stress reduction for HIV-infected youth: a pilot study, *Explore*, 4(1), pp.36-37.

Sidley, G. L., Whitaker, K., Calam, R. M., & Wells, A.(1997), "The relationship between problem solving and autobiographical memory in parasuicidal patients," *Behavioural and Cognitive Psychotherapy*, 25.

Smitha, L. Grahama & S. Senthinathana(2007), Mindfulness-based cognitive therapy for recurring depression in older people: A qualitative study, *Aging & Mental Health*, Volume 11, Issue 3, pp.346-357.

Speca, M., Carlson, L. E., Goodey, E., & Angen, M.(2000), A randomized, wait-list controlled clinical trial: The effect of a mindfulness meditation-based stress reduction program on mood and symptoms of stress in cancer outpatients, *Psychosomatic Medicine*, 62, pp.613-622.

Sperberg, E. D., & Stabb, S. D.(1998), Depression in women as related to anger and mutuality in relationships, *Psychology of Women Quarterly*, 22, pp.223-238.

Stein, D., Apter, A., Ratzoni, G., Har-Even, D., & Avidan, G.(1998), Association between multiple suicide attempts and negative affects in adolescents, *Journal of the American Academy of Child and Adolescent Psychiatry*, 37, pp.488-494.

Steven C. Hayes, Victoria M. Follette, Marsha M. Linehan(Editor)(2004), *Mindfulness and Acceptance*, Guilford Press.

Evans S., Stephen Ferrandoa, Marianne Findler, Charles Stowell, Colette Smart, Dean Haglina(2008), Mindfulness-based cognitive therapy for generalized anxiety disorder, *Journal of Anxiety Disorders*, 22, pp.716-721.

Teasdale, J. D., Moore, R. G., Hayhurst, H., Pope, M., Williams, S., & Segal, Z.V.,(2002), Metacognitive awareness and prevention of relapse in depression: Empirical evidence, *Journal of Consulting and Clinical Psychology*, 70, pp.275-287.

Teasdale, J. D., & Cox, S. G.(2001), Dysphoria: Self devaluative and affective components in recovered depressed and never depressed controls, *Psychological Medicine*, 31, pp.1311-1316.

Teasdale, J. D., Segal, Z. V., Williams, J. M. G., Ridgeway, V. A., Soulsby, J. M., & Lau, M. A.(2000), "Prevention of relapse/recurrence in major depression by mindfulness-based cognitive therapy," *Journal of Consulting and Clinical Psychology*, 68.

Teasdale, J. D.(1999), 'Metacognition, Mindfulness and the Modification of Mood Disorders', *Clinical Psychology and Psychotherapy*, 6, pp.146-155.

Teasdale, J. D., Segal, Z. V., Williams, J. M. G., &(1995), "How does cognitive therapy prevent depressive relapse and why should attentional control(mindfulness) training help?" *Behavioral Research Therapy*, 33(1), pp.25-39.

Teasdale, J. D.(1983), "Negative thinking in depression: Cause, effect or reciprocal relationship?" *Advances in Behaviour Research and Therapy*, 5.

Tirch, D. D.(2010), Mindfulness as a context for the cultivation of compassion, *International Journal of Cognitive Therapy*, 3, pp.113-123.

Vieten, C., & Astin, J.(2008), "Effects of a mindfulness-based intervention during pregnancy on prenatal stress and mood: Results of a pilot study." *Archives of Women's Mental Health*, 11, pp.67-74.

Watkins, E., Teasdale, J. D., & Williams, R. M.(2003)"Contextual questions prevent mood primes from maintaining experimentally induced dysphoria." *Cognition and Emotion*, 17.

Whelton, W. J., & Greenberg, L. S.(2005), Emotion in self-criticism, *Personality and Individual Differences*, 38, pp.1583-1595.

Williams, J. M. G., Alatiq, Y., Crane, C., Barnhofer, T., Fennell, M. J. V., Duggan, D. S., et al.(2008), Mindfulness-based cognitive therapy(MBCT) in bipolar disorder: preliminary evaluation of immediate effects on between-episode functioning, *Journal of Affective Disorders*, 107, pp.275-279.

Williams, J. G., Danielle S. Duggan, Catherine Crane, and Melanie J. V. Fennell(2006), "Mindfulness-Based Cognitive Therapy for Prevention of Recurrence of Suicidal Behavior", *Journal of Clinical Psychology* vol.62 no. 2.

Williams, K. A., Kolar, M. M., Reger, B. E., & Pearson, J. C.(2001), Evaluation of a wellness-based mindfulness stress reduction intervention: A controlled trial, *American Journal of Health Promotion*, 15, pp.422-432.Affective Disorders, 107.

Winbush, N., Gross, C., & Kreitzer, M.(2007), The effects of mindfulness-based stress reduction on sleep disturbance: A systematic review, *Explore*, pp.pp.585-591.

Willem Kuykena, Ed Watkinsa, Emily Holdena, Kat Whitea, Rod S. Taylorb, Sarah Byfordc, Alison Evansa, Sholto Radfordd, John D. Teasdale, Tim Dalgleishf(2010), "How does mindfulness-based cognitive therapy work?" *Behaviour Research and Therapy* Volume 48, Issue 11.

색인

ㄱ

갈애(渴愛, tanhā) 71
감정 152
강인한 의지 255
개인화 244
거리두기 415
건포도 먹기 명상 353
걷기 명상 353
계학(戒學) 213
고성제 349
고엔카(S. N. Goenka) 337
공감 454
공통적 인간성(common humanity) 450
과일반화 243
과잉불안 148
과장 243
과학적인 사고 166, 180
관용 164, 176
기계적 사고 27, 29
기분(mood) 399, 403
기우 59

ㄴ

냐나포니카(Nyanaponika) 341
념처(念處) 350
논박 154

ㄷ

달라이 라마(Dalai Lama) 196, 394
당위적 사고 141, 143
대지(大地) 189
데이빗 봄 46
도사(導師) 222
도성제 214
동일시 58, 68, 74, 77

ㄹ

로베르토 아싸지올리 67

ㅁ

마두핀디카 숫타(Madhupiṇḍika Sutta) 104, 231, 233, 247
마음 읽기 244
마하시(Mahasi) 338, 359
만성질환 283
망상(papañca) 245, 247, 267, 405, 407
망상·상·수(papañcasaññāsaṅkhā) 234
명상(meditation) 279
무명(無明) 208, 220
무상(無常) 82, 88, 310, 353, 422
무상관(無常觀) 249
무아(無我) 66, 82, 83, 310, 329,375, 378
무에(無恚) 135
무위 377

무의식(無意識) 203
무탐(無貪) 135
묵조 337

ㅂ

바디 스캔(body scan) 353, 354, 374, 384, 400
반추(rumination) 50, 61, 402, 438
법념처 426
법주(法洲) 175, 220
벤슨(Benson) 384
변증법적 행동치유 291, 396
보살 128, 138
보완대체의학 286
부정(不淨) 135
부정관(不淨觀) 249
부정적 낙인 244
부정적 사고 225
분노 443
분리의식 391
분열의식 373
불선(不善) 153
불선법(不善法) 53, 137, 150, 405
불선(不善)한 사고 51, 155, 231, 246
불선한 생각 52, 154
불확실성의 수용 165, 178
붓다고사(Buddhaghosa) 444
비심판적 요소 315
비심판적인 태도 447
비연결성(dis-connectedness) 386
비탓카(vitakka, 尋) 137, 139, 269
비탓카산타나 숫타(Vitakkasaṇṭhāna Sutta) 104, 231, 248
비파사나(vipassanā) 276, 282, 332, 347, 422, 427, 428
비파사나 상가 344
비합리적 사고 140, 143, 149, 151
비합리적 신념 142, 169

ㅅ

사고(vitakka) 127, 138
사고 과정 28
사고의 기능 20
사고의 능력 20
사고의 병리 현상 61, 65
사고의 역기능 40, 42, 44, 101, 230
사고의 오류 397
사고의 종류 19
사고의 한계 44, 100
사고 중독 57
사고중독증 106
사념처(四念處) 108, 112, 303, 330, 340, 424
사마타(samathā) 276, 282, 332, 427
사무량심(四無量心) 444
사성제(四聖諦) 213, 274, 380
사티(sati) 303, 305, 346, 347
삼독(三毒) 209, 406
삼매 427

삼학(三學) 212, 276
상관성 389
상위인지 지각(上位認知知覺 meta-cognitive awareness) 395, 412
상일주재(常一主宰) 76
상좌부 350
상호연계성(interconnectedness) 366, 383
생각(vitakka) 115, 150
생각의 노예 257
생각의 법칙 131
생각의 위험 251
생각의 주인 257
생성형 AI 38
생의학(biomedical) 286, 345
생존 26
선법 54
선정 56, 135, 136, 137, 277
선택적 추상화 242
선한 사고 153, 155
수용 321, 323, 377, 453
수치심 439
숙작인론 199
스트레스 284, 348, 349
신념처(身念處) 308
신의설(神意說) 201
심리신경면역학 286, 383
심신불이론(心身不二論) 107
심신의학 369
심신이원론 393
십이지연기 388

ㅇ

아견 70, 378, 380, 408
아론 벡(Aaron Beck) 101, 193
아만 379
아상(我相) 381
아소(我所) 76, 378
아싸지올리 91
아인쉬타인 66
아잔차(Ajahn Cha) 339
알버트 엘리스(Albert Ellis) 101, 140, 141, 159
알아차림(mindfulness) 111, 311, 452
알아차림 명상에 기반을 둔 스트레스 완화(Mindfulness-Based Stress Reduction: MBSR) 109
알아차림 명상에 기초한 인지 치유(Mindfulness-Based Cognitive Therapy, MBCT) 110
알파고 32
양극화된 사고 243
여실정관 420
여실지견 422
역기능적 사고 기록지 260
역기능적 신념 241
역기능적인 사고 269
연결성(connectedness) 382
연계성 382
연기 387, 392
열등감 439
오온 83, 86, 411

오취온 69, 87, 378, 411
우울증 62, 301
우울증의 재발 방지 394
우치(愚痴) 210
우파다나 70
위약효과 384
유신견(有身見) 71, 73
유연성 166, 179
유위법(有爲法) 428
의료명상(Medical Meditation) 278
의업(意業) 211
이완반응 285, 369, 384
이완상태(relaxation) 285
인간의 두뇌 30
인간의 사고 22, 23
인격신(人格神) 189
인공지능 31, 34, 37
인식과정 236
인지과정 407
인지도식(schema) 240
인지삼제 434, 437
인지왜곡 216, 228, 239, 245
인지적 오류(cognitive error) 216, 242
인지적 왜곡 242
인지치유 100
인지행동치유 289, 397
임의적 추론 243

ㅈ

자가상담자(self-therapist) 226
자기동일시(自己同一視) 310, 416
자기-비난 434, 437, 441
자기-비판 436, 440
자기비하 439
자기-사랑 395, 433
자기수용 168, 186, 455
자기-이익 163, 172
자기 자비 433, 440, 450
자기-지시 164, 174
자기 친절 450
자기효능(self-efficacy) 384
자동적 사고(automatic thinking) 216, 226, 240, 258, 259, 397
자동조종(automatic pilot) 400
자동화 48, 49
자력 219, 229
자비 443
자비관(慈悲觀) 249
자비 명상 447
자성(自性) 390
자아(自我) 67, 86, 410, 423
자아 관념 66
자아의식 66, 379
자애(慈愛, mettā)명상 281, 371, 386
자업자득 178
자의식 69
자이나교 200, 211, 219

자주(自洲) 175, 220
자증(自證) 113
자타불이 381
장현갑 365
전념 167, 183
전체성(wholeness) 366, 372, 375
정견(正見) 422
정념 346, 426
정념(正念) 424
정신건강(mental health) 163
정신분석 68, 194, 204, 207
정신신체의학 63
정신통합 68
정좌명상 353
정지(正知) 307
정학(定學) 213
정혜쌍수 277
제1선 56
존재모드 404, 419
존재양식(being mode) 324, 326
존 카밧진(Jon Kabat-Zinn) 109, 279, 334
종교의 역기능 191
종교적 신념 157, 161, 169, 172
좋은 생각 152
주관적 추론 245
주시(注視) 348, 350, 424
주시 명상 350, 356, 361
주의(注意, attention) 399
중간신념(intermediate beliefs) 216, 240, 258, 261
중도(中道) 309
지관타좌 340, 343
지식 116, 117, 121
지식의 한계 114
지혜 38, 117, 121
진아(眞我) 99
집중명상(samathā) 279
집착(執着) 71

ㅊ

초월명상 369
초인지 통찰(meta-cognitive insight) 327, 329
추상적 사고 24
취(取, upādāna) 71
취착(取着) 71
치료(curing) 372
치유(healing) 374, 377

ㅋ

컴퓨터 29
크리슈나무르티(Krishnamurti) 45, 47, 114, 340

ㅌ

탈동일시(脫同一視, dis-identification) 82, 90, 328
탈중심화(decentering) 96, 317, 319, 395, 415

탐욕 380
터널 시야 242
통찰명상(vipassanā, 觀) 279
통찰명상회(Insight Meditation Society) 283, 362
통합의학 286

ㅍ

파스칼 22, 24
파판차(papañca) 105, 232, 269
편향된 설명 244
프로이드 77, 204, 206

ㅎ

하타 요가(hatha yoga) 345, 355
한스 셀리에 63
합리·정서·행동치유(REBT, Rational Emotive Behaviour Therapy) 126, 140
항상성(恒常性) 375
핵심신념(core beliefs) 216, 240, 265, 436
행동의학 366, 368
행동치유(behaviour therapy) 194, 215
허공 187
허버트 벤슨(Herbert Benson) 285, 369
허용(allowing) 322, 401
혜학
혜학(慧學) 212, 213
호모 사피엔스 21
호흡 명상 353, 400
활동모드 404, 419
활동양식(doing mode) 324

C

ChatGPT 33

M

MBCT 109, 289, 302, 394
MBSR 109, 282, 298, 393

R

REBT 150, 159

숫자

12지연기 208

불교와 인지치유

역기능적 사고와 그 해결

초판 1쇄 2024년 12월 23일
지은이 안양규
펴낸이 오종욱
총괄 진행 서미정
디자인 임지현
펴낸곳 올리브그린
경기도 과천시 관문로 92, 101동 2013호
olivegreen_p@naver.com
전화 070-6238-8991 / 팩스 0505-116-8991
가격 20,000원
ISBN 978-89-98938-47-5 93220